Braun/Gugerli
Macht des Tanzes – Tanz der Mächtigen

Rudolf Braun
David Gugerli

*Macht des Tanzes –
Tanz der Mächtigen*

Hoffeste
und Herrschaftszeremoniell
1550–1914

Verlag C. H. Beck München

Mit 27 Abbildungen im Text

Die Deutsche Bibliothek – CIP-Einheitsaufnahme
Braun, Rudolf:
Macht des Tanzes – Tanz der Mächtigen : Hoffeste und
Herrschaftszeremoniell 1550–1914 / Rudolf Braun ; David
Gugerli. – München : Beck, 1993
ISBN 3 406 37550 2
NE: Gugerli, David:

ISBN 3 406 37550 2

© C. H. Beck'sche Verlagsbuchhandlung (Oscar Beck) München 1993
Gesamtherstellung: Kösel, Kempten
Gedruckt auf säurefreiem, aus chlorfrei gebleichtem Zellstoff
hergestelltem Papier
Printed in Germany

Clemens Heller
in Verehrung und Dankbarkeit gewidmet

Inhalt

Vorwort 9

Einleitung 11

I. Die tanzende Königin 15
1. Zur Instrumentalisierung des Tanzens durch Elisabeth 15
2. Mask und elisabethanische Hofkultur 34
3. Festkultur, Zeremoniell, Allegorie und Realität 56

II. Der tanzende König 96
1. Herrschaftssymbolik als politische Strategie 96
2. «Régler tous les beaux Arts» 119
3. Ballett und «grand bal du Roi» 134

III. Die tanzenden Bürger 166
1. Der große Umbruch in der Tanz-, Bewegungs- und Körperkultur 166
2. Der Walzer wird König, und der Bürger sucht seine Verhaltensform 202
3. Der Wildling wird gezähmt: der Wiener Walzer im «bürgerlichen» Jahrhundert 226

IV. Die tanzenden Imperialisten 275
1. «The Invention of Tradition»: Wilhelm II. und die Renaissance der höfischen Tänze 275
2. Von der Hofgesellschaft zu den Kosmopoliten 305
3. In Europa gehen die Lichter aus – und danach? 345

V. Bibliographie ... 355

1. Quellen ... 355
2. Sekundärliteratur ... 361
3. Nachschlagewerke ... 369

VI. Register ... 370

1. Abbildungsverzeichnis und Bildquellen ... 370
2. Personenregister ... 372

Vorwort

Jedes Buch hat seine Biographie – das vorliegende eine ganz besondere: Ursprünglich war nicht vorgesehen, daß zwei Autoren für die Arbeit verantwortlich zeichnen würden, zwei Autoren, die altersmäßig eine Generation auseinander liegen. Während eines einmonatigen Aufenthaltes im Mai 1984 am Maison des Sciences de l'Homme in Paris konzipierte der ältere von beiden, Rudolf Braun, eine Studie, die er «Von La Volta zu Travolta – Sozialgeschichtliche Aspekte des Tanzens seit dem 16. Jahrhundert» nannte. Unter dem gleichen Titel führte er anschließend ein zweisemestriges Seminar durch. So sehr er auch von der Thematik gefesselt war, so schnell mußte er erkennen, daß er als Einzelkämpfer das gesteckte Ziel wohl kaum erreichen konnte. Einerseits ließen ihm die Aufgaben und Verpflichtungen als akademischer Lehrer wenig Zeit, die Arbeit voranzutreiben; andererseits erkannte er auch seine Defizite, insbesondere im musiktheoretischen und musikgeschichtlichen Bereich, die einen entsprechenden Beistand erheischten. So kam es zur Zusammenarbeit mit David Gugerli, der eben sein Studium abgeschlossen hatte und als Assistent an der Forschungsstelle für Schweizerische Sozial- und Wirtschaftsgeschichte in Zürich tätig war. Soviel zum «Joint venture».

Trotz dieser Zweierseilschaft gingen Jahre ins Land, bis der Schlußaufstieg in Angriff genommen werden konnte. Völlig verschiedene Lebensentwürfe und Lebensmeisterungen mußten in Einklang gebracht werden: Der jüngere Autor war, häufig im Ausland, mit seiner Habilitationsschrift beschäftigt; der ältere versuchte, den stets wachsenden Anforderungen in Lehre und Betreuung gerecht zu werden. Resigniert stellte er sich schon darauf ein, wenn überhaupt, dann erst nach seiner Emeritierung zum Schlußreigen dieser Tanzveranstaltung antreten zu können. Nur der Einladung des Wissenschaftskollegs zu Berlin, ein Jahr als Fellow in diesem Gelehrtenparadies zu verbringen, ist es zu verdanken, daß die «Roten Schuhe» wieder zu ihrem Recht kommen konnten. Dem Wissenschaftskolleg mit all seinen personellen und materiellen Dienstleistungen, die ihresgleichen suchen, sei für diese Hilfsaktion zuerst und von ganzem Herzen gedankt.

Dank gebührt aber auch den Teilnehmerinnen und Teilnehmern des oben erwähnten Seminars. Die Autoren verdanken ihnen vielfältige Anregungen und Impulse. Forschungsleistungen einiger einschlägiger Seminararbeiten fanden ihren Niederschlag in den beiden letzten Kapiteln. Die Verfasserinnen und Verfasser dieser Seminararbeiten seien deshalb namentlich genannt: Barbara Balimann, Margot Clausen, Marianne Hoffmann, Linda Gribi, Angelika Linke, Brigitte Rudolf, Johanna Schwegler, Norma Oliva Sonda, Beat John, Lukas Meyer, Philip Robinson.

Kritisch-dienende Unterstützung erhielten wir schließlich in Zürich bei der Fertigstellung des Manuskriptes; die Autoren stehen in der Dankesschuld von Sabina Brändli, Christine Luchsinger, Margrit Nöthiger, Sabina Roth, Regula Schmid, Eva Sutter und Sebastian Brändli.

Das Maison des Sciences de l'Homme war gleichsam die Wiege dieser Studie. Auch David Gugerli gehört zu den Privilegierten, die mehrere Monate an dieser Forschungsstätte verbringen durften, um einen Teil der Studie gewißermaßen «vor Ort» verfassen zu können. Dem Direktor des Maison des Sciences de l'Homme, Clemens Heller, kommt das große Verdienst zu, international und interdisziplinär ein Kommunikationsnetz aufgebaut und gepflegt zu haben, dessen Bedeutung für die Geisteswissenschaften kaum überschätzt werden kann. Für diese selbstlose und bewunderungswürdige Leistung sei ihm die vorliegende Studie in verehrender Dankbarkeit gewidmet.

Einleitung

Wer sich mit außereuropäischen Körper-, Bewegungs- und Tanzkulturen befaßt, wird sich schnell bewußt, welche zentrale Bedeutung sie für das Leben und Zusammenleben, für die Meisterung der Vergangenheit, der Gegenwart und der Zukunft einer Gesellschaft haben. Von der Totenehrung und der Abwehr böser Mächte über die symbolische Bewältigung von Konflikten bis hin zur Fürbitte um Regen und Fruchtbarkeit – Tanzen ist ein zentraler Bestandteil des Fest- und Alltagslebens und dient der soziokulturellen Persönlichkeitsbildung sowie der kollektiven Identitätsfindung. Die Polyvalenz des Tanzens ist wahrhaft beeindruckend.

Auch in abendländischen Kulturen kam dem Tanz eine große Bedeutung zu; allein die zahlreichen Tanzdarstellungen der Antike sind dafür Beweis genug. Gewiß, durch kirchliche Bemühungen erfuhren Tanzkulturen sowohl einen Funktionswandel als auch einen Funktionsschwund; insbesondere im sakralen Bereich wurde der Tanz erfolgreich verdrängt. Aber auch der auf weltliche Bereiche zurückgedrängte Tanz wurde – gegen nicht geringen Widerstand – von der kirchlichen Tanzfeindlichkeit bedroht. Gleichwohl blieb das Tanzen in der europäischen Neuzeit ein wichtiger und facettenreicher Bestandteil der Gestaltung des Lebens im historischen Wandel – ein Bestandteil, der diesen Wandel nicht nur zum Ausdruck brachte, sondern ihn zugleich auch mitgeprägt hat.

Dies war der Ausgangspunkt unserer Forschungsbemühungen. Im Rahmen einer integrierten Geschichtsbetrachtung haben wir uns gefragt, wie sich im Tanzen sowie in der Körper- und Bewegungskultur soziopolitische und soziokulturelle Phänomene – insbesondere in ihren Veränderungen – manifestieren und inwieweit das Tanzen seinerseits diesen historischen Prozeß mit prägt.

Ein solches Forschungsinteresse eröffnete weite interdisziplinäre Beobachtungsfelder, die sinnvoll eingeschränkt werden mußten. Eine enzyklopädische Sozialgeschichte des Tanzes zu schreiben war nie unsere Absicht und hätte auch nie unser Interesse gefunden. Was wir anstrebten, war dies: Körper-, Bewegungs- und Tanzkulturen sollten mit historischem Wandel so in Verbindung gebracht werden, daß sie sich wechselseitig erklären ließen. Um dieses weitgesteckte Ziel erreichen zu können, schien es uns am aussichtsreichsten, die Arbeit auf den Tanz der Mächtigen zu beschränken. Machterhaltung und Herrschaftslegitimierung kulminierten in der Geschichte der europäischen Herrschaftseliten immer wieder in zeittypischen Tanzformen und Körperkulturen, welche tiefen Einblick in mentalitätsgeschichtliche Zusammenhänge gewähren und dem Historiker ein in allen Epochen gut dokumentiertes Abbild ideologischer und sozialer Verhältnisse vor Augen führen. Die betörende Faszination, welche vielen Tänzen eigen ist, sollte in strukturelle Nähe zur Selbstdarstellung der Mächtigen einer Gesellschaft gebracht werden, um ihren politischen Gehalt besser verstehen zu können. In diesem Verständnis wird der Tanz zum erweiterten Herrschaftszeremoniell und, wie dieses, aus herrschaftstechnischer Notwendigkeit genau reglementiert.

Natürlich bieten sich mehrere Möglichkeiten, dieses Unternehmen anzugehen. Denkbar wäre etwa ein diachroner Zugriff, der in einer epochenübergreifenden Analyse des «Tanzes der Mächtigen» einer einzigen Gesellschaft, beispielsweise der englischen, bestünde. Möglich ist aber auch ein synchrones Vorgehen, bei dem mehrere Gesellschaften derselben Epoche einer vergleichenden Analyse unterzogen würden, was selbstverständlich zum Verlust der zeitlichen Dimension des Projektes führt. Weder den einen noch den anderen Weg haben wir gewählt. Vielmehr entschieden wir uns, epochenübergreifend ganz verschiedenen, kontrastreichen Körper-, Bewegungs- und Tanzkulturen nachzufragen, ohne einem rein diachronen oder synchronen Blickwinkel verpflichtet zu sein.

Wir beschritten diesen Weg vor allem einer Forschungsneugier wegen: Uns interessierten Umbruchsituationen verschiedener Zeiten und Gesellschaften – Umbruchsituationen, bei denen sich unsere zentralen und speziellen Fragestellungen und Problemorientierungen in ihrer Relevanz und in ihrer interpretativen Kraft zu bewähren hatten. Diese Neugierde bestimmte denn auch die Auswahl der in je eigenen Kapiteln dargestellten Sujets: die elisabethanische Ära; Louis XIV und sein Hof; die «Sattelzeit» und die bürgerliche Körper-, Bewegungs- und Tanzkultur; Wilhelm II. als Tanzimpresario, die Kosmopoliten und ihr «Defiant Swan Song», bevor in Europa die Lichter ausgingen.

Nur an einigen wenigen Beispielen sollte die «Macht des Tanzes» in ihren komplexen, polyvalenten Wirkungszusammenhängen beschrieben und auf dem Hintergrund ihres historischen Kontextes verständlich gemacht werden. Wir hatten uns deshalb mit einer breiten Palette von Themen auseinanderzusetzen, um ein hinreichend farbiges Bild des Untersuchungsgegenstandes malen zu können. So beschäftigten wir uns, um nur einige Stichworte zu nennen, mit Mechanismen der Charismaproduktion und der Herrschaftslegitimation, mit Kosmovision und Weltdeutung, mit Gartengestaltung und Herrscherikonographie. Aber auch die Vereinheitlichung des kulturellen Diskurses oder die Körperdisziplinierung als Herrschaftstechnik bilden zentrale Probleme unserer Studie.

Historische Interpretation des Tanzes und tänzerische Deutung der Geschichte: Wir haben unser Vorhaben immer als ein gewagtes Experiment empfunden und waren auch oft genug daran, den «Pas de Deux» vorzeitig abzubrechen. Zwar blieb der interdisziplinäre Anspruch für uns eine faszinierende Herausforderung, zugleich war er aber ein risikobelastetes Wagnis, eine Gratwanderung mit der permanenten Gefahr des Absturzes in den Dilettantismus. Auch von dieser Seite her drängten sich Einschränkungen der Beobachtungsfelder auf. Vom Mut zur Lücke wollen wir dabei nicht sprechen – die Autoren sind sich nur zu sehr bewußt, daß trotz aller Beschränkung der Blickwinkel viele Aspekte ausgeblendet bleiben mußten.

In der nachfolgenden Studie tanzte jeder Autor seinen eigenen Part, auch wenn, wie es für einen «Pas de Deux» selbstverständlich ist, eine enge Kooperation in der Choreographie bestand. Rudolf Braun zeichnet für die Kapitel I.1 und I.3, für III.1, III.2 und III.3 sowie für IV.1 und IV.2 verantwortlich, David Gugerli übernahm die Kapitel I.2, II.1, II.2 und II.3 sowie IV.3 und besorgte die Übersetzungen in den Anmerkungen.

I. Die tanzende Königin

1. Zur Instrumentalisierung des Tanzens durch Elisabeth

Tanzen ist polyfunktional und offen für Instrumentalisierungen in vielen Bereichen menschlichen Lebens und Zusammenlebens. Die Art und Weise, wie Elisabeth I. von England – aktiv und passiv – das Tanzen von früher Jugend bis ins hohe Alter zu einem integrierten Bestandteil ihrer Herrschaftstechnik und ihres Herrschaftsstiles macht, ist schon für die Zeitgenossen ein Phänomen, das sie immer wieder der Beachtung und Erwähnung wert finden. Dies soll zunächst recht vordergründig illustriert werden: Wann, wo, wie, mit und vor wem sowie mit welcher offenen oder verdeckten Absicht nimmt die Königin das Tanzen in ihre Dienste?

Gewiß, Tanzschulung gehört zur Zurüstung des «ideal gentleman» und der «ideal gentlewoman»; sie ist ein wesentliches Element des «polite learning» und Mittel zur Prägung höfischer Umgangsformen. Im Tanzen sublimieren und verdichten sich in hochkodierter Zeichenhaftigkeit höfische Verhaltensnormen; in das Tanzen wiederum fließt höfische Alltagskultur in ihren feinen Distinktionen, differenzierten Handlungsmustern, Affektsteuerungen, Selbst- und Fremdzwängen ein. Sie sind für die gesellschaftlichen Kommunikations- und Verkehrsformen, für den gesellschaftlichen Positionserwerb und die Positionssicherung sowie für die höfische Alltagsbewältigung allgemein von existentieller Bedeutung.

Als eine gewisse Zäsur darf das Erscheinen (1528) sowie die rasche und weite Rezeption von Castigliones «Cortegiano» gewertet werden. Das Werk wird recht bald auch ins Englische übersetzt, und dieses «Book of the Courtier» bildet die Grundlage für eine ganze Fülle von sog. «courtesy literature».[1] Nach ihrem Kanon erfolgt das «polite

---

[1] Vgl. dazu WHIGHAM 1984, insbesondere Kapitel 1, «Courtesy Literature and Social Change», WHIGHAM 1984:131 ff; Sir Philip Sidney soll Castigliones Courtier immer in der Tasche getragen haben, wenn er im Ausland war, WHIGHAM 1984:30. In «The Schoolmaster», London 1570, bemerkt Roger Ascham kritisch, daß das «Book of the Courtier» in jedem Laden (shop) in London verkauft werde; zit. in WOLDBLOOD 1965:146.

learning»: klassisch-humanistische Bildung, moderne Fremdsprachen, Dichtung, Philosophie, Kosmologie, Musik, ritterliche Exerzitien und Tanz. Die einzelnen Elemente des «polite learning» sind syndromhaft verbunden: Nur als Ganzes garantieren sie die höfische Konduite, formen den «ideal gentleman» und die «ideal gentlewoman». Dem Tanz kommen besondere Scharnierfunktionen zu. Elisabeth beherrscht alle Elemente in einem Maße, das immer wieder das Erstaunen und die Bewunderung fremder Beobachter auslöst. Dessen bewußt, pflegt und zelebriert sie diese Talente, wo immer sich dazu Gelegenheit findet, sei es bei der Begrüßung fremder Prinzen und Gesandten in freier lateinischer, französischer oder italienischer Rede, sei es auf der Jagd, bei ritterlichen Spielen, beim Musizieren und besonders beim Tanzen. Schon bei ihrem Einzug in London und der Krönungsfeier erweist sie sich als meisterlicher Impresario königlicher Selbstdarstellung, und zehn Tage später erscheint eine Beschreibung dieser Inthronisationsinszenierung im Druck.[2]

Es gibt ein zeitgenössisches Gemälde eines die Volta tanzenden Paares (Abb. 1). Im Werk von Frances Rust «Dance in Society» ist es reproduziert mit der Bildlegende: «Königin Elisabeth tanzt Lavolta mit dem Earl of Leicester».[3] Es gibt kaum eine großartigere Bildvorlage der tanzenden Elisabeth: Leicester, der «ideal gentleman», in allen Sätteln der «polite world» gerecht, der das Herz der jungen Königin erobert und – über alle Stürme hinweg – diese Zuneigung über den Tod hinaus bewahren kann; Leicester, der über Jahre hinweg als möglicher Ehepartner der Königin im Gespräch ist, in der Drehbewegung des Voltatanzes, Elisabeth unterhalb der Brust fassend und hoch in die Luft werfend!

Fürwahr, ein imponierend starker Einstieg; nur ist die Zuschreibung, die sich auch in anderen geschichtlichen und kunstgeschichtlichen Werken findet, leider falsch: Auf dem Bild tanzen weder Elisabeth noch ihr «sweet Robin», sondern ein unbekanntes Paar. Das Gemälde gehört zu einer Serie von Tanzbildern am französischen Hofe Heinrichs III.[4] Da man weiß, daß Elisabeth gleich nach der Inthronisa-

---

[2] Vgl. Neville WILLIAMS 1967:50ff; zu der in Druck erschienenen Beschreibung der Zeremonie siehe Neville WILLIAMS 1967:58; ferner Quellenverzeichnis.

[3] Vgl. RUST 1969, Abbildung IV.

[4] Vgl. STRONG 1963:48. Die falsche Zuschreibung findet sich u. a. bei Neville WILLIAMS 1972:173; die Bildlegende lautet: «A contemporary painting of dancing at court, traditionally said to represent Elizabeth dancing with Robert Dudley»; läßt das «traditionally said» auf ein Mißtrauen schließen? Ferner falsche Zuschrei

1. Zur Instrumentalisierung des Tanzens durch Elisabeth

1. Ein die Volta tanzendes Paar; zeitgenössisches Gemälde (verschiedentlich fälschlicherweise interpretiert als «Queen Elisabeth Dancing with Robert Dudley, Earl of Leicester»)

tion die Porträtproduktion, ein Gewerbe mit hoher Wachstumsrate, zu kontrollieren versucht und 1596 der Privy Council alle schlechten oder wenig schmeichelhaften Porträts verbrennen läßt, ist die Frage berechtigt, ob die so sehr um die Ikonographie ihrer Selbstdarstellung bemühte Königin überhaupt ein Bild mit dem intimen Griffkontakt Leicesters zugelassen hätte; sie, deren Porträts Ersatz für die entfernten religiösen Bildnisse werden; sie, die ihre Porträts für die verschiedenen Heiratsverhandlungen instrumentalisiert, die sich kulthaft als Diva Elizabeth zelebrieren läßt und in späteren Jahren immer mehr als «Virgin Queen» in der bildhaften Symbolik die Nähe zur Jungfrau Maria sucht.[5]

Auch wenn das Bild nicht Elisabeth, sondern eine unbekannte französische Hofdame beim Drehsprung der Volta zeigt, so illustriert es immerhin, daß das Voltatanzen vom Partner wie von der Partnerin recht athletische Fähigkeiten verlangt. Wohl provenzalischer Herkunft, der Galliarde verwandt, nur wilder und im Drehsprung hochfliegend, findet die Volta seit der Mitte des 16. Jahrhunderts zuerst am französischen und dann – von der Königin aktiv gefördert – am englischen Hofe Aufnahme. In seiner «Orchésographie» beschreibt Arbeau diesen Tanz 1588 – mit dem Hinweis, daß er in jüngster Zeit modisch geworden sei – folgendermaßen:

«Wollen Sie nun wenden, so lassen Sie die linke Hand der Dame los, legen Ihren linken Arm über deren Rücken, fassen Sie mit der linken Hand am Leibchen, an ihrer Hüfte, und greifen gleichzeitig mit Ihrer rechten Hand unten an's Corsett-Blankscheit, um ihr daran sowohl, wie mit dem Druck Ihres linken Schenkels, beim Springen zu helfen. Die Tänzerin ihrerseits faßt mit der Rechten Ihre Schulter oder Ihren Kragen, und hält mit ihrer linken Hand ihren Rock oder ihr Kleid nieder, damit der Wind sich nicht darin verfange, und sie auf diese Weise in die Verlegenheit käme, ihr Hemde oder bloßes Knie den Zuschauern zu zeigen. Hierauf machen Beide zusammen die Touren der Volte, wie sie eben beschrieben wurden. Haben Sie solcherart eine beliebige Anzahl von Cadenzen hindurch getanzt und gewendet, so bringen Sie Ihre Tänzerin an ihren Platz zurück, wo angelangt dieselbe – so sehr sie auch es zu verbergen suchen mag – sich ganz schwindelig fühlen wird, und Sie selbst wahrscheinlich nicht minder. Ich überlasse

bung bei SORELL 1969:109. Im GROVE hingegen ist die Zuschreibung richtig; vgl. Bd. 20:74.

[5] Vgl. Strong 1963:33ff; vgl. auch Neville WILLIAMS 1967:214ff.

1. Zur Instrumentalisierung des Tanzens durch Elisabeth

es nun Ihrem Urtheile, ob es für ein junges Mädchen schicklich ist, so große Schritte zu machen, und die Beine so weit aus einander zu thun, und ob bei der Volte nicht die Sittlichkeit und Gesundheit gefährdet wird.»[6]

Arbeau läßt mithin die Frage offen, wieweit das Lavoltatanzen die Sittlichkeit verletze; zeitgenössische Moralapostel hingegen brandmarken den Tanz als «unflätig» und denunzieren ihn sogar als Ursache für Schwangerschaften und Fehlgeburten – eine interessante Kombination, wie Frances Rust maliziös bemerkt.[7] Diesen latenten Gefahren und den Sittlichkeitswächtern zum Trotz erlebt die Volta, zusammen mit zwei anderen neuen Tänzen, der Galliarde und der Courante, bei Hofe und in der Gesellschaft eine solche Beliebtheit, daß in London Tanzschulen wie Pilze aus dem Boden schießen, um die große Nachfrage der Lernbegierigen zu decken. Einige dieser Schulen haben nicht den besten Ruf, und die Königin ernennt – wie bei der Porträtproduktion – im Jahre 1574 offizielle Tanzlehrer.[8] Auch William Shakespeare widmet in «Heinrich V.» diesen Tanzschulen und der elisabethanischen Tanzwut zwei Verse:

> They bid us to the English dancing schools
> and teach lavoltas high, and swift corantos.[9]

Ein solcher Nachhilfeunterricht in den Tanzschulen ist für die hoffähigen Kavaliere und Damen auch geboten und macht sich bezahlt, denn nicht nur braucht es Übung, um die neuen, recht anspruchsvollen Tänze zu beherrschen, vielmehr legt die Königin auch großen Wert darauf, daß die Hofdamen und Hofkavaliere den Tanz pflegen und sich als gute Tänzerinnen und Tänzer hervortun. Von Sir Christopher Hatton wird gemunkelt, daß er seine Stellung in der Privy Chamber nur seinen tänzerischen Fähigkeiten verdanke; es trägt nicht zum

---

[6] Zit. nach der Übersetzung von CZERWINSKI 1878:78f; die Tanzanleitung von Arbeau ist in Form eines Gesprächs zwischen ihm und einem Schüler abgefaßt – eine Form, die bis in die Antike zurückgeht und im 16. Jahrhundert sehr beliebt ist.

[7] RUST 1969:46; vgl. dazu auch SACHS 1984:252ff.

[8] Neville WILLIAMS 1967:247; ferner RUST 1969:49.

[9] «Sie rufen uns in die englischen Tanzschulen und lehren hohe Volten und rasche Couranten.» Henry V, III,5; vgl. SACHS 1984:253; selbstverständlich bezieht sich dieser Tanzhinweis auf Shakespeares Gegenwart und nicht auf die Zeit Heinrichs V; RUST 1969:44 stellt seinem Kapitel 6 «Elizabethan England: 1558 to 1603» ein Zitat aus «Historical Dances» von Melusine Wood als Motto voraus: «Under the eagle eye of the Queen Elizabeth, Englishmen spun round longer and leaped higher than the men of other nations.»

Verschwinden dieses Gerüchtes bei, daß er 1572 auch noch zum Captain of the Gentlemen Pensioners ernannt wird. Auch wenn es sich hier um eine böswillige Verleumdung handeln sollte, so zeigt die Anekdote doch, welche Bedeutung – der öffentlichen Meinung zufolge – Elisabeth und ihr Hof tänzerischen Leistungen beimessen, denn Hofklatsch muß immerhin einen gewissen Realitätsgehalt haben, um glaubwürdig zu sein. Gleichsam als Anschlußanekdote ist in diesem Zusammenhang ein Diskurs zwischen Elisabeth und Leicester aufschlußreich: Offensichtlich eifersüchtig auf den neuen Günstling, einen glühenden Verehrer der Königin, versucht Leicester, selbst ein ausgezeichneter Tänzer, Hattons Tanzkunst mit der Bemerkung herabzuwürdigen, er könne der Königin einen Tanzmeister vorführen, dessen Agilität Hatton zu einem Bleifüßler werden lasse. Elisabeths brüske Antwort: «Pish, ich will Ihren Mann nicht sehen – tanzen ist sein Beruf.»[10] Diese Bemerkung macht deutlich, daß beim Tanzen – wie beim «polite learning» insgesamt – wohl Perfektion angestrebt und bewundert wird, doch dilettantische und nicht professionelle Perfektion. Der Dilettantismus, in Verbindung mit demonstrativer Muße, ist ein wesentlicher Bestandteil adelig-gentiler Selbstdarstellung, soziokultureller Distinktion und des «symbolischen Kapitals der Ehre» – ein konstitutives Element adeliger Lebensführung, dessen Bedeutung mit der Verbürgerlichung der Gesellschaft eher noch zunimmt und besondere Akzente erhält.

Doch nun zur tanzenden Elisabeth selbst: Um den Jahreswechsel 1598/99 berichtet der französische Gesandte nach Hause, Elisabeth habe ihn zu einem ihrer Hofbälle geführt (wohl eine Tanzveranstaltung während der Zwölf Nächte) und ihn neben sich plaziert: «Sie hatte großes Vergnügen am Ball und der Musik (...) (und sagte), daß sie in ihrer Jugend sehr gut getanzt habe (...); mit Kopf-, Hand und Fußbewegungen folgte sie dem Takt der tanzenden Ehrendamen und tadelte diese, wenn ihr Tanzen nicht ihren Ansprüchen genügte, und zweifelsohne, sie ist eine ehemalige Meisterin (dieser Kunst). In ihrer Jugend, sagte sie, pflegte sie sehr gut zu tanzen; nach italienischer Art, hoch zu tanzen.»[11] Die zweimalige Mitteilung, welch gute Tänzerin sie

[10] Vgl. Neville WILLIAMS 1967:185f; zu diesem Hatton-Gerücht vgl. auch CHAMBERLIN 1921:223ff und 248ff.
[11] Vgl. CHAMBERLIN 1921:110; WILDEBLOOD 1965:147 schreibt über den italienischen Einfluß: «The whole of Europe was indebted to Italy for the example she set in politer living and refinement of manners. Her influence in all spheres of life

früher war, sowie die Rügen, die sie schlecht tanzenden Ehrendamen erteilt, illustrieren erneut, welches Gewicht die Königin dem Tanzen beimißt. Und in der Tat, Elisabeth ist eine hervorragende und enthusiastische Tänzerin; dies wird immer und immer wieder von Augenzeugen bewundernd hervorgehoben.

Hat Elisabeth auch die Volta getanzt? Die Erwähnung, sie habe nach italienischer Art hoch getanzt, läßt vermuten, daß sie früher diesen athletisch anspruchsvollen und – wie erwähnt – nicht eben sittsamen Tanz beherrscht hat; der englische Hof zeichnet sich nicht durch Prüderie aus.[12] Allerdings könnten es auch nur hoch getanzte Galliarden gewesen sein, und Galliarden tanzt Elisabeth leidenschaftlich gern. 1589 – Elisabeth ist 56 Jahre alt – schreibt Sir John Stanhope, ein Höfling, an Lord Talbot: «Ich versichere Sie, die Königin ist bei sehr guter Gesundheit; ihre morgendlichen Leibesübungen bestehen – neben Musizieren und Singen – aus sechs bis sieben Galliarden».[13] Sicherlich eine recht anstrengende tägliche Körpertüchtigung, denn die Galliarde, der Volta ja verwandt, verlangt große Beweglichkeit, Körperbeherrschung und Ausdauer. Bis ins hohe Alter ist Elisabeth fähig, die Galliarde zu tanzen. 1599 schreibt ein spanischer Beobachter mit sarkastischem Unterton seinem König, das Oberhaupt der Kirche von England und Irland habe in der Zwölften Nacht trotz ihres hohen Alters drei oder vier Galliarden getanzt. Wenig später, an der Hochzeit von Anne Russell, tanzt sie «gayement et de belle disposition»[14]; diesmal geht die Kunde nach Frankreich. In einem Brief vom 21. April 1602 berichtet der französische Gesandte seinem König: «Nach dem Dinner war ein Ball; sie (die Königin) tanzte mit dem Herzog von Nevers eine Gaillarde mit einer für ihr Alter bewundernswerten Disposition; diese Ehre habe sie seit dem Tode des Herzogs von Alençon keinem ausländischen Prinzen mehr gewährt.» Elf Monate später stirbt Elisabeth; Frederick Chamberlin schreibt dazu: «In this

was felt particularly in the arts of bodily exercise in riding, fencing, and dancing instruction she led the world.»

[12] Ausländer, auch Franzosen, sind erstaunt, daß die Königin Kleider trägt, die bis zum Nabel offen sind; auch auf dem Weg zur Kapelle sind ihre Brüste frei sichtbar, «as all the ladies have it till they marry»; vgl. Neville WILLIAMS 1967:227; ferner CHAMBERLIN 1921:71. In der Spätphase der Regierungszeit strafft Elisabeth die Zügel am Hofe: «There is plenty of evidence that the dignity and sobriety which, on the whole, had characterized Elizabeth's Court soon vanished under the lax rule of the successors.» CHAMBERS Bd. 1 1923:6.

[13] Vgl. CHAMBERLIN 1921:111.

[14] «Ausgelassen und in guter Verfassung».

dance with Death, typical of the nation, we have the quintessence of the soul and heart of the Great Queen.»[15] Zwei Monate nach dieser letzten verbürgten Galliarde, Anfang Juli 1602, veranlaßt Elisabeth, daß ihrem potentiellen, doch immer noch nicht designierten Nachfolger, Jakob VI. von Schottland, in allen Einzelheiten dieser Tanz mit dem Herzog von Nevers nach Edinburgh übermittelt wird, um ihm zu beweisen, wie rüstig sie noch ist.[16] Bis kurz vor ihrem Tode instrumentalisiert mithin die Königin das Tanzen als Medium der Selbstdarstellung, wo immer sich Gelegenheit bietet.

Insbesondere setzt sie ihre Tanzkunst als Trumpfkarte in dem sich über zwei Jahrzehnte hinziehenden – innen- wie außenpolitisch gleichermaßen hochbrisanten – Spiel ihrer Vermählung ein. Kaum ist sie gekrönt, kommen Werbungen aus allen Himmelsrichtungen: Schweden, Dänemark, Spanien, Österreich, Frankreich, den Niederlanden. Dazu gesellen sich eigene Landsleute, die sich Hoffnungen machen, die Hand der Königin zu gewinnen: Leicester, Oxford, Sidney, Hatton, Essex, um nur die Favoriten unter jenen zu nennen, die um die Gunst der Königin buhlen. So wie die Porträts der Königin den fremden Bewerbern überbracht werden, um einen Eindruck ihrer Majestät zu vermitteln, so zelebriert Elisabeth ihre Tanzkünste – wie auch ihre anderen Talente des «polite learning» – vor den als Beobachter und Vermittler fungierenden ausländischen Gesandtschaften, wissend, daß ausführliche Berichte dem Freier zugehen. Kommt dieser selbst zum Augenschein nach England, so wird ihm die Möglichkeit geboten, sich aktiv als Partner von den Tanzkünsten der Königin zu überzeugen, wie das Beispiel des Herzogs von Alençon illustriert. Der Frosch, wie Elisabeth den Herzog liebevoll nennt, kommt Ende Oktober 1581 nach London und bleibt bis zum 1. Februar 1582; Elisabeth steht kurz vor ihrem 49. Geburtstag: Sie tanzt eine ihrer letzten Galliarden mit einem fremden Prinzen, der um ihre Hand anhält!

Sowohl die traditionellen als auch die neu eingeführten Hoftänze eignen sich als Medium majestätischer Selbstdarstellung bei diesen Brautschauen: Die traditionellen sind Formen der Pavane in offener Linie oder im geschlossenen Kreis (Brandle, Measure), deren steife,

---

[15] «In diesem Tanz mit dem Tod, typisch für die Nation, liegt die Quintessenz von Seele und Herz der großen Königin.» Vgl. CHAMBERS Bd. 1 1923:6; CHAMBERLIN 1921:109 und 106.
[16] CHAMBERLIN 1921:105.

feierliche und hoheitsvolle Bewegungskultur sich für die Eröffnung des Balles anbietet; bei den neuen sticht die Galliarde alle anderen aus, hat sie doch Charakteristika eines Werbetanzes. Curt Sachs schreibt: «Die Galliarde ist, solange die Pavane lebt, ihr ständiger Nachtanz – keck, ausgelassen, wie der Name sagt, ohne ‹niedere› Schritte, aus Stoßschritten und Sprüngen zusammengesetzt. Als einziger Tanz der Zeit wird sie barhaupt, mit dem Hut in der Hand ausgeführt. (...) Denn zunächst hatte auch sie einen Zug ins Pantomimische. Der Tänzer durchschritt mit seiner Partnerin ein oder zweimal den Saal, ließ sie los und tanzte vor ihr; sie entwich tanzend in das entgegengesetzte Saalende, und der Tänzer überbot hier seine bisherigen Künste, und so ging es in ständiger Steigerung, bis die Spielleute die Instrumente absetzten – wie man sieht, das altbekannte Werbe- und Sprödenspiel.»[17] Leicht vorstellbar, wie Elisabeth bei diesen Balztänzen sich der besten Tänzer des Hofes bedient – allen voran Leicester und Hatton: ein Hahnenkampf, bei dem die heimischen wie die fremden Freier aktiv gestaltend oder als Zuschauer passiv erduldend mitzuspielen haben und gegeneinander ausgespielt werden. Beim jahrzehntelangen Werben um ihre Hand erweist sich die Königin als eine Meisterin des hinhaltenden Taktierens. Wie Penelope, Odysseus' Gemahlin, hält sie die Schar ihrer Freier in Hoffnung, Enttäuschung, Eifersucht und erneuter Erwartung listig hin.[18]

Bei einigen Bewerbern ist Elisabeth besonders veranlaßt, ihre körperliche Gewandtheit zur Geltung zu bringen, ist doch der Altersunterschied beträchtlich. Als 1570 eine Heirat mit dem Herzog von Anjou, dem Bruder des französischen Königs, im Gespräch ist, äußert Elisabeth selbst Bedenken wegen des Altersunterschiedes gegenüber dem französischen Gesandten und befragt deswegen auch ihre Ehrendamen, denn sie ist 37jährig und er kaum 20. Um so mehr muß eine ihr zugetragene Bemerkung aus dem Munde dieses Freiers sie verletzt haben: «Sie ist eine alte Kreatur und hat ein schlimmes Bein», und das wird einer viel bewunderten und auf ihre Künste stolzen königlichen Tänzerin zugemutet! Elisabeth scheint zu dieser Zeit tatsächlich durch ein Geschwür am Schenkel behindert zu sein. Doch kaum genesen, tritt sie tanzend zur Replik an: Am 10. Mai schreibt der französische

---

[17] SACHS 1984:241; das Zitat geht weiter: «Heute, klagt Arbeau, tanzt man sie tumultuarisch und begnügt sich, die *cinq pas* und *quelques passages sans aucune disposition* zu machen; die Abstoßung des Pantomimischen ist vollzogen.» Diese Feststellung Arbeaus bezieht sich auf die zweite Hälfte des 16. Jahrhunderts.
[18] Vgl. Neville WILLIAMS 1967:94ff.

Gesandte an seinen Souverän, die Königin habe zu ihm gesagt, allen üblen Nachrichten wegen ihres Beines zum Trotz habe sie das Tanzen nicht vernachlässigt, und zwar am vergangenen Sonntag anläßlich der Hochzeitsfeier des Marquis von Northhampton. Sie hoffe deshalb, den Herzog zu überzeugen, daß er nicht – durch Vertuschen – einen Krüppel heirate, sondern eine Dame mit gutem Tritt («a lady of proper paces»).[19]

Die Anekdote vom schlimmen Bein («sore leg») illustriert, wie wichtig der Gesundheitszustand der Königin ist. Gesundheitszustand und Heiratsfragen sind eng miteinander verbunden. Das Tanzen dient deshalb Elisabeth bis ins hohe Alter als Mittel der Selbstdarstellung. Gerade weil sich einerseits die Heiratsfrage über Jahrzehnte hinzieht und schließlich zu einem Streichresultat führt, andererseits Elisabeth bis zu ihrem Tode nicht bereit ist, die Nachfolgefrage zu regeln, wird der Gesundheitszustand von Freund und Feind – in Besorgnis oder freudiger Hoffnung – im In- und Ausland mit Sperberaugen beobachtet. In den Gesandtschaftsberichten und in privaten Korrespondenzen findet der Gesundheitszustand der Königin wohl ebenso oft wie die Heiratspläne Erwähnung. Das schon mehrfach zitierte Werk von Frederick Chamberlin «The Private Character of Queen Elizabeth» befaßt sich ausschließlich mit dieser Frage und reiht – zuweilen unkritisch und nicht ohne Vorurteil – Quellenbeleg an Quellenbeleg im Bemühen, die Krankengeschichte der Königin zu rekonstruieren: eine endlose Folge von Nachrichten, Gerüchten, Weissagungen und Hofklatsch. Schon in den ersten Regierungsjahren sind Vorhersagen im Umlauf, Elisabeth werde bald sterben.[20] Immer und immer wieder sieht sich die Königin deshalb gezwungen, ihre körperliche Agilität, Frische und Präsenz öffentlich zu demonstrieren und zu zelebrieren: mit Reiten, Jagen, ritterlichen Spielen und ganz besonders mit Tanzen. Das Beispiel des schlimmen Beins dokumentiert, wie Heirats- und Gesundheitsfragen verknüpft sein können. Bei der letzten Galliarde, die Elisabeth im Frühling 1602 mit dem Herzog von Nevers tanzt, entfällt zwar diese Doppelfunktion, doch zeigt die Kunde von diesem Tanz, die Elisabeth ihrem potentiellen Nachfolger zugehen läßt, daß

---

[19] CHAMBERLIN 1921:60; über das Geschwür am Bein siehe CHAMBERLIN 1921:58f; vgl. ferner Neville WILLIAMS 1967:183. Als der jüngere Bruder, der Herzog von Alençon, um die Hand von Elisabeth anhält, ist diese doppelt so alt wie ihr Freier.

[20] CHAMBERLIN 1921:54.

auch bei dieser Galliarde politische Absichten als Schrittmacher dienen.

Nicht nur in der Öffentlichkeit demonstriert und zelebriert Elisabeth ihre körperliche Gewandtheit und Gesundheit sowie ihre musischen Talente, sondern auch – gezielt für ausgewählte Adressaten – listig heimlich; auch dies bis ins hohe Alter. Im September 1599 berichtet beispielsweise der schottische Gesandte seinem König, er habe «die Königin durch das Fenster (...) die Spanish Panic zu einer Pfeiffe und Trommel tanzen gesehen; nur Mylady Warwick war anwesend».[21] Elisabeth benützt noch andere verdeckte Mittel, um dem ungeduldig wartenden Jakob VI. ihre Rüstigkeit zu beweisen: Sie gewährt dem schottischen Gesandten eine Audienz, läßt ihn in einem Vorzimmer warten, dessen Vorhang mit Absicht so weit geöffnet ist, daß er die Königin zu einer Geige tanzen sieht. «Und selbstverständlich», so Frederick Chamberlin, «gibt sie sich überrascht, verlegen und beschämt als sie entdeckt, daß er diese Indiskretion mit Vergnügen beobachtet. Das einzig Bemerkenswerte an dieser Geschichte ist, daß sie sich nicht auf ihren Todestag bezieht, denn bis zu ihrem letzten Atemzug solche Streiche zu spielen, hätte ihr genau entsprochen».[22] In der Tat, diese List der quasi heimlichen Selbstdarstellung verwendet Elisabeth oft und gern – nicht nur für den schottischen König als Adressaten und nicht nur, um ihre Tanzkunst, sondern auch um ihre musikalische Begabung zur Geltung zu bringen: Elisabeth ist eine so talentierte Spinettspielerin (englisch «virginal»), daß in späteren Jahren fälschlicherweise angenommen wird, der Name «virginal» leite sich von der «Virgin Queen» ab. Als Sir James Melville, der Abgesandte der Königin Maria von Schottland, 1564 am englischen Hofe weilt, führt ihn Lord Hunsdon auf eine Galerie, von der er unbemerkt zuhören kann, wie Elisabeth Spinett spielt. Als sie den heimlichen Lauscher bemerkt, kommt sie hervor, macht eine Handbewegung, als wolle sie ihn schlagen, und versichert, daß sie nicht vor Leuten, sondern nur alleine spiele, um die Melancholie zu verscheuchen. Melville entschuldigt sich, betont, daß er von ihrem Spiel hingerissen sei; sie spiele weit besser als seine eigene Königin – und genau das wollte Elisabeth

---

[21] CHAMBERLIN 1921:110. Es handelt sich bei der «Spanish Panic» wohl um eine Spätform der «Pavane d'Espagne»; Sachs 1984:240 schreibt: «Gegen Ende des Jahrhunderts lockerte sich das ganze Tanzwesen auf. Um 1600 drang daher aus Spanien eine verkleinerte Form ein, deren Musik figuriert und deren Bewegungen mit Hüpfen (Fleurets) durchsetzt waren.»
[22] CHAMBERLIN 1921:105f.

beweisen und hören, denn sie drückt Melville während dessen Aufenthalt in London den Apfel des Paris in die Hand: «Sie sieht ihn häufig, kleidet sich für jede Audienz anders, stellt sich – auf Komplimente erpicht – zur Schau – fragt, ob sie oder Maria die feineren Haare oder die bessere Komplexion hätten, wer von beiden vollendeter Spinett spiele, besser tanze und sprachgewandter sei. Melville ist Diplomat: ‹Sie sei die edelste Königin von England und meine Herrin die edelste Königin von Schottland.› Die Antwort genügt Elisabeth nicht, sie hakt nach und fragt, wer größer sei; ‹Maria›, antwortet Melville: ‹Dann ist sie zu groß, denn ich bin weder zu groß, noch zu klein›, erwidert Elisabeth.»[23] Der schottische Abgesandte behält den Apfel in der Hand!

Die tanzende Königin ist nicht nur Gesprächsstoff für den Hof; ganz London ist daran interessiert. «The letters of Chamberlain» dokumentieren diesen Sachverhalt: Geboren 1554 als Sohn reicher Eltern, studiert Chamberlain am Trinity College, Cambridge, ohne Abschluß und wird wahrscheinlich 1575 am Gray's Inn aufgenommen. Sein Briefwechsel mit nahen Freunden, der nicht mit Blick auf eine Veröffentlichung geführt wurde, beginnt 1597, zu einer Zeit, da er ein geruhsames Rentierdasein ohne materielle Sorgen fristet. In seinen Briefen berichtet er seinen Adressaten frank und frei über das, «was er sieht und hört, über all das worüber London vorzüglich spricht».[24] In diesen Briefen findet auch die tanzende Elisabeth, deren Regierungszeit zu Ende geht, Erwähnung. Am 17. Januar 1599 teilt Chamberlain z. B. seinem Freund Dudley Careton mit: «Um mit dem Neuesten zu beginnen, die Königin hat am Zwölften Tag, die Heiligen Tage beschließend, zu Ehren des dänischen Gesandten, mit dem Earl of Essex, sehr reich und neu gekleidet, getanzt.» Dem gleichen Freund schreibt er am 3. Februar 1601: «Während der Heiligen Tage war der Herzog von Bracciano [Chef des Hauses der Orsini in Rom], der nach Frankreich kam, um die neue Königin, seine leibliche Cousine, zu besuchen, hier. Die Königin unterhielt ihn gnädig, und um zu zeigen, daß sie

---

[23] Neville WILLIAMS 1967:246; hier noch weitere Beispiele, wie Elisabeth stolz, doch mit Understatement ihre musikalischen Talente vor Gästen unter Beweis stellt; ferner Neville WILLIAMS 1967:123f; das Zitat ist etwas frei übersetzt, auch das erste, nicht in Anführungszeichen gesetzte Zitat. Elisabeth wird in Pageants, Masks und Gedichten oft als Paris allegorisch verkörpert; sie wird aufgefordert, mit dem Apfel das Urteil zu fällen; vgl. dazu MONTROSE 1977:14f.

[24] THE LETTERS OF JOHN CHAMBERLAIN Bd. 1 1939:2; Gray's Inn ist eine der vier Inns of Court; vgl. dazu unten S. 31.

noch nicht so alt ist, wie einige dies haben wollen, tanzte sie in seiner Gegenwart sowohl Measures, als auch Galliarden.» Auch den Tanz mit dem Herzog von Nevers im Frühjahr 1602 meldet er schon wenige Tage später, am 26. April, seinem Freund und fügt hinzu, daß die Musiker und andere untere Hofbedienstete sich beklagt hätten, der Herzog sei mit Trinkgeldern «very dryhanded» gewesen.[25]

Die schon mehrfach erwähnten Zwölf Nächte oder Zwölf Tage geben Anlaß, kurz auf die Fest- und Tanztermine und -orte einzugehen: Die Heilige Zeit zwischen Weihnachten und Dreikönigstag – mit der Zwölfzahlsymbolik in den verschiedensten Kulturkreisen seit alters hoch bewertet – ist der wichtigste Fest- und Tanztermin im Jahreslauf.[26] Der Hof ist in London, und die Festlichkeiten finden zumeist in Whitehall Palace statt. Zu Ehren fremder Prinzen, Würdenträger und Gesandten werden hier wie anderswo auch zu anderen Zeiten Festlichkeiten mit Tanz veranstaltet. Dazu kommen Hochzeiten des einheimischen Hochadels und hoher weltlicher Würdenträger in- und außerhalb Londons, entweder im Hause der Braut oder des Bräutigams und in Anwesenheit der Königin. Während der Zeit zwischen Frühsommer und Frühherbst befindet sich die Königin auf dem sogenannten «Progress», d. h. sie zieht mit Gefolge durch die Lande und ist zu Gast in adeligen Häusern, Städten und bei weltlichen wie geistlichen Institutionen. Die Gastgeber sind bemüht, die Königin und ihre Entourage fürstlich zu unterhalten; dazu gehören – neben Jagd, ritterlichen Spielen (tilts), pageantry, masks, Theater, Musik – auch Tanzbelustigungen. Wir werden später noch ausführlich auf die Elemente der elisabethanischen Festkultur eingehen; hier sei nur darauf hingewiesen, daß das Tanzen als Teil der gesamten Festkultur zu analysieren und zu interpretieren ist.

Was und wie und mit wem wird getanzt? Einige wenige Anmerkungen, die für unsere Fragestellung und Erkenntnisabsicht von Bedeutung sind, müssen an dieser Stelle genügen. Wir haben nicht die Absicht, eine Tanzgeschichte zu schreiben; deren gibt es genug, und zwar von wirklichen Experten – zu denen wir uns nicht zählen können.[27] Erwähnt wurde schon, daß zum Repertoire traditionelle und neu eingeführte Tänze gehören – eine Mischung, die, wie bei der Festkultur insgesamt, die soziokulturelle Umbruchsituation in der

---

[25] THE LETTERS OF JOHN CHAMBERLAIN Bd. 1 1939:62, 115 und 139.
[26] Es gibt ein Drama von William Shakespeare mit dem Titel «Twelfth Night».
[27] Siehe Bibliographie.

elisabethanischen Ära manifestiert; doch darüber später mehr. Sir John Davies zählt in seiner 1596 erschienenen «Orchestra, or a Poem of Dancing» zu den traditionellen Tänzen Brandle, Rond, Hay, Ringtänze und Measure; dies sind Tänze, bei denen sich die Paare kettenförmig in offener Linie oder in geschlossenem Kreis vereinigen. Sie gehen zurück auf mittelalterliche Vorbilder, pavaneartige offene Schreittänze und Reigen, in all ihren Spielarten – und der Spielarten gibt es auch in der elisabethanischen Ära viele, die einen mehr feierlich, getragen, hoheitsvoll, würdig, die anderen mehr ausgelassen – mit Hüpfen und Springen – je nach Anlaß, Alter der Tanzenden oder Plazierung in der Abfolge der Tänze. Gerade bei diesen Tänzen ist es allerdings schwierig, zwischen alt und neu zu unterscheiden. Einerseits werden traditionelle Formen in verschiedensten neuen Variationen abgewandelt; die Tanzbegeisterung findet ihren Niederschlag in der Kreation neuer choreographischer Arrangements – eine eigentliche «Invention of Tradition» und die Benennung wie «The Earle of Essex Measure» oder «The Ladye Laytons Measure» könnten auf ihre Schöpfer oder Impulsgeber schließen lassen.[28] Andererseits gehört zu dieser Kreativität und Innovationsfreudigkeit auch die Integration und Adaption ländlicher Volkstänze ins höfische Tanzrepertoire. Die Country-dances werden in mannigfacher Art und Weise hoffähig und gelangen von England im 17. Jahrhundert auf den Kontinent. In ihren Ketten und Reigenformen sind diese Country-dances traditionell – in vielen Elementen wohl ursprünglich ein gesunkenes Kulturgut. Übernimmt die «polite world» des englischen Hofes aber diese Tänze, so muß von einem aufsteigenden Kulturgut gesprochen werden. Welche Triebkräfte dahinter stehen, wird später zu zeigen sein.

Besondere Beliebtheit erlangen die Measures, Reigentänze, die William Shakespeare als «Mannerly modest, full of state and ancientry»[29] und Sir John Davies als «solemne, grave and slow»[30] charakterisiert; sie eignen sich deshalb für die Eröffnung eines Balles oder für den Beginn einer Mask. In seiner «Orchestra» vergleicht Davies die dreizehn

---

[28] Die einzelnen Tänze sind bei SACHS 1984 aufgeführt (siehe dessen Register); für die Benennung der Measures vgl. CUNNINGHAM 1965:40; dieser Autor nennt als Erscheinungsjahr der «Orchestra» 1594, «while he (Davies) was still a student» CUNNINGHAM 1965:8; SACHS 1984:263 nennt 1595 als Erscheinungsjahr, und TILLYARD 1974:111 datiert «Orchestra» auf das Jahr 1596.
[29] «Sittsam bescheiden, voller Pracht und Ehrwürdigkeit».
[30] «Feierlich, schwer und langsam».

jährlichen Mondumläufe mit Measures – eine der vielen kosmologischen Metaphern mit symbolischem Bezug zu Elisabeth, die nicht nur als Sonnenkönigin gefeiert wird, sondern sich auch in Abbildungen, Gedichten, Allegorien bei Pageants und Masks mit kosmisch-astrologischen Phänomenen in Verbindung bringen läßt.[31]

Die neu eingeführten höfischen Tänze, die Galliarde, die Volta und die Courante, sind alle drei Importe aus Frankreich. Von der Volta war schon die Rede, außerdem von der Galliarde, die sich einer außerordentlichen Beliebtheit erfreut und wie die Measure in den verschiedensten Varianten getanzt wird. In «Practise for Dauncinge», einer Tanzanleitung, verfaßt 1606 für Mitglieder der Inns of Court (Middle Temple), werden z. B. fünf verschiedene genannt, darunter auch eine «Lesters Galliard» und eine «Robertoes Galliard» – steht Leicester, «sweet Robin», wie Elisabeth ihn nennt, bei beiden Pate? Die Galliarde wurde schon als Werbetanz vorgestellt. Arbeau gibt seinem Schüler folgende Instruktionen: «Die Gaillarde nennt man deswegen so, weil man lustig und aufgeräumt sein muß, um sie zu tanzen; und wie immer man auch das Tempo verlangsamt, so sind die Bewegungen dabei doch noch frei und frisch. Seit einiger Zeit tanzt man die Gaillarde in einer Weise, welche Lyonnaise heißt, bei welcher der Tänzer seinen Platz einem anderen überläßt, seiner Tänzerin congé macht, und sich zurückzieht. Nachdem die Tänzerin nun nach seinem Weggehen eine Weile allein den Tanz fortgesetzt hat, wählt sie sich einen anderen Partner, den sie nun ihrerseits, nachdem sie mit einander getanzt, verläßt, und sich zurückzieht. Diesen Wechsel setzt man fort, so lange die Gaillarde gespielt wird.»[32]

Auch die Courante ist ursprünglich ein pantomimischer Werbetanz mit dem typischen Sprödenspiel der Partnerin; der 1519 in Dijon

---

[31] «Much ado about nothing», II,1, zit. bei SACHS 1984:263; dort auch die Hinweise auf den Vergleich der Measure mit den dreizehn Mondumläufen; vgl. ferner CUNNINGHAM 1965:12; hier auch das Zitat aus der «Orchestra», nach welchem die bäuerliche Round der würdigeren und feierlicheren Measure habe weichen müssen, als die Menschen zivilisierter wurden. Pageant ist eine Art Aufzug oder Umzug; darüber später noch mehr. Das folgende Unterkapitel ist den Masks gewidmet. Walter Raleigh, Dichter, Seeheld und Günstling der Königin, wird von dieser einmal «the Shepherd of the Ocean» genannt, worauf er erwidert, «that the oceans were always ruled by the moon». In seiner poetischen Imagination wird Elisabeth denn auch als Mond oder Cynthia gehuldigt und verehrt; vgl. Neville WILLIAMS 1972:165.

[32] Zu den fünf Galliarden in der «Practise for Dauncinge» CUNNINGHAM 1965:40; das Arbeau-Zitat bei CZERWINSKI 1878:43.

geborene Arbeau schildert seinem Schüler ausführlich, wie «zu meiner Zeit» (in seiner Jugend, mithin um 1540) das Balzen tänzerischen Ausdruck findet. Schon wenige Jahre später, um die Mitte des Jahrhunderts, verliert die Courante diesen balzenden Pantomimencharakter. Der elisabethanische Hof tanzt verschiedene Spielformen der Courante, langsamere und – wie wir von William Shakespeare gehört haben – schnellere («swift corantos»).[33] «Die Tanzbewegung», so Curt Sachs, «(ist) ein ständiger Wechsel von zwei einfachen Schritten und einem Doppelschritt nach links und den gleichen Tritten nach rechts – (...) ein hüpfendes Hin und Her (...). Zwei Takte links, zwei Takte rechts: die Paare müssen den Saal im Zickzack durchmessen (...).» Die höfische Courante (courante simple an der Hand) gilt als Mutter des Menuetts, obgleich ihr die grazile Bewegungskultur der Tochter abgeht.[34]

Die schon erwähnte Tanzanleitung für Mitglieder der Inns of Court (Middle Temple), «Practise for Dauncinge», führt auch einen «Temple Coranto» auf – ein Beweis dafür, daß die choreographische Innovationsfreudigkeit auch vor der Courante nicht halt macht und sogar die Inns of Court infiziert. Cunninghams Studie ist dieser Thematik gewidmet; sie zeigt, daß namentlich in der elisabethanischen Ära die Inns of Court von der Tanzwut angesteckt werden. Diese Tanzanleitung enthält 21 verschiedene Tänze, von «The ould Measures Quadran pavon» bis zu «The French Brawles», von «The Queenes Alemaine» bis zu «The French Levolta» und «The French Galliarde», um nur diese zu nennen – wahrlich ein Repertoire, das die große Nachfrage nach Tanzlehrern und Tanzschulen verständlich macht. Zu den Mitgliedern der Inns of Court gehören nicht nur Richter und Advokaten; die Inns sind zu dieser Zeit auch eine Institution «for the education of the sons of the nobility and gentry», um diese für die «polite world» zuzurüsten. Dazu gehören selbstverständlich Tanz und Verhaltensschulung. Sir John Davies schreibt sein Gedicht «Orchestra», als er an einer solchen Schleifschule «for courtlie Gentlemen» studiert, dem Middle Temple; er weist sich in diesem Gedicht als Kenner der verschiedensten Tanzformen aus. Hat «Orchestra» die zehn Jahre später erscheinende «Practise for Dauncinge» angeregt?[35]

---

[33] Vgl. CZERWINSKI 1878:81; zu «swift corantos» vgl. oben S. 19.
[34] SACHS 1984:244; TAUBERT 1968:98.
[35] Vgl. CUNNINGHAM 1965:40 und 21 – die Bemerkung bezieht sich auf eine Quelle des Jahres 1630. Wie exklusiv die Mitgliedschaft in der elisabethanischen

Mit der imponierenden Zahl von 21 Tänzen ist das elisabethanische Tanzrepertoire jedoch keineswegs erschöpft. Wohl gegen ein Dutzend verschiedener Country-dances werden von der Hofgesellschaft gepflegt; dazu gesellen sich – neben Volta, Galliarde und Courante – noch andere vom Kontinent importierte Hoftänze. Ist es Zufall, wenn sich die internationale Politik auch in Tanzinnovationen niederschlägt? Am 19. September 1602, die irischen Rebellen sind noch nicht besiegt, schreibt der Earl of Worcester an den Earl of Shrewsbury: «Wir sind hier am Hofe ausgelassen: In der Privy Chamber werden Country-dances getanzt in Anwesenheit Ihrer königlichen Majestät, die darüber außerordentlich erfreut ist. Die irische Musik ist zur Zeit am beliebtesten.»[36] Machen Höflinge, die in Irland die Rebellen zu befrieden versuchen – unter ihnen ja auch Essex –, diese «Irish tunes» populär? Ist die sich über Jahrzehnte hinziehende schottische Frage und die zu Ende der Regierungszeit in Aussicht stehende Vereinigung Schottlands mit England durch den potentiellen Nachfolger Grund dafür, daß der «Scotch Jig», auch von William Shakespeare in «Viel Lärm um nichts» erwähnt, so beliebt ist? Als die englischen Seehelden, Höflinge und Favoriten der Königin Cadiz überfallen – Drake 1587 und Essex 1596 –, tanzt der Hof die spanische Pavane und die Spanioletta, beide in «Practise of Dauncinge» aufgeführt, und die Königin läßt den schottischen Gesandten 1599 durch das Fenster zusehen, wie sie die «Spanish Panic» tanzt. In der Zeit, in der die englischen Schiffe beginnen, die Meere zu regieren, und im Atlantik den spanischen Silberflotten auflauern, üben zu Hause der «ideal gentleman» und die «ideal gentlewoman» einen neuen Tanz, den «Canaries», auch er ein Werbetanz, nach Curt Sachs von den kanarischen Inseln über Spanien nach Frankreich gekommen: «Die Bewegungen sollen keck, bizarr und fremdartig sein. Wesentlich ist die

---

Ära war, entzieht sich unserer Kenntnis; möglicherweise waren die Inns of Court damals sozial etwas offener; CUNNINGHAM 1965:5f (Davies bekleidet später hohe richterliche Ämter). HUDSON 1980:39 charakterisiert die elisabethanischen Inns of Court folgendermaßen: «The major Inns of Court existed primarely to prepare and certify young men to serve as barristers, instructing them in the behavior and graces of gentlemen as well as in the common law and points of legal procedure.» Elisabeth soll Hatton in Gray's Inn bei einer Mask tanzen gesehen haben und ihn daraufhin 1564 in ihr Corps of Gentlemen Pensioners (königliche Leibgarde) aufgenommen haben; vgl. Neville WILLIAMS 1967:185.

[36] CHAMBERLIN 1921:106.

Verbindung von Hupf und Stampfen und innerhalb des Stampfens der Wechsel von Ferse und Sohle.»[37]

In den angeführten Quellen tanzt Elisabeth mit männlichen und auch weiblichen Partnern, allein in ihren Räumen, oder sie verfolgt als kritisch-aufmerksame Zuschauerin das Tanzen. Dies führt zur Frage: wer tanzt mit wem? Bei der Beantwortung dieser Frage müssen sowohl die choreographischen Spielformen der Tänze als auch die Einbettung der Tänze in die Festgestaltung in Rechnung gezogen werden. Es gibt Choreographien, bei denen nur eine festgesetzte Zahl von Tanzpaaren zugelassen ist; sie können gleich- oder ungleichgeschlechtlich sein. Insbesondere wenn die Tänze Bestandteil einer Mask sind, werden bei der Eröffnung mit Vorliebe solche Formen gewählt. Zumeist sieht dann die Inszenierung der Mask vor, daß nach Beendigung dieser Tänze mit festgelegter Paarzahl die Paare sich auflösen und Zuschauer zum Tanzen auffordern. Es sei in diesem Zusammenhang erwähnt, daß solche Eröffnungstänze bei Masks oft Anlaß zu Tanzinnovationen bieten.

Neben solchen ‹Numerus clausus›-Tänzen, wenn diese Bezeichnung gestattet ist, gibt es Tänze ohne Restriktionen. Wie wir bei einer französischen Variante der Galliarde («Lyonnaise») gesehen haben, können während eines Tanzes auch die Partner gewechselt werden. Auch bei Ketten- und Reigentänzen – alten höfischen und neu eingeführten Country-dances – kommt Partnerwechsel vor. Ferner gibt es Arrangements, bei denen abwechslungsweise ein Paar alleine tanzt und die übrigen zuschauen. Schließlich zeichnen sich Tänze, die ursprünglich pantomimisches Werben darstellten, dadurch aus, daß der Tänzer gleichsam balzend komplizierte Hüpf-, Sprung- und Schrittbewegungen alleine ausführt, die Tänzerin hingegen spröde abseits steht.

Zuschauen und Tanzen sind untrennbar miteinander verbunden. Der Höfling fühlt sich immer auf einer Bühne; die «polite world» verlangt, daß er mit Konduite sein Verhalten – ob beim Sprechen, in seiner Gestik oder seinen Körperbewegungen – beherrscht und kontrolliert. Ganz besonders trifft dies auf das Tanzen zu; deshalb ist Tanzen so wichtig für die Zurüstung des «ideal gentleman» und der «ideal gentlewoman». Die Tanzenden am elisabethanischen Hof wissen, daß der kritische Expertenblick der Königin ihre Künste beobachtet; den Tanzenden wird Lob oder Tadel ihrer Majestät zuteil.

---

[37] SACHS 1984:245 f; der «Canaries» ist bei CUNNINGHAM 1965:12 erwähnt; die Quelle bezieht sich auf das Jahr 1621 (ein Drama von Middleton).

1. Zur Instrumentalisierung des Tanzes durch Elisabeth

Wir haben eingangs betont, daß dieses erste Unterkapitel mit Berichten von der tanzenden Königin nur recht vordergründige Ziele im Visier hat; abschließend möchten wir dies nochmals unterstreichen. Nur wenn Tanzen im Zusammenhang gesehen wird mit dem soziokulturellen Habitus des elisabethanischen Hof- und Festlebens, können Verbindungen mit dem Herrschaftsstil und der Herrschaftslegitimierung aufgezeigt werden und kann Tanzen zur Entschlüsselung des elisabethanischen Weltbildes dienen. Dies soll zunächst im zweiten Unterkapitel anhand einer Analyse und Interpretation der Mask versucht werden. Das Gedicht «Orchestra» hilft uns bei der Überleitung.

In seiner brillanten Studie «The Elizabethan World Picture» charakterisiert Tillyard «Orchestra» als eine «perfekte Beschreibung des als Tanz gesehenen Universums».[38] In diesem Gedicht tritt Penelope unter die Schar ihrer Freier, von Athene an dem Abend mit besonderer Schönheit ausgezeichnet. Der Hauptbewerber, Antonius, bittet sie zum Tanz. Penelope lehnt ab; dies löst einen Diskurs zwischen den beiden aus. Das Universum selbst sei doch ein großer Tanz, der viele kleinere Tänze mit einschließe, so Antonius; deshalb solle Penelope tanzend teilhaben an der kosmischen Harmonie. Die schöpferische Liebe habe die Teilchen zuerst überzeugt, sich in einer Ordnung zu bewegen. Zeit und all ihre Maße seien ein Tanz. Die Sterne hätten ihren eigenen Tanz; der größte – jener des Großen Jahres – umspanne sechstausend Sonnenjahre. Die Sonne hofiere die Erde in einem Tanz. Die verschiedenen Elemente hätten verschiedene Zeitmaße (measures; mithin doppeldeutig, d. h. auch eine Tanzform).

Antonius' Überredungsversuche gehen weiter, indem er nicht nur das Universum und seine Elemente, sondern auch Pflanzen, Blumen und Bäume nach der Sphärenmusik tanzen läßt: «Love makes them dance and in just order move.»[39] Schließlich sei Tanzen auch die eigentliche Grundlage der menschlichen Zivilisation; Penelope sei selbst erfüllt davon, ohne es zu wissen. Der Gott der Liebe flüstert Antonius ein letztes Mittel ein, Penelope zum Tanzen zu bewegen: Er gibt ihr ein magisches Glas, in dem sie zunächst den Mond mit tausend Sternen sieht, die sich um ihn drehen; dann aber erscheint der sterbliche Mond, Elisabeth, umgeben von ihrem Hof.

Davies hat sein Gedicht nie beendet. Tillyard glaubt annehmen zu

---

[38] TILLYARD 1974:111 ff; das folgende ist eine enge Anlehnung an den Text von Tillyard, weitgehend eine freie Übersetzung.
[39] «Liebe läßt sie tanzen und sich in rechter Ordnung bewegen.»

dürfen, daß der Anblick der Königin als Mittelpunkt des tanzenden Hofes in «unserem Goldenen Zeitalter» Penelopes Widerstand überwindet. Erinnern wir uns an Elisabeth, wie sie ihre Tanzkünste als Trumpfkarte bei den in- und ausländischen Werbungen einsetzt. Sie hält – wie Penelope – die Freier listenreich hin. Im Gedicht «Orchestra» ist dieser vordergründige Bezug gewiß in Betracht zu ziehen, doch die Allegorie beinhaltet weit mehr, wie die folgenden Ausführungen über Masks zeigen werden. Der Diskurs zwischen Antonius und Penelope in «Orchestra» könnte ebensogut eine Textvorlage für die Inszenierung einer Mask sein – einer Mask, bei der schließlich Penelope (Elisabeth) mit Antonius tanzt.

2. Mask und elisabethanische Hofkultur

Im Sommer des Jahres 1600 verläßt Anne Russel, eine der Ehrendamen Elisabeths I., den königlichen Hof, um sich mit Henry Lord Herbert, dem Sohn des Earl of Worcester, zu verheiraten. Auch die Königin nimmt an den Hochzeitsfeierlichkeiten teil. Sie logiert im Hause Lord Cobhams, der sich in der Folge als vorbildlicher Gastgeber erweisen wird: Nach dem Nachtessen öffnet sich die Tür, und acht verkleidete und maskierte Ehrendamen treten ein – acht Musen auf der Suche nach ihrer verlorenen neunten Schwester. Nach einem zeremoniellen Zwischenspiel und einem «straunge dawnce newly invented»[40] wählen sie acht weitere Damen der Gesellschaft aus, um mit ihnen zu tanzen.[41] Schließlich fordert eine der Musen die ranghöchste der Anwesenden, die Königin selber, zum Tanz auf: «Mrs Fetton went to the Queen, and woed her to dawnce.»[42] Die Monarchin fragt sie, welche Muse sie darstelle, worauf jene zur Antwort gibt: «Affection». – «Affection is false» ist der nur vordergründig puritanische Kommentar Elisabeths, dann aber erhebt sie sich trotz ihres Alters und tanzt – gewißermaßen

---

[40] «Ein seltsamer, neuerfundener Tanz», Rowland WHYTE, Sydney Papers, zit. nach Welsford 1927:156.
[41] «(...) and after they had done all their own ceremonies, these eight Ladies Maskers chose eight Ladies more to dance the measures», berichtet Rowland WHYTE, Sydney Papers, WELSFORD 1927:157. Vgl. auch NICHOLS Bd. 3 1823:498–499 und CHAMBERS 1923:169.
[42] «Mrs Fetton ging zur Königin und bat sie inständig zum Tanz.» Zit. nach WELSFORD 1927:157.

2. Mask und elisabethanische Hofkultur

als gefundene neunte Muse – mit ihren acht Schwestern.[43] Der anwesende französische Botschafter berichtet darüber: «Elle dansa gayement et de belle disposition.»[44]

Kernstück solcher Masks, die eine lange Tradition am englischen Hof haben, ist der Auftritt einer Gruppe von Adeligen, die in kostbarer Verkleidung einen bestimmten Anlaß feierlich umrahmen und damit den Monarchen ehren.[45] Sie führen speziell entworfene Mask-Tänze auf und fordern die höfische Zuschauerschaft auf, die allgemein bekannten Tänze mitzumachen. Gedichte, die rezitiert werden, und die mit der Verkleidung assoziierten Allegorien erklären den Auftritt zumindest für den gebildeten, eingeweihten Teil der Zuhörerschaft. Solche Inszenierungen sind meist das Geschenk einer Stadt, einer Universität oder, wie oben, eines Landadeligen an die Königin und dienen der allegorischen Darstellung einer aristokratischen Gesellschaft, in deren Mitte der Glaube an hierarchische Prinzipien und das Vertrauen auf die Kraft der Idealisierung stehen. Ganz entscheidend ist der während der Aufführung vollzogene Übergang von der inneren Fiktion der Mask in eine stilisierte soziale Realität des Hofes, der dann eintritt, wenn sich Gäste und Maskenträger im Gesellschaftstanz vermischen.

Die Geschichte der Masks ist äußerst verwickelt. Nur wenige klare Linien sind erkennbar. Ihre Wurzeln sind sowohl in den höfischen Kulturen Italiens, Burgunds und Frankreichs als auch in der englischen Tradition der «mummings» und «disguisings» des 14. und 15. Jahrhunderts zu suchen.[46] Für unsere Betrachtung sind aber weder die Ursprünge noch der Schlußpunkt der Entwicklung von großer Bedeutung. Die ausgefeilte Mask der Stuart-Zeit[47] mit ihrem bereits barocken Hang zum Gesamtkunstwerk trägt so wenig bei zur Erklärung der elisabethanischen Mask wie ihre Vorläufer zur Zeit der Rosenkriege. Entscheidend dürfte vielmehr die Auswahl traditioneller Versatzstücke höfischer Festkultur sein, welche im späten 16. Jahrhundert zu einem ausbalancierten, «zeitgemäßen» Ganzen verschmolzen werden und dem elisabethanischen Hof als «die richtigen» erscheinen. Eine genaue Beschreibung der Mask als bewußte, also nicht zufällige Selektion aus einem weiten Feld von möglichen Formen läßt daher

---

[43] «Yet her Majestie rose and dawnced.» Zit. nach WELSFORD 1927:158.
[44] «Sie tanzte ausgelassen und in guter Verfassung.» BOISSISE Bd. 1 1886:415.
[45] LINDLEY 1984:1.
[46] CHAMBERS 1923:150–155.
[47] Dazu ORGEL 1965 und ORGEL 1975.

Rückschlüsse auf Selbstverständnis, Funktionsweise und Bedeutung der elisabethanischen Hofgesellschaft zu.

Für sozialhistorische Untersuchungen ist die Mask in verschiedener Hinsicht relevant: Erstens gewinnt in ihr eine poetische Fiktion bzw. Ideologie Gestalt und wird so Wirklichkeit. Durch ihre choreographische Zelebrierung wird die Gesellschaftsordnung visuell in ihrer Rechtmäßigkeit bestätigt; die Darstellung der Ideologie wird zu ihrer Rechtfertigung. Gleichzeitig bildet sie den mentalen Hintergrund für Handlungsmuster höfischer Kreise und verschafft dem frühneuzeitlichen Staat eine seiner Legitimationsgrundlagen. Im Zusammenhang mit der Ausdehnung der herrschaftlichen Kompetenzen des frühneuzeitlichen Staates ist dies ein höchst brisanter Aspekt höfischer Selbstdarstellung. Zweitens werden in der Mask die konkret veranschaulichten Beziehungen einzelner Individuen und Gruppen sowie die Wahrnehmung ihrer je eigenen Umwelt allegorisch dargestellt – etwa wenn alte Ritterspiele in die Mask integriert werden oder aber die dargestellten Figuren aus einer rein bürgerlichen, handwerklich-merkantilen Umgebung entliehen sind.[48] Drittens ist die politische Seite der Masks hervorzuheben: Masks sind, wie wir noch sehen werden, im Hinblick auf politische Ereignisse konzipiert; sie bringen soziale und politische Verhältnisse, wie sie von der höfischen Gesellschaft wahrgenommen werden, zum Ausdruck; und sie sind ihrerseits politische Instrumente: Loyalitätsbeweise, Demonstrationen von Machtgefällen oder scheinbar intakten Verhältnissen gegen außen. Ein französischer Botschafter wird nicht zufällig zu einer Mask eingeladen worden sein, die lediglich am Rande eines Hochzeitsfestes stattgefunden hat. Viertens sei an die Bedeutung repräsentativer Öffentlichkeit[49] im frühmodernen Staat erinnert. In einer Gesellschaft, in der die Entfaltung repräsentativer Öffentlichkeit an Attribute einer Person geknüpft ist – seien das Insignien, Habitus, Gestus oder Rhetorik –, in der sich repräsentative Öffentlichkeit also über einen Kodex edlen Verhaltens manifestiert, in einer Gesellschaft, in der gleichzeitig alteingesessene Machtträger einen zunehmenden Funktionsverlust hinnehmen müssen, gewinnen höfische Feste an sozialer Relevanz. Sie bringen nicht nur die Verhältnisse zum Ausdruck, sondern versuchen gleichzeitig, diese neu zu fixieren und damit sozialen Wandel symbolisch zu bewältigen. Daß die Masks eine zentrale Funktion im ideologischen Haushalt der elisa-

---

[48] WELSFORD 1927:149.
[49] HABERMAS 1984:20.

2. Mask und elisabethanische Hofkultur

bethanischen Ära einnehmen, belegt schon die große Zahl von Aufführungen. Allein zwischen 1559 und 1589 sind insgesamt 60 Masks belegt – der damit verbundene finanzielle Aufwand ist gewaltig.[50]

Unter dem Aspekt sozialer Interaktion bekommt die Mask ebenfalls eine besondere Stellung. Das Vermummtsein der Akteure eröffnet, gerade weil diese den gleichen sozialen Status wie die Zuschauerschaft haben, neue Kommunikationswege und -potentiale. Im allegorischen Spiel wird Fassade gewahrt. Peter Burke hat darauf hingewiesen, welche sozial konstitutive Bedeutung der Wahrung der Fassade in frühneuzeitlichen Gesellschaften zukommt.[51] Die Mask dient einer gesteigerten Selbst- und Fremddarstellung der höfischen Gesellschaft, sie schafft eine Bühne, auf der verschiedene Rollen gleichzeitig gespielt werden können. Für die Königin ist dies neben der realpolitischen Monarchenrolle eine allegorisch verklärte, poetisch eingefaßte, sowie eine persönlich aktuelle bzw. genealogisch traditionelle Rolle. Die ursprünglich als illegitim gebrandmarkte Tochter Heinrichs VIII. weiß ihre Position mit dem Rückgriff auf Traditionen in Poesie, Musik und Festkultur zu legitimieren, zu festigen und sogar auszubauen. Dies soll in den folgenden Abschnitten, immer ausgehend von der Mask, an den Beobachtungsfeldern Weltbild, Repräsentation, Bildung und Tanz aufgezeigt werden.

Weltbild. «(...) take away ordre from all thynges, what shuld than remayn? (...) where there is any lacke of ordre, nedes muste be perpetuall conflicte. (...) ordre is nat onely amonge men, but also with god, all be it his wisedome, bounte, and magnificence, can be with no tonge or penne sufficiently expressed. Hath nat he set degrees and astates in all his glorious warkes? (...) so that every kynde of trees, herbes, birdes, beastis, and fisshes, besyde theyr diversitie of fourmes, haue (...) a peculier disposition appropered vnto them by god theyr cratour: so that in euery thyng is ordre: and without ordre may be nothing stable or permanent: And it may nat be called ordre, excepte it do contayne in it degrees, high and base, accordynge to the merite or estimation of the thynge that is ordred.»[52] Mit diesen Worten be-

---

[50] FEUILLERAT 1908:XIII-XVII.
[51] BURKE 1986:16–21.
[52] «Nimm allen Dingen ihre Ordnung, was bliebe da noch übrig? (...) Wo immer Ordnung fehlt, muß stets ein ewiger Streit herrschen. (...) Ordnung gibt es nicht nur unter den Menschen, sondern auch bei Gott, selbst wenn seine Weisheit, Güte und Größe von keinem Mund und keiner Feder hinreichend beschrieben

schreibt Thomas Elyot 1531 in seinem berühmten Buch «The Governor» die Ordnung der Schöpfung. Zitate dieser Art sind im elisabethanischen Umfeld in beliebiger Zahl zu finden, Ordnung und Hierarchie sind Hauptthemen der englischen Renaissance in Dichtung, Musik, Politik und Erziehung.[53] Sogar das Chaos, wie es in Shakespeares «Midsommer Nights Dreame» dargestellt wird, kann nur auf dem Hintergrund eines Weltbildes, das von hierarchisierter Ordnung ausgeht, verstanden werden.[54]

Wie weit die elisabethanische Gesellschaft tatsächlich von Ordnung und Stabilität gekennzeichnet ist, werden wir weiter unten eingehender zu hinterfragen haben[55]; hier nur soviel: Die Geschichte der Verfolgung von Heimatlosen bzw. Nicht-Seßhaften mit Peitsche und Todesstrafe zeigt, mit welcher Gewalt Ordnung angestrebt werden mußte; der Kampf der anglikanischen Kirche gegen «häretische» Bewegungen vom Katholizismus bis zum extremen Puritanismus macht deutlich, wie sehr Ordnung und Hierarchie in Frage gestellt waren.[56] Im Bereich der Wirtschaft ist es die sog. «Preisrevolution» mit ihrer Schere zwischen den steigenden Preisen für unelastisch nachgefragte Grundnahrungsmittel wie Getreide auf der einen und den sinkenden Löhnen für Arbeit auf der andern Seite, die für Instabilität sorgt.[57] Die zunehmende Verarmung breiter Volksschichten – die immer wieder zu Aufständen mit anschließenden Massenhinrichtungen führt[58] – auf der einen und der Profit einer kleinen ländlichen Oberschicht auf der andern Seite bedeuten gerade für die englische Monarchie, welche sich darüber hinaus mit einem gestärkten wirt-

---

werden können. Hat nicht er Ränge und Stände gesetzt in all seinen wunderbaren Werken? (...) so daß jede Art von Bäumen, Kräutern, Vögeln, Tieren und Fischen, ganz abgesehen von ihren verschiedenen Formen, eine bestimmte Wesensart von Gott ihrem Schöpfer erhalten haben, so daß in allen Dingen Ordnung ist, und ohne Ordnung wäre nichts beständig und von Dauer; und nichts könnte Ordnung genannt werden, außer es enthielte in sich Ränge, hohe und tiefe, gemäß dem Verdienst und dem Ansehen der Sache, die geordnet ist.» ELYOT 1531:fol. 3–4.

[53] TILLYARD 1974:17–25.
[54] TILLYARD 1974:24.
[55] Vgl. Kapitel 1.3. Zur Wirtschafts- und Sozialgeschichte des elisabethanischen England vgl. vor allem PALLISER 1983.
[56] Vgl. dazu WOODFILL 1953:56–58 und DURANT 1982:324–336.
[57] VAN DÜLMEN 1982:31 «Das unter dem Begriff Preisrevolution thematisierte Problem lag damit in der völligen Verschiebung des Preisgefüges, relevant wurde vor allem, daß Preise und Löhne sich unterschiedlich entwickelten.»
[58] PALLISER 1983:309–312.

schaftlichen Potential der städtischen Bürger und einem merkantilen Expansionismus («merchant adventurers») konfrontiert sieht, eine beunruhigende Dynamik.[59]

Das ordnungs- und hierarchiezentrierte Weltbild des englischen Hofes ist also als Gegenentwurf zu diesen die monarchische Ordnung bedrohenden, als chaotisch wahrgenommenen sozialen und wirtschaftlichen Zuständen zu verstehen. Es dient vornehmlich der ideologischen Verteidigung gegen Angriffe verschiedenster Art auf das Gesellschaftskonzept der Tudors. Wie in anderen Elementen der Festkultur wird auch in der Mask dieses «geordnete» Gesellschaftskonzept zelebriert und durch die Darstellung zu befestigen versucht. Alles unterwirft sich dem Gesetz der geordneten Bewegung:

> Kind nature first doth cause all things to love
> Love makes them dance and in just order move.[60]

So wie sich im Tanz oder im prunkvollen Aufzug die dargestellten Figuren nach einer vorgegebenen Ordnung ausrichten, so verhalten sich alle Dinge der Welt, von den Pflanzen bis zu den Himmelskörpern; sie kreisen um den zentralen Thron: «All heavens (...) in celestial measures mov'd circling the Throne», wird es bei Milton[61] heißen, aber schon bei John Davies und Edmund Spenser finden sich ähnliche Vorstellungen. Erinnern wir uns, wie im Gedicht «Orchestra» Penelope von einem ihrer Gefährten zum Tanz aufgefordert wird. Sie soll die immerwährende Bewegung des Himmels und seiner wundervollen Schönheiten nachahmen:

> Imitate heaven, whose beauties excellent
> Are in continual motion day and night.[62]

Das neuplatonische Bild der himmlischen Sphären, die einander gegenseitig bedingen und in bestimmten Verhältnissen zueinander stehen, feiert im 16. Jahrhundert ein großes Comeback. Es handelt sich letztlich um nichts anderes als um eine Metapher für das Verhältnis der

---

[59] MACKERNESS 1976:41 und 62 sowie VAN DÜLMEN 1982:32–34.

[60] «Die freundliche Natur macht alle Dinge lieben. Liebe läßt sie tanzen und sich in rechter Ordnung bewegen.» DAVIES, «Orchestra», zit. nach RUST 1969:48.

[61] «Alle Himmel bewegten sich in himmlischen ‹measures› kreisend um den Thron.» («measures» steht hier doppeldeutig für den Tanz und für das Maß!) MILTON, Paradise Regained I, Zeilen 168–171.

[62] Zit. nach RUST 1969:48.

einzelnen Höflinge zueinander und zur Königin.[63] Die Hierarchisierung der Natur und des Kosmos[64], bei Pope z. B. «the vast chain of being»[65] genannt, soll mit Hilfe der Vorstellung von einer geordneten Natur der göttlichen Schöpfung und über den Gemeinplatz der Wohlgefügtheit des Kosmos eine Wohlgefügtheit der Gesellschaft legitimieren. Noch immer wird soziale Ordnung als Spiegelung der kosmischen Hierarchie verstanden. Auch Spensers «Faery Queene» thematisiert diesen Zusammenhang.[66] Spenser bezeichnet sein Gedicht sogar als «pageant», als Aufzug. Es steht somit in der Nähe der Unterhaltungen an Renaissancehöfen und ist darin einer Mask nicht unähnlich. Die Prologe zu jedem Buch der «Faery Queene» laßen den Leser oder den Zuhörer eine Mask erwarten, wie sie an den Medici-Höfen des 15. Jahrhunderts anzutreffen waren: Sie gipfelten jeweils in der zeremoniellen Enthüllung eines Bildes königlicher Macht. Die Königin sollte bei Spenser als Verkörperung göttlicher Tugend dargestellt und verehrt werden, eine Figur, die alle sozialen, politischen und religiösen Konflikte besänftigen und ausbalancieren konnte.[67]

Wie eng der Zusammenhang von Kosmos, Tanz, höfischer Mask und elisabethanischem Tugendkatalog ist, wie eng Weltbild und politische oder kulturelle Phänomene beieinander liegen, zeigt der Vergleich einer Zeile aus Davies' «Orchestra» mit einer bei Case abgebildeten Darstellung der Königin Elisabeth. Davies schreibt: «The virtues (...) in a round measure hand in hand do go.»[68] Mit «measure» ist die bereits erwähnte pavanenähnliche Tanzform angesprochen, die in den Masks des 16. Jahrhunderts eine große Rolle spielte. Der Tanz des Himmels und seiner «beauties excellent», der Sterne, ist hier zum Tanz der «Virtues» umgewandelt. Der Kodex edlen Verhaltens, welcher für höfische Gesellschaften konstitutiv ist, wird damit thematisiert. Genau das gleiche Bild, wenn auch mit wesentlich mehr politischer Bedeutung versehen, vermittelt Abbildung 2.

Die allen Sphären übergeordnete elisabethanische «Sphaera Civitatis» beinhaltet das gesamte Universum, insbesondere die Sphären der

---

[63] RUST 1969:49.
[64] TILLYARD 1974:36.
[65] «Die unermeßliche Kette des Seins», POPE, Essay on Man; TILLYARD 1974:33.
[66] NORBROOK 1984:109.
[67] NORBROOK 1984:110; vgl. dazu auch Kapitel I.3.
[68] «Die Tugenden gehen Hand in Hand in runden Schritten (= ‹measures›).» Zit. nach GOMBOSI 1948:13.

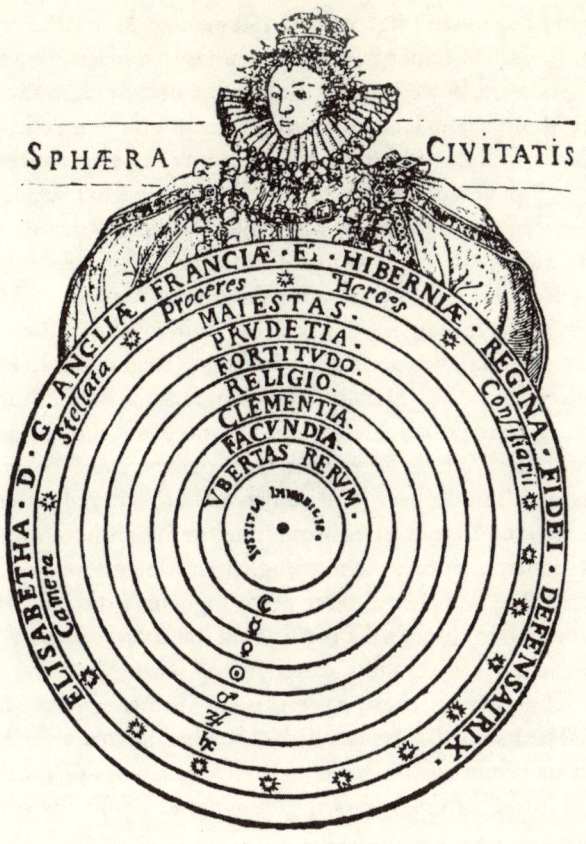

2. John Case: «Sphaera Civitatis»

Planeten und die ihnen zugeordneten Tugenden Maiestas, Prudentia, Fortitudo, Religio, Clementia und Facundia. In der äußersten Sphäre, jener der Fixsterne, bewegen sich die Helden und Berater, die himmlischen oder königlichen Trabanten und Gefolgsleute – am elisabethanischen Hof von Sidney, Drake, Cecil und Leicester verkörpert.[69] Umrandet (und gerade dadurch ‹handlich› gemacht) wird das von Elisabeth getragene Universum von einer Devotionsformel, wie man sie in der Intitulatio einer mittelalterlichen Urkunde hätte finden können: «Elisabetha D(ei) G(ratia) Angliae, Franciae et Hiberniae Regina, Fidei Defensatrix.»[70] Mit dem Hinweis auf die göttliche Gnade (Dei Gratia) werden hier weltliche (Regina) und kirchliche (Fidei Defensatrix) Machtansprüche programmatisch erhoben und begründet. Auf die politische Demonstration des Rahmens antwortet das Zentrum der Welt als Rechtfertigung: die von der Königin garantierte «Iustitia Immobilis». Wie selbstverständlich reihen sich zwischen diese beiden Extreme der Mond und die Welt aller Dinge ein und unterwerfen sich ebenfalls dem königlichen Machtbereich. «Ubertas rerum», die Fülle der Dinge, oder ursprünglicher: die Fruchtbarkeit, geht aus von der englischen Königin. Man kann diese Darstellung des elisabethanischen Universums durchaus als eine Metapher auf den Schoß der Königin verstehen; das erotische Moment in der Machtausübung Elisabeths wird ganz deutlich. Darüber hinaus wird Elisabeth schließlich als Himmelskönigin und Verteidigerin des Glaubens in die Nähe der Muttergottes-Tradition gerückt und damit ihr kirchlicher Machtanspruch nochmals untermauert; Elisabeth ist auch Oberhaupt der anglikanischen Kirche.[71]

Wenn nun aber im Kosmos ein Tanz der Sterne um das Zentrum, um den Thron, gesehen wurde, und wenn Elisabeth in der höfischen Panegyrik als Königin der Erde und aller Elemente[72] bzw. als letzte Sphäre[73], ja als «primum mobile» verehrt wurde, dann wird auch die politische Dimension elisabethanischer Masks deutlich. In ihnen wird das gesamte ideologische Repertoire, wie es oben beschrieben worden

---

[69] Zur personellen Zusammensetzung des Umfeldes Elisabeths vgl. HUDSON 1980.

[70] «Elisabeth, von Gottes Gnaden Königin von England, Frankreich und des Nordens, Hüterin des Glaubens».

[71] WELLS 1983:175 Auch bei Spenser erscheint Elisabeth in diesem Zusammenhang.

[72] WELLS 1983:98 zitiert Peele.

[73] WELLS 1983:60.

2. Mask und elisabethanische Hofkultur

ist, aktualisiert. Kosmos und Welt, Tanz, Musik und Poesie verschmelzen für die Dauer der Aufführung zu einem Ganzen. Von daher wird auch einsichtig, weshalb sich ein gebildeter Elisabethaner mit Astronomie bzw. Astrologie zu beschäftigen hatte[74] und weshalb sogar eine der ersten Masks in der Regierungszeit Elisabeths I. eine «Mask of Astronomers» gewesen ist.[75] Denn, darüber sollte man sich keiner Illusion hingeben, die kopernikanische Wende bedeutete für das Weltbild der Allgemeinheit und besonders für jenes des Hofes keine grundsätzliche Abkehr vom geozentrischen Kosmosgedanken, und schon gar nicht vom ordnungszentrierten Weltbild.[76] Die Gespräche der Königin mit Giordano Bruno anläßlich seines Aufenthalts in London demonstrieren ihr persönliches Interesse an der neuen Lehre, die der ideologischen Fundierung ihrer Position so gefährlich werden konnte.[77] Noch beinahe vierzig Jahre später sollte Johannes Kepler in seiner «Harmonice mundi» (1619) eine allgemeine Begründung der Weltharmonie zu liefern versuchen, die in einem harmonischen Aufeinander-Gestimmtsein aller Bahnen zu erkennen sei. Die mathematische Beschreibung der Bewegungsgesetze der Planeten hatte diese Ansicht zu stützen.

Ein weiteres Element des elisabethanischen Weltbildes kommt im «Personal» der Masks zum Ausdruck. Bei der Auswahl von Rollen haben die Designer die soziale Welt so gestaltet, wie sie sie sahen, wie sie ihnen richtig oder wünschenswert schien. Die Palette erstreckt sich von der «Maske of fysshermen and fysshwyves» zu jener der «marketwives», von einer «Maske of Astronomers» und einer «Maske of Shypmen and maydes of the cuntrye» bis hin zu den «Barbarians-», «Patriarkes-» und «Italien wemen-Masks».[78] Wichtig für das höfische Bildungsideal sind ferner jene Masks, welche ein mehr antik-klassisches, eben renaissancetypisches Figurenrepertoire aufweisen: Amazonen und Nymphen, Diana und Aktäon.[79]

In der Vorstellung des elisabethanischen Hofes entwickelt sich die Welt zu einer Bühne, die der beinahe grenzenlosen Schematisierung

---

[74] TILLYARD 1974:16.
[75] FEUILLERAT 1908:XIII.
[76] TILLYARD 1974:45.
[77] RGG Sp. 1450/51.
[78] FEUILLERAT 1908:XIII–VI, der sich auf die sogenannten «Revels Accounts» stützt, einer Art Rechenschaftsbericht des «Office of the Revels», das die höfischen Unterhaltungen zu organisieren hatte.
[79] CHAMBERS 1923:157.

der höfischen Umwelt dient. In einer propagandistischen Flugschrift, die unmittelbar nach der Krönung Elisabeths I. 1559 entstanden ist, heißt es über die Stadt London zur Zeit der Durchreise der jungen Thronanwärterin: «If a man should say well, he could not better tearme the citie of London that time, than a stage, wherin was shewed the wonderful spectacle of a noble-hearted Princess toward her most loving people, and the people's exceeding comfort in beholding so worthy a Sovereign, and hearing so princelike a voice.»[80] Obwohl man die Leistungsfähigkeit eines solchen Modells nicht überschätzen darf, bietet es doch – auf ideologischer Ebene – die Möglichkeit, die höfische Umwelt einfacher zu verwalten. Masks sind ein Ort der Reduktion sozialer Komplexität, weil sie die Fülle sozialer Beziehungen auf wenige Linien reduzieren. Die in eine symbolische Sprache verpackte gesellschaftliche Wirklichkeit wird handlich und damit erträglich gemacht. Wir begegnen also in der Mask einem typischen Beispiel höfisch standardisierter Wahrnehmung des in Tat und Wahrheit hochkomplexen Aufbaus frühneuzeitlicher Gesellschaften.[81]

Die Mask zeigt deutlich, daß man sich an einer Epochenschwelle befindet. Dabei ist ein gewisser Trend zu neuzeitlicher Vereinfachung unübersehbar.[82] Das komplizierte mittelalterliche Regelsystem, welches gesellschaftliche, religiöse und wissenschaftliche Bereiche organisiert, wird zunehmend von handlichen Formeln und einfachen Gesetzen abgelöst. Aber die Konflikte zwischen wissenschaftlichem Rationalismus (z. B. Astronomie und Physik) und metaphysischer Spekulation (z. B. Astrologie und Alchemie)[83], wie auch jener zwischen katholisch überbordender Theologie und puritanisch vereinfachtem Dogma, sind im 16. Jahrhundert noch keineswegs entschieden. In der elisabethanischen Mask kommen diese Gegensätze vor allem dort zum Ausdruck, wo mit mythologisch spekulativen Allegorien ein sehr vereinfachtes, reduziertes Bild von der Gesellschaft entworfen wird.

[80] «Wenn einer es richtig sagen wollte, so konnte er die Stadt London zu dieser Zeit nicht besser beschreiben denn als Bühne, auf der das wunderbare Schauspiel einer hochherzigen Prinzessin vor ihrem sie liebenden Volk gezeigt wurde, sowie das äußerste Wohlbehagen des Volkes, eine solch würdige Herrscherin zu haben und eine so fürstliche Stimme zu hören.» THE QUENES MAIESTIES PASSAGE 1559:13.
[81] Dies gilt auch für die Pageantry; siehe Kapitel I.3.; zur Funktion symbolischer Codes als Mittel zur Übertragung reduzierter sozialer Komplexität im Aufbau komplexer Gesellschaftssysteme siehe LUHMANN 1975:173–174.
[82] Generell dazu BLUMENBERG 1976.
[83] Dazu VICKERS 1984, und insbesondere der Aufsatz von FIELD 1984:273–296.

2. Mask und elisabethanische Hofkultur

Repräsentation. Im Übergang vom Spätmittelalter zur Neuzeit scheinen folgende Momente frühneuzeitlicher Gesellschaften zentral: Auf dem Hintergrund einer Wirtschaftsordnung, die in zunehmendem Maße Arbeitsteiligkeit, Expansion und Kommerzialisierung des Marktes begünstigt, schaffen es traditionelle Machtträger durch Rationalisierung und Ausbildung einer Verwaltungselite, ihre sozioökonomische Macht zu stabilisieren. Die Reformation setzt darüber hinaus säkulare Handlungsspielräume frei, einerseits durch die «Entzauberung der Welt» (Max Weber), andererseits durch die religiös geleitete Moralisierung sozialen Handelns. Der Abbau feudaler Strukturen wird mit dem Aufbau rationaler Herrschaft legitimiert und kompensiert.[84] Ebenfalls rationalisiert werden ständische Lebensverhältnisse, indem einzelnen Gruppen bzw. Ständen bestimmte Funktionen zugewiesen werden. Die Abschließungstendenz sozialer Einheiten wie Zünfte, Hof und städtisches Regiment hat komplementär eine Marginalisierung von Minoritäten zur Folge.[85] Der Versuch, die Gesellschaft der Höflinge, unter ihnen den alten Adel, zu entpolitisieren, mündet in Frankreich nach der Niederschlagung der Fronde in eine Übermacht der Zentralgewalt, in England im 17. Jahrhundert in Bürgerkrieg, Interregnum und mit der Glorius Revolution dann in ein ausbalanciertes «libertäres» System, in welchem sich Krone, Gentry und City gegenseitig kontrollieren. Bereits unter Elisabeth kommt es allerdings zu einer Disziplinierung und Zivilisierung der Gesellschaft, werden doch die zentrale Strafgewalt verschärft und andere partikulare Gewalten (Familie, Kirche) obrigkeitlich überwacht.[86]

Auch wenn die Herausbildung einer abgeschlossenen höfischen Gesellschaft Sache des 17. und 18. Jahrhunderts sein wird, so ist doch bereits im 16. Jahrhundert eine stärkere Differenzierung spürbar. Die zunehmende Ausrichtung des Adels auf den Hof mit seinen spezifischen Lebensgewohnheiten, Sitten, Kleidern und Geselligkeitsformen scheidet Hof und adeliges Umfeld immer stärker von Bürgern und Bauern. Der Verlauf dieser Grenze wird realpolitisch, ökonomisch, aber eben auch symbolisch markiert. Dabei erscheinen alle Formen repräsentativer Öffentlichkeit. Nach Habermas ist die Entwicklung repräsentativer Öffentlichkeit nicht von der Entstehung eines frühneuzeitlichen Staates zu trennen, weil dafür zuerst ein geeignetes institu-

---

[84] VAN DÜLMEN 1981:39.
[85] BURKE 1986:76–77.
[86] VAN DÜLMEN 1981:40.

tionelles Umfeld geschaffen werden muß, das politischen Systemen des Mittelalters gefehlt hat.[87] Bei genauerer Betrachtung muß diese Ansicht aber differenziert werden. Auch das Mittelalter hat seine Bereiche institutionalisierter repräsentativer Öffentlichkeit, seien dies nun Herrscherbegegnungen, Inthronisationen, Festgelage für Gesandte fremder Herren oder aber die «Joyeuses Entrées» eines Herrschers in eine ihm untergebene Stadt sowie Stiftungen und liturgische Aufträge an Klöster zur religiösen Unterstützung des Monarchen. Das innovative Moment repräsentativer Öffentlichkeit frühneuzeitlicher Staaten liegt jedoch darin, daß immer mehr Bereiche immer intensiver von ihr erfaßt und institutionell organisiert werden. Im Falle des elisabethanischen Hofes läßt sich dies im Bereich der Masks, Pageants (Umzüge), Tilts, Thronbesteigungsjubiläen, kirchlichen Feste und Hinrichtungen, ferner aber auch in der Dichtung, den Pamphleten, den Porträts feststellen. Für die Hofmusik entsteht in der «King's Musick» mit ihren festangestellten Musikern ein institutioneller Rahmen. Ferner wird das Wirkungspotential von Symbolen systematischer ausgenutzt und in einen strenger organisierten Gesamtzusammenhang gebracht. Die Herrschaft der Tudor wird über einer Gesellschaft errichtet, die mit Symbolen und Ritualen vertraut ist und in der dem Sprechen in Bildern eine wichtige Erinnerungsfunktion innerhalb der Gesellschaft zukommt.[88] «Things sooner enter by the eyes than by the ears», formuliert Morison 1530.[89] Die Verwendung der emotionalen Kraft säkularisierter religiöser Rituale und Symbole[90] verleiht auch weltlichen Dingen wie repräsentativen Hoffesten eine «göttliche» Bedeutung.[91]

In den Umzügen[92] findet sich eine der effektvollsten Möglichkeiten, königliche Macht zu demonstrieren. Elisabeth I. entdeckt das propagandistische Potential solcher Veranstaltungen sehr früh und weiß es gut zu nutzen. «The Quenes Maiesties Passage through the Citie of London to Westminster the Day before her Coronacion» ist ein frühes Beispiel dafür, wie die Königin Repräsentation inszenieren kann.

---

[87] «Öffentlichkeit als ein eigener, von einer privaten Sphäre geschiedener Bereich läßt sich für die feudale Gesellschaft des hohen Mittelalters soziologisch, nämlich anhand institutioneller Kriterien, nicht nachweisen.» HABERMAS 1986:19.
[88] MURRIN 1969:75.
[89] Zit. nach Penry WILLIAMS 1979:359.
[90] Penry WILLIAMS 1979:359.
[91] STEVENS 1979:236.
[92] CHAMBERS 1923:106ff; dazu ausführlich Kapitel I.3.

2. Mask und elisabethanische Hofkultur

Dazu gehören natürlich alles schmückende Beiwerk, alle begleitenden Aktivitäten: von der Publikation einer Detailbeschreibung des Umzugs bis zu den mitgetragenen Spruchbändern, von der Ausstaffierung der königlichen Sänfte bis zu den rezitierten Gedichten und der zeremoniellen Musik.

Die repräsentative Öffentlichkeit bleibt jedoch keineswegs nur auf den Hof beschränkt. Ziel aller Repräsentationsgelegenheiten ist es, ein offizielles Bild des Staates und seiner Machtträger zu erzeugen. Im Falle Elisabeths ist dies sogar wörtlich zu verstehen: Sie dürfte die erste europäische Machtträgerin sein, die ein offizielles Monarchen-Porträt von sich verbreiten läßt.[93] Und sie ist sich ihres Rollenspiels durchaus bewußt: «We princes (...) are set on stages, in the sight and view of all the world duly observed.»[94] Eine Potenzierung königlicher Präsenz und damit eine Vervielfachung ihrer Repräsentationsmöglichkeiten bringen die «Progresses» des Hofes: Besuche des gesamten Hofes auf ländlichen Adelssitzen, die bis zu drei Wochen dauern können.[95] Trotz einer formellen «houshold order against the spoliation of houses in progress»[96] aus der Zeit Heinrichs VIII. sind die «Progresses» für Gastgeber wie Gäste eine teure Angelegenheit.[97] Ihr ständig steigender finanzieller Aufwand läßt sich nur noch mit ihrem politischen Nutzen erklären: Aus der ursprünglich steuertechnisch motivierten Einrichtung ist unter Elisabeth verstärkt ein Propaganda- und Disziplinierungsinstrument geworden.

Das Verbindende aller bei solchen «Progresses» üblichen «Welcome Entertainments» – Unterhaltungen, die vom Zeremoniell nicht unterschieden werden können[98] – bleibt jener feine Übergang vom Abstrakten ins Konkrete, vom Ideal in die Wirklichkeit und vom Heiligen ins Profane.[99] So wie die götzenverehrenden Zauberer Archimago und Acrasia in Spensers «Faery Queene» die Leser ermuntern, Zeichen für

---

[93] Penry WILLIAMS 1979:362; zum Symbolgehalt elisabethanischer Porträts konsultiere man STRONG 1977. Wichtig ist in diesem Zusammenhang auch die Vorstellung, die Königin garantiere Beständigkeit: «Elizabetha semper eadem» heißt die höfische Formel dafür. Vgl. WELLS 1983:146.

[94] «Wir Prinzen stehen auf Bühnen, im Blickfeld und unter den Augen der ganzen Welt gehörig beobachtet.» Zit. nach Penry WILLIAMS 1979:360.

[95] So der Besuch in KENILWORTH 1575, vgl. CHAMBERS 1923:122.

[96] «Haushaltserlaß gegen die Plünderung von Gütern während der ‹progresses›», CHAMBERS 1923:114.

[97] CHAMBERS 1923:116.

[98] STEVENS 1979:244.

[99] TILLYARD 1974:114.

Wirklichkeit zu nehmen, Repräsentation für das Repräsentierte, so sollten elisabethanische Hoffeste eine Konkretisierung ideologischer Versatzstücke in der sozialen Realität bewirken.[100] Die Formel von der «Sichtbarkeit als der letzten Instanz der Wahrheit»[101], die auch für die italienische Renaissance Geltung hat[102], verdeutlicht den hier beschriebenen Zusammenhang.

Unter den nachgelassenen Papieren von Sir William Cecil, Elisabeths Vertrautem und Staatssekretär, findet sich eine Schrift mit dem Titel «Divices to be shewed before the Queenes Majestie by waye of masking at Nottingham Castell, after the meetinge of the Queene of Scots.»[103] Sie enthält eine recht ausführliche Beschreibung einer Mask, wie sie am geplanten Treffen der Königinnen von England und Schottland im Jahre 1562 hätte aufgeführt werden sollen. Obwohl das Treffen verschoben wird und die Mask nicht zur Aufführung gelangt, gibt diese Quelle dennoch guten Aufschluß über die semantische Dichte der Masks am englischen Hof.

Die Mask ist in drei Teile gegliedert. In der ersten Nacht soll ein Gefängnis, «Äußerste Vergessenheit» genannt, in der Halle des Schlosses aufgestellt werden, bewacht von Argus oder von der «Vorsicht». Darauf tritt «a maske of Ladyes» auf, angeführt von Pallas. Ihr folgen die «Besonnenheit» und die «Mäßigung», beide auf Löwen reitend, anschließend sechs oder acht Damen, welche die «Zwietracht» und die «Üble Nachrede» in Ketten hereinführen. Alle zusammen gehen sie im Kreis in der Halle herum. Pallas erklärt, «Besonnenheit» und «Mäßigung» hätten von Jupiter das Recht erhalten, «Zwietracht» und «Üble Nachrede» einzusperren und ihrem Gefängniswärter ein Schloß mit der Aufschrift «In Eternum» und einen Schlüssel, auf dem «Nunquam» geschrieben steht, zu übergeben. Zum Schluß sollten «th'inglishe Ladies» mit der «nobilite of the straungers» tanzen.

Die zweite Nacht gilt dem «Court of Plenty», dem Hof der Fülle.[104] Angeführt vom «Brennenden Wunsch» und der «Unvergänglichkeit» kommt der «Frieden» auf einem Wagen herein, der von einem Elefanten gezogen wird, welcher darüber hinaus die «Freundschaft» auf dem

---

[100] vgl. auch NORBROOK 1984:111; vgl. Kapitel I.3.
[101] BLUMENBERG 1966:21.
[102] ZUR LIPPE 1974:220.
[103] «Spektakel, die vor der königlichen Majestät gezeigt werden sollten mit Aufführung einer Mask im Schloß Nottingham, nach dem Treffen mit der Königin von Schottland», WELSFORD 1927:153.
[104] «Ubertas rerum», s. oben.

2. Mask und elisabethanische Hofkultur 49

Rücken trägt. Auch dieser Gruppe folgen sechs oder acht Damen. Sie gehen ebenfalls im Kreis herum. «Freundschaft» erklärt, die Götter seien zufrieden mit dem, was Besonnenheit und Mäßigung getan hätten und würden deshalb «Frieden» senden, um ihnen im «Court of Plenty» Gesellschaft zu leisten. Daraufhin fließt Wein aus den Brunnenröhren dieses Gebäudes «during wh(ich) tyme th'inglishe Lords shall maske with the Scottishe Ladyes».[105]

In der dritten und letzten Nacht dieser Spektakel-Reihe sollen dann die «Verachtung», auf einem Eber reitend, und die «Böswillige Absicht», einer Schlange ähnlich («in the likeness of a serpent») auf einem Wagen sitzend, einen Garten mit sechs oder acht Damen in die Halle ziehen. «Verachtung» erklärt, daß ihr Meister Pluto, der Unterweltsgott, höchst ungehalten über die Ereignisse der letzten zwei Nächte sei und deshalb die «Böswillige Absicht» entsende, um entweder «Zwietracht» oder «Üble Nachrede» zu befreien oder wenigstens die Auslieferung von «Frieden» zu erreichen.

In diesem Moment erscheint «Klugheit», ein Pferd mit sich führend, auf welchem Herkules oder der «Heldenhafte Mut» reitet. Sie sei ausgesandt, um Plutos Pläne durcheinanderzubringen. Aber dazu benötige Herkules ermutigende Worte von «Besonnenheit» und «Mäßigung». «Klugheit» nähert sich dem «Court of Plenty» und fragt die «Besonnenheit», wie lange sie mit «Frieden» und mit der «Mäßigung» zusammenwohnen möchte, worauf diese einen Schild vorzeigt, auf dem das Wort «Ever» geschrieben steht. Daraufhin fragt sie die «Mäßigung», wann «Frieden» und «Besonnenheit» von ihr weggehen sollen, was diese beantwortet, indem sie ein Schwert mit der Aufschrift «Never» präsentiert. «Klugheit» bewaffnet Herkules mit Schild und Schwert, ein Kampf findet statt, in dem «Verachtung» fliehen muß und die «Böswillige Absicht» getötet wird. «After this shall come out of the garden the vj or viij Ladies maskers, wth. a songe, (...) as full of armony as may be divised.»[106] Auch dieser letzten Mask dürfte sich ein gemeinsames Tanzen von Zuschauern und Aufführenden angeschlossen haben.[107]

---

[105] «Währenddessen die englischen Herren mit den schottischen Damen eine Mask tanzen sollen».
[106] «Danach sollen die 6 oder 8 maskierten Damen aus dem Garten herauskommen, mit einem Lied (...) so voller Wohlklang, wie dies angegeben werden wird.» Eine Zusammenfassung der Quelle findet sich bei WELSFORD 1927:153–154; siehe auch CHAMBERS 1923:159, der weitere Quellen anführt.
[107] Dies vermutet auch CHAMBERS 1923:160.

Historisch ist diese Mask von 1562 in einer Zeit großer politischer Unsicherheit anzusiedeln. Eine Unsicherheit, die vor allem genährt wird von der Machtübernahme Maria Stuarts in Schottland und der damit verbundenen katholischen Agitation, die ihrerseits in einer aggressiven puritanischen Gegenpropaganda ein Korrelat hat. Gefährlich für Elisabeth nimmt sich aber auch die internationale Lage aus: Die drohende Annäherung Frankreichs an Spanien zwingt Elisabeth, politisch äußerst vorsichtig zu agieren. Zusätzlich wird die Lage durch eine drohende Koalition zwischen der schottischen und der spanischen Krone verunsichert: Es kursieren Gerüchte über ein Heiratsprojekt zwischen Maria Stuart und dem Infanten Don Carlos. Im Landesinnern hat die erst seit drei Jahren inthronisierte englische Königin einerseits mit erheblichen Legitimationsproblemen zu kämpfen, andererseits zeichnet sich zu Beginn der 1560er Jahre ein zunehmendes politisches Gewicht des Parlaments ab.[108] Von daher ist wohl auch die Allegorie der oben beschriebenen Mask zu verstehen. Besonders schön ist das Bild der auf Löwen reitenden Figuren der «Besonnenheit» und der «Mäßigung». Königliches Auftreten soll also unter diesem Vorzeichen verstanden werden; ebenso sind «Frieden» und «Freundschaft» durch den Elefanten königlich konnotiert. Aus diesem ausbalancierten, besonnenen Frieden, der Extreme zu vermeiden sucht, lassen die Götter materiellen Wohlstand, königlich mediatisierte «ubertas rerum» fließen. Der aus dem «Court of Plenty» sprudelnde Wein ist die klare Demonstration dieses Überflusses.[109]

Das politisch-diplomatische Element wird dort betont, wo englische Lords mit schottischen Ladies (und umgekehrt!) tanzen. Ein ausgewogenes Verhältnis beider Parteien ermöglicht demnach Frieden und Wohlstand. Allerdings wird auch die Gefährdung dieses Zustandes thematisiert. Die negative Seite erscheint jedoch unter dem Aspekt des gebändigten Bösen, das mit «Klugheit» und königlicher Waffengewalt (Pferd, Schild, Schwert) domestiziert wird. Selbst die wohl religiös motivierte «Ewigkeit» fehlt nicht im «Bilder-Arsenal» elisabethanisch-politischer Selbstdarstellung. Die erst dreijährige Herr-

---

[108] Zur politischen Geschichte vgl. KLUXEN 1976:220–221.

[109] Das Motiv des fließenden, kostbaren Getränks ist auch aus der burgundischen Hofkultur überliefert. Während eines Festes, das Philip von Burgund 1454 gibt, steht in der Mitte der Festhalle die Statue einer nackten Frau, bekleidet mit einem Schleier, der mit griechischen Buchstaben besetzt ist. Diese Figur dient als Quelle, aus der Hippocras während des ganzen Mahles sprudelt. WELSFORD 1927:68.

schaft der Tochter Heinrichs VIII. erhält so einmal mehr göttliche Weihe und meldet gleichzeitig den Anspruch auf ewige Dauer an.

An prominenter Stelle der Mask, am Schluß, steht das «Masking» von Zuschauern und Aufführenden und damit die vollkommene Harmonie der Hofgesellschaft. Am Anfang dagegen, gewißermaßen als Gegengewicht zum «Masking», findet man als erste Figur des ganzen Stücks «Pallas». In der griechischen Mythologie kommt «Pallas» als Name eines attischen oder arkadischen Heros, eines Titanen und auch anderer (mit Kraft in Verbindung zu bringender) Sagengestalten vor. «Pallas» ist aber gleichzeitig das epitheton ornans der Athene mit den ihr zugewiesenen Eigenschaften des erhellenden Gedankens, des bildenden Willens, des Drangs zur Tat und der Kraft zum Maß. Sie gilt als die große Besonnene. Besonnenheit scheint offenbar neben Ausgewogenheit und Frieden das Hauptthema der Mask von 1562 zu sein. Der verdeckte Hinweis auf Elisabeth ist dreifach: Die Allegorie als solche – ob von den Zuschauern verstanden oder nicht – verweist auf den ganzen Bereich höfischer Renaissance-Bildung, und die Eingeweihten wissen zudem, daß Athene bei Platon jene Göttin ist, die den Menschen alle Kultur gebracht hat.[110] Zweitens ist Athena Parthenos bei Hesiod die Jungfräuliche (weshalb Elisabeth bei Spenser dann als Postfiguration der Jungfrau Maria auftritt).[111] Drittens verweist die semantische Ambivalenz von «Pallas» auf Elisabeth als weiblichen Regenten.[112] Die Verbindung von weiblicher Herrschaft mit den männlichen Attributen des Titanen und des Heroen Pallas ergänzt also die Jungfrauenmythologie.

Bildung. Während des bereits erwähnten Einzugs Elisabeths I. in London am Tag vor ihrer Krönung wird auf mitgeführten Spruchbändern explizit auf die Bedeutung von Bildung hingewiesen. Als Gründe für einen blühenden Wohlstand («causes of a florishing common weale») werden da neben Gottesfurcht («Feare of God») und Gehorsam gegenüber den Behörden («Obedience to officers») ein weiser Fürst («A wise prince») und gebildete Regenten («Learned rulers») genannt.[113] Damit wird gleich von Beginn der Herrschaft Elisabeths an

---

[110] W. FAUTH, in: Der kleine Pauly Bd. 1. 1964.
[111] WELLS 1983:175.
[112] Ein Gegenstand heftiger zeitgenössischer Polemik, siehe z.B. John KNOX, First Blast of the Trumpet against the Monstrous Regiment of Women, 1558. Vgl. auch KLUXEN 1976:207.
[113] PASSAGE (1559) 1960:50.

Bildung zum zentralen Moment ihrer Herrschaftsideologie erhoben. Ihr Konzept sieht einen weisen Fürsten vor, der von gebildeten Beratern umgeben ist. Der Unterschied zwischen «wise» und «learned» ist fein, aber deutlich: Mit salomonischem Urteilsvermögen wird die Königin aus der Menge der von hochgebildeten Beratern gemachten Vorschläge die besten auszuwählen wissen. Wer aber jetzt Berater der Königin werden will, muß gebildet sein, Bildung wird für die Höflingsrolle konstitutiv. Alte Legitimationsformen, etwa jene des christlichen Ritters, werden zugunsten neuer entwertet, die sich auf das humanistische Bildungsideal gründen. Der «uomo universale» setzt sich auch am englischen Hof durch.

Die wichtigsten Vermittlungsmedien für dieses neue Ideal sind neben den «Inns of Court» Handbücher der Selbstvervollkommnung, welche im 16. Jahrhundert ihre Blütezeit haben. Von Machiavellis «Principe» (1513) über Copelands «Französische Grammatik» (1521) bis zu Castigliones «Cortegiano» zieht sich eine Linie, die in Elyots «Governor» (1531) und in Morleys «Introduction into practicall musicke» (1588) fortgeführt wird. Sie alle setzen sich zum Ziel, den perfekten Gentleman zu bilden, sei das nun auf dem Gebiet der Umgangssitten, der Sprachbeherrschung, der Politik oder auch der musikalischen Praxis.

Der elisabethanische Hof selber ist einerseits eine Bildungsinstitution – z.B. für die «Maids of Honour», die sich am Hof zur Verfeinerung ihrer Sitten aufhalten –, andererseits führt dieser Hof der Welt auch Beispiele exemplarischer Bildung vor Augen: Raleigh und Sidney[114] sind nur die berühmtesten. Selbstvervollkommnung ist der Schlüssel zur sozialen Harmonie und zur Vervollkommnung der Gesellschaft. Durch Bildung können sich die Menschen der vom Schöpfergott vorgegebenen natürlichen Harmonie und Ordnung der Dinge anpassen, dieselbe Schönheit, dieselbe Harmonie erreichen, wie sie in der Schöpfung bereits angelegt ist. Diese Vorstellung kulminiert im Bild Elisabeths, welches die Königin zu einer der gelehrtesten Herrscherinnen überhaupt stilisiert. Französische, italienische, lateinische und griechische Gedichte soll sie schreiben, sie komponiert und spielt auf der Laute oder dem Virginal.[115] Sie ist damit die Inkarnation des Bildungsideals ihres Hofes. Welche von all diesen «Künsten» Elisabeth tatsächlich beherrscht hat, ist nicht Gegenstand unserer

---

[114] Zu Sidney vgl. NZZ 18./19. Oktober 1986:66.
[115] DURANT 1982:321.

2. Mask und elisabethanische Hofkultur 53

Untersuchung. Die Zuweisung allein ist bereits aufschlußreich. Sie entspringt nicht zuletzt jenem Tugendkatalog, den schon Elyot aufgestellt hat. Elyot selber beginnt gleich bei den Grundlagen: «The Education or fourme of bryngynge vp the chylde of a gentil man which is to haue auctorite in the publike weale» (Buch I Kapitel 4), und drei Kapitel später heißt es: «In what wyse musike may be to a noble man necessary» (Buch I Kapitel 7). Auch Literatur gehört zum Kanon: «What order shulde be in lernynge & whiche autours shulde be first radde» (Buch I Kapitel 10). Schließlich folgen – immer noch im ersten Buch, also bei den «Grundlagen» – vier Kapitel nur über den Tanz.[116]

Tanz. Wie bereits erwähnt, unterscheidet man in der höfischen Mask speziell entworfene Tänze der Maskers von jenen, die auch von den Zuschauern beherrscht werden. In die zweite Kategorie fallen einerseits traditionelle Tänze wie Brawles, Rounds, Heys, Ring Dances, Measures und neue, modische Tänze wie Galliarden, Couranten und die Volta[117], aber auch die Pavane kommt noch in einer modernisierten Form vor.

In der berühmtesten Tanzschrift des 16. Jahrhunderts, in der «Orchésographie» von Arbeau (1588), heißt es über die Volta: «Wer die Volta tanzt, der betrachtet sich als Zentrum und Mitte eines Kreises, und er muß, wenn er drehen will, die Dame so nahe wie möglich an seinen Körper ziehen, denn dadurch wird eben diese Dame weniger große und leichtere Schritte zu machen haben.»[118] Man hat die Volta eine volkstümliche Schwesterform der Galliarde genannt[119], sie gehört aber auch zu den wichtigsten Tänzen am elisabethanischen Hof. «Se contemplant estre comme le centre & meillieu d'un cercle» – sich als Zentrum und Mittelpunkt eines Kreises zu betrachten – dies stützt eine traditionelle Renaissanceinterpretation: Der Mensch entdeckt die eigene Subjektivität und beginnt, sich als Mittelpunkt der Welt zu

---

[116] «Die Ausbildung und Art der Erziehung des Kindes eines Edelmannes, welches einmal Autorität im öffentlichen Leben haben soll»; «Auf welche Weise Musik einem Edelmann förderlich sein mag»; «Welche Ordnung beim Lernen herrschen soll und welche Autoren zuerst gelesen werden sollen».

[117] RUST 1969:44.

[118] «(...) celuy qui dance la volte se contemplant estre comme le centre & meillieu d'un cercle, doit approcher de son corps la damoiselle le plus qu'il luy est possible quand il veult torner, car par ce moyen ladite damoiselle trouuera les pas moins spacieux & plus aisez à faire.» ARBEAU 1588:64.

[119] DELLI 1957:4.

betrachten. Er selber dreht sich um diesen Mittelpunkt, zeigt sich der Welt von allen Seiten, oder umgekehrt, subjektiv formuliert: Die Welt dreht sich um ihn. Das Handlungspotential, das in dieser Sicht enthalten ist, spricht Arbeau ebenfalls an, natürlich unter rein tanztechnischen Aspekten. Je näher die Frau, als kreisender Partner, dem dynamischen Zentrum steht, desto leichter werden die Schritte, desto höher kann sie springen. Gut synchronisierte Bewegungen in der Drehbewegung bewirken überraschend hohe Sprünge.[120] Als politische Metapher für das Verhältnis der Gesellschaft zur Krone heißt das etwa: Die Ausrichtung der sozialen Gruppen auf ein dynamisches Zentrum vermag diesen neue Handlungsspielräume zu bieten.

Generell kann man sagen, daß die Tänze des 16. Jahrhunderts immer dynamischer werden.[121] Galliarde und Volta mit ihren Sprüngen kontrastieren stark mit der alten, steifen Basse-Danse, die nach 1550 kaum mehr getanzt wird.[122] Die Sprünge versinnbildlichen zudem die Befreiung der Renaissance-Gesellschaft vom mittelalterlichen Regelsystem; noch stehen die Elisabethaner nicht unter vollständiger puritanischer Überwachung.[123]

Die lebhaften Sprünge der Volten und Galliarden mag man letztlich auch als Reflex jener erweiterten Raumerfahrung deuten, welche das 16. Jahrhundert in zunehmendem Maße prägt: Von den Entdeckungsreisen bis zu den staatlich gestützten Piratenunternehmungen eines Francis Drake wird Raum erkundet.

Wie Otterbach bemerkt, verliert der Tanz im 16. Jahrhundert den Beigeschmack des Subkulturellen, der ihm vorher angehaftet hat[124], ja er wird sogar als der eigentliche Grund aller Zivilisation angesehen.[125] Die Aufzeichnung der Tänze in Tanzbüchern bringt zum Ausdruck, daß Tanz als zentrales kulturelles Gut betrachtet wird. Diese Haltung führt u. a. zu einem steigenden volkskundlichen Interesse an Countrydances. 1591 tanzen in Cowdrey Landleute vor der englischen Königin.[126] Der Hof entdeckt in ihren Tänzen nun plötzlich «englische», im Gegensatz zu «kontinentalen» Tänzen. Identifikation und Integration wird über ein nationales Moment im kulturellen Bereich angestrebt.

[120] DOLMETSCH 1975:131.
[121] RUST 1969:5.
[122] MGG Bd. 1,2 Sp. 1402.
[123] RUST 1969:51.
[124] OTTERBACH 1980:66.
[125] TILLYARD 1974:113.
[126] RUST 1969:47.

Sogleich werden die Country-dances den höfischen Bedürfnissen angeglichen. Rogero, Turkey-Loney, Basilena, All Flowers of the Broom, Peggy Ramsey, Green Sleeves, Pepper is Black sowie allgemeine Ketten-, Ring- und Rundtänze fließen – wie erwähnt – in das Tanzrepertoire des Hofes ein. Deutlich spürbar ist z. B. der Einfluß der volkstümlichen Jig auf die höfische Galliarde. Das höfische Interesse am Volkstanz – ähnliches läßt sich in der Musik beobachten – ist jedoch durchaus exotischer Natur, und es muß zugleich als Strategie sozialer Distinktion angesehen werden, weil der Hof mit der Assimilation die Tänze umstilisiert, sie für seine Zwecke zurechtstutzt, und weil er sich der Volkskultur in fast musealer Absicht, mit gütigem Verständnis für die Sitten der Untertanen nähert.[127] Das Dynamisch-Vitale der Country-dances kommt jedoch den Bedürfnissen des englischen Hofes entgegen, nicht zuletzt im Bemühen, sich gegen spanisch-steife Umgangsformen abzugrenzen. Auch am englischen Hof fliegen nun die Röcke, zeigt man die hochmodernen Strickstrümpfe, legt man die schweren Schleppgewänder des 15. Jahrhunderts zur Seite.[128]

Kehren wir noch einmal kurz zu Anne Russel zurück: Ausgehend von ihrem Hochzeitsfest und den dabei inszenierten Festivitäten zugunsten der Königin Elisabeth haben wir einige der wichtigsten Bereiche höfischer Kultur des 16. Jahrhunderts vorgestellt. Weltbild, Repräsentation, Bildung und Tanz sind die vier Beobachtungsfelder, die wir dabei diskutiert haben. Bereits an diesem einen Beispiel der Anne-Russel-Mask läßt sich aber auch zeigen, wie stark in der Mask die vier Bereiche höfischer Kultur ineinander verwoben sind. Im Zentrum steht der Tanz der Maskers und der Zuschauerschaft. Der Bereich der Bildung wird im kurzen Wortwechsel zwischen der Königin und Mrs. Fetton, welche «Affection» allegorisiert, sowie im erfolgreichen Abschluß höfischer Sozialisation der Anne Russel angesprochen. Durch ihr Auftreten an einem Fest des Hauses Worcester ergeben sich für die Königin Möglichkeiten staatlicher Repräsentation. Die Anwesenheit des französischen Botschafters verspricht eine Potenzierung des Effekts. Aber auch das elisabethanische Weltbild wird in dieser Mask dargestellt: Der Tanz der Königin mit den acht Musen erinnert stark an den Tanz der «Virtues» um das Zentrum der «Iustitia immobilis» oder aber an den Tanz der Sterne unter dem schützenden Arm der «defensatrix fidei», des Hauptes der anglikanischen Kirche und Welt. Ein

---

[127] Vgl. dazu auch BURKE 1985:36–37.
[128] DELLI 1957:5.

kosmologisch ausgerichtetes Weltbild, monarchische Repräsentation, humanistisch-höfische Bildung und ein dynamisiertes Tanzverhalten des Hofes kommen in der Mask zusammen. Sie sind Ausdruck und Metapher jener Prozesse, die zur Bildung frühneuzeitlicher Staatlichkeit führen.

3. Festkultur, Zeremoniell, Allegorie und Realität

Erinnern wir uns an «Orchestra»: In diesem Gedicht sind Ordnung und Harmonie, in Verbindung mit dem als Tanz dargestellten Universum, Schlüsselbegriffe; es hätte, wie erwähnt, die Textvorlage für eine Mask sein können. Davies schreibt das Gedicht als Student am Middle Temple, an einer der vier Inns of Court, die Schleifschulen für «courtlie Gentlemen» sind. 1595 wird er als ordentliches Mitglied aufgenommen, doch kurze Zeit später ausgeschlossen, weil er beim Abendessen seinen Freund mit Schlägen traktiert; 1601 wird er wieder zugelassen.[129] Der Verfasser einer Harmonie- und Ordnungsapotheose, der «ideale Gentleman», geprägt von «polite learning» – insbesondere auch des Tanzens – ein Schläger! Ein Widerspruch?

Keineswegs: Gerade weil die Realität sich nicht durch Harmonie und Ordnung auszeichnet, bedarf es der Festkultur, des Zeremoniells und – als wesentlichsten Bestandteils und Inhalts – der Allegorie, um Ordnung und Harmonie zu suggerieren und die Realität zu zähmen, zu zivilisieren: «The courtly figure Allegoria (...) is when we speake one thing and thinke another, and that our wordes and our meaning meete not.»[130] Montrose zitiert diese Quelle in seiner Studie «Celebration and Insinuation: Sir Philip Sidney and the Motives of Elizabethan Courtship»; er bemerkt dazu: «Symbolic pageantry, poetry, drama, music, dance, and visual iconography enhance a ritualistic system of rules for decorum and deference. (...) Courtly cultural forms functioned to impose order upon the forces of chaos within the court system at the same time that they facilitated manipulation of the system to personal advantage.»[131] Das Bemühen dieses Subkapitels ist, sowohl

---

[129] CUNNINGHAM 1965:8 und 20.

[130] «Die vornehme Figur der Allegorie (...) entsteht, wenn wir eine Sache sagen und eine andere denken, so daß unsere Wörter mit dem, was wir sagen, nicht zusammenfallen.»

[131] «Symbolische Umzüge, Dichtkunst, Theater, Musik, Tanz und sichtbare Ikonographie steigern ein rituelles Regelsystem für Etikette und Ehrerbietung.

das «chaos», als auch die «courtly cultural forms», in die wir ja mit der Mask schon einführten, zu analysieren, zu interpretieren und mit dem Tanzen in Beziehung zu setzen.

Davies' Unbeherrschtheit ist beileibe nicht singulär. Die «polite world» des elisabethanischen Hofes kennt sie zur Genüge; auch von höchsten Würdenträgern, Höflingen, Favoriten der Königin, sogar von dieser selbst sind solche Vorfälle überliefert. Gerade der engste Berater- und Favoritenkreis, unter ihnen manch stolzer, eitler, intriganter, jähzorniger und gewalttätiger Charakter, zeichnet sich durch Ränkespiele, Hinterlisten, Verleumdungen, Ehrabschneidungen, Ehrenhändel, blindwütiges Schwertziehen – sogar gegenüber der Königin –, durch Anschläge und Morddrohungen aus. Es sind Menschen, die vom Hofleben zum Feldlager wechseln; Menschen, die heute eine Mask mit klassisch-allegorischen Bezügen entwerfen und choreographieren und morgen als Piraten Schiffe entern und plündernd Häfen überfallen; Menschen, die in Prunkgewändern in Whitehall Palace eine Galliarde tanzen und wenig später in Frankreich, den Niederlanden oder Irland das Schlachtroß satteln; Menschen, die um politischen Einfluß und um Positionen in der Hofhierarchie kämpfen und ins Intrigenspiel der Hoffraktionen verwickelt sind; Menschen, die um die Gunst, ja die Hand der Königin buhlen und sich gegenseitig mit allen Mitteln auszustechen versuchen: «Life within the Elizabethan court and on its margins was characterized by intrigue, backbiting, and bribery; by intense competition for personal and political influence, office, prestige, and income.»[132]

Zur Illustration mögen einige Schlaglichter genügen, die auf zwei Hauptfavoriten, Leicester und seinen Stiefsohn Essex fallen: Der erste wird des Mordes an seiner Frau verdächtigt; einem Gerücht zufolge wurde gegen ihn selbst ein Mordanschlag aus dem Umkreis des Herzogs von Norfolk verübt; mit demselben Herzog versucht Leice-

---

(...) Höfische Kulturformen hatten die Aufgabe, den chaotischen Kräften innerhalb des Systems des Hofes Ordnung aufzuzwingen und gleichzeitig die Handhabung des Systems zum persönlichen Vorteil zu erleichtern.» MONTROSE 1977:6; wir verdanken dieser sensitiven, brillanten Studie viele Einsichten.

[132] «Das Leben innerhalb und am Rand des elisabethanischen Hofes zeichnete sich durch Intrige, Verleumdung und Bestechung, durch scharfen Wettbewerb um persönlichen und politischen Einfluß, um Ämter, Prestige und Einkommen aus.» MONTROSE 1977:5; Elisabeth, «the Sun Queen», «the Virgina Queen», ist keineswegs immer «composed», schlägt sie doch zuweilen sogar ihre Ehrendamen. Vgl. ferner bei STONE 1965 die Kapitel «The Instruments of Violence» (199 ff) und «The Face of Violence» (223 ff).

ster den politisch einflußreichsten Würdenträger, Cecil, hinterlistig zu entmachten; seine Ehe mit Lettice Knollys verschweigt er; die Königin erfährt die Nachricht erst durch den Abgesandten des Herzogs von Alençon, Jean de Simier, der das Geheimnis gleichsam in Selbstverteidigung lüftet, denn er fühlt sich durch Leicester – den Gegenspieler von Alençon – bedroht. Essex übertrifft noch seinen Stiefvater an Unbeherrschtheit, aufbrausendem Jähzorn, hochfahrendem Stolz und unbändigem Machthunger: Als Elisabeth Thomas Howard, den zweitgeborenen Sohn von Norfolk, zum Peer erhebt, der Kandidat, den Essex der Königin vorschlägt, jedoch leer ausgeht, fordert dieser Howard zum Duell; als Essex einen Lord Deputy für Irland favorisiert, der Wunsch jedoch kein Gehör findet und die Königin dem Bittsteller, ihn harsch am Ohr ziehend, die Türe weisen will, zieht dieser sein Schwert – Admiral Nottingham tritt dazwischen. Und dann der Höhepunkt und das Ende: Gegen den ausdrücklichen Befehl der Königin verlässt Essex voller Zorn am 24. September das Heer, trifft vier Tage später um zehn Uhr früh in Nonsuch Palace ein, stürmt – gestiefelt, gespornt und ungewaschen – in Elisabeths Privatgemächer, alle Ehrendamen und Diener beiseiteschiebend, und dringt auch in das Schlafgemach ein, wo er die Königin beim Ankleiden überrascht. Der einst so strahlend aufgegangene Stern ist durch Essex' eigenmächtige Kriegsführung gegen die irischen Rebellen, durch seine Befehlsverweigerung und diesen Zwischenfall im Sinken: Zunächst – all seiner Ämter enthoben – wird er unter Bewachung und vor Gericht gestellt; von der Königin später begnadigt, sammelt der Machtgierige in letzter Verzweiflung eine Rotte von Anhängern um sich und plant, die Königin am 7. Februar 1601 in Whitehall Palace in seine Gewalt zu bekommen. Der Plan scheitert; am Aschermittwoch des gleichen Jahres wird Essex im Hof des Towers hingerichtet – «the polite world» des englischen Hofes![133]

Doch lassen wir das Anekdotische beiseite und werfen einen Blick auf den Hof als Herrschafts- und Entscheidungszentrum: wo, wie und von wem wird regiert? Und wie steht es mit Harmonie und Ordnung? Zweimal, wie eben erwähnt, kommt Elisabeth der Bitte eines ihrer Hauptfavoriten, Essex, nicht nach, seinem Personalvorschlag zu folgen. Sogar als Essex in – sonst eher seltener – Eintracht mit Cecil, dem langjährigen Vertrauten und treuesten Staatsdiener der Königin, Staatssekretär von der ersten Stunde bis zu seinem Tode (1598),

---

[133] Neville WILLIAMS 1967:108ff, 199f, 331ff und passim.

Francis Bacon für ein Amt protegiert, stoßen beide auf taube Ohren.[134] Dies illustriert Elisabeths selbstbewußte Unabhängigkeit; sie ist sehr darauf bedacht, die Entscheidungsfreiheit, die ihr verfassungsmäßig zusteht, die traditionellen Rechte der Prärogative, zu bewahren und auch gegenüber höchsten Würdenträgern (weltlichen und geistlichen), Höflingen, favorisierten Günstlingen und dem Parlament durchzusetzen. Und der Prärogativbereich der Krone ist weit: Der Königin sind personelle Entscheidungen von der Ernennung der Mitglieder des Privy Council, deren Zahl sie gleich zu Beginn ihrer Regierungszeit verringert, während sie dem Staatssekretär Cecil größere Kompetenzen einräumt, bis hinunter auf die lokale Ebene der Einsetzung von Friedensrichtern (justices of peace) vorbehalten; als Oberhaupt der Kirche kann sie Bischöfe ein-, ver- und absetzen. Auch bei Sachentscheidungen ist ihr Freiheitsspielraum, trotz Parlament, groß, insbesondere wenn sie nicht – zumeist wegen Finanzhilfe – darauf angewiesen ist, das letztere einzuberufen.

Die Macht- und Entscheidungsfülle der Königin macht den Hof zu einem Ort, an dem verbissen um Positionen, Einfluß, Nähe zur Monarchin – oder auch nur um Verbindungen zu Personen, die solchen Zugang haben – gekämpft wird. Wer in dieser Konkurrenz mithalten will, muß am Hofe anwesend sein, trotz oder vielmehr gerade wegen der ihre Eigenständigkeit und Entscheidungsfreiheit eifersüchtig verteidigenden Königin, denn diese Unabhängigkeit läßt es geboten erscheinen, nicht den direkten, sondern – mittels List, Tücke und Ränkespielen – den indirekten Weg der Beeinflussung zu wählen. Davon abgesehen, ist Elisabeth Schmeicheleien keineswegs unzugänglich. Ist einer nicht am Hofe, so können auch seine Trumpfkarten ausgestochen werden. Sogar der mächtige und über ein weites Netz wichtiger persönlicher Konnexionen und Abhängigkeiten verfügende Cecil bleibt nicht verschont: 1560 von seinen schottischen Verhandlungen an den Hof zurückgekehrt, muß er erkennen, daß Leicester ihn in der Zwischenzeit bei der Königin ausgestochen hat. Diesmal wagt er es nicht, seine Trumpfkarte auszuspielen, mit der er ein Jahr früher Erfolg hatte, nämlich Elisabeth seinen Rücktritt anzubieten. Er befürchtet, dieser könnte angenommen werden. Er benutzt den spanischen Botschafter, die Königin – über verschlungene Wegen – von seinen angeblichen Rücktrittsabsichten zu informieren.[135] Essex

---

[134] Penry WILLIAMS 1979:23.
[135] Neville WILLIAMS 1967:111f; auch HUDSON 1980:32.

wird 1597 brieflich von einem Freund gewarnt: «Let nothing draw thee from the court; sit in every council (...)».[136] Essex mißachtet den Ratschlag, fährt nach Irland, erfährt, wie ihm zu Hause am Hof die Felle davonschwimmen, eilt zurück – und das Ende ist bekannt.

Der Hof als Machtzentrum mit der «Sun Queen» in der Mitte ist sowohl eine Bühne, auf der Größe, Glanz und Öffentlichkeit zelebriert werden, als auch ein Ort informeller Kontakte. Die Raumaufteilung der königlichen Paläste – wenn möglich auch improvisiert auf adeligen Landsitzen, wenn der Hof auf Progress ist – scheidet die beiden Sphären: In der Hall und der Great Chamber finden die großen, feierlich-zeremoniellen Anlässe statt; in den folgenden Räumen – Presence Chamber, Privy Chamber, Bedchamber – wird die Öffentlichkeit stufenweise abgebaut. Penry Williams, dem wir hier folgen, schreibt: «It was essential that this be done, since the pattern reflected the realities of political life, which combined the ceremonious role of the monarch in the Great Hall, personal contact with the general run of visitors in the Presence Chamber, and the conduct of confidential business in the Privy Chamber and the Bedchamber.»[137] Ob auf der Bühne der Hall und der Great Chamber oder in den informellen Räumen, der Hof ist ein äußerst glattes Parkett; es bedarf der Gewandtheit in jeder Hinsicht, um hier nicht auszugleiten.

So groß der Entscheidungsspielraum der Königin ist, den Elisabeth ja auch auszuschöpfen versteht, so ist sie doch auf einen für diese Zeit schon recht komplizierten Staats- und Regierungsapparat angewiesen, «the Central Machine» wie Penry Williams ihn nennt. Wir verzichten darauf, seinen Aufbau und sein Funktionieren zu skizzieren.[138] Uns interessiert, wie sich der Habitus dieser «Central Machine» während der elisabethanischen Ära verändert, wer die Träger sind und wie sie mit der Macht umgehen.

Elisabeths Herrschafts-, Regierungs- und Verwaltungstechnik ist eine Gratwanderung zwischen rationaler und traditionaler Legitimierung im Sinne der Typologie von Max Weber; die dritte, die charisma-

---

[136] «Laß Dich durch nichts vom Hof fernhalten; nimm in jedem Gremium Einsitz (...).» Penry WILLIAMS 1979:27.

[137] «Es war wesentlich, daß dies getan wurde, da sich in diesem Muster die Realitäten des politischen Lebens spiegelten; es kombinierte die zeremonielle Rolle des Monarchen in der Great Hall, den persönlichen Kontakt mit den gewöhnlichen Besuchern in der Presence Chamber und die Abwicklung vertraulicher Geschäfte in der Privy Chamber und der Bedchamber.» Penry WILLIAMS 1979:24.

[138] Vgl. dazu Penry WILLIAMS 1979:21–54, Kapitel «The Central Machine».

3. Festkultur, Zeremoniell, Allegorie und Realität

tische Legitimierung (auf die Person der Königin bezogen), blenden wir hier zunächst aus.[139] Darin manifestiert sich die soziopolitische Umbruchsituation des frühneuzeitlichen Staates. Einerseits kann sich die Königin nur sehr bedingt auf traditionell legitimierte Herrschaft stützen, denn erstens ist sie als Frau, illegitime Tochter und Anhängerin des neuen Glaubens in bezug auf die traditionelle Legitimität verwundbar. Zweitens ist der alte Hochadel zwar von den Tudor zurückgedrängt und weitgehend entmachtet worden, doch bildet er immer noch eine Gefahr (wie die Rebellionen zeigen), zumal die dynastische Frage lange Zeit offen bleibt und für politische Gärung sorgt. Elisabeth muß sich auf eine neue, rationalere Art legitimieren und mit rationaleren Herrschafts-, Regierungs- und Verwaltungstechniken eine Zentralisierung und Herrschaftsintensivierung anstreben – auch (doch nicht nur), um brennende sozioökonomische und soziopolitische Probleme, insbesondere fiskalische, effizienter meistern zu können. Bei dieser Neuordnung hilft ihr auch die Kirchenreform: Traditionelle Werte und Hierarchien sind zusammengebrochen; eine mit rationalerem, protestantischem Geist durchdrungene neue Ordnung wird aufgebaut.

Andererseits birgt diese rationale Herrschaftslegitimierung und Herrschaftstechnik Gefahren für den Prärogativbereich sowohl von der «Central Machine» her als auch vom Parlament. Die Königin braucht ein gewisses Maß an traditioneller Legitimität für die Durchsetzung ihrer prärogativen Entscheidungsmöglichkeiten. Zudem muß sie sich in einem gewissen Ausmaß auf traditionelle Herrschaftstechniken und Herrschaftsträger stützen können, um die erforderliche personelle und sachliche Kontinuität zu sichern. Soviel zur Gratwanderung. Die «Central Machine» in der elisabethanischen Ära ist deshalb auch eine eigenartige Mischung von neuen und alten strukturellen und personellen Elementen: eine zentralisierte und rationalisierte Regierungs- und Verwaltungstätigkeit einerseits; andererseits fällt es schwer, Zuständigkeiten, Aufgabenbereiche und eindeutig formalisierte Instanzenwege auszumachen. Scheinbar gleiche Kompetenzen tauchen in ganz verschiedenen Instanzen auf; oft sind auch dieselben Leute in ganz verschiedenen Bereichen anzutreffen. Es ist mithin nicht nur wichtig, nach der Kompetenzaufteilung zu fragen, sondern zu-

---

[139] Wir verdanken die folgende Analyse aufgrund der Typologie von Max Weber einer Kolloquiumsarbeit von Evelyn Ingold im Rahmen unserer Lehrveranstaltung über die elisabethanische Ära im Wintersemester 1987/88.

gleich auch den Einfluß von Persönlichkeiten und Personengruppen in diesem Herrschaftssystem zu beachten. Dies führt uns zu den Trägern.

Vor allem mit Cecils Hilfe besetzt Elisabeth nach der Krönung die wichtigsten Regierungsämter mit Persönlichkeiten, die sich durch folgende Charakteristika auszeichnen: Es sind keine kirchlichen Würdenträger, sondern Laien; es sind Protestanten, doch nicht von der extremen Richtung; sie sind zumeist akademisch ausgebildet, wobei Cambridge und Gray's Inn die beiden wichtigsten Ausbildungsstätten sind; neben Fachkompetenz zeichnen sie sich durch «polite learning» aus; neben Neurekrutierten sichern solche, die Amtserfahrung aus der Regierungszeit Eduards VI. mitbringen, die Kontinuität; Amtsträger aus der Regierungszeit Marias dagegen sind wenig gefragt. Hudson, dem wir hier folgen, bezeichnet diese Herrschaftselite – in Anlehnung an eine Studie von MacCaffrey – als «the new establishment» mit einem «common outlook».[140] Nicht ein stabiler Fraktionalismus, und schon gar nicht eine parteiähnliche Organisation ist das Verbindende, sondern Verwandtschafts-, Heirats- und Patenschaftsvernetzungen, Freundschaften – vor allem geknüpft in jungen Jahren während der gemeinsamen akademischen Ausbildung – sowie eine durch protestantische Glaubensorientierung und klassisch-humanistische Bildung geprägte Weltsicht und Weltdeutung. Trotz des gemeinsamen «outlook» ist es eine Herrschaftselite, deren Kohäsion wechselnde Fraktionierungen, Ränkespiele und Verleumdungen im Kampf um Macht, Einfluß und Gunst keineswegs ausschließt. In der langen Regierungszeit Elisabeths werden diese Positions- und Intragruppenstreitigkeiten noch durch verschiedene Umstände verschärft.

Erstens sind es die vielen innen- und außenpolitischen Probleme, die meisten über Jahrzehnte hinweg ungelöst, die für die elisabethanische Regierungszeit kennzeichnend sind. Teilweise miteinander verquickt, geben sie Anlaß zu Spannungen, Spaltungen und wechselnden Schulterschlüssen der Herrschaftselite: von der schottischen Frage bis zu religiösen Richtungskämpfen; von den außenpolitischen Konstellationen mit ihren kriegerischen Verwicklungen und Gefahren bis zu den dynastischen, soziopolitischen und sozioökonomischen Gärungen im eigenen Lande. Die elisabethanische Ära ist eine ruhelose Zeit des Umbruchs.

Zu diesen sich über Jahrzehnte hinziehenden Problemen gehört

---

[140] HUDSON 1980:29ff; seine Referenz bezieht sich auf MACCAFFREY 1968.

zweitens auch die Heiratsfrage. Die mit ihr verknüpften Irrungen und Wirrungen sind um so größer und komplizierter, als sie nicht nur die fremden Bewerber betreffen und außenpolitische Konstellationen tangieren, sondern auch die landeseigenen Bewerber, die ja selbst Mitglieder der Herrschaftselite sind oder werden und eifersüchtig ihre Position als Favoriten der Königin gegen Mitfavoriten zu verteidigen oder auszubauen versuchen. Elisabeth selbst ist maßgeblich mitverantwortlich, daß das Buhlen um ihre Gunst zu wenig chevaleresken Konkurrenzkämpfen führt. Elisabeth behält, wie erwähnt, das Spiel in der Hand und spielt den einen Freier gegen den anderen aus. Doch nicht allein das Buhlen um ihre Hand, auch das Buhlen um ihre Gunst ist konfliktträchtig. In einem Alter, in dem von Heirat nicht mehr die Rede sein kann und sich Elisabeth mehr denn je als «Virgin Queen» verehren läßt, hält sie das erotisch getönte, sublimiert subtile Spiel um ihre Gunst – nicht ohne Eitelkeit – im Gang; insbesondere wird daran auch die jüngere Generation beteiligt: «Aspiration was focused on courtship of the queen in a reciprocal relationship of service and reward. Honors, power, and wealth were the personal goals that the younger Elizabethan aristocracy most ardently pursued.»[141] Dieser Aspekt führt zum dritten Konfliktbereich der Herrschaftselite.

In der mehr als vierzigjährigen Regierungszeit kommt es in der elisabethanischen Machtelite zu intergenerationellen Spannungen und Positionskämpfen. Eine ehrgeizige, machthungrige jüngere Generation, vertraut mit der «polite world», gebildet, weltläufig, erfahren in Kämpfen zu Land und zur See, und nicht zuletzt in den Eliteschulen und -universitäten sowie den Inns of Court für die Bekleidung von Hof- und Regierungsämtern bestens gerüstet, wächst heran. Anthony Eslers Studie «The aspiring mind of the Elizabethan younger generation» ist dieser Thematik gewidmet.[142] Die Positionskämpfe der jüngeren Generation um die Gunst der Königin sind um so härter, als Elisabeth vor allem durch Kriege und kriegerische Verwicklungen in permanenter Finanznot ist und deshalb mit materiellen Gunstbewei-

---

[141] «Alles trachtete danach, der Königin in reziprokem Verhältnis von Aufwand und Ertrag den Hof zu machen. Auszeichnungen, Macht und Reichtum waren die persönlichen Ziele, welche die jüngere elisabethanische Aristokratie am eifrigsten verfolgte.» MONTROSE 1977:5.

[142] ESLER 1966; MONTROSE 1977:4 zitiert dieses Werk und merkt an, daß er für seine Analyse dem Werk Eslers viel verdanke.

sen zurückhaltend sein muß – nicht zuletzt, um das störrische Parlament auf Distanz zu halten.[143]

Eine Episode um 1580, bei der alle drei eben genannten Konfliktfelder verdichtet und verzahnt in Erscheinung treten, leitet uns zu der zitierten These von Montrose zurück: «Courtly cultural forms functioned to impose some order upon the forces of chaos within the court system at the same time that they facilitated manipulation of the system to personal advantage.»[144]

Zunächst zu den Hauptakteuren und der Situation: Im Rahmen einer Pageant wird im Mai 1578 im Schloßpark von Wanstead, einem Landsitz, den Leicester von Elisabeth geschenkt erhielt, eine Art Commedia rusticale «The Lady of May» im Beisein und unter Einbezug der Königin aufgeführt. Verfasser ist Sir Philip Sidney, die Inkarnation der ambitionierten, aufstrebenden Generation: Hochgebildet, weit gereist, als Höfling, Poet, Diplomat und Militär gleichermaßen begabt, findet er gleichwohl bei der Königin nicht jene Gunst und jenen Einfluß, die er anstrebt und von seinen Verdiensten her glaubt beanspruchen zu dürfen. Er hat sich deshalb vor kurzem vom Hofe aufs Land zu kontemplativer Muße zurückgezogen. Er empfindet seine Zeit als «a corrupt age», wie er im März 1578 seinem Freund und Mentor, Hubert Lanquet, schreibt.[145]

Es ist in der Tat eine spannungsgeladene Zeit, denn die Hochzeitspläne mit dem Herzog von Alençon befinden sich in einem akuten Stadium; der Privy Council ist ob dieser Frage gespalten, und das Parlament drängt nach Klärung. Die Leicester-Walsingham Fraktion, zu der auch Sidney gehört, sieht ihren Einfluß schwinden. Leicesters eigene Heiratsambitionen sind gefährdet, und schon bald nach der «Lady of May»-Pageant erfährt Elisabeth von seiner Verheiratung, will ihn im ersten Zorn in den Tower werfen lassen und verbannt ihn

---

[143] Vgl. dazu MONTROSE 1977:5.

[144] Übersetzung siehe Anmerkung 3. MONTROSE 1977:6; das folgende basiert direkt auf der Studie von Montrose; die Ausführungen sind auf weite Strecken eine Zusammenfassung.

[145] MONTROSE 1977:11; es wird vermutet, daß Elisabeth Philip Sidney deshalb auf Distanz hält, weil er sich als militärischer Führer und Diplomat in den Niederlanden auszeichnet und Wilhelm von Oranien ihn adoptieren will; dieser Plan hätte Elisabeths militärische, diplomatische und dynastische Pläne tangiert. Auch wird Elisabeth wohl Gefahr in Sidneys selbstbewußt-unabhängiger Persönlichkeit, gepaart mit so glänzenden Gaben, gesehen haben. MONTROSE 1977:11.

3. Festkultur, Zeremoniell, Allegorie und Realität

auf Fürbitte hin in einen Turm in Greenwich Park. Zur gleichen Zeit, im Frühjahr 1579, zirkuliert «A letter written by Sir Philip Sidney to Queen Elizabeth, touching Her Marriage with Monsieur», in dem der Verfasser von einer Heirat mit Alençon abrät und der Königin Leicester als Ehepartner empfiehlt – und dies in einem offenen Brief: eine unerhörte Anmaßung gegenüber einer auf ihre Prärogative und Eigenständigkeit so erpichte Königin. Für Jahre hat nun Sidney die königliche Gunst verscherzt, und als 1586 sein Stern wieder aufzugehen scheint, erlischt er: Sidney wird in den Niederlanden bei einem ehrenvollen Auftrag tödlich verwundet; Elisabeth erweist dem Kriegshelden die seltene Gunst eines Staatsbegräbnisses.[146] Fürwahr, Stoff für eine Tragödie! Doch nun zu der «Lady of May».

Elisabeth ist, wie erwähnt, nicht nur klassisch-humanistisch gebildet, ihr ist auch von zahllosen Pageants, Masks, Theaterstücken und Gedichten die Sprache von Allegorien vertraut, seien sie nun antiken oder mittelalterlichen Ursprungs. Sie liebt und schätzt allegorische Sinnbezüge sehr[147] und erwartet, daß sie in der Festkultur zu ihrer Huldigung und majestätischen Überhöhung dargebracht werden – vom Porträt bis zur Mask, vom Gesang bis zum Tanz. Sidney weiß selbstverständlich, daß seine Königin die verschlüsseltsten allegorischen Sinnbezüge zu deuten versteht. Er versucht gerade deshalb, in seiner Maikönigin-Pageant der Königin nicht nur zu huldigen, sondern sie auch – verdeckt – zu beeinflussen. Wie und in welcher Richtung?

In Wanstead, als die Königin vom Garten in den Park hinabsteigt, kommt ihr eine Frau entgegen, gekleidet wie die Frau eines ehrlichen Landmannes («like an honest Man's Wife of the Country»). Es ist die Mutter der Maikönigin, die – um Gerechtigkeit schreiend und die ganze Entourage um Unterstützung bittend – Elisabeth ihr Leid klagt: Ihre Tochter habe zwei Bewerber und sei hin- und hergerissen; die Königin möge ihr helfen, die richtige Wahl zu treffen. Nach dem Abgang der Mutter erscheinen sechs Schäfer und ebenso viele Förster (foresters), die Maikönigin hin- und herziehend, die nicht weiß, auf

---

[146] Zu den Feierlichkeiten dieses Staatsbegräbnisses vgl. NICHOLS Bd. 2 1823:483 ff.

[147] In der Einleitung seines Werkes «The Progresses and the Public Procession of Queen Elizabeth» zitiert der Herausgeber, John Nichols, einen Zeitgenossen wie folgt: «Mr. Pennant remarks, that the Portrait of Queen Elizabeth at Hatfield is extremely worth notice, not only because it is the handsomest we have of her, but as it points out her turn to allegory and apt devices.» (NICHOLS Bd. 1 1823:XIII).

welche Seite sie sich schlagen soll: Therion, ein gewandter, starker, tatkräftiger Förster, und Espilus, ein reicher, mildtätiger Schäfer, buhlen um ihre Hand. Die Vermutung liegt nahe, daß auf die schwelende Konkurrenz Leicester versus Alençon angespielt wird.[148] Mit oder ohne diesen vordergründigen Bezug: dem Verfasser, Philip Sidney, geht es primär um etwas anderes und um mehr; die subtile Interpretation von Montrose läßt daran keinen Zweifel. Therion und Espilus stellen zwei kontrastierende Typen von Höflingen dar; jeder hofiert auf seine Weise die Maikönigin (d. h. Elisabeth): «By rendering judgment in the simplified courtship of the May Lady, Queen Elizabeth is led by analogy to a particular judgment about the conduct of her own complex and conflict-ridden-courtier system.»[149] Sidney bringt mithin seine eigene Lage, sein eigenes courtship-Problem ein und versucht, die Königin in ihrer Wahl für seine Sache zu beeinflussen.

Therion fordert Espilus zu einem Singwettbewerb auf; nach jeder Stanze, die Espilus zu seiner Selbstanpreisung singt, erfolgt eine selbstanpreisende Erwiderung des Herausforderers. Noch andere Personen treten zur Unterstützung der Sache des einen oder des anderen auf; Rhombus beispielsweise, ein etwas pedantischer Dorfschulmeister, versucht zu vermitteln. Espilus, der Schäfer, profiliert sich als fügsam, geschmeidig, harmlos, biegsam; er verkörpert den verschlagenen, üppigen Höfling, der Kontemplation mit Wollust verbindet und beim Buhlen selbstisch und kleindenkend nach materiellem Gewinn aus ist. Therion dagegen stellt den kühnen, selbstbewußten, selbstlos dienenden Höfling dar, der in seinem Leben harmonisch Kontemplation mit Tatkraft zu verbinden weiß. Sein Werben basiert auf gegenseitigem Respekt und wechselseitiger Zuneigung. Er darf erwarten, daß seine treue Ergebenheit und seine Dienste gerechte Entlohnung finden – kurz, ein Selbstporträt des Verfassers (einige der Charakteristika treffen jedoch auch auf Leicester zu). Die «Commedia rusticale» versinnbildlicht den Mikrokosmos des elisabethanischen Hofes; sie ist, so Montrose, eine gegenseitige Spiegelung von Kunst und Leben,

---

[148] Montrose sieht dafür keine Evidenz, jedoch Bruce R. Smith; er identifiziert Therion mit Leicester; SMITH 1977:75.

[149] «Sobald Königin Elisabeth über die einfachere Art und Weise urteilt, in der die May Lady hofiert wird, wird sie durch die Analogie auch zu einem speziellen Urteil über ihr eigenes, komplexes und konfliktträchtiges System von Höflingen angeleitet.» MONTROSE 1977:13; die Maikönigin selbst – sicherlich überflüssigerweise – hilft Elisabeth auf die Spur, indem sie sagt: «That in Judinge me you Judge more then me in yt.»

3. Festkultur, Zeremoniell, Allegorie und Realität

von kultureller Form und historischem Moment.[150] Sidney, trotz seiner Verdienste auf allen Feldern des Ruhmes von Elisabeth auf Distanz gehalten, zieht sich vom Hof zurück, reflektiert über sein Leben in «a corrupt age» und schreibt eine pastorale Allegorie des idealen Höflings, Castigliones Thematik, um seine Königin kaum verschlüsselt für seine Sache zu gewinnen: das Paradigma einer gerechten und ausgewogen harmonischen Beziehung zwischen einem frei geborenen, selbstbewußten englischen Gentleman zu seiner Majestät – eine Beziehung, die Sidney selbst zu seiner Königin anstrebt: «The ‹Lady of May› can be recognized as a crystallization in cultural form of an incipient social conflict. That conflict grows in intensity and complexity at the end of Elizabeth's reign and under the Stuarts; within seventy years, it culminates in open warfare and regicide.»[151] Und wie reagiert Elisabeth?

Sie entscheidet sich für den Schäfer Espilus, erkennt also Sidneys Absicht und weist sie zurück, denn sie reagiert auf solche Ansinnen empfindlich; sie will in ihrer Festkultur verehrt, aber nicht manipuliert werden. Man versteht Elisabeths Mißtrauen gegenüber Sidney und seinen Freunden. Elisabeth spricht sich mit ihrer Wahl zugleich für ein in den Konventionen bleibendes erotisches Schäferspiel aus, in dem ihr ein stabiles, verehrendes Hofethos entgegengebracht wird. Das bedeutet nicht, daß sie sich am liebsten mit einfältigen Ratgebern und Verwaltungsbeamten umgeben hätte. Die meisten Männer, die sie mit Regierungsgeschäften beauftragte, waren im reifen Alter und hatten große Erfahrung in politischen Fragen. Trotzdem blieb die effiziente Kontrolle und Kanalisierung von Talenten und Energien in den oberen Schichten einer äußerst mobilen, unbeständigen und ehrgeizigen Gesellschaft eines ihrer brennendsten Probleme. In den letzten zwei Jahrzehnten ihrer Herrschaft spitzte sich dieses Problem zu, als die jüngere Generation von Höflingen und Universitätsabsolventen sich mit einer Gesellschaft konfrontiert sah, die den meisten von ihnen keine jener Ämter und Stellungen anbieten konnte, für die sie sich vorbereitet hatten.

Mit Hilfe von Manipulationen heiliger Bilder bis hin zur physischen

---

[150] MONTROSE 1977:18.

[151] «Die ‹Lady of May› kann als kulturelle Kristallisation eines beginnenden sozialen Konfliktes verstanden werden. Dieser Konflikt nimmt an Intensität und Komplexität gegen Ende der Herrschaft Elisabeths und unter den Stuarts noch zu; innerhalb von siebzig Jahren kulminiert er in offenem Krieg und Königsmord.» MONTROSE 1977:20.

Verstümmelung und Hinrichtung versuchte die Krone, die Kontrolle über die verschiedenen sozioökonomischen Schichten und religionspolitischen Fraktionen einer dynamischen, wenig geregelten Gesellschaft zu bewahren. Die Institution des Hofes stellte der Monarchin eine großartige Autoritätsaura zur Verfügung. Gleichzeitig wurde die Eigeninitiative des Adels und anderer sozialer Schichten an das höfische System gebunden. Höfische Dichtkunst und Umzüge sollten dabei eine Illusion königlicher Macht vermitteln. Die Illusion der Macht half mit, die Realität der Macht zu festigen.[152]

Montroses Studie schließt mit einem Epilog, auf den kurz einzugehen sich lohnt: Im Mai 1581 wird in Anwesenheit des Abgesandten Alençons in der Tiltyard (Turnierplatz) von Whitehall Palace ein zweitägiger sog. «Triumphe» veranstaltet; Ritterspiele werden durch Pageantry unterbrochen – eine Ritterromanze, «The Triumphe of The Fortress of Perfect Beauty».[153] Sidney wird am Verfassen dieser Pageant beteiligt gewesen sein und spielt – zusammen mit anderen Zugehörigen der Leicester-Walsingham-Fraktion, die sich in der Alençon-Heiratsfrage besonders exponiert haben und in Ungnade gefallen sind – mit. Das allegorische Stück hat innen- und außenpolitische Bezüge; es spielt auf das Verhältnis der Königin zu ihren Höflingen und jenes zu ihrem Bewerber Alençon an. Es ist keine Singkonkurrenz wie bei der Maikönigin, sondern – dem Tournierplatz angepaßt – eine Serie von Kämpfen zwischen einer Gruppe von Rittern, die «The Lady of Beauty» (Elisabeth) angreifen, und einer Gruppe, die sie verteidigt; die letztere gewinnt. Der oder die Verfasser und die Akteure bekennen damit allegorisch die Aufgabe früherer Illusionen: Der kecke, selbstbewußt-stürmische Höfling vom Typ Therion hat in der zähmenden, disziplinierenden Welt des elisabethanischen Hofes, fest im Griff der Königin, keinen Platz. In symbolischer Devotion unterwirft sich die Leicester-Walsingham-Fraktion; Sidneys Haltung allerdings scheint ambivalent zu sein, wie ein Neujahrspräsent andeutet: Er schenkt zum Jahresanfang 1581 der Königin eine mit Diamanten und Perlen besetzte Peitsche – ein Zeichen, das die Empfängerin sehr wohl mit der im gleichen Jahr aufgeführten Pageant in Verbindung bringt, denn es ist üblich, bei Pageants allegorisch-sinnträchtige Geschenke zu über-

---

[152] Dieser Abschnitt ist eine freie Übersetzung von MONTROSE 1977:21f.
[153] «Der Triumph der Festung der vollkommenen Schönheit», MONTROSE 1977:23 ff; vgl. auch NICHOLS Bd. 2 1823:312 ff; es findet sich hier eine ausführliche Beschreibung des ganzen «Triumphe».

3. Festkultur, Zeremoniell, Allegorie und Realität

reichen. «Die soziopolitischen Verhältnisse des Jahres 1581 ermöglichten eine erfolgreiche Neutralisierung (containment) potentieller Gewalt mit der Einbindung in eine Spielform aristokratischer Kultur», schreibt Montrose und weist darauf hin, daß zwanzig Jahre später dies bei einem wie Sidney hochbegabten, doch hochmütigen, draufgängerischen und sich selbst überschätzenden Höfling, Essex, nicht mehr der Fall ist. Sein desperates Werben endet mit seiner Hinrichtung; für den Tag der vorgesehenen Rebellion bestellen seine Anhänger in London eine andere Spielform höfisch-aristokratischer Kultur, das Theaterstück «Richard II.» (vermutlich jenes von Shakespeare) mit dem Motiv des Königsmordes: Gewalt, hier nicht eingebunden und allegorisch gebändigt, sondern als Motiv instrumentalisiert zur Rebellionsunterstützung.

Unser Blickfeld blieb bislang auf den Hof und die Machtelite beschränkt: kulturelle Zähmung einer ruhelosen Welt. Nun soll die Gesellschaft insgesamt betrachtet werden, auch wenn wir nur Stichworte und grobe Skizzen geben können. Nach der Inthronisierung sieht sich Elisabeth mit einer Fülle drängender Probleme konfrontiert, die rasches Handeln oder aber hinhaltend abwartendes Lavieren erfordern: dynastische Fragen und solche religiös-kirchlicher Art, beide auch verknüpft mit ihrem Geschlecht und dem Stigma einer Bastard-Tochter. Es ist ein Mehrfrontenkampf, denn neben dem katholischen Flügel sind eifernde, fundamentalistische Protestantengruppierungen in Schach zu halten. Dazu kommt eine schwer lastende Staatsschuld, die eine Kooperation mit dem Parlament erheischt, denn immer noch gilt die längst obsolete Devise, «the king [in diesem Fall the queen] should live of his [her] own» – nur in Notfällen bewilligt das Parlament außerordentliche Finanzhilfe, und vom Parlament geht religiös-kirchliche Brisanz, ja Gefahr aus. Die Kredite der Krone im In-, vor allem aber im Ausland sind überzogen, und das Münzwesen genießt wenig Vertrauen; der Krieg mit Frankreich kostet nicht nur Geld, sondern ist eine Quelle der Instabilität, ebenso die ungeklärten Beziehungen zu Spanien und insgesamt zu den katholischen Monarchen (vom Papst ganz abgesehen). Schließlich verlangen die Verhältnisse in Schottland eine Antwort. Elisabeth hat in ihrer Kindheit gelernt, schwierigste Konstellationen mit Klugheit, Bedachtsamkeit, flexibler Anpassungsfähigkeit, hinhaltendem Taktieren oder rascher Entschlossenheit zu meistern. Diese jugendlichen Sozialisationsanforderungen und Erfahrungen kommen ihr bei der Bewältigung der Vielzahl anstehender Probleme, die teilweise in komplexer Weise ineinander verzahnt sind, zugute. Neue Probleme kommen hinzu, beispielsweise die spanischen Bedrohungen, die kriegerischen Verwicklungen in den Niederlanden, Rebellion im eigenen Lande, das Problem der konspirierenden Maria, Aufruhr in Irland.

Hinzu gesellen sich sozioökonomische und soziopolitische Gärungen in der langen Regierungszeit, die das gesamte Spektrum der englischen Gesellschaft erfassen oder tangieren: Die Säkularisierung und der Verkauf von Kirchenbesitz haben schon vor der elisabethanischen Ära zu großen Umverteilungen und Besitzverschiebungen geführt, wobei der mittlere Adel, die Gentry, am meisten profitierte, insbesondere wenn er durch geschicktes Management an den hohen Gewinnmöglichkeiten der Agrarpreissteigerungen partizipieren konnte. Die Säkularisierung kennt aber auch Verlierer in der oberen Schicht der Gesellschaft durch den Wegfall von Pfründen und Alimentierungen verschiedenster Art (dies betrifft die reichen Pfründen hoher kirchlicher Würdenträger genauso wie die darbenden Klosterbrüder). Die religiösen und außenpolitischen Verhältnisse und Entwicklungen führen dazu, daß England neue Handelsverbindungen aufbauen, neue Seewege suchen, eigene Exportgüter produzieren, Importboykotte durch Eigenprodukte substituieren und neue Importquellen öffnen muß. Die «Merchant adventurers» beginnen die Meere zu beherrschen, die Welt zu entdecken und bald auch zu erobern. Das verschafft nicht nur den Glücksrittern in fernen Landen und Gewässern neuen Reichtum, sondern auch denen, die sich zu Hause finanziell an den – durch Piraterie und Schmuggel gesalzenen und gepfefferten – Überseegewinnen spekulativ beteiligen, sowie jenen, die durch die gesteigerte Nachfrage, die mit dem Überseehandel und der Überseeschiffahrt verbunden ist, in Produktion und Distribution Profite erzielen. Zu diesen Gewinnern und Neureichen gehören einerseits Handels- und Verlagskaufleute, Finanziers und Reeder, Schiffseigentümer und Schiffsausrüster vorwiegend nichtadeliger Herkunft (wobei einige jedoch ihren neu erworbenen Reichtum dazu verwenden, sich die Insignien adeliger Lebensführung zuzulegen und bürgerliche Stigmatisierungen abzustreifen). Andererseits wird auch ein städtisches und ländliches Kleinbürgertum in Handel und Gewerbe vom Goldregen benetzt, sofern es flexibel genug ist, an der Nachfragesteigerung mit ihren Multiplikatoreffekten teilzuhaben und nicht durch die inflationistischen Preisbewegungen Gewinneinbußen erleidet. Die Unterschichten dagegen sehen sich auf der Schattenseite, denn trotz wachsendem Arbeitsangebot sind sie der inflationistischen Lohn-Preis-

Schere ausgeliefert und müssen empfindliche Reallohnverluste in Kauf nehmen. Der Anteil der Eigentumslosen und Eigentumsarmen steigt, auch jener der herumstreifenden Bettlerscharen. Die Furcht vor sozialer Gärung beim Bodensatz der Gesellschaft führt zu Mandatisierung, verschärfter Überwachung, aber auch zu neuen Armengesetzen und zum Bau von Armenhäusern – kurz, zum sog. elisabethanischen Tudor-Absolutismus, einem harschen Regiment, dessen exekutive Schlüsselfiguren die mit neuen Kompetenzen ausgestatteten Justices of Peace und Lord Lieutenants sind.

Soviel zur sozioökonomischen und soziopolitischen Umbruchsituation der elisabethanischen Ära.[154] In das Bild dieser Tapisserie müssen noch die soziokulturellen Farbmuster eingewirkt werden – und dies führt uns zurück zur Festkultur, Allegorie und schließlich zum Tanzen. Es sind wahrhaft bunte und grelle Farbmuster: alle soziokulturellen Ausdrucksformen – Musik, Theater, Poesie, Mask, Pageantry, Tilts oder Tanz – nehmen in der elisabethanischen Regierungszeit einen geradezu atemberaubenden Aufschwung. Das Innovationszentrum ist der Hof und der Promoter die Königin selbst. Wer sich in dieser «polite world» profilieren will, muß nicht nur die Tanz-, sondern auch die Dichtkunst beherrschen, muß fähig sein, Gedichte in klassischem Versmaß zu schreiben und Texte für Pageantry, Masks oder Tilts zu entwerfen, Musik zu komponieren und zu spielen sowie die Sinnbezüge klassischer oder mittelalterlicher Allegorien zu deuten. Hofieren (courtship) heißt, sich in dieser hypertrophen Hof- und Festkultur hervorzutun; alle Favoriten der Königin – von Leicester bis Raleigh – sind darin Meister. Zu diesen Gentleman-Impresarios gesellen sich Scharen professioneller und halbprofessioneller Künstler aller Gattungen, die nicht der Hofgesellschaft angehören, sondern ihr Brot sowie Prestige, Ruhm und königliche Gnade durch ihre Beiträge an die Festkultur zu verdienen hoffen: Porträtisten, Tanzmeister, Stückeschreiber, Theaterleute, Musiker, Choreographen usw. Ferner sollten auch die Handwerker und Kunsthandwerker nicht vergessen werden, die für die Feierlichkeiten oft höchst komplizierte und aufwendige Dekors und Requisiten produzieren – von Triumphbögen bis zu schwimmenden Delphinen, aus denen Musik zu hören ist. Durch die Druckerpresse finden die kreativ-kulturellen Leistungen rasche und breite Resonanz: Kaum ist ein Gedicht oder ein Theaterstück geschrie-

---

[154] Für weitere Informationen sei PALLISER 1983 empfohlen.

ben, kommt es gedruckt in Umlauf; jeder Gastgeber auf dem Progress ist bemüht, sein kostspieliges Unterhaltungsprogramm für die königlichen Gäste im Druck bekannt zu machen.[155]

Die kulturellen Innovationsimpulse strahlen vom Hof auf die Gesellschaft aus. Wenn Melusine Wood schreibt: «Under the eagle eye of Queen Elizabeth, Englishmen spun round longer and leaped higher than the men of other nations»[156], so könnte hinzugefügt werden, sie spielten mehr Theater, führten mehr Masks, Pageants und Tilts auf oder rezitierten mehr Gedichte «than the men of other nations». Es ist die Umbruch- und Aufbruchstimmung einer Gesellschaft, die nicht zuletzt durch diese kulturelle Hausse ihre nationale Identität sucht und findet, ein Amalgam aus Altem und Neuem, das Alte eingeschmolzen in das Neue und die neue Legierung auf dem Alten basierend, wie wir dies beim Tanzen gesehen haben: Es entsteht ein Manierismus, der als kulturelle Form mit dem Gemisch aus traditioneller und rationaler Herrschaftslegitimierung korrespondiert und als kulturelles Medium – in der Festgestaltung, dem Zeremoniell und den Allegorien – zur Herrschaftsinszenierung und Herrschaftstechnik dient. Impresario und Promoter ist, wie erwähnt, Elisabeth, die Feste, Feiern, Zeremoniell und Allegorien nicht nur für ihre Gratwanderung zwischen traditioneller und rationaler Herrschaftslegitimierung und Herrschaftstechnik instrumentalisiert, sondern sich auch – wie wir gleich sehen werden – als «Sun Queen», als «Virgin Queen» und in einer Vielzahl von allegorischen Figuren verehren läßt: eine Indienstnahme dieses Manierismus für die Durchsetzung charismatischer Herrschaftslegitimierung und eines charismatischen Herrschaftsstiles.

Wie strahlen die kulturellen Innovationen von Elisabeth und ihrem Hofe aus und verbreiten sich in der Gesamtgesellschaft? Inwieweit ist die Bevölkerung des ganzen Landes aktiv und passiv an der Fest-, Zeremonial- und Unterhaltungsaktivität zu Ehr und Preis der Königin beteiligt? Wir haben darauf hingewiesen, daß schon die Inszenierung der Krönungsfeierlichkeiten, insbesondere der Einzug in London mit seinen vielen Zwischenhalten, an denen Huldigungen in Form von Pageants dargebracht werden, eine meisterliche Regieleistung ist; und

---

[155] Vgl. dazu SMITH 1977:59 sowie BERGERON 1971:3.

[156] «Unter dem wachen Auge der Königin Elisabeth drehten sich englische Männer länger im Kreis und sprangen höher als die Männer anderer Nationen.» RUST 1969:44 benutzt dieses Zitat als Motto für sein Kapitel VI, «Elizabethan England: 1558 to 1603».

die Hauptdarstellerin, Elisabeth, erweist sich von der ersten Stunde an als Diva: Hier wird ihr eine Bibel überreicht, die sie symbolisch an ihr Herz drückt; dort wird ihr vom Lord Mayor ein Geschenk dargeboten, und sie dankt ihm in freier, improvisierter Rede; beim Hospital hält eines der «Charity Children» eine Rede, und wiederum ergreift die Königin das Wort – kurz, «a star is born». Die verschiedenen Pageanteinlagen illustrieren, daß das Volk bis hin zu den Kindern nicht nur passiv, sondern aktiv an den Feierlichkeiten beteiligt ist. Der Krönungseinzug wird Vorbild für die zukünftigen Einzugsfeierlichkeiten in anderen Städten, wenn der Hof in Progress ist, sowie für die jährliche «Lord Mayor's Show» am 29.Oktober, auch wenn der religiös-christliche Gehalt, der noch beim Krönungseinzug dominierte, in den Hintergrund tritt.[157] Die charismatische Überhöhung wird immer mehr von manieristischen Zeichen, Symbolen und Allegorien getragen.

Macht man sich die Üppigkeit dieser Einzüge bewußt, die Staffagen, die Musik, die Gesänge, Gedichte, Reden usw., so realisiert man auch, wieviele lokale Handwerker, Dichter, Komponisten, Stückeschreiber, Musiker oder redenschreibende Gelehrte bei der Vorbereitung und der Ausführung aktiv beteiligt sind; von den passiven Zuschauern ganz zu schweigen, denn wohl niemand läßt es sich entgehen, die Königin und ihr Gefolge zu sehen. Auch andere jährlich wiederkehrende Feierlichkeiten beziehen aktiv und passiv einen viel weiteren Kreis als nur die Hofgesellschaft ein, beispielsweise die «Accession Day Tilts», die jeweils am 17. November stattfinden; dazu kommen außerordentliche Festlichkeiten, die sich über Tage hinziehen können, wie z.B. der sog. «Triumphe» zu Ehren Simiers im Mai 1581.

Der Progress ist eine Institution, die nicht nur dem Souverän die Möglichkeit verschafft, Land und Leute kennenzulernen, sondern auch dem Volk Gelegenheit gibt, die Königin und ihr Gefolge in all ihrer Pracht zu sehen – und wäre dies auch nur auf ihrem Weg von einer Gaststation zur anderen: «And although it be a custome, and most laudable manner for the poore commons to runne in flockes to see their Soveraigne, yet there, as me thought, their desire was so greate, that they hadde never ynough of the sight so long wished and desired; and such reverence and humilitie they used towardes all the trayne, wheresoever they encountred any of them, that the inwarde affections of the

---

[157] Vgl. dazu BERGERON 1971:11ff.

people was playnely expressed by their outward apparance, and manifest curtesies.»[158]

Der Progress bietet jedoch noch weiteren Anlaß, die höfische Fest- und Unterhaltungskultur dem Volk nicht nur vor Augen zu führen, sondern es in verschiedenster Weise auch daran zu beteiligen, nämlich die Unterhaltungsprogramme zu Ehren der Königin auf den gastgebenden Landsitzen: beim Jagen oder den ritterlichen Spielen als «Handy Men»; bei der Anfertigung, dem Aufbau und der Ingangsetzung phantasievoller, technisch anspruchsvoller Requisiten; bei den Arbeiten in den Gärten, Parks und Landschaften, um Pageantinszenierungen vorzubereiten; schließlich – soweit das Volk Zulaß hat – als Zuschauer und, wie wir noch sehen werden, sogar als Beteiligte.

Dies sind nur wenige Hinweise, um die kulturelle Ausstrahlungskraft des Hofes auf die Bevölkerung in Stadt und Land zu beleuchten – eine Ausstrahlungskraft, die fortwirkt, auch nachdem die Königin und ihr Hofstaat weitergezogen sind. Doch was beinhaltet diese Festkultur? Wieweit spiegelt sie die Umbruchsituation? Welche soziopolitischen Wirkungen intendiert sie und führt sie herbei? Wieweit sind schließlich der Tanz und das Tanzen darin involviert? Sicherlich, ein weites Feld! Und der Weg führt tatsächlich auf das weite Feld, denn wir versuchen anhand der Pageants, die zu Ehren der Königin auf den Landsitzen im Freien abgehalten werden, in den Gärten, den Parks, den Feldern und Wäldern, die eben gestellten Fragen wenn auch nicht zu beantworten, so doch einer Klärung näherzuführen.

Es gibt eine große Zahl zeitgenössischer Quellen, die in allen Einzelheiten über Pageants auf adeligen Landsitzen berichten – über all die Dekors und Requisiten, die auftretenden Figuren in ihren Gewändern, die gesungenen und gesprochenen Gedichte, die Dialoge, die Ansprachen und die Antwort der Königin, die Musik und die Tänze; die Schilderungen füllen Bände.[159] Bei solchen Pageants, zumeist überraschenden Auftritten, die der unterhaltende Gastgeber in das

---

[158] «Und auch wenn es beim armen Volk nur ein Brauch und eine höchst lobenswerte Gewohnheit wäre, in Scharen herbeizurennen, um seine Herrscherin zu sehen, so war da, wie mir scheint, sein Wunsch doch so groß, daß es nie genug von diesem lang (herbei-) gewünschten und ersehnten Anblick bekam; und es übte solche Ehrenbezeigung und Demut gegenüber dem ganzen Gefolge, wo immer es dieses antraf, daß die inneren Gefühle des Volkes in seiner äußeren Erscheinung und der offensichtlichen Höflichkeit vollkommen zum Ausdruck kamen.» NICHOLS Bd. 2 1823:181.

[159] Vgl. NICHOLS 1823 und BERGERON 1971.

3. Festkultur, Zeremoniell, Allegorie und Realität

Tagesprogramm seiner Königin integriert (bei längeren Aufenthalten können es mehr als ein Dutzend sein), wird der Majestät in allen Sparten der Künste gehuldigt. Das ganze Arsenal an mythologischen Allegorien und Figuren aus der Antike und dem Mittelalter wird mobilisiert: Bald ist Elisabeth die «Sun Queen», ohne die kein Leben auf dieser Erde denkbar ist, bald eine antike Göttin und wieder woanders die «Fairy Queen»; sie ist Gloriana oder – eine Kreuzung aus klassischer und mittelalterlicher Mythologie – «The Lady of Delphic Oracle», die – wie prophezeit – einen durch amouröse Leidenschaft erblindeten ritterlichen Eremiten wieder sehend macht, denn sie verkörpert «the most vertue, learning, and beauty, that ever yet was in creature».[160] Die Huldigungen enthalten allegorische Wunschbilder eines Zusammenlebens in Ordnung, Harmonie und Frieden, zeichenhafte Fiktionen utopischer Weltbilder, allegorische Deutungen der Welt und des Universums: Von der Jagd heimkehrend, begegnet Elisabeth einem wilden, tobenden Waldmenschen, der bei ihrem Anblick gezähmt seinen Knüppel wegwirft; der Nymphen oder Schäferinnen belästigende Pan gibt beim Erscheinen der Königin sein wüstes Ansinnen auf und zerbricht als Zeichen seiner Domestizierung und Zivilisierung seine Flöte; die keusche, sittliche Kraft der «Virgin Queen» verwandelt Daphne in einen Lorbeerbaum, um sie vor den Nachstellungen Apollos zu schützen; sie erlöst die seit König Arthurs Zeiten verwandelte «Lady of the Lake»; als Rosalinde vermag ihre Huld, Grazie und Weisheit das leidenschaftliche Paar Silvanus und Phöbe zu besänftigen; sie ist Asträa, die das neue, goldene Zeitalter gründet – die Liste könnte noch lange fortgesetzt werden. Der überraschend auftauchenden Figuren ist kein Ende: Milchmädchen, Torhüter, Angler, Schäfer, Förster, Waldmenschen, Erd- und Wassergötter, Knechte, Gärtner und ein ganzer Reigen antiker oder mittelalterlicher Mythengestalten. Sie tragen ihre Botschaft in Gedicht- oder Liedform – mit Musikbegleitung und auch mit Tanzeinlage – vor. Beliebt sind Streitgespräche, die häufig die Königin als Schiedsrichterin und Schlichterin miteinbeziehen, wie wir dies bei der Maikönigin gesehen haben. Dekor und Requisiten reichen vom einfachen Holzknüppel bis zur raffiniertesten und kostspieligsten Staffage wie bei der «Lady of the

---

[160] «Das Edelste, Gebildetste und Schönste, das die Schöpfung je hervorbrachte», SMITH 1977:97; wir stützen uns im folgenden auf die außerordentlich anregende Studie von SMITH 1977, ohne im einzelnen immer wieder darauf zu verweisen. Es sei an dieser Stelle generell angemerkt, daß wir der Studie viele Einsichten verdanken.

Lake»-Pageant, die 1575 auf Leicesters Landsitz Kenilworth veranstaltet wird. Zur Inszenierung gehört unter anderem ein künstlicher See mit einer schwimmenden Insel, auf der die «Lady of the Lake» sitzt, gezogen von einem Delphin mit Arion auf seinem Rücken; aus dem Bauch des Fisches ertönt Instrumentalmusik; singend stellt sich Arion als «Heardman of the sea» vor und hofft, daß sein Lied zu «calm consent» der Königin beitrage. Hingerissen berichtet ein Augenzeuge seinem Freund: «The hole armony conveyd in tyme, tune and temper, thus incomparably melodious (...) so God judge me, by all the wit and cunning I have, I cannot express, I promis you».[161] Die Wirkung der Musik und des Gesanges (aber auch des Tanzes, wie wir sehen werden) fördern und erhöhen die verbale Botschaft, den allegorischen Sinngehalt, seien es Waldhörner, Psalter, Flöten, Harfen oder Lauten. Dazu kommen noch – sie gehören zum Dekor – die Landschaft und die Tageszeit. Bei der «Lady of the Lake»-Pageant ist es eine Parklandschaft im späten Abendlicht. Sie trägt wesentlich zum manieristischen Illusionismus bei, der Kunst und Realität verschmelzen läßt. Und gerade diese Verschmelzung gibt der Botschaft, trotz utopischer Fiktion und trotz der Kluft zwischen allegorischem Wunschbild und dem Leben, ihre Wirkungsmächtigkeit. Der Überraschungseffekt trägt das seine noch dazu bei. Als Elisabeth während ihres Aufenthaltes in Kenilworth (1575) von der Jagd heimkehrt, taucht aus dem Unterholz ein knüppelschwingender «Hombre Salvagio» auf; ihr Pferd scheut und wirft die Reiterin beinahe ab; diese ruft «no hurt, no hurt», und ihr Gefolge – so wird rapportiert – erlebt den Zwischenfall als «the best part of the play». Doch diese Verschmelzung von Kunst und Realität hat eine Fortsetzung: Die Königin ruft nicht nur «no hurt, no hurt», sondern fügt nachträglich noch hinzu, der Darsteller des wilden Waldmenschen sei wohl blind. Diese Bemerkung nimmt der für das Unterhaltungsprogramm zuständige Dichter Gascoigne zum Anlaß, gleich eine neue Pageant zu entwerfen, die einige Tage später aufge-

---

[161] «Das Ganze war in Zeitmaß, Melodie und Charakter so harmonisch abgestimmt, so unvergleichbar wohlklingend (...), daß ich es, Gott möge mich strafen, mit all meinem Verstand und Geschick nicht in Worte fassen kann, sei dessen versichert.» SMITH 1977:87; vgl. dazu auch BERGERON 1971:57ff; der ganze Aufenthalt mit seinem Unterhaltungsprogramm auf Kenilworth 1575 wird von Robert Laneham in einem langen Brief an seinen Freund Martin, der beinahe hundert Druckseiten umfaßt, ausführlich geschildert. Wir kommen auf den Verfasser und diesen Kenilworth-Aufenthalt noch zurück; vgl. dazu NICHOLS Bd. 1 1823:426–523.

3. Festkultur, Zeremoniell, Allegorie und Realität

führt wird: Während einer Debatte zwischen Diana und ihren Nymphen kommt der Sohn des Waldmenschen und berichtet, daß sein Vater wegen der königlichen Bemerkung tatsächlich erblindet sei, «untill it might please hyr highnesse to take the filme from his eyes».[162] Fiktion und Realität mischen sich weiter: Kenilworth, ein angeblich von den Normannen erbautes Schloß, hat einen sog. Cäsar-Turm. Als Elisabeth 1575 in den Schloßpark einreitet, kommen ihr eine weißgekleidete Sibylle, sechs Giganten von acht Fuß Höhe und Herkules in der Umbruchstimmung des Abends zur Begrüßung entgegen. Unser Augenzeuge berichtet, daß bei dieser Willkomm-Pageant die Uhr des Cäsar-Turms stehengeblieben sei – ob «by chauns, by constellation of starz, or by fatal appoyntment»[163], vermag er nicht zu entscheiden. Der Illusionismus einer Verschmelzung von Kunst und Leben kann so weit getrieben werden, daß für eine vorgesehene Pageant sogar der Reifungsprozeß von Kirschen dadurch verzögert wird, daß benetzte Tücher über den Kirschbaum gespannt werden.[164]

Wir verdanken Bruce R. Smith die Einsicht, daß Ort und Zeit einen äußerst wichtigen Beitrag zur allegorischen Sinngebung der Pageantry leisten. Erst wenn beide in die Analyse und Interpretation einbezogen werden, läßt sich die Botschaft der Pageant mit all ihren verschlüsselten Bezügen in ihrem vollen Gehalt deuten. Dazu bedarf es allerdings der klassischen Bildung; doch die Hofgesellschaft hat ihren Vergil, Ovid, Homer, Horaz oder Cicero gelesen. Dieses Bildungsgut gehört ja zum «polite learning». Auch die professionellen und halbprofessionellen Künstler, die am Hofe Alimentierung und Anerkennung suchen, kommen ohne dieses Bildungsgepäck nicht zum Zuge. Wir können hier nur recht flüchtig skizzieren, was Smith in seinem Essay über die landschaftlichen und tageszeitlichen Bezüge der Pageantry in sensibler Differenziertheit deutlich macht. Entgegen der landläufigen Vorstellung des sog. «englischen Gartens», die ihren Ursprung im 18. Jahrhundert hat, sind die englischen Schloßgärten, Parkanlagen und Landschaften in der elisabethanischen Ära strikt getrennte Teile mit je verschiedenem Imaginations-, Assoziations- und Emotionalgehalt. Für die Pageantry werden die Landschaftsteile dadurch zu Bühnenbildern; sie korrespondieren mit dem allegorischen Gehalt und der

---

[162] «Bis es ihrer Hoheit gefallen möge, den Schleier von seinen Augen zu nehmen».
[163] «Durch Zufall, aufgrund der Sternkonstellation oder schicksalhafter Bestimmung».
[164] SMITH 1977:101 und 92.

Botschaft der Pageant. Das Tageslicht bzw. die Dämmerung oder das Dunkel der Nacht werden als Beleuchtungseffekte miteinbezogen. Wenn Elisabeth mit ihrem Gefolge auf dem Progress sich dem Landsitz des Gastgebers nähert, führt der Weg von Wald, Gehölz, Weiden und Feldern hin zu Wiesen und Hainen des Parks, zu Obst- und Weinkulturen und schließlich – durch Mauern und Terrassierung getrennt – zu verschiedenen Gartenanlagen: von der weiten, offenen und öffentlichen Landschaft hin zum abgeschlossenen, privaten Teil; von der freien Naturlandschaft hin zu der von Menschenhand gezähmten und gestalteten Kulturlandschaft. Mit Smith beschreiben wir den entgegengesetzten Weg: «Wenn wir vom Vordergrund der Gärten uns durch den pastoralen Mittelgrund zum Wald am Horizont hin bewegen, begegnen wir dem ganzen Variationsreichtum von Mythen und Romanzen, mit denen der Hof auf den Landsitzen flirtet».[165]

Die innersten, privaten Gartenanlagen wirken wie eine Erweiterung der Schloßgebäude: künstlich gegliederte, geometrisierte Gartenarchitektur, die einzelnen Teile ebenfalls in sich geschlossen und abgetrennt; gebändigte, artifiziell zelebrierte Natur mit Brunnenanlagen und Wasserbecken, mit marmornen Figuren aus der antiken Mythologie. Unser Augenzeuge, Robert Laneham, schreibt seinem Freund, daß er eines Tages, als die Königin auf der Jagd ist und das Tor offensteht, einen «göttlichen Garten» betreten darf. Lanehams Biographie ist für das Verständnis der elisabethanischen Ära hochinteressant: Er stammt aus bescheidenen Verhältnissen, verdient sein Brot im Seehandel, lernt dabei Fremdsprachen und eignet sich auch eine klassische Bildung an. Dies verschafft ihm die Möglichkeit, in den Dienst von Leicester einzutreten; er ist 1575 Gentleman Usher, d. h. er kontrolliert, wer zu seinem Lord vorgelassen wird, und gehört mithin – wenn auch am Rande – zur Hofgesellschaft: ein sozialer Aufstieg, vor allem durch das Medium Bildung gefördert.[166] Obwohl er im Dienste Leicesters steht, darf er diesen Garten nur dank freundschaftlicher Vermittlung betreten; er hat ihn vorher nie gesehen. Dies dokumentiert die Privatheit. Laneham schildert seinem Freund diesen «göttlichen Garten» in wahrhaft ekstatischen Tönen in allen Einzelheiten: In der Mitte befinde sich ein Teich mit antiken Brunnenfiguren; im Wasser seien ein marmorner Neptun mit Dreizack, Thetis im Wagen vom Delphin gezogen, sowie Triton auf dem Fischrücken und Pro-

---

[165] SMITH 1977:71.
[166] Vgl. NICHOLS Bd. 1 1823:421 ff.

theus, die Herde seiner Sirenen (Seekühe) hütend. Lanehams Entzükken ist so groß, daß er Ovid zum Vergleich heranzieht, denn auch er hat seine Klassiker gelesen. Und dann der Garten selbst: die schattigen Spazierwege, der erfrischende Wind, die Kühle der Brunnen, der Duft der Erdbeeren, Kirschen und anderen Früchte, der von den nahen Obstkulturen hereinweht, der Gesang der Vögel usw. Wir werden in einem anderen Zusammenhang nochmals auf Lanehams Gartenerlebnis zurückkommen. Sein Bericht deckt sich mit jenem eines anderen Zeitgenossen, der – ebenfalls nur durch Vermittlung – 1599 einen Garten in Hampton Court betreten darf; es ist der Basler Arzt Thomas Platter der Jüngere, der 1599 England besucht:

«Als wier von der kirchen widerumb hinunder kamen, hatt sich der gartner presentieret, unndt nach dem wier den ersten mann, so uns herumb geführet, begabet, hatt uns der garnter mitt sich in den königlichen lustgarten geführet.

Bey dem eingang sahe ich ettliche plätz mitt ettlichen viereckten gruben, wie besetz plettlin aussgehölet, übersetzet, welche zum theil mitt rotem ziegelmäl, zum theil mitt weissem sandt unndt zum theil mitt grienem wasen aussgefüllet wahren, vergliche sich gar woll einem schachspil. Die häg unndt wändt wharen von hagendorn, kingerten, ebheüw, rosen, weckholder, stechpalmen, ulmo oder rustbeümen, bux unndt anderen gewegsen gar artlich bezieret.

Es wahren allerhand bilder als mannen, weiber, halb mannen, halb pferdt, sirenen, dienstmägdt mitt körben, frantzösische gilgen, auch zierliche zinnen rings herumb von dürrem holtz zesamen gebunden unndt mitt gemelten grünen lebendigen gewegsen dem leben nach, auch ettliche von lauter rossmarin, so woll unndt lustig bildnuss weiss in einander geflochten, verwagsen, beschnitten unndt dermassen zugericht, dass dergleichen nicht bald zefinden.

Unndt wie auf der einen seiten obgemelter thiergarten, also ist auf der anderen seiten gegen über in mitten ein irrgarten mitt gemelten gewegsen unndt fruchtbahren beümen, auch zwen marbelsteinenen brunnen bezieret, dass einem die zeit nicht lang darinnen werden kan, wann er schon verirret; hatt gelegenheit, nicht allein den gust, geruch unndt gesicht zebelustigen, sondern auch mitt dem lieblichen vogelgesang unndt rauschenden brünlinen dem gehör grosse kurtzweil zegeben; vergleichet sich woll einem irdischen paradys.»[167]

Die Gärten als erweiterte Schloßgebäude, doch auch umgekehrt:

---

[167] PLATTER Bd. 2 1968:833 f.

Schloßräumlichkeiten als erweiterte Gärten. Schloß Theobalds hat der Besitzer, Lord Burghley, eigens für die Unterhaltung seiner Königin gebaut. Als sie 1591 auf Besuch weilt, wohnt sie in einem Raum, in dem ein Brunnen plätschert und an dessen Wänden Bäume so realistisch gemalt sind, daß Vögel aus dem Garten hereinfliegen, wie ein deutscher Reisender berichtet. Bei ihrer Ankunft trifft Elisabeth auf zwei streitende Knechte. Sie haben beim Anlegen eines Gartens einen Schatz gefunden; wem soll er gehören, wird die Königin gefragt. Der eine, ein Maulwurffänger, argumentiert, der Garten sei im Kleinen, was das Königreich im Großen. Die Königin könne deshalb seine Arbeit besonders würdigen: er vertilge unruhestiftende Maulwürfe, «heavers at your state». Die politische Botschaft der Gärtner-Metapher wird bei Elisabeth besondere Resonanz gefunden haben, hat sie sich selbst doch in einem ihrer früheren Gedichte mit einem Gärtner verglichen. Selbstverständlich wird der Streit so geschlichtet, daß sie den Schatz erhält.[168]

Wenn die debattierfreudige «polite world» des Hofes in den Pageants solche Streitgespräche in die Gartenanlagen mit ihren schattigen Spazierwegen verlegt, so ist damit ein Bezug zu den Disputationen Ciceros in den Gärten seiner Villa in Tusculum imaginativ hergestellt (und sie wiederum erinnern an die Orte, an denen Plato lehrte: Orte im Freien). Eine Seelenlandschaft mit einem besonderen Assoziations- und Emotionalgehalt; Smith schreibt: «Like the gardens of Cicero's villa, this is a place not just for retreat and refreshment but for argument and debate. Of the topics that might engage us there, one above all seems to spring naturally from the setting: which is better, a vigorous life of action or a mild life of repose? (...) Indeed, it takes little prompting to see the garden itself a metaphor for the realm at large.»[169] Erinnern wir uns: Elisabeth kommen die Maikönigin und die zwei konkurrierenden Freier entgegen, als sie vom Garten hinab in den Park steigt (into the Grove).

---

[168] SMITH 1977:79; das Gedicht trägt den Titel «The Doubt of Future Foes» und ist ca. 1568 verfaßt worden.
[169] SMITH 1977:81; «Wie die Gärten von Ciceros Villa ist dies nicht nur ein Ort der Ruhe und Erholung, sondern auch des Streitens und Debatierens. Von den Themen, die uns dort beschäftigen, drängt sich von der Gegend her eines ganz natürlich auf: Was ist besser, ein strenges Leben der Tat oder ein mildes Leben der Ruhe? (...) Tatsächlich braucht es wenig Eingebung, um den Garten selbst als Metapher für das ganze Königreich zu sehen.» Das folgende Zitat ebd..

3. Festkultur, Zeremoniell, Allegorie und Realität

Zwischen den Gärten und dem fernen bewaldeten Horizont liegen Obstkulturen, Parkanlagen, Haine, Wiesen, Felder. Sie wecken andere Imaginations-, Assoziations- und Emotionsimpulse. Sie bilden eine Seelenlandschaft, in der Elisabeth den klassisch-mythologischen Gestalten begegnet – Pan, Apollo, Daphne, Diana, um nur diese zu nennen. Durch ihre Tugend, Macht und Größe verwandelt sie, zähmt, zivilisiert sie diese Gestalten oder schützt sie vor Unbill und Verfolgung. Pan, seine Flöte zerbrechend, huldigt der «Virgin Queen» (1592, Bisham Abbey): «(...) heare I breake my pipe, which Apollo could never make me doe; and follow that sounde which followes you».[170] Der genius loci hier ist nicht Cicero, sondern Ovid; seine «Metamorphosen» bilden die Textvorlagen und Regieanweisungen für die Pageants. Mehr als dies; was in den Pageants als «Life Show» aufgeführt wird, ist in der Landschaft zwischen Gärten und Wildnis in Stein gehauen schon präsent: badende nackte Nymphen, von einem Jüngling brünstig beobachtet, der ein Geweih auf der Stirne trägt, zu seinen Füßen drei kläffende Hunde; in einem Hain ein Tempel, auf dessen Vorfront das Epigramm steht:

> The Goddess of virtue calls for nothing impure;
> The punishment of crime calls for nothing disgraceful;
> But an evil mind, an evil spirit do.[171]

Baron Offenbach, der in Nonsuch Park auf diese steinerne Mythologie trifft, bemerkt zu seinem Begleiter: «Ich schwöre es, das ist in der Tat der antike Hain der Diana»; auch auf dem Kontinent hat die «polite world» ihren Ovid gründlich studiert (Drittes Buch der «Metamorphosen»). Ob mit Epigramm versehen und in Stein gehauen im königlichen Park oder als Pageant auf den Landsitzen, wenn Elisabeth kraft ihrer Tugenden die Metamorphose vollzieht, den klassisch gebildeten Augenzeugen ist der soziopolitische Sinngehalt von Actäons Verwandlung bewußt: «(...) this fable was invented to shew us how dangerous a curiosity it is to search into the secrets of Princes, or by chance to discover their nakednesse», heißt es in einer zeitgenössischen Ovid-Exegese.[172]

---

[170] «(...) hier zerbreche ich meine Pfeife, wozu mich Apollon niemals zwingen konnte; und folge jenem Klang, der dir folgt.»
[171] «Die Göttin der Tugend verlangt nichts Unreines; die Bestrafung von Verbrechen verlangt nichts Schändliches; aber ein böser Sinn, ein böser Geist tun es.»
[172] «Diese Fabel wurde erfunden, um uns zu zeigen, welch gefährliche Neugier es ist, die Geheimnisse der Prinzen zu ergründen oder durch Zufall ihre Nacktheit zu entdecken.» SMITH 1977:85.

Zur Seelenlandschaft, zum genius loci, trägt auch die Beleuchtung bei: Zumeist bei Abendlicht, Dämmerung, ja schon einbrechender Dunkelheit, die Kerzenlicht notwendig macht, wird die Königin in den schattigen Parklandschaften mit Pageantry-Überraschungen konfrontiert. Es sind nicht immer nur klassisch-mythologische Figuren, die der Verwandlung harren; wie die «Lady of the Lake» dokumentiert, die seit König Arthurs Zeiten auf eine Erlösung wartet, werden Antike und Mittelalter verschmolzen. Und auch die ferne Wildnis droht in die Obstkulturen, Wiesen, Haine und Felder einzubrechen, beispielsweise die knüppelschwingenden Waldmenschen, die es zu zähmen und zu zivilisieren gilt. Es ist die Landschaft zwischen Gärten und Wildnis, die noch der Kultivierung bedarf, mit Figuren voll triebhafter Lust, Aggression und Leidenschaften, die zu befrieden, zu harmonisieren und zur Ordnung hinzuführen sind: nicht Vergils goldenes Zeitalter, sondern Verhältnisse, die erst zum goldenen Zeitalter verwandelt werden müssen. Dazu ist allein die «Virgin Queen», die «Sun Queen» fähig. Mary Sidney, die Schwester von Philip Sidney, verherrlicht Elisabeth im Gedicht «Dialogue between Two Sheperds» als Asträa, der es aufgetragen ist, das goldene Zeitalter zu begründen.

Im Jahre 1591 ist Elisabeth zu Gast beim Earl of Hertford auf Schloß Elvetham in Hampshire. Er bietet ihr und ihrem Gefolge ein Unterhaltungsprogramm, das sich über vier Tage hinzieht; der Aufwand ist gigantisch. Noch im gleichen Jahr erscheint darüber ein mit einem Holzschnitt verzierter Bericht, «The Honorable Entertainement gieven to the Queenes Majestie in Progress, at Elvetham in Hampshire» (London 1591). Auch nur stichwortartig diese viertägige Pageantry hier zusammenzufassen ist nicht möglich. Es kristallisiert sich in ihr ein solcher Reichtum an allegorischen soziopolitischen Sinnbezügen, daß wenige Hinweise genügen müssen: Bei ihrer Ankunft wird Elisabeth als Sonnenkönigin gefeiert; sie verwandelt die Landschaft in eine goldene Idylle, in der die Tiere friedlich beisammen sind, die Blätter der Bäume vor Freude zittern, die Weinstöcke voll reifer Trauben sind und Sphärenmusik ertönt. Auf dem Weg zum Schloß werden ihr große Steinblöcke des Neides aus dem Wege geräumt. Am nächsten Tag bekämpfen sich Wald- und Wassergötter zu Lande und – auf einem Teich – zu Wasser (der Holzschnitt hält diesen Kampf aus der Vogelperspektive fest). Elisabeth wird aufgefordert, ein Schiff zu taufen, das ausläuft, um das Goldene Vlies zu erobern; sie gibt ihm den Namen «The Bonadventure» und versinnbildlicht damit, daß sie zum einen das goldene, harmonische Zeitalter begründet, andererseits aber auch die heroische Tatkraft der «Merchant adventurers» verkörpert. Der Bericht hält fest, daß nicht nur die Königin und ihr Gefolge diesem Kampf zu Land und zu Wasser zusehen; auch viele «local people» seien als Zuschauer um den Teich gewesen. Am letzten Tag wird Elisabeth im Garten von der «Fairy Queene» überrascht, die mit ihren Jungfrauen zu exquisiter Musik («wherein was the Lute, Bandora, Basevioll, Citterne, Treblevioll, and Flute») einen Tanz aufführen und ein Lied singen:

> Elisa is the fairest Queene
> That ever trod upon this greene.
> Elisaes eyes are blessed starres,
> Inducing peace, subduing warres.
> Elisaes hand is christall bright
> Her wordes are balme, her lookes are light.
> Elisaes brest is that faire hill,
> Where Vertue dwels, and sacred skill,
> O blessed bee each day and houre,
> Where sweete Elisa builds her bowre.[173]

Die Landschaft und die Königin verschmelzen in der Metapher gleichsam zu einem Körper. Bei der Verabschiedung der Königin ist auch die goldene Idylle zu Ende: Die Vögel singen nicht mehr, die Tiere lassen ihre Köpfe hängen, das Gras und die Blätter der Bäume verwelken – «how can Sommer stay when Sunne departs?»[174]

Noch weiter vom Schloß entfernt liegt die weite, offene, wilde Landschaft. Die königliche Entourage wird hier mit Pageantry überrascht auf dem Weg zum Gastgeber, insbesondere jedoch, wenn Elisabeth von der Jagd heimkehrt. Entsprechend dem Imaginations- und Emotionalgehalt der Landschaft treten in diesen Pageants neben Waldmenschen vor allem mittelalterliche Figuren auf: Ritter, die um die Hand einer Prinzessin streiten; ein Eremit, durch leidenschaftliche

---

[173] «Elisa ist die holdste Königin / die je über dieses Grün schritt. / Elisas Augen sind gesegnete Sterne, / Frieden spendend, Kriege verhütend. / Elisas Hand ist kristallhell, / ihre Worte sind Balsam, ihre Blicke leuchtend. / Elisas Brust ist der liebliche Hügel / auf dem die Tugend wohnt und heiliges Geschick, / O, gesegnet sei jeder Tag und jede Stunde, / wo die süße Elisa ihre Gemächer bezieht.»

[174] «Wie kann der Sommer bleiben, wenn die Sonne weggeht?» SMITH 1977:91 and BERGERON 1971:57ff.

Liebe erblindet; in Bäume verwandelte ritterliche Liebhaber, traurige Lieder singend und auf Erlösung hoffend. Ein Einsiedler erzählt die Geschichte eines Ritters, der am Königshof ein unvergleichliches, doch unerreichbares Juwel gesehen hat, deshalb flieht und nun im Lande umherschweift und über die Unbeständigkeit des Hoflebens reflektiert. Ist in diesen Pageants nicht elisabethanisches Hofleben in ritterromantische Fiktion geronnen? Denken wir an Leicester, Hatton, Raleigh, Oxford, Sidney oder Essex. Und wie nahe kommt die Fiktion an die Realität, als Elisabeth 1592 Gast bei Sir Henry Lee auf Woodstock ist! In der Wildnis findet sie einen sterbenden Ritter, der wieder Lebenskraft schöpft beim Anblick eines Bildes der «standhaften Säule, der standhaften Krone» (Constant Piller, Constant Crowne). Wiederum erzählt ein Eremit der Königin die Geschichte dieses Ritters namens Loricus: Durch Neid und Alter vom aktiven Hofleben ausgeschlossen, sei er zu ihm in die Wildnis gekommen, um ebenfalls Eremit zu werden. Zusammen hätten sie beschlossen, einen Altar der Standhaftigkeit zu bauen. Sie stehe davor, und drinnen liege der sterbende Loricus, seinen Blick auf die standhafte Krone fixiert. Die Königin tritt ein; kaum wieder draußen, bringt ein Page die Kunde, der Ritter sei genesen und vermache ihr als Legat sein Landgut. Ist es Leicesters Biographie, die dieser Pageant als Vorlage diente – bis hin zum Legat, denn Leicesters Landsitz fällt an die Krone zurück?!

Realität, die Fiktion kreiert; doch wohl auch umgekehrt: Fiktion kreiert Realität bzw. hilft, die Realität zu meistern. Die heldenhaften, liebestrunkenen Ritter der Pageant-Romanzen führen in fiktiver Verfremdung dem königlichen Gefolge immer wieder vor Augen, daß das Juwel zwar unvergleichlich, doch eben auch unerreichbar ist. Das erotische Verlangen und alle Ambitionen müssen sublimiert und geläutert werden; hofieren heißt, die erotische Energie in Dienst und Kunst umzusetzen – Lebenskraft, die aus dem Bild der standhaften Krone quillt.[175] Kunst und Leben gehen eine unauflösliche Verbindung ein. Es ist deshalb auch nicht verwunderlich, darauf macht Smith aufmerksam, daß diese Pageants in der offenen, weiten Wildnis im Vergleich zu jenen in der Park- und Gartenlandschaft eine Qualität haben, die man «livability» (Lebenswärme) nennen könnte. Zu dieser Gattung gehört auch Spensers «Faery Queene»; in einigen Figuren des Stückes porträtiert der Verfasser recht schmeichelhaft reale Personen des elisabethanischen Hofes und schreibt in einem Brief an Raleigh,

---

[175] Vgl. dazu MONTROSE 1977:4.

mit ihnen lasse sich ein Bild von «vertuous and gentle discipline» zusammensetzen. Smith schließt seinen Essay folgendermaßen: «Geographically, the journey from the house toward the far horizon is a journey from art toward nature, but mythographically it seems just the reverse: as the visible signs of art grow fainter, our impulse to live life in imitation of art grows stronger. That is the impulse that turns reality into revel.»[176]

Wir möchten nochmals darauf aufmerksam machen, daß die Pageantry nur einen Teil des Fest- und Unterhaltungsprogrammes für den Hof auf Progress ausmacht; sie wird durch Jagen, Tilts, Masks, Theateraufführungen, Musik und Tanz ergänzt – ergänzt auch in ihren soziopolitischen Bezügen, Funktionen und Wirkungsabsichten. Braucht es dazu noch Erläuterungen? Spiegelt sich die sozioökonomische und soziopolitische Unrast nicht gerade darin, daß es der übermenschlichen Kraft, Tugend, Weisheit und Macht der Königin bedarf, dies alles zu meistern? Spricht das Emblem nicht für sich: Elisabeth als Pelikanmutter versinnbildlicht, die ihre Brust mit dem Schnabel aufreißt, um mit dem Blut ihre Jungen zu füttern – im Hintergrund eine Kreuzigungsszene?[177] Dokumentieren nicht all die Kämpfe zwischen Gut und Böse, «virtue and vice», und all die allegorischen Transformationen, deren Elisabeth fähig ist, daß wir uns in einer ruhelosen Umbruchsituation befinden? Braucht es Interpretationshilfe, wenn Elisabeth schon bei ihrem ersten feierlichen Einzug in London (1559) in Cornhill auf den «seate of worthie governance»[178] trifft, auf dem ein Kind sitzt? Bildlich und verbal werden ihr die dem Staate dienenden Tugenden vorgestellt: lautere Religion, Liebe zu den Untergebenen, Weisheit und Gerechtigkeit – und die entsprechenden Untugenden kommen als Kontrast hinzu.[179] Diese Thematik der guten Regierung wird in den folgenden Jahren vor allem bei königlichen Einzügen, «Accession Day»-Feierlichkeiten und «Lord Mayor's Shows» immer wieder aufgenommen und immer mehr auch nationalistisch unterfüttert. Und nochmals: Nicht nur die höfische Gesellschaft nimmt aktiv

---

[176] «Geographisch ist die Reise vom Haus zum fernen Horizont eine Reise von der Kunst zur Natur, aber mythographisch scheint sie gerade das Umgekehrte zu sein: indem die sichtbaren Zeichen der Kunst verblassen, verstärkt sich unser Antrieb, Leben als Nachahmung der Kunst zu leben. Dies ist der Antrieb, welcher Realität in Lustbarkeit verwandelt.» SMITH 1977:107 und 109.
[177] BERGERON 1971:295.
[178] «Sitz der edlen Herrschaft».
[179] BERGERON 1971:17 und 299.

und passiv an dieser Fest-, Zeremonial- und Unterhaltungskultur teil, sondern auch das Volk. Auch wenn den einfachen Leuten auf dem Lande oder in der Stadt die allegorischen Sinnbezüge mit ihrem soziopolitischen Gehalt wohl schwer deutbar sind – wenn sie am Dekor einer Pageant arbeiten, als Jagdgehilfen miterleben, wie Pan beim Anblick der Königin seine Flöte zerbricht, oder als Zuschauer im Schloßpark einem Streitgespräch in einer Commedia rusticale beiwohnen, das von Ihrer Majestät geschlichtet wird, so geht davon trotz Unverständnis oder Halbverständnis auch für diese Teilnehmer mittelbar oder unmittelbar eine soziopolitisch disziplinierende, leitbildhafte Wirkung und charismatische Strahlungskraft aus.

Ein Zwischenakt im Unterhaltungsprogramm des Besuchs der Königin 1575 auf Kenilworth illustriert, wie das einfache Landvolk in die Festlichkeiten integriert wird, die höfische Festkultur zu imitieren versucht, und wie Schaulustige auch vor dem Schloß selbst im großen Hof zugelassen werden. Zudem führt uns dieser Zwischenakt zum Tanzen zurück. Es ist Sonntag, der 17. Juli, und der zehnte Tag, den Elisabeth auf Kenilworth verbringt.[180] Am Vormittag besucht die königliche Entourage den Gottesdienst in der Gemeindekirche, mischt sich mithin unters Volk, und wohnt am frühen Nachmittag einem zweiten in der Schloßkapelle bei. Anschließend ist ein ländlicher Hochzeitszug angesagt. Darüber berichtet Laneham ausführlich. Er erlebt diese Einlage im sonntäglichen Unterhaltungsprogramm gleichsam wie eine Pageant – eine Pageant allerdings, die für die Mitwirkenden, die Hochzeitsgäste, Realität ist, und nicht Allegorie. Gerade deshalb beobachtet der Höfling Laneham das Geschehen, als ob es eine fremde, exotische Welt sei, und berichtet detailreich, amüsiert und ironisch. Die von Pan belästigten Nymphen oder die in einen Lorbeerbaum verwandelte Daphne sind für diesen Aufsteiger-Gentleman wie auch für seinen Adressaten vertraute Figuren; dieses Brautpaar jedoch, der Hochzeitszug und das Hochzeitsbrauchtum vor den Augen ihrer Majestät – das muß mit verwundertem Amüsement geschildert werden.

Auf dem Turnierplatz formiert sich der Hochzeitszug und zieht auf den großen Hof vor das Schloß: an der Spitze in Zweierkolonne

---

[180] Zum folgenden siehe NICHOLS Bd. 1 1823:441f sowie SMITH 1977:71f; am Donnerstag, den 14. Juli, wurde die königliche Entourage von einem italienischen Bodenakrobaten (von dem der Berichterstatter sagt, er sei so gelenkig, daß er wohl statt Knochen Saiten habe), einem Kampf zwischen einem Bären und Hunden und schließlich am Abend mit einem Feuerwerk unterhalten. Am Freitag und Samstag gestattet das Wetter kein «outdoor programme».

3. Festkultur, Zeremoniell, Allegorie und Realität

sechzehn berittene ledige Burschen, am linken Arm mit einem Ginsterstrauß und einem blauen Band geschmückt, in der rechten Hand eine hölzerne Stange als Speer tragend.[181] Zuvorderst reitet der Bräutigam im Sonntagsstaat, einen Strohhut mit hoher Krone auf dem Kopf, an den Händen Erntehandschuhe als Zeichen eines guten Hauswirtes; auf dem Rücken sind ein Federkiel und ein Tintengefäß befestigt, um zu dokumentieren, daß er des Lesens und des Schreibens kundig ist: «to be bookish» – der Prestigewert der Bildung wird offensichtlich auch vom Landvolk zelebriert. Der Bräutigam ist kein Adonis und hat zudem noch ein lahmes Bein, das er sich durch eine Verletzung beim Fußballspielen zugezogen hat. Hinter der Reiterkolonne folgen «a lively morisdauns, according too the auncient manner; six dauncerz, mawdmarion, and the fool».[182] Nach Curt Sachs ist «der englische Morris dance vielleicht derjenige Tanz, der mit dem britischen Volksleben am engsten verbunden war und daher 1899 mit Recht wiederbelebt worden ist. Ihre kennzeichnende, seit dem fünfzehnten Jahrhundert belegte Form umfaßt eine Gruppe von gewöhnlich sechs Männern mit einem Narren, einem weiblich verkleideten Knaben – Mayde Maryan – und einem weiteren Mann, der um die Hüften die Pappfigur eines Pferdes trägt. Alle haben phantastische Kleidung mit reichem Schellenbehang. Auch Gesichtsschwärzung kommt vor. Der begleitende Spielmann hat Einhandflöte und Trömmelchen oder Sackpfeife, heute vielfach Geige oder Ziehharmonika.»[183]

Nach dieser pantomimischen Tanzgruppe – vermutlich nur von Männern gebildet – folgen drei Mädchen, die auf einer Weizengarbe je einen speziellen Gewürzkuchen tragen, gefolgt von einem sommersprossigen, rothaarigen, etwas einfältigen Jüngling, der eigentlich nur als Zuschauer gekommen ist, jedoch – aufgrund seiner ausgefallenen Kleidung – nun den Brautbecher tragen darf, ein Gefäß für Zuckerkonfekt. Und dann kommt die Braut, geführt nach dem Brauch der Landschaft («after the countrie manner») von zwei alten Gemeinde-

---

[181] Knabenschaften, d.h. die ledigen Burschen, spielen brauchtümlich an Hochzeiten eine wichtige Rolle.
[182] «Ein lebhafter Morris dance nach alter Manier; sechs Tänzer, Mayde Maryan und der Narr».
[183] SACHS 1933:225 f.; vgl. auch SACHS 1933:201, 222 und 229. Sachs erwähnt, daß 1665 in Mailand zwölf Spanier in der Fronleichnamsprozession vor der Monstranz eine Moriska (Morris dance) mit Schwertschlag tanzen (225). Der Morris dance ist mithin auf Integration in Prozessionen hin angelegt und muß ursprünglich auch sakralen Gehalt gehabt haben.

gliedern («auncient parishioners, honest toounsmen»); sie ist keine Schönheit, doch wundervoll gekleidet, denn ihr wurde gesagt, sie dürfe vor der Königin tanzen und werde schließlich die Schritte ebensogut wie die beste machen («she woold foot it az finely az the best»). Zwölf Brautjungfern in Zweierreihe bilden den Abschluß der Prozession, die in den großen Schloßhof einzieht.

Hier beginnen nun die ledigen Burschen zu Pferd mit ihren hölzernen Stangen ein Ritterspiel, Quintain genannt, bei dem sie ihre Reit- und Lanzenstechkunst unter Beweis zu stellen haben.[184] Lustvoll, farbig schildert Laneham, wie der Bräutigam als erster sein Glück versuchen darf (Federkiel und Tintengefäß bleiben dabei auf der Strecke) und wie es anschließend den ledigen Burschen auf ihren teils ungesattelten Pferden ergeht. Die Neoritter kommen so in Kampfstimmung, daß sie das Quintainspiel vergessen und grimmig gegeneinander losziehen. Köstliche Szenen; der Briefschreiber versichert seinem Adressaten, daß sie gar einen Mann noch belustigt hätten, dem eben berichtet wurde, seine Frau liege im Sterben.

Ein Ritterspiel, gesunkenes mittelalterliches Kulturgut, als Teil einer ländlichen Hochzeitsfeier – nicht revitalisierte Geschichte mit allegorischen Sinnbezügen, sondern vitales ländliches Brauchtum (so vital, daß man beim Ritterspiel in Rage kommt), integriert in ein Unterhaltungsprogramm zu Ehren der Königin und dargeboten im Schloßhof. Doch das sonntägliche Entertainment, das Leicester seiner angebeteten Elisabeth bietet, ist noch lange nicht zu Ende. Es folgt zunächst eine herkömmliche historische Pageant, die den Kampf und Sieg der Engländer gegen die Dänen im Jahre 1002 darstellt; das sog. «Coventry Hock Tuesday Play», das von alters her von den benachbarten Klosterbrüdern jährlich im Vorsommer aufgeführt wird.[185] Das Stück wird ebenfalls im großen Hof vor dem Fenster der Königin gespielt, doch diese kann es nicht zu Ende sehen, denn drinnen im

---

[184] Auf einem senkrechten Pfahl ist eine bewegliche Latte angebracht, die mit einem Seil verbunden ist, an dessen Ende ein Sandsack befestigt wird. Mit der Lanze muß reitend auf die Latte gestochen werden, doch so, daß der in Schwung kommende Sandsack nicht Pferd oder Reiter trifft; vgl. NICHOLS Bd. 1 1823:444.

[185] Laneham leitet von der ländlichen Hochzeit zu dieser traditionellen Pageant mit der Bemerkung über: «and heer too followed az good a sport». Weil Elisabeth das Stück wegen der Tanzveranstaltung nicht vollständig sehen kann, läßt sie es am nächsten Dienstag nochmals aufführen und beschenkt die mitspielenden ehemaligen Klosterbrüder. Diese durch die Säkularisierung verarmten Klosterbrüder bitten übrigens Elisabeth, sie huldvoll wieder zu alimentieren; ebenda.

Festsaal (Chamber) erwartet sie schon um vier Uhr eine weitere Lustbarkeit, ein glanzvoller Tanzanlaß. Laneham merkt kritisch an, das Gedränge und der Lärm seien so groß gewesen, «that this solemnitee of brideale and dauncing had not the full muster waz hoped for».[186] Der Text läßt darauf schließen, daß die ländliche Hochzeitsgesellschaft an diesem Ball im Festsaal teilnehmen darf; sie ist wohl für das Gedränge und den Lärm mitverantwortlich.

Nach dem Abendessen wird ein Theaterstück aufgeführt; es sei so kurzweilig und so gut gespielt gewesen, daß man seine Länge von gut zwei Stunden gar nicht wahrgenommen habe, berichtet Laneham und fährt fort: «But stay, Master Marty, all iz not doon yet.» In der Tat, es folgt ein üppiges Festmahl mit über dreihundert Gerichten, von denen unser Höfling viele nicht einmal kennt. Danach wäre noch eine aufwendige und unglaublich kostspielige Mask vorgesehen gewesen, die jedoch der späten Stunde wegen ausfällt. Laneham schließt seinen sonntäglichen Fest- und Unterhaltungsrapport mit der Bemerkung: «(...) heer make I an end. Ye may breath yee a while»; und mit Meister Martin dürfen auch wir Luft holen. Elisabeth jedoch kann nicht genug bekommen von Festen, Feierlichkeiten und Zeremonien, die zu ihrer Huldigung und charismatischen Überhöhung beitragen; allein die Schilderung und Interpretation jener beim Aufenthalt in Kenilworth 1575 würden ein Buch füllen.

In die Hochzeitsprozession ist ein Morris dance integriert; in der Chamber des Schlosses darf die Hochzeitsgesellschaft mittanzen. Schon am Sonntag vorher war in diesem Festsaal ein Ball; offensichtlich gehören solche Tanzveranstaltungen am Sonntagnachmittag zu den üblichen Lustbarkeiten:

«On Sunday: the forenoon occupied (az for the Sabot day) in quiet and vacation from woork, and in divine servis and preaching at the parish Church; The afternoon in excelent muzik of sundry swet instruments, and in dauncing of Lordes and Ladiez, and oother woorshipfull degrees, uttered with such lively agilitee and commendable grace, az whither it moought be more straunge too the eye, or pleazaunt too the minde, for my part indeed I coold not discern; but exceedingly well was it, methought, in both.»[187]

---

[186] «Daß die Hochzeits- und Tanzfeierlichkeiten nicht die erhoffte Mustergültigkeit hatten»; ebd.

[187] «Am Sonntag: der Vormittag wird (wie am Sabbat) in Ruhe und frei von Arbeit, und im Gottesdienst und predigend in der Gemeindekirche verbracht; am Nachmittag bei der vortrefflichen Musik besonders süßer Instrumente und beim

Bei ihrem Aufenthalt im August 1591 bei Lord Montacute of Cowdrey in Sussex wird der Königin wiederum ein reichhaltiges Fest- und Unterhaltungsprogramm geboten; vom Donnerstag, dem 20. August, wird rapportiert: «On Thursday she dined in the privie walkes in the garden, and the Lordes and Ladies at a table of fortieeight yardes long. In the evening the countrie people presented themselves to hir Majestie in a pleasant daunce, with taber and pipe; and the Lorde Montague and his Lady among them, to the great pleasure of all the beholders, and gentle applause of hir Majestie.»[188] Hier integrieren sich Lord und Lady Montacute in die Country-dances des Landvolkes.

Diese Beispiele dürfen als Indizien dafür genommen werden, wie enthusiastisch die Hofgesellschaft die verschiedensten Country-dances in ihr Tanzrepertoire aufnimmt, sie variiert, in ihre Festkultur einbaut und sie schon allein durch ihre höfische Bewegungs- und Körperkultur domestiziert und zivilisiert (auch die höfische Kleidung und das Schuhwerk wirken in dieser Richtung).

Andererseits strahlt die höfische Tanzbegeisterung auf die gesamte Gesellschaft aus; durch die Lustbarkeiten der Königin und ihrer Entourage auf dem Progress erfaßt sie auch das Landvolk. Es darf davon ausgegangen werden, daß höfisches Tanzen mit seiner Bewegungs- und Verhaltenskultur auch vom Landvolk als sinkendes Kulturgut – selbstverständlich mit eigenen Akzenten – rezipiert wird, gerade weil die Verbreitung der Bewegungs- und Verhaltenskultur des Hofes auch durch die eigenen Country-dances erfolgt: ein osmotischer Druckaustausch. Die Scheidewand zwischen Hof und Volk ist, wie

---

Tanz der Lords und Ladies und anderer ehrenwerter Herrschaften, ausgeführt mit solch lebhafter Beweglichkeit und löblicher Grazie, daß ich für mich nicht entscheiden konnte, ob es fremdartiger für das Auge oder angenehmer für das Gemüt gewesen sein mochte; aber äußerst gut war es, wie mich dünkt, in beidem.» NICHOLS Bd. 1 1823:435.

[188] «Am Donnerstag nahm sie das Abendessen in den privaten Teilen des Gartens ein, und die Lords und Ladies (saßen) an einer 48 Yard langen Tafel. Am Abend führten die Landleute ihrer Majestät einen gefälligen Tanz vor, mit Trommel und Pfeife; und Lord Montague und seine Gemahlin (befanden sich) unter ihnen, zur großen Freude aller Zuschauer und (mit) freundlichem Beifall ihrer Majestät.» LYLY Bd. 1 1967:429; bei Pageants werden gelegentlich auch echte Schäfer oder Gärtner verpflichtet; hier ist es eine echte ländliche Tanzgruppe. «She dined in the privie walkes in the garden» illustriert die Privatheit der Gärten, ihre Spazierwege zum Lustwandeln und den Einbezug der Gärten in das Unterhaltungsprogramm (Essen im Freien, im Schatten der Bäume, welche die Spazierwege einfaßten).

wir gesehen haben, durchlässig, und zwar nicht nur auf dem Progress, sondern bei der elisabethanischen Feier-, Fest- und Zelebrationskultur insgesamt. Dadurch erhält sie ihre soziopolitische Bedeutung als Herrschaftsinstrument und Herrschaftslegitimierung in einer Zeit des wirtschaftlichen Umbruchs und der gesellschaftlichen Ruhelosigkeit: ein Pazifizierungs- und Disziplinierungsmedium, bei dem manieristisch-illusionistischer Symbolik in Allegorien und Metaphern eine große Wirkungskraft zukommt.

In einem ebenso geist- wie bezugsreichen Essay hat Carl Schorske die symbolische Bedeutung der Garten-Metapher für die Analyse und Interpretation einer Gesellschaft im Umbruch zur Evidenz gebracht: es geht um die Wiener Gesellschaft des Fin de siècle. Auch ihre Kunst und Kultur sind manieristisch-illusionistisch geprägt, sie dienen jedoch nicht – wie im elisabethanischen England – als Integrations- und Aufbruchsmedium, sondern sind Ausdruck der Desintegration und der Dekadenz: «Die österreichische Literatur fand jedoch andere Mittel, die Schwierigkeit, kulturelle Werte auf eine im Übergang begriffene Gesellschaftsordnung zu beziehen, wiederzugeben. Das Bild des Gartens war solch ein Mittel. Seit uralter Zeit war der Garten ein Spiegel des Paradieses, an welchem der Mensch seinen zeitlichen Zustand maß. Da es an entscheidenden Punkten in der Entwicklung der österreichischen Literatur auftritt, hilft es uns, die gleichzeitigen Etappen im Verhältnis von Kultur und Sozialstruktur, von Utopie und Wirklichkeit zu kennzeichnen. Innerhalb seiner engen Grenzen vermag der Garten die wechselnde Ansicht von Österreichs gebildeter Mittelschicht bei der sich nähernden Auflösung des alten Reiches einzufangen und widerzuspiegeln.»[189]

Es wäre verlockend, von Schorske geführt, nun Vergleiche mit dem elisabethanischen England zu ziehen. Wir müssen uns dies versagen; doch ein Hinweis sei gestattet: Hugo von Hofmannsthal wählt für sein Stück «Das kleine Welttheater» die Form einer Mask; es ist ein Spiel, das den Wechselbeziehungen zwischen Kunst und Gesellschaft gewidmet ist und bei dem – recht unzusammenhängend – die verschiedensten Figuren auftreten, ihre Botschaft kundtun und wieder verschwinden. Die erste bedeutende Figur ist ein Gärtner, ehemals ein König, der die Insignien seiner Macht abgelegt hat, um seine Blumen zu pflegen: das

---

[189] SCHORSKE 1982:266; es sei in diesem Zusammenhang auch an die Bedeutung der Seelenlandschaften in den Dramen von Shakespeare erinnert (Sturm, Königsdramen etc.)

Kultivieren von Pflanzen als Gärtner und das Kultivieren des Reiches ist essentiell dasselbe; Ordnung und Harmonie im Garten der Schönheit korrespondiert mit Ordnung und Harmonie im Herrschaftsbereich. Erinnern wir uns an den Maulwurffänger und an das Gedicht der jungen Königin, in dem sie sich mit einer Gärtnerin vergleicht und die Kultivierung des Gartens mit dem Regieren eines Landes gleichsetzt, und kehren wir zurück zu Laneham, der in höchster Entzückung einen privaten Garten auf Schloß Kenilworth beschreibt. Seine Imaginationen und Emotionen sind nicht allein auf den Garten bezogen, sondern schweifen auch zur Parklandschaft und zum fernen Horizont; in der Spiegelung dieser Landschaften wird der Garten zum Paradies: «Dann der Wald, das Wasser (denn beide, Teich und Jagdgrund sind in Sicht), das Rotwild, die Leute (denn im Osten, jedoch im Park [base court], kann man sie sehen), die Obstbäume, die Pflanzen, die Kräuter, die Blumen, der Wechsel der Farben, die flatternden Vögel, der fließende Brunnen, die schwimmenden Fische – alles in einer so köstlichen Vielfalt, Ordnung und Dignität; und dieser Vollgenuß so vieler göttlicher Seligkeiten der ganzen Szenerie an einem Ort, in einem Augenblick ohne zu reisen, wonnevoll überschauend: Paradies ist das würdige Kennwort dafür: und obgleich kein so göttliches Paradies, weil die klaren Flüsse fehlen, so doch ein besseres, denn es gibt keinen unglücklichen Baum.» Die Einsamkeit und paradiesische Schönheit des Gartens inspiriert Laneham, über Gott und die Welt, über Gesetz und Herrschaft, über Einheit (Onehood) und Dualität (Dualiteez) zu reflektieren: «(...) ein Gott, ein Erlöser, ein Glaube, ein Prinz, eine Sonne, ein Phönix; und, wie einer voll großer Weisheit sagt, ein Herz, eine Art und Weise [One Wey]. Wo Einheit regiert, herrscht Ruhe, und die Zwietracht flieht.» (Eine harmonische Verbindung of «too One's» kann jedoch bewirken: «(...) gegenseitige Liebe, Übereinstimmung, echte Freundschaft ohne Heuchelei. So ist es: bei den zwei Testamenten, den zwei Gesetzestafeln, den zwei großen Lichtern, Duo luminaria magna, der Sonne und dem Mond.»[190] Laneham führt seine Betrachtungen über Gott, das Universum und die Welt weiter fort; es sind Denkfiguren und Deutungsmuster, die auf der Bildungswelt des «polite learning» gründen, auf dessen Allegorien, Metaphern, Symbolen – Eingebungen und Wahrnehmungen, geweckt durch das Gartenerlebnis.

[190] NICHOLS Bd. 1 1823:478; es ist symptomatisch, daß im Anschluß an diese Reflexion Laneham die stillstehende Uhr des Cäsar-Turmes erwähnt (NICHOLS Bd. 1 1823:479); vgl. dazu den Schlußsatz dieses Kapitels. Auch Thomas Platter der Jüngere spricht vom «irdischen paradys»; vgl. PLATTER 1968:834.

3. Festkultur, Zeremoniell, Allegorie und Realität

Gärten und Landschaften mit ihrem je eigenen genius loci, Reizauslöser für spezifische Imaginationen und Emotionen: sie sind Metaphern für Staat und Gesellschaft im Wandel, gemessen an und ersehnt in der Spiegelung von Eden, dem göttlichen Garten, dem Paradies! Die elisabethanische Festkultur schließt in ihren Pageants alle Landschaftsteile ein. Überziehen wir die Interpretation, wenn wir den Tanz und das Tanzen in der elisabethanischen Ära mit den Gärten, den Parkanlagen und den offenen, unkultivierten Ländereien in Beziehung setzen – die feierlichen, gemessen-gravitätischen, geometrisierten und formalisierten Pavanen und Measures; die heiterfröhlichen – mit Hüpfen und Springen durchsetzten – neuen höfischen Tänze: Galliarden, Couranten und die ausgelassene, die Sittlichkeitsgrenze tangierende Volta; schließlich die neualten Country-dances? Wie die Pageants in die verschiedenen Landschaftsteile integriert sind bzw. diese integrieren, so sind die verschiedenen Formen des Tanzens mit ihren Ausdrucksweisen und ihrem Emotionalgehalt in die elisabethanische Festkultur eingebettet – als Hofbälle oder Tanzveranstaltungen auf dem Progress, als Bestandteile der Masks oder Pageants. Sie vereinen Kunst, kulturelle Harmonie und Ordnung mit der zu zähmenden Natur, der Realität. Gerade durch die Integration der verschiedenen Tanzformen versinnbildlicht das Tanzen die elisabethanische Ära in ihrer Umbruchsituation sowie die elisabethanischen Leitfiguren, die «pace setter», welche Kontemplation mit Tatkraft und Poesie, Bildung, Tanzkunst mit Abenteuern zu Land und zur See verbinden.

Diese Interpretation gewinnt an Profil und Evidenz, wenn wir sie mit der Thematik des nächsten Kapitels konfrontieren: Die Festkultur des französischen Hofes seit Louis XIV ist nicht in alle Landschaftsteile integriert, sondern beschränkt sich auf das Schloß und die streng geometrisierten Gartenanlagen. Wenn sich die Hofgesellschaft in der offenen, unkultivierten Landschaft vergnügt, dann sind es eskapistische Schäferspiele. Die höfischen Tänze, so werden wir sehen, sind grazilier, geometrisierter, hierarchisierter – wie die französische Gartenarchitektur dieser Zeit –, auch wenn, von England herkommend, domestizierte und formalisierte Contredanses neu ins Repertoire aufgenommen werden. Ausgelassene, derbe, unkultivierte Volkstänze jedoch sind den Maskenbällen der Faschingszeit vorbehalten: dem Ausbruch aus der steifen, beengenden höfischen Zwangsjacke.

Wir möchten dieses Kapitel mit zwei Huldigungen an die Königin abschließen. Sie erfolgen am Anfang und am Ende ihrer Regierungsära; beide allegorisieren die Zeit und laden in ihrem Symbolgehalt zum

Nachdenken ein: Bei Elisabeths Einzug in London zur Inthronisation (1559) folgt auf die Pageant in Cornhill, «The seate of worthie governance», in Cheapside erneut ein Zwischenhalt. Elisabeth wird eine Bibel überreicht, die sie ans Herz drückt und küßt. Daran schließt sich eine Pageant an, die Elisabeth an den Zustand ihres Landes («state of the commen weale») erinnern soll. Als allegorische Figuren treten die Zeit und ihre Tochter, die Wahrhaftigkeit (truth), auf; die letztere mahnt, «welche Wahrhaftigkeit Euer Gnaden empfangen hat und deshalb dankbar und vorsichtig für eine gute Regierung zu sorgen habe». Die Wahrhaftigkeit muß zwischen Gut und Böse wählen: Sie entscheidet sich für den blühenden Hügel, die Zukunft, für Elisabeth, und nicht für den unfruchtbaren Berg, die Vergangenheit, die falsche Religion und die falsche Königin – das ist der Weg zur Rettung.

Auf dem letzten Progress (1602) und auf ihrer letzten Station, Harefield Place, wird Elisabeths kosmische Macht zelebriert: Bevor sie das Schloß betritt, wird sie von zwei allegorischen Figuren begrüßt, dem Ort (Place) und der Zeit, letztere mit einer stillstehenden Sanduhr in der Hand; die beiden führen einen Dialog. Die Zeit: «Elisabeth ist das Wunder unserer Zeit»; der Ort: «Kein Ort ist erhaben genug, Elisabeth zu empfangen»; die Zeit: «Der Gast, den wir unterhalten, erfüllt die Welt mit göttlichen Tugenden wie die Sonne die Erde mit dem Licht ihrer Strahlen»; gefragt, weshalb die Uhr stillstehe, antwortet die Zeit: «Meine Zeiger stehen in der Tat still, und ihre [Elisabeths] Hand hat sie angehalten; auch meine Sanduhr rinnt nicht mehr: beide sind tatsächlich schon seit langem gestoppt; solange ich dieser Herrin diene, werden sie nicht mehr in Gang gesetzt. Ich bin die Zeit.»[191]

Elisabeth vor ihrer Krönung mit der Zeit und ihrer Tochter, der Wahrhaftigkeit, konfrontiert; 43 Jahre später, kurz vor ihrem Tode, huldigt ihr wiederum die Zeit: ein Bogen von wahrhaft symbolträchtigem Gehalt – denken wir an das Geschick ihrer Nachfolger, der Stuarts, so erhält diese letzte Pageant etwas Prophetisches. Und schließlich zur Erinnerung: Auch auf Schloß Kenilworth bleibt 1575 beim Erscheinen der Königin die Uhr des Cäsar-Turms stehen: «But mark now, wither wear it by chauns, by constellation of starz, or by fatal appoyntment (if fatez and starz do deal with dialz), thus waz it

---

[191] BERGERON 1971:21 und 63; der Schlußsatz dieses Kapitels ist eine Anlehnung an BERGERON 1971:21; zur letzten Pageant schreibt Bergeron: «It is as if the wheel has come full circle.» BERGERON 1971:63.

indeed.»[192] Lanehams Perzeption, in der Allegorie und Leben verschmelzen, basiert auf einer Weltsicht und einer Weltdeutung, die auf Metaphern hin ausgerichtet und eingestimmt sind, so daß Abstraktes zu konkreter Realität werden kann.

[192] «Aber wohlgemerkt, sei es durch Zufall, aufgrund der Sternkonstellation oder durch schicksalshafte Bestimmung (falls Schicksal und Sterne mit Zifferblättern etwas zu tun haben), so war es tatsächlich.» NICHOLS Bd. 1 1823:478; Laneham, der eben sein Gartenerlebnis geschildert und über «Onehood and Dualiteez» reflektiert hat, ist um so mehr überzeugt, daß Schicksal und die Sternenkonstellation für das Stillstehen der Uhr verantwortlich sind, weil die Uhr um zwei Uhr anhielt; der Text lautet: «Too dialz ny unto the battliments ar set aloft upon too of the sidez of Cäzar's Tour; one East, thoother Soouth; for so stood they best, to sheaw the hoourz to the Tooun and Cuntree; both fayre, large, and rich, by byse for ground, and goold for letterz, whearby they glitter conspicuous a great wey of. The clokbell, that iz good and shrill, waz commaunded to silens at first, and indeede sang not a note all the while her Highnes waz thear; the clok stood allso still withall. But mark now, whither wear it by chauns, by constellation of starz, or by fatal appoyntment (if fatez and starz do deal with dialz), thus waz it indeede. The handz of both the tablz stood firm and fast, allweyz pointing too just too a clok, still at too a clok. Which thin holding by hap at fyrst, but after seriously marking indeed, enprinted intoo me a deepe sign and argument certein. That thiz thing, amoong the rest, waz for full signifiauns of his Lordship's honorabl, frank, freendly, and noble hart towards al estates: which whither cum they to stay and take cheer, or straight to returne; to see, or to be seene; cum they for duty to her Majesty, or loove too hiz Lordship, or for both: cum they early or late: for his Lordship's part, they cum allweyz all at too a clok, een jump at too a clok; that iz to say, in good harte, good acceptauns, in amitee and freendlye wellcom; who saw els that I saw, in right must say az I say.»

II. Der tanzende König[1]

> «Qu'on laisse un roi tout seul, sans aucune satisfaction des sens, sans aucun soin de l'esprit, sans compagnie, penser à lui tout à loisir; et l'on verra qu'un roi sans divertissement est un homme plein de misère.»
> Pascal, Pensées[2]

1. Herrschaftssymbolik als politische Strategie

Ein ganzes Jahrhundert trennt das elisabethanische England vom absolutistischen Frankreich Ludwigs XIV. Die politische Kultur, der ökonomische Hintergrund und die sozialen Verhältnisse könnten verschiedener nicht sein. Sie sind, wenn überhaupt, höchstens auf formaler Ebene vergleichbar. Selbst die Einschränkung auf die höfische Welt erlaubt uns nicht, vereinfachende Parallelen zu ziehen. Und dennoch erstaunt in höchstem Maß, daß trotz dieser Verschiedenheit des historischen Hintergrundes dem Tanz sowohl in England wie auch in Frankreich eine zentrale Rolle im symbolisch-zeremoniellen Schauspiel der Monarchie zukommt.[3] Während Norbert Elias[4] in seinen Untersuchungen vor allem auf die Bedeutung von zeremoniellen Handlungen wie «lever» und «coucher du roi» hingewiesen und an diesem Beispiel Verhalten und Gesinnung von Menschen als Funktionen der Machtstrukturen ihrer Gesellschaft interpretiert hat, werden wir im folgenden versuchen, anhand des Tanzes den Zusammenhang von sozialen, politischen und kulturellen Hegemoniebestrebungen der Monarchie aufzuzeigen und sie integrierend zu deuten. Dabei sehen

---

[1] Jean-Michel Guilcher hat uns in äußerst liebenswürdiger Weise auf die für das folgende Kapitel wichtigsten Quellen aufmerksam gemacht.

[2] «Man lasse einen König ganz allein, ohne jede Befriedigung der Sinne, ohne jede Pflege des Geistes, ohne Gesellschaft, ganz allein in aller Muße an sich denken; und man wird sehen, daß ein König ohne Zerstreuung ein Mensch voller Elend ist.» PASCAL 1937:75 Nr. 206.

[3] Dazu GIESEY 1987 und GIESEY 1986:579–599.

[4] ELIAS 1983:120–177.

1. Herrschaftssymbolik als politische Strategie

wir im kulturellen Diskurs des französischen Absolutismus eine Strategie, traditionelle Machtmittel mit Hilfe einer ausgefeilten Herrschaftssymbolik so zu steigern, daß dem Hof und in ihm dem engsten Kreis um den König neue Definitionsmonopole über zentrale soziale Fragen zufielen und wichtige politische Zuständigkeitsbereiche zugunsten der Krone verschoben wurden.[5]

Bei der nachfolgenden Analyse übernehmen wir, ganz im Sinne absolutistischer Tradition, die Vorstellung, die Welt des 17. Jahrhunderts sei in ihrem Kern von wenigen Prinzipien beherrscht und zusammengehalten worden. Diese Prinzipien – Geometrisierung und Verfeinerung («noblesse», «air», «balance» oder «grâce») bei gleichzeitiger Hierarchisierung der Verhältnisse – sollen in ihrer wechselseitigen Abhängigkeit und auf dem Hintergrund der politischen und sozialen Entwicklung Frankreichs seit der zweiten Hälfte des 17. Jahrhunderts beschrieben und interpretiert werden. Die Einschränkung vor allem auf die frühen Jahre der Herrschaft von Louis XIV, d.h. auf die Amtszeit Colberts, rechtfertigt sich insofern, als zwischen 1660 und 1680 in Frankreich ein kulturelles Muster entworfen worden ist, das dank seiner Konsistenz und Überzeugungskraft auch im 18. Jahrhundert an allen Höfen Europas verbindliche Gültigkeit behalten sollte. Auch wenn die französische Kulturhegemonie in Europa bis zur Revolution von 1789 nicht mehr Gegenstand dieses Kapitels sein kann, so werden wir doch versuchen, deren Grundlagen in der inneren Logik der höfischen Körperkultur in den ersten zwei Jahrzehnten der Herrschaft von Louis XIV zu lokalisieren.

Im ersten Unterkapitel dieses Teils werden wir mit einem einleitenden Beispiel den «Gesichtsverlust» des Adels im höfischen Zeremoniell und anschließend der Reihe nach den Kult um den Sonnenkönig, das politische Erbe der französischen Monarchie sowie das Verhältnis von Repräsentation und Machtproduktion diskutieren. Das zweite Unterkapitel behandelt das Phänomen der Monopolisierung des kulturellen Diskurses durch die königlichen Akademien und Kulturinstitutionen sowie die Bedeutung der Musik am Hof Louis XIV. Im dritten Unterkapitel schließlich geht es um den Tanz als solchen. Ballett und Ball als Organisationsformen des höfischen Tanzes: Courante und Menuett als Haupttänze des französischen Absolutismus, die Contredanse als Ausdruck einer innerhöfischen Opposition, sowie die zunehmende Reglementierung der Tänze sollen ausführlich behan-

---

[5] Einen historischen Überblick zu diesem Thema bietet CANNADINE 1987.

delt werden. Das Kapitel schließt mit einer Diskussion der inneren Logik absolutistischer Körperkultur.

In seiner «Histoire de la musique, et de ses effets, depuis son origine jusqu'à présent» macht sich Jacques Bonnet gar nicht erst die Mühe, Tänze, Musikleben und Theaterwissenschaft am Hof von Louis XIV vom Bereich der politisch-sozialen Auseinandersetzungen zwischen Noblesse und Krone zu trennen; sie gehören zusammen und lassen sich nur in ihrer Interdependenz begreifen. So berichtet Bonnet zum Beispiel über die Entstehungsbedingung und die Wirkungsweise eines Balletts in folgender Weise:

«Comme le Roi sçait la Musique en perfection, & qu'il dansoit le mieux de tous les Seigneurs de la Cour, il ordonna à Lambert & Lully de composer un grand Balet dont le Sieur de Bensarade fit les paroles, & Beauchamp les entrées; il fut accompagné de[s] machines les plus surprenantes de l'invention du marquis de Sourdiac, & de la Grille, grands Machinistes, & représenté au Louvre en 1663, avec une magnificence qui surpassoit tout ce qu'on peut imaginer des Opéras de Venise, le Roi y dansa masqué dans plusieurs entrées: l'on peut dire qu'il effaçoit par son grand air & sa bonne grace, tous les plus fameux Danseurs de la Cour qui parurent à ce spectacle Royale (...).»[6]

Auch wenn diese Zeilen als retrospektive Glorifizierung der Regierungszeit von Louis XIV angesehen werden müssen, so bringen sie doch jene Ideologie zum Ausdruck, die wesentlich am Ausbau absolutistischer Herrschaftssymbolik beteiligt gewesen ist. Jede Zeile ist interpretationsbedürftig, jeder Ausdruck ideologiegeladen.

Zunächst wird behauptet, der König wisse in der Musik perfekt Bescheid, er kenne sie genau, was auch ihre Beherrschung impliziert. Sein Unterscheidungsvermögen, «son discernement», ist jedenfalls, wie es an anderer Stelle heißt, so groß, daß er in einer Gruppe von

---

[6] «Da der König in der Musik vollkommen Bescheid weiß und weil er von allen Herren am Hof am besten tanzte, befahl er Lambert und Lully, ein großes Ballett zu komponieren, dessen Worte Herr von Bensarade und dessen Entrées Beauchamp machten; es wurde begleitet von den erstaunlichsten Maschinen nach der Erfindung des Marquis de Sourdiac und von de la Grille, den großen Maschinisten, und aufgeführt im Louvre im Jahre 1663, mit einer Großartigkeit, die alles hinter sich ließ, was man sich von den Opern Venedigs vorstellen konnte; der König tanzte dabei maskiert in verschiedenen Entrées: Man kann sagen, er habe durch seine vornehme Erscheinung und durch seine Anmut die berühmtesten Tänzer des Hofes, die bei diesem königlichen Schauspiel auftraten, samt und sonders in den Schatten gestellt.» BONNET 1715:330.

Musikern jeden, der einen falschen Ton erklingen läßt, erkennen kann.[7] Gleichzeitig, so Bonnet, sei der König von allen Adeligen aber auch mit Abstand der beste Tänzer. Der König ist nicht nur im politischen Bereich übermächtig (oder will es zumindest werden), sondern ragt selbst in seinem Tanz und seinem musikalischen Urteilsvermögen über alle Mitglieder des Hofes hinaus. Deshalb – ein logischer Anschluß, der uns im Text Bonnets zunächst befremdet – habe er Lambert und Lully befohlen, ein großes Ballett zu komponieren; Isaac de Benserade[8] solle die Verse, Beauchamp, der Direktor der «Académie royale de Danse», die Choreographie der Aufzüge machen. Die Begründung wird erst dann klar, wenn man bedenkt, daß sowohl die Musik Lullys als auch die Choreographie Beauchamps ausschließlich darauf abzielen, absolutistische Herrschaft zu repräsentieren, von der Hofdichtung, welche die Ballette begleitet, ganz zu schweigen. Weil es also die Stärke von Louis XIV ist, gut tanzen zu können, und weil er nach Bonnet ein gutes Musikgehör hat (eine äußerst distinguierende Gabe), läßt er sich ein Ballett arrangieren. Wie seinen Soldaten und Offizieren befiehlt [«ordonna»] Louis seinen Kulturspezialisten. Nicht jedermann verfügt gleich über ein halbes Dutzend der ausgesuchtesten Musik- und Theaterexperten. Nur der König kann es sich leisten, die entsprechenden Spezialisten zur Hand zu haben, nur für den Monarchen ist selbst im kulturellen Bereich Wissen stets abrufbar.

Was Louis bestellt, soll ja auch nicht ein gewöhnliches Ballett abgeben. Die «erstaunlichsten Maschinen» werden deshalb aufgefahren, die unglaubliche Effekte erzeugen, deren verborgene Mechanik aber nur dem Auftraggeber und seinen beiden Maschinisten de Sourdiac und de la Grille erklärlich sein werden. Auch im Falle dieses Balletts wird man darauf geachtet haben, daß der Effekt nicht den Blick auf den Erzeugungsmechanismus freigab, «sans que l'artifice se put decouvrir», wie Bonnet von einem zwei Jahre später aufgeführten Bühnenzauber zu berichten weiß.[9] Das Wissen um den Mechanismus

---

[7] BONNET 1715:331. «Son discernement est si juste aujourd'hui pour la Musique, qu'elle [i.e. sa majestée, d. Verf.] distingue parmi une troupe de Musiciens celui qui fait un faux ton, ce qui est cause que la Musique de sa Chapelle & de sa Chambre, passent au dire même des Ambassadeurs étrangers, pour la plus accomplie de toutes les Cours de l'Europe.»

[8] Vgl. DE BENSERADE 1697.

[9] «Ohne daß sich der Kunstgriff hätte entdecken lassen», BONNET 1715:338. Es handelt sich dabei um die 1665 stattfindenden Feierlichkeiten zu Ehren der Heirat zwischen dem Herzog von Orléans und Henriette-Anne von England (1661). Pan

ist, genauso wie die musikalische Kompetenz, ein Machtinstrument, das man am Hof kontrollieren will und deshalb speziell erkorenen und privilegierten Experten wie de Sourdiac und de la Grille sowie Benserade, Lambert und Lully[10] anvertraut.

Das Ganze wird bis in die letzten Details kontrolliert und überwacht, damit es den königlichen Repräsentationswünschen entspricht. Das Ballett gelangt nicht etwa im Theater, sondern im alten Königspalast in Paris zur Aufführung, zwei Jahre nach Beginn der Alleinherrschaft von Louis XIV. Es handelt sich um ein rein höfisches Spektakel, dessen Erhabenheit und Großartigkeit[11] selbst den Superlativ der Oper des 17. Jahrhunderts übertroffen haben soll. Und das will etwas heißen. Monteverdis Opern hatten Standards gesetzt, die zu überbieten kaum für möglich gehalten wurde.

Die große Überraschung spart Bonnet aber bis zum Schluß seines Berichtes auf: das ganze Werk wird nämlich bloß die Kulisse abgeben zum Tanz des Königs. Nicht etwa Unterhaltung für den König ist bestellt worden, sondern ein würdiger Hintergrund für die Selbstdarstellung der Monarchie.

Hauptzweck und gleichzeitig Höhepunkt dieses kulturellen Superlativs ist also der Auftritt des Königs. Selbst die allerberühmtesten Tänzer des Hofes seien von seiner großartigen Erscheinung und seiner erhabenen Würde in den Schatten gestellt worden: «L'on peut dire qu'il effaçoit par son grand air & sa bonne grace, tous les plus fameux Danseurs de la Cour qui parurent à ce spectacle Royale.»[12] «Effacer» weist etymologisch direkt auf den Gesichts- und Identitätsverlust der Mittänzer hin. Keineswegs sind sie etwa einfache Künstler, die nach Brot gehen. Die Tänzer, die am «spectacle Royale» auftreten, gehören

---

und Diana erscheinen «sur une Roche ombragée de plusieurs arbres que l'on voyoit portée en l'air, sans que l'artifice se put decouvrir». Vgl. die ausführliche Beschreibung in Kapitel 2.3. Am Rand sei bemerkt, daß «machiner» in der französischen Sprache des 17. Jahrunderts soviel wie «Ränke schmieden» bedeutet.

[10] Die Tatsache, daß Lully italienischer Herkunft ist, dürfte nicht ganz unwichtig sein. Vor allem unter Mazarin war der Einfluß der italienischen Kultur am französischen Hof sehr groß. Die Naturalisierung Lullys per königliches Dekret kann als Nationalisierung und Aneignung des fremden Kulturgutes interpretiert werden. Lully versucht denn auch, etwa durch die Zusammenarbeit mit Molière oder Benserade, französische Musik zu schreiben, wenn auch mit italienischem Know-how. Zur Musik siehe auch unten.

[11] Das Wort «magnificence» steht nicht zufällig im Text, geht es doch darum, den König «größer zu machen».

[12] BONNET 1715:330. Übers. vgl. Anm. 6.

1. Herrschaftssymbolik als politische Strategie

vielmehr zum (inzwischen politisch neutralisierten) Hochadel Frankreichs. Dies ist jedenfalls aufgrund der Lektüre eines weiteren Berichtes über ein Ballett von 1664 anzunehmen.

«Le Roi en 1664 fit encore faire un Balet (...): il fut représenté au Louvre; le Roi y dansa encore masqué dans les trois Entrées, avec les principaux Seigneurs de sa Cour, & les plus fameux Maîtres à danser. Ce monarque figuroit avec Messieurs Legrand, Le maréchal de Villeroy & la Rochefoucault; & l'on peut dire qu'il l'emportoit de beaucoup sur les autres, ayant passé pour le danseur le plus gracieux de son tems.»[13]

Selbst ein Rochefoucault, ein Legrand oder ein de Villeroy sehen sich seit der Niederschlagung der Fronde (1653) und dem Beginn der Alleinherrschaft von Ludwig XIV. (1661) gezwungen, an solchen königlichen Großveranstaltungen teilzunehmen, und werden dabei, wenn nicht gerade lächerlich gemacht, so doch in den Schatten des stets erfolgreicheren Monarchen gestellt.

Auf den Tanzzwang am französischen Hof wird später nochmals zurückzukommen sein.[14] In diesem Zusammenhang ist bloß festzuhalten, daß sich in der zweiten Hälfte des 17. Jahrhunderts offenbar die gesellschaftlichen Verhältnisse so entwickeln, daß selbst der hohe Adel einen Teil seiner Distinktion in der Teilnahme am königlich monopolisierten Tanz erwerben muß. Dies kann ihm nur gelingen, wenn er sich in die künstlerische Harmonie des königlichen Spektakels, die damit gleichzeitig zur politischen Harmonie wird, einfügt und sich so dem monarchischen Willen unterwirft.[15] Die Teilnahme am königlichen Ballett hat die Funktion eines hochstilisierten Kniefalls. So kann Robinet, einer der vielen Schreiberlinge im Solde des Hofes, folgendes Bild des tanzenden Königs entwerfen:

(Il) s'y fit voir non moins habile
Qu'à tenir, en grand potentat,
Les nobles rênes de l'Etat.
Tout le reste, entrant en cadence,

---

[13] «Der König gab 1664 ein weiteres Ballett in Auftrag (...) es wurde im Louvre aufgeführt; der König tanzte auch hier maskiert in den drei Entrées, zusammen mit den wichtigsten Herren seines Hofes und den berühmtesten Tanzmeistern. Der Monarch trat zusammen mit den Herren Legrand, mit dem Maréchal Villeroy und mit la Rochefoucault auf; und man kann sagen, er ragte weit über die andern hinaus, galt er doch als der anmutigste Tänzer seiner Zeit.» BONNET 1723:74.

[14] Siehe Kapitel II.3.

[15] NÉRAUDAU 1986:123.

marcha sur ses pas dans la danse,
Emporté par le mouvement
De son mobile si charmant,
Et qui, chaque jour, d'autre sorte,
Par son impression si forte
Règle les mouvements divers
Des Etats de tout l'univers.[16]

Wir beschränken uns hier auf den für unsere Interessen wichtigsten Aspekt des Gedichtes: «Tout le reste, entrant en cadence, marcha sur ses pas dans la danse.» Wie einen synchronisierten Rattenschwanz zieht der König den ganzen Hof, despektierlich mit «tout le reste» umschrieben, hinter sich her (Abb. 3). Im Tanz, dessen Rhythmus der König vorgibt, dominiert er die Höflinge, also auch hohen, einflußreichen Adel, und hält gleichzeitig die Zügel des Staates fest in Händen. Aber nicht bloß der Hof, sondern gleich die ganze Welt hat nach der Pfeife des absoluten Königs zu tanzen. Der Tanz symbolisiert soziopolitische Ansprüche und Verhältnisse und legitimiert sie gleichzeitig in ihrer Repräsentation.

Kehren wir nun aber wieder zu Bonnet und zu seinem oben zitierten Text zurück. Dieser enthält noch einen unerwähnt gebliebenen Aspekt: Louis tanzt maskiert und betont nochmals den Status- und Gesichtsverlust des Hochadels. Der König tritt nicht als Louis auf, sondern als Inkarnation und Repräsentation abstrakter monarchischer Souveränität, der sich die Adligen mit Leib und Seele zu unterwerfen haben.

Nun ist es nicht einfach damit getan, Louis zu maskieren, damit die Person hinter ihre Herrschaftsfunktion zurücktritt. Die Maskierung selbst muß einem sorgfältigen Ideologieprogramm unterworfen werden. So tritt der erst fünfzehnjährige Louis 1653 im «Ballet de la Nuit» als Apollon verkleidet auf, in einem fabulösen Kostüm, mit vergoldeter Haartracht, die die Sonnenstrahlen darstellt, und einer Strahlenmaske, welche die aufgehende Sonne symbolisiert.[17] Bereits bei seiner

---

[16] «Er trat in der Tat sehr geschickt als großer Herrscher auf, die Zügel des Staates in Händen haltend. Der ganze Rest kam im Takt herein und folgte ihm auf dem Fuße in den Tanz, geführt von der bezaubernden Bewegung seines Körpers, der, jeden Tag auf andere Weise, dank seines starken Eindrucks die verschiedenen Bewegungen der Stände des ganzen Universums bestimmt.» Brief von ROBINET vom 7.11.1666, in: Les continuateurs de Loret, Lettres en vers (1665–1689), Paris 1899.

[17] MOINE 1984:35.

1. Herrschaftssymbolik als politische Strategie

3. Israël Silvestre: «Un branle au Louvre»

Geburt sind die wichtigsten Elemente einer um das Symbol der Sonne kreisenden monarchischen Ideologie vorgegeben.[18] Der Dominikanerpater Campanella ist maßgeblich an der Vorbereitung dieses Programmes beteiligt. Als Utopist, Dichter, Astrologe und der christlichen Kabbala verpflichteter Okkultist hat er seiner philosophischen und politischen Ideen wegen 27 Jahre in neapolitanischen Gefängnissen gesessen, als er 1634 an den Hof von Louis XIII gelangt und dort eine königliche Altersrente empfängt. Vier Jahre später, am Sonntag, dem 5. September 1638, bringt Anna von Österreich nach 23 Jahren Ehe einen Knaben zur Welt. Ein Wunder im Urteil aller, die an der Machterhaltung der Krone interessiert sind, ein Ärger sicher für Gaston d'Orléans, den bisherigen Thronanwärter und politischen Gegner von Louis XIII.

Campanella seinerseits ist für Wunder empfänglich, macht astrologische Studien und sucht eine Verbindung zwischen der wundersamen Geburt von «Louis-Dieudonné» und den Konzepten und Vorstellungen seiner Philosophie.[19] Ein lateinisches Gedicht von zweihundertfünfzig Hexametern evoziert nochmals die Bilder seiner zwischen 1600 und 1604 geschriebenen Utopie «Cité du Soleil».[20] Auch in der anonym erscheinenden französischen Version des Hymnus von Campanella wird Louis XIV mit der utopischen «cité du soleil», aber auch mit dem «Neuen Jerusalem» der Offenbarung[21] und direkt mit Apollon («parmi les douze signes») in Verbindung gebracht:

> O monarque naissant, le grand jour du Soleil,
> La cité de son nom vous fait un appareil,
> Où vous irez pompeux parmi les douze signes,
> Et ce sont les beaux murs dont vos rayons sont dignes.[22]

---

[18] Das folgende stützt sich stark auf die Studie von NÉRAUDAU 1986, besonders Kapitel 1.

[19] Daß die Geburt Louis auch noch auf den siebzigsten Geburtstag Campanellas fiel, wird diesen zusätzlich beflügelt haben.

[20] In Paris 1623 publiziert.

[21] «(...) Ich sah die heilige Stadt, das neue Jerusalem, von Gott her aus dem Himmel herabkommen (...) Die Stadt braucht weder Sonne noch Mond, die ihr leuchten. Denn die Herrlichkeit Gottes erleuchtet sie, und ihre Leuchte ist das Lamm. Die Völker werden in diesem Licht einhergehen, und die Könige der Erde werden ihre Pracht in die Stadt bringen. (...)» Off. 21 und 22, zit. nach DIE BIBEL 1980:1409–1410.

[22] «O neugeborener König, der große Tag der Sonne [und] die Stadt ihres Namens bereite[n] sich auf Euern Empfang vor, wo Ihr prunkvoll unter den zwölf

1. Herrschaftssymbolik als politische Strategie

Das Wunder der Geburt von Louis XIV erinnert – zumindest den Dichter Campanella – an Vergil, der in der vierten Ekloge der «Bukolika» ebenfalls die wundersame Geburt eines Kindes beschreibt und sie mit dem Übergang vom eisernen zum goldenen Zeitalter verbindet.[23] Während Campanella an seinen Hexametern feilt und der offizielle Hofastrologe Morin de Villefranche über dem Horoskop des Neugeborenen brütet (und glücklicherweise ebenfalls auf eine überragende Bedeutung der Sonne schließt), ringen auch weniger begnadete Ideologieproduzenten um ihre Lobgesänge zum Ereignis. Es entstehen die wildesten Spekulationen magischer, astronomischer und astrologischer Art. Aus einem fast unerschöpflichen Vorrat von Allegorien, Metaphern, mythologischen Versatzstücken, Hymnen, Gedichten und christlichen Legenden, der von der mittelalterlich-spekulativen Philosophie, von den klassischen Werken Ovids und Vergils, aber auch von den frühneuzeitlichen Utopien geprägt wird, kann schließlich ein recht brauchbares politisch-ideologisches Programm für den heranwachsenden Louis XIV zurechtgebogen werden.

In seinen Memoiren begründet Louis selber die Wahl der Sonne als Angelpunkt dieses Programmes. «Je crus que, sans s'arrêter à quelque chose de particulier et de moindre, [ma devise] devait représenter en quelque sorte les devoirs d'un prince, et m'exciter éternellement moi-même à les remplir. On choisit pour corps le soleil, qui, dans les règles de cet art, est le plus noble de tous, et qui, par la qualité d'unique, par l'éclat qui l'environne, par la lumière qu'il communique aux autres astres qui lui composent comme une espèce de cour, par le partage égal et juste qu'il fait de cette même lumière à tous les divers climats du monde, par le bien qu'il fait en tous lieux, produisant sans cesse de tous côtés la vie, la joie et l'action, par son mouvement sans relâche, où il paraît néanmoins toujours tranquille, par cette course constante et

---

Zeichen gehen werdet, und es sind die[se] schönen Mauern, deren Eure Strahlen würdig sind.» ANONYMUS, Imitation et amplification de l'élogue faite en latin par le Père Campanelle sur la naissance de Monseigneur le Dauphin,o. O. 1638, zit. nach NÉRAUDAU 1986:38.

[23] Über vierzig Jahre später ist noch immer die Rede vom goldenen Zeitalter: «Les hommes de fer ont été changés en des hommes d'or, par cette heureuse paix qui fait couler des ruisseaux de lait et de nectar. Les ingrates années ont achevé leur cours, notre Apollon domine avec un empire absolu. Voici le siècle d'or.» Vgl. B. BAUDERON DE SENECE, L'Apollon françois ou le parallèle des vertus héroïques du très Augustes et très puissant (...) Roy de France et de Navarre Louis le Grand, XIV de ce nom, avec les propriétés et qualités du soleil, Mâcon 1684:215.

invariable, dont il ne s'écarte et ne se détourne jamais, est assurément la plus vive et la plus belle image d'un grand monarque.»[24]

Nach den Regeln der Kunst hat Louis ausgewählt, und zwar wählt er, wie er sagt, den vornehmsten Gegenstand für seine Symbolik aus. Es ist nicht die Kunst der Astrologie, wie man vielleicht annehmen könnte, sondern jene der Allegorik. Wichtig bleibt, daß seine Wahl eine rationale, regelgeleitete Entscheidung ist. Die Vorteile, die die Sonne als Symbolkörper für ein politisches Programm aufweist, sind für Louis mehr als klar: Zunächst hat die Sonne eine einzigartige Qualität und eine unvergleichliche Umgebung. Ferner gibt sie Licht ab an die anderen Sterne, welche gemäß der metaphorischen Erklärung Louis' «eine Art Hof» darstellen. Die Sonne verteilt «gerecht und gleichmäßig», in landesväterlicher Fürsorge, ihr Licht für alle verschiedenen Klimata der Erde – Frankreichs König meldet seinen geopolitischen Hegemonieanspruch an. Sie bewirkt Gutes, bringt Leben hervor, verursacht Freude und Tätigkeit, wie es eine merkantilistische Wirtschaftspolitik tun sollte; sie ist nimmermüde, aber zeichnet sich durch einen beständigen und unveränderlichen Lauf aus, womit sie die Stabilität im politischen System und die Mediatisierung der kriegerischen Auseinandersetzungen durch den Sonnenkönig versinnbildlicht. Kurz: die Sonne ist «bestimmt das lebendigste und schönste Bild eines großen Monarchen».[25]

Damit sollte einsichtig gemacht worden sein, daß die (Sonnen)-Maske des tanzenden Louis eine doppelte Funktion erfüllt: Erstens soll sie ein abstraktes Bild des absoluten Herrschers bieten, und zweitens hat sie kraft ihrer emblematischen Natur auf ein sorgfältig begründetes, von langer Hand vorbereitetes und mit unzähligen Bezü-

---

[24] «Ich glaube, daß meine Devise – ohne sich weiter um etwas Bestimmtes oder Geringes zu kümmern – in gewisser Weise die Aufgaben eines Prinzen verkörpern sollte und mich selbst ewig anspornen sollte, diese zu erfüllen. Als Gegenstand wurde die Sonne gewählt, welche, nach den Regeln dieser Kunst, das Nobelste überhaupt ist, und die durch ihre einzigartige Qualität, durch den Glanz, der sie umgibt, durch das Licht, das sie den andern Sternen spendet, die sie wie ein Hof umgeben, durch ihre gleichmäßige und gerechte Verteilung dieses einen Lichtes an alle verschiedenen Klimata der Welt, durch das Gute, das sie allerorts vollbringt, indem sie ununterbrochen überall Leben, Freude und Tat erzeugt, durch ihren stetigen Lauf, auf dem sie immer ruhig erscheint, durch ihre konstante und unveränderliche Bahn, von der sie nie abweicht und sich nie abbringen läßt, bestimmt das lebendigste und schönste Bild eines großen Monarchen ist.» LOUIS XIV 1978:135.
[25] Zur sprachlichen Seite, der «Seele» dieser Devise, vgl. Kapitel II.3 Anm. 152.

gen zur kulturellen Tradition versehenes politisch-ideologisches Programm zu verweisen, dessen Überzeugungskraft von zahllosen Zeitgenossen einmütig bestätigt wird. So schreibt etwa Charles Perrault 1662 über die Devise von Louis XIV: «Il serait malaisé de trouver un corps de devise qui convînt mieux au Roi que celui du soleil, vu le nombre presque infini de convenances illustres qui se rencontrent entre ce grand Prince et ce bel astre», und der Jesuitenpater Dominique Bouhours behauptet 1671: «Ce grand prince ne pouvait prendre un symbole plus illustre, ni plus digne de lui que le soleil; ce bel astre est son véritable portrait».[26]

Selbst ausländische Gäste am französischen Hof beginnen metaphorisch zu sprechen, wenn es um den König und seine Herrschaftssymbolik geht. So beschreibt der spanische Edelmann Pedro de la Rosa ein Fest in Versailles im Jahre 1668 als «un festín donde Apollo presidía, los astros le cercavan, las nimfas le assistían, las Deidades le acompanavan».[27] Die Person des Königs ist ganz verschwunden, er selbst wird ebenso wie sein Umfeld vollkommen mythologisiert. Dies kann nicht genug betont werden. Eine Konzentration der Untersuchung auf die Person des Königs, etwa auf seinen Charakter, würde an den entscheidenden Prozessen vorbeischauen. Gerade weil Louis XIV als Apollon maskiert aufzutreten pflegt, ist er als Person dem Geschehen entzogen. Was bleibt, ist lediglich die Repräsentation monarchischer Machtvollkommenheit. Und diese wird in Hoffesten, «Carrousels», «Balets du Roi» und «Entrées» zelebriert, künstlerisch verfeinert und ideologisch überhöht.

Louis XIV ist nicht der erste Monarch, der auf die glanzvolle Idee kommt, sich zum Ebenbild der Sonne zu machen. Neu an seinem Konzept ist aber dessen Konsistenz. Unzählige Fachleute (Maler, Bildhauer, Allegoriker, Dichter, Musiker, Tänzer, Choreographen und Architekten) arbeiten, mindestens seit 1660, an der Systematisierung, Vereinheitlichung und Ausbreitung des Konzeptes. Bevor wir auf diese Arbeit, die hauptsächlich in den Akademien geleistet wird,

---

[26] «Es wäre schwierig, einen Gegenstand für eine Devise zu finden, der dem König gemäßer wäre als jener der Sonne, in Anbetracht der fast unbeschränkten Zahl von anschaulichen Übereinstimmungen zwischen diesem großen Prinzen und dem schönen Stern.» «Dieser große Prinz konnte kein anschaulicheres und kein ihm würdigeres Symbol wählen als die Sonne; dieser schöne Stern ist sein wahrhaftiges Abbild.» Zit. nach NÉRAUDAU 1986:34.
[27] «(...) ein Fest, auf dem Apollo den Vorsitz hatte, die Sterne ihn umkreisten, die Nymphen ihm dienten, die Gottheiten ihn begleiteten», DE LA ROSA 1668.

eingehen können, haben wir aber einen Blick auf die realpolitischen Verhältnisse zu werfen, um besser verstehen zu können, welche politischen Ziele im Frankreich des 17. Jahrhunderts mit Hilfe einer gesteigerten Herrschafts- und Machtsymbolik erreichbar gewesen sind.

Louis XIV erbt eine ganze Menge ungelöster politischer Probleme, als er nach dem Tode Mazarins im März 1661 seine Alleinherrschaft antritt. In der juristischen und fiskalischen Administration herrscht ein heilloses Durcheinander, und selbst Spezialisten haben große Mühe damit, auch nur einigermaßen den Überblick zu wahren. Von der Auvergne bis zur Bretagne, von der Normandie bis zur Provence verfügt jede Region über eigene Steuerrechte, Privilegien, Sonderregelungen und Spezialgenehmigungen. Der Einfluß der lokalen Parlamente ist gerade in steuerrechtlichen Fragen noch immer sehr groß. Die politische Schwäche der Monarchie offenbart sich auch in der Auseinandersetzung mit den Hugenotten einerseits und den Jansenisten andererseits. An die Durchsetzung einer religiösen Einheit ist unter solchen Bedingungen kaum zu denken. Schließlich lasten binnenwirtschaftliche Probleme wie Zollschranken und exorbitant hohe Steuern schwer auf den Schultern des fast ausschließlich agrarisch bestimmten Frankreich. Die holländische Überlegenheit im Welthandel bleibt aufgrund solcher strukturellen Schwächen der französischen Wirtschaft unangefochten. Auf außenpolitischer Ebene sieht man sich ständig von der Auseinandersetzung mit Spanien und Habsburg bedroht. Sowohl im Norden wie auch im Süden ist die französische Monarchie politisch-militärisch gefährdet oder faßt dies zumindest so auf.[28]

Das Erbe, das Louis XIV übernimmt, enthält jedoch nicht nur Probleme. Einige Instrumente, die während seiner Regierungszeit zur absolutistischen Lösung der politischen Schwierigkeiten beitragen werden, sind bereits unter Richelieu entwickelt worden. Es gilt lediglich, sie systematisch einzusetzen und sie zusammenwirken zu lassen.

Zu diesen Instrumenten gehört erstens ein ministeriales Regierungssystem, das von Intendanten in den Provinzen unterstützt wird.[29] Mazarin hinterläßt dem jungen König eine stattliche Anzahl gut ausgebildeter und erfahrener Regierungsfunktionäre; zu ihnen zählt

---

[28] PARKER 1983:118.
[29] Vgl. dazu BIEN 1986:249–272.

auch ein Colbert, der als persönlicher Mitarbeiter von Mazarin wertvolle Beziehungen zur französischen Finanzwelt und zu wirtschaftspolitischen Schlüsselfiguren hat aufbauen können.

Zweitens wird, unter der Ägide von Louvois und Le Tellier, die militärische Macht in den Bereich ziviler Kontrolle gebracht; die Kapitulation der Fronde verringert zentrifugale Kräfte und erhöht die Durchschlagskraft der Armee.

Drittens ist auf rechtlich-ideologischer Ebene die Diskussion um die Natur und den Gegenstand politischer Autorität abgeschlossen. Die Juristen haben diese Frage nach fast hundertjähriger Debatte begrifflich und inhaltlich geklärt und im allgemeinen gelöst. Sie wenden sich nun mehr und mehr dem Bereich des privaten Rechts zu, wohl auch deshalb, weil dieses Feld konfliktloser zu sein scheint. Staatsrechtlich fügen sie sich der historischen Entwicklung, gerade weil sie als Berufsstand mit zu den Gewinnern im Prozeß des Aufbaus einer absolutistischen Herrschaft gehören. Im 17. Jahrhundert wird fast alles, was der König tut, als rechtmäßig interpretiert. Für Argumente bleibt nur sehr wenig Raum übrig. Die Monarchie hat sich auf diese Weise mit loyaler Unterstützung der Juristen das Recht angeeignet, abschließend Recht zu sprechen und Recht zu setzen. Das Konzept des «rex a legibus solutus» ist dafür eine wichtige Voraussetzung.[30]

Viertens schließlich steht in Louis XIV ein Throninhaber zur Verfügung, der sich, auch wenn es ihm an außerordentlichen Begabungen mangelt, doch von seiner Bildung her für die Rolle eines absolutistischen Königs eignet. Abgesehen von der Politik kennt er sich auch im Kriegshandwerk und in der Jagd aus. Reiten, Fechten und Befestigungswissenschaften gehören ebenso in die Palette seiner Ausbildungsfächer wie Tanz und Gitarrespiel.[31]

Zur Erfolgsgeschichte des französischen Absolutismus können hier nur einige wenige Belege geliefert werden, und diese müssen zudem stark relativiert werden, da der Gegensatz zwischen politischem Erfolg der Krone und ökonomischer Misere des Landes äußerst eklatant ist. Das Gewicht der Abgaben, das auf der Landwirtschaft lastet, bleibt auch während der Regierungszeit Louis XIV außerordentlich groß. Grundherrliche und kirchliche Rechte verschlingen mindestens ein Drittel der Bruttoeinnahmen. In Krisenzeiten wird zudem das Abhängigkeitsverhältnis der Bauern dadurch verstärkt, daß nur der Grund-

---

[30] Grundsätzlich WYDUCKEL 1979.
[31] PARKER 1983:119.

herr Saatgut und Geld zur Überbrückung von kurzfristigen Knappheiten vorschießen kann.[32] Die gesteigerte Effizienz des königlichen Steuersystems drängt sowohl Bauern wie auch Bürger städtischer Kommunen an den Rand des wirtschaftlichen Ruins. Zwischen 1661 und 1665, also in der ersten Phase des systematischen Auf- und Ausbaus absolutistischer Herrschaft unter der Ägide Colberts, gibt es praktisch im ganzen Königreich Unruhen; 1661–62 vor allem in den Städten Auxerre, Montauban, Rennes, Laval, Montpellier und Nîmes; 1664 sind es hauptsächlich die Bauern des Westens, von der Touraine bis zum Poitou, im Béarn und im Labourd, die sich gegen die herrschenden wirtschaftlichen und politischen Verhältnisse wenden.[33]

Die Monarchie bekämpft mit einer höchst wirksamen Kombination von Einschüchterung und Manipulation jede Form von Opposition. Noch schneller als die Provinzstände kapituliert der Klerus in der Frage der «régale», welche der Krone das Recht gibt, vakante Bischofssitze zu verwalten bzw. sich ihrer Einkünfte zu bemächtigen. Bis 1673 bleiben zwar gewisse Provinzen von der «régale» noch ausgenommen, doch dann wird sie auf das ganze Land ausgedehnt.[34] Ebenfalls 1673 wird die Subordination der Parlamente unter die königliche Gewalt ratifiziert. Von den lokalen Autoritäten des provinziellen Frankreich haben die Munizipalitäten am meisten unter dem Machtgewinn der Krone zu leiden. Sprechendstes Beispiel bleibt die schon 1660 erfolgte militärische Besetzung der Stadt Marseille und die Aufhebung ihrer Stadtverfassung.[35]

Der erstaunliche, kaum zu bestreitende Erfolg des Absolutismus bei der Disziplinierung der Noblesse und der Geistlichkeit, der Zentralisierung der Verwaltung und der Monopolisierung einer ganzen Reihe gesellschaftlich hochrelevanter Ressourcen verlangt nach einer Erklärung. Der Absolutismus kann in bedeutender Art und Weise seine Macht steigern und öffnet der Monarchie des ausgehenden 17. Jahrhunderts historisch ganz neuartige Chancen der Durchsetzung ihrer Interessen, als man dies zu Beginn des Jahrhunderts noch für möglich gehalten hätte. Wie ist diese Tatsache zu erklären? Worin liegen die machtproduzierenden Faktoren der Herrschaft Ludwigs XIV.?

---

[32] Zur wirtschaftlichen Entwicklung Frankreichs im 17. Jahrhundert vgl. LABROUSSE 1970.
[33] MANDROU 1978:29. Vgl. dagegen die fast royalistische Position von BLUCHE 1984:16f.
[34] PARKER 1983:121.
[35] PARKER 1983:121.

1. Herrschaftssymbolik als politische Strategie

Wir werden im folgenden versuchen, sie in der systematischen und koordinierten Verwendung repräsentativer Akte zu lokalisieren – Akte, die von der Entwicklung eines vereinheitlichten kulturellen Diskurses, wie er oben am Beispiel des Kultes um den Sonnenkönig beschrieben worden ist, profitieren und sich auf ihn abstützen können. Die wohl sorgfältigste Analyse des Zusammenhangs von politischer Semiotik und königlicher Macht stammt aus der Feder von Louis Marin.[36] Ausgangspunkt für Marins Untersuchung ist die von Kantorowicz beschriebene mittelalterliche Staatsauffassung, wonach der König zwei Körper besitze, einen historisch-physischen und einen juristisch-politischen.[37] Dem mittelalterlichen Staatsrecht diente diese Gedankenfigur zur Begründung eines transzendenten Königtums. Selbst wenn der historisch-physische Körper des Königs stirbt, lebt das Prinzip der Monarchie als juristisch-politische Größe weiter. Nachfolgeprobleme können auf diese Weise besser behandelt werden. Ein Königreich muß in der Zeit zwischen dem Abgang des alten und dem Herrschaftsantritt des neuen Königs – wenigstens theoretisch – nicht im allgemeinen Chaos untergehen.

Nach Louis Marin entwickelt die absolute Monarchie dieses Konzept weiter und ergänzt es. Zwischen die historisch-physische und die juristisch-politische Dimension wird eine dritte, vermittelnde Größe eingeschoben: der symbolisch-sakrale Körper des Königs.[38] Auch diese Dimension dient u.a. der Absicherung der monarchistischen Kontinuität, die nun nicht mehr nur auf den rechtlich-abstrakten Bereich abgestützt zu werden braucht, sondern eine Konkretisierung in der zeichenhaften Repräsentation des Königs findet, in seinem Bild. So kann denn Bossuet – königlicher Prinzenerzieher und 1671 auch Mitglied der «Académie Française» – zu folgender Aussage gelangen: «L'homme meurt, il est vrai; mais le roi, disons-nous, ne meurt jamais: l'image de Dieu est immortelle.»[39] Das ist nicht etwa ein blasphemi-

---

[36] MARIN 1981. Wir stützen uns im folgenden wesentlich auf diese Untersuchung. Zahlreiche weitere Anregungen verdanken wir zwei Kolloquien, die wir im WS 1988/89 an der Universität Zürich abgehalten haben, das eine zur Bedeutung von Zeremoniell und Protokoll für die politische Kultur, und das andere zu mentalitäts- und geistesgeschichtlichen Problemen des französischen Absolutismus. Den Teilnehmerinnen und Teilnehmern dieser Veranstaltungen sei an dieser Stelle herzlich gedankt.

[37] KANTOROWICZ 1957.

[38] MARIN 1981:21.

[39] «Der Mensch stirbt, das ist wahr; aber der König, so sagen wir, stirbt niemals: das Bild Gottes ist unsterblich.» BOSSUET 1662, zit. nach MARIN 1981:21.

scher Versprecher. Der höfische Experte in Sachen Theologie[40] argumentiert viel zu sorgfältig: «Dieu a fait dans le Prince une image mortelle de son immortelle autorité.»[41] Wohlgemerkt, Bossuet sagt nicht etwa, der reale König habe sich in Gott, der ewigen Autorität, ein unsterbliches Bild seiner vergänglichen Autorität gemacht (was wir erwarten würden und eigentlich auch den nüchternen Tatsachen entspricht). Nach Bossuet ist vielmehr die göttliche Autorität selbst das handelnde Subjekt, das sich im Bild des Königs repräsentiert. Daher erscheint dann die monarchische Autorität losgelöst von der physisch-vergänglichen Realität der Person des Königs. Dank diesem Rückgriff auf religiöse Ressourcen, welcher als Schöpfungsakt Gottes dargestellt wird – «Dieu a fait (...) une image» –, können Könige sterben, ohne daß ihre bei Gott abgesicherte Autorität sterben würde: «N'importe, vous êtes des dieux encore que vous mouriez et votre autorité ne meurt pas; cet esprit de royauté passe tout entier à vos successeurs et imprime partout la même crainte, le même respect, la même vénération.»[42] Der hier verwendete Plural ist kein pluralis majestatis, sondern bezieht sich auf alle Könige generell oder auf den König an sich. Das Bild Gottes im König, das verwendet wird, ist nur deshalb nicht blasphemisch, weil es von Gott selbst geschaffen wird. Der nun folgende Schritt ist – obwohl nur noch eine Frage des konsequenten Weiterdenkens – zentral für das Verständnis der Funktion absolutistischer Herrschaftssymbolik: Auch der König kann sich ein Bild seiner selbst schaffen, um die ihm von Gott verliehene Autorität zu repräsentieren.

Repräsentation möchten wir hier in ihrer doppelten Bedeutung verstanden wissen. Erstens einmal als Re–präsentation, die «wieder gegenwärtig macht», was einmal schon dagewesen oder im Moment gerade woanders ist, d. h. Vergegenwärtigung in räumlicher und zeitlicher Dimension.[43] Zweitens meint Repräsentation aber auch Demonstration, die königliche Autorität darstellt, enthüllt, den Untertanen, und vielleicht noch wichtiger, dem entmachteten Adel vor Augen führt. Damit kann die königliche Macht letztlich ihre Präsenz

---

[40] Vgl. BOSSUET 1671 sowie BOSSUET 1709.
[41] «Gott hat sich im Prinzen ein sterbliches Bild seiner unsterblichen Autorität gemacht.» BOSSUET 1662, zit. MARIN 1981:21.
[42] «Es spielt keine Rolle, ihr seid Götter, auch wenn ihr sterbt und eure Autorität stirbt nicht; dieser königliche Geist geht ganz auf euren Nachfolger über und bewirkt überall dieselbe Angst, denselben Respekt, dieselbe Verehrung.» BOSSUET 1662, zit. nach MARIN 1981:21.
[43] MARIN 1981:9.

1. Herrschaftssymbolik als politische Strategie

vervielfachen; ihre Zeichen werden zum machtproduzierenden Moment.

Das grundsätzliche politische Problem, beschränkte Gewalt in abstrakte Macht zu steigern, wird herkömmlicherweise mit Hilfe dynastischer oder klientelistischer Beziehungsnetze gelöst. Im französischen Absolutismus dagegen werden diese von einer ausgeklügelten Herrschaftssymbolik unterstützt, die der Krone erlaubt, ihre beschränkten Möglichkeiten staatlicher Repression effizienter einzusetzen. Mit der Hervorbringung eines systematisierten repräsentativen Diskurses erweitern sich die Handlungsmöglichkeiten und Durchsetzungschancen der zentralen politischen Gewalt, weil ihre Zeichen – im Gegensatz zu Armeen und Waffen – beliebig reproduzierbar bleiben.[44]

Unterstützung findet die sich verabsolutierende Monarchie auch im theologisch-politischen Diskurs. Der kirchliche Sprechakt «Dies ist mein Leib», der in der katholischen Eucharistie unermüdlich wiederholt wird und der für die Vergegenwärtigung Christi verantwortlich gemacht wird, muß als Hintergrund für das königlich-absolutistische Repräsentationsereignis gesehen werden.[45] Ob im Portrait oder in der Medaille, ob im Gedicht oder auf der Bühne, stets verkünden auch die symbolischen Repräsentanten des Königs: «Dies ist mein Leib.» Der Absolutismus profitiert also direkt von der sakralen Tradition, indem er sich im Repräsentationsakt auf eine säkularisierte Form der Eucharistie stützt. Religiös gebundene Inhalte werden so freigesetzt, dass sie für politische Zwecke nutzbar werden.

Kirchlicher und weltlicher Diskurs arbeiten sich natürlich dort in die Hände, wo über die Bedingungen der Repräsentation gesprochen wird. Während der junge Louis XIV 1655 im Parlament «L'Etat c'est moi» gesagt haben soll, liest man in der «Logique» der Herren von Port-Royal den aufschlußreichen Satz: «Le portrait de César, c'est César.»[46] Zum einen ist dies eine Anspielung auf das bei den Synoptikern überlieferte Lehrgespräch, in dem Jesus von den Pharisäern gefragt wird, ob man dem Kaiser Steuern bezahlen dürfe; die Antwort – «gebt dem Kaiser, was dem Kaiser gehört»[47] – bezieht sich auf Bild und Aufschrift der kaiserlichen Münzen. Zum andern aber steht in der «Logique» «César» als Synonym für «prince» (Fürst, König), weshalb

---

[44] MARIN 1981:11.
[45] Vgl. AUSTIN 1962; SEARLE 1969 und SEARLE 1971.
[46] Zit. nach MARIN 1981:15.
[47] Mt 22, 15–22, Mk 12, 13–17; Lk 20, 20–26. Zit. nach DIE BIBEL 1980:1116.

man auch sagen könnte: «das Porträt des Königs ist der König selber», oder noch einen Schritt konkreter: «das Porträt von Louis ist Louis». Das Portrait von Louis ist damit auch die absolute Gewalt des Staates. Im Gegensatz zum physisch-historischen Louis XIV können aber Portraits und Medaillen multipliziert werden. So sind sie im ganzen Lande stets präsent. Und mit der Multiplikation der Portraits wird gleichzeitig die absolutistische Macht vervielfältigt. Die einzige Bedingung für die Wirksamkeit dieser Reproduktion ist die Kohärenz des symbolisch-sakralen Körpers des Königs. Diese Kohärenz aufzubauen – so unsere Hauptthese – übernimmt im Frankreich des 17. Jahrhunderts im wesentlichen der kulturelle Diskurs.

Die Lösung des Problems, wie man den König in ein Bild verwandelt, ist durch den Apollon- und Sonnenkönigkult weitgehend vorgegeben. In den Worten Ménestriers: «Nos princes sont des dons du ciel (...) C'est ce qui nous oblige de nous élever au-dessus des choses terrestres pour aller chercher des images de grandeur qui puissent répondre à celle du règne du plus grand de nos monarques, que nous considérons à juste titre comme le Soleil de la France, puisque c'est cet astre qui fait le corps de sa devise.»[48] «Aller chercher des images de grandeur» ist die Aufgabe, die sich den Ideologen stellt; Joseph Werner (1637–1710) hat in einem seiner mythologisch-allegorischen Gemälde den König als drachentötenden Apoll dargestellt (Abb. 4).[49] Es vereinigt eine ganze Reihe zentraler Aspekte der Herrschaftssymbolik des französischen Absolutismus unter Louis XIV und soll hier, stellvertretend für viele andere, genauer beschrieben werden.[50]

In einer aus dem 17. Jahrhundert stammenden Übersetzung der Metamorphosen Ovids heißt es, der schreckliche Drache Python[51]

---

[48] «Unsere Prinzen sind Geschenke des Himmels (...) Das ist es, was uns verpflichtet, uns über die irdischen Dinge zu erheben, um Bilder der Erhabenheit zu suchen, die der Erhabenheit der Herrschaft des größten unserer Monarchen entsprechen, den wir mit vollem Recht als die Sonne Frankreichs betrachten, denn dieser Stern ist es, der den Gegenstand seiner Devise bildet.» MÉNESTRIER 1704, zit. in NÉRAUDAU 1986:92.

[49] Zu Werner vgl. GLAESEMER 1974.

[50] Vgl. die schöne Interpretation in NÉRAUDAU 1986:94–95.

[51] In der mythischen Tradition tötet Apollon, bevor er von der Kultstätte und dem Orakel in Delphi Besitz ergreift, deren Hüter, den schlangengestaltigen Python. «Der historische Kern des Traditionskomplexes ist wohl die Verdrängung eines sehr alten, vielleicht vorgriechischen orakelspendenden Kultempfängers mit chthonischem Charakter (Schlange) durch den direkt aus Thessalien kommenden Apollon.» RGG Bd. 5 1961:728.

4. Joseph Werner: «Louis XIV en Apollon terrassant le serpent Python»

verkörpere «l'abondance d'épaisses et noires vapeurs, que le Soleil tira des boues, et les brouillards obscurs que le même Soleil perça enfin de ses rais».[52] Auf unserem Bild liegt er, von unzähligen Pfeilen durchbohrt, am Boden. Die Nähe zur christlichen Bildtradition ist unverkennbar: Werner erinnert an die (dem spätantiken Kaiserkult nachempfundenen) Darstellungen des «Christus triumphans»: «Du schreitest über Löwen und Nattern, trittst auf Löwen und Drachen.»[53] Ein Amor, der den drachentötenden Helden vom Himmel aus begleitet («Denn er befiehlt seinen Engeln, dich zu behüten auf all deinen Wegen»[54]) und seinen Pfeil ebenfalls abgeschossen hat, macht aus der Erledigung des Ungeheuers eine Tat der Liebe; gleichzeitig verkörpert er ein zentrales Motiv im kulturellen Diskurs Louis' XIV – es sei nur an das «Ballet de l'Hercule amoureux» von 1662 oder das «Ballet poétique» von 1665 erinnert, «[qui] ne consistoit qu'en douzaine d'Entrées des Amours (...)».[55] Der König erscheint in römischer Tunika, als Apoll bzw. Sonnengott, und wird in der Tradition der französischen Hofmalerei dargestellt, mit langen Haaren wie Ludwig XIII. Es handelt sich also letztlich um das Porträt des Königs schlechthin. Daß er als Jäger erscheint (vgl. dazu auch unten), mit Bogen und Köcher ausgerüstet, hat zwei Bedeutungen. Erstens wird damit auf das adelige Jagdprivileg hingewiesen, und zweitens macht es deutlich, mit welcher Leichtigkeit der König notfalls Gewalt mobilisieren kann. Die bekannte mythologische Episode der Drachentötung hat einen unverkennbaren politischen Hintergrund. Den größten Drachen hat die Monarchie mit der Niederschlagung der «Fronde der Prinzen» (1650–1653) erledigt. Im Gemälde Werners garantiert somit Louis-Apollon mit seiner durch Liebe motivierten Heldentat Schutz und Frieden für den Staat.

Schließlich enthält das Gemälde ein weiteres, in unserem Zusammenhang äußerst wichtiges Detail, welches es als vollkommenes Ideologie-Konglomerat auszeichnet: Louis steht weder als strammer Kämpfer, Ritter oder Soldat noch als pirschender Jäger in der mythologischen Kampfesszene, sondern – als Tänzer, einen zierlichen Menu-

---

[52] «Die große Menge dicken und schwarzen Rauches, welche die Sonne aus dem Schlamm zog, und die dunkeln Nebel, welche dieselbe Sonne schließlich mit ihren Strahlen durchdrang», RENOUARD 1621 Kapitel 10, zit. nach NÉRAUDAU 1986:95.
[53] Ps 91,13, in: DIE BIBEL 1980:663.
[54] Ps 91,11, in: DIE BIBEL 1980:663.
[55] «Das ausschließlich aus einem Dutzend Entrées von Amor-Figuren bestand», BONNET 1723:100. Vgl. auch die zahlreiche Hinweise bei NÉRAUDAU 1986.

1. Herrschaftssymbolik als politische Strategie

ettschritt ausführend.⁵⁶ Daß die Sonnenstrahlen den wolkenverhangenen Himmel zu durchbrechen beginnen, deutet nochmals auf den Anfang einer verheißungsvollen Zukunft, den «âge d'or» hin. Gleichzeitig erinnern diese Sonnenstrahlen an den in zahlreichen königlichen Balletten zelebrierten Hauptgegenstand des Bildes: Den tanzenden Sonnenkönig.

Bis jetzt haben wir jedoch nur den Weg vom Besonderen [Louis XIV] ins Allgemeine [der königliche Herrscher] verfolgt, die Transformation des historisch-physischen Königs in einen symbolisch-sakralen Bereich. Den Weg vom symbolisch-sakralen Bereich in den juristisch-politischen haben wir dabei ausgeklammert. Er läßt sich besonders schön an einer von Voltaire überlieferten Episode darstellen.

«Lorsqu'en 1655, après l'extinction des guerres civiles, après sa première campagne et son sacre, le parlement voulut encore s'assembler au sujet de quelques édits, le roi partit de Vincennes, en habit de chasse, entra au parlement en grosses bottes, le fouet à la main et prononça ces quelques mots: ‹On voit les malheurs qu'ont produit vos assemblées. J'ordonne qu'on cesse celles qui sont commencées sur mes édits. Monsieur le premier président, je vous défends de souffrir des assemblées et à pas un de vous de les demander.›» Dem fügt Voltaire folgenden Kommentar hinzu: «Sa taille déjà majestueuse, la noblesse de ses traits, le ton et l'air de maître dont il parla, imposèrent plus que l'autorité de son rang, qu'on avait jusque-là peu respectée.»⁵⁷

Der junge, noch wenig profilierte Louis XIV macht sich hier ein Bild, ein Zeichen seiner Autorität dienstbar. Wie im Bild Joseph Werners erscheint er als Jäger; diesmal trägt er allerdings keine zierlichen Sandalen, sondern ein festes Auftreten garantierende Stiefel, und er hält die Peitsche für Ungehorsame bereit. So tritt Louis XIV als sein

---

⁵⁶ «Sie tragen dich auf ihren Händen, damit dein Fuß nicht an einen Stein stößt.» Ps 91,12, in: Die Bibel 1980:663.

⁵⁷ «Als sich 1655, nach der Niederschlagung der Bürgerkriege, nach seinem ersten Feldzug und seiner Krönung, das Parlament wiederum versammeln wollte, um einige Edikte zu beraten, brach der König in Jagdkleidern von Vincennes auf, betrat mit großen Stiefeln und der Peitsche in der Hand das Parlament und sprach diese wenigen Worte: ‹Man sieht das Unglück, welche eure Versammlungen bewirken. Ich befehle, jene zu beenden, die wegen meiner Edikte begonnen haben. Herr Premierminister, ich verbiete ihnen, Versammlungen zu dulden und allen übrigen verbiete ich, sie zu fordern.›» «Seine an sich schon majestätische Gestalt, seine vornehmen Züge, der Tonfall und die gebieterische Art, mit der er sprach, bewirkten mehr als die Autorität seines Ranges, welche man bislang wenig respektiert hatte.» Voltaire 1957:892.

eigenes Porträt, als Repräsentation des abstrakten Herrscherbildes auf. Repräsentation hat in diesem Sinn politisch konstituierende Wirkung. Selbst die hartgesottenen Parlamentarier akzeptieren die «Logik» dessen, was ihnen Ludwig befiehlt; die Wirkung des Porträts, obwohl auf das Minimum von Stiefeln, Peitsche und Jagdgewand reduziert, ist stark genug. Nur ein ganz wacher Geist wie derjenige Pascals kann das Spiel durchschauen, wohl gerade deshalb, weil er sich im kirchlichen Bereich täglich Fragen der Repräsentation hat widmen müssen: «La coutume de voir les rois accompagnés de gardes, de tambours, d'officiers, et de toutes les choses qui ploient la machine vers le respect et la terreur, fait que leur visage, quand il est quelquefois seul et sans ces accompagnements, imprime dans leurs sujets le respect et la terreur, parce qu'on ne sépare point dans la pensée leurs personnes d'avec leurs suites qu'on y voit d'ordinaire jointes.» Der Monarch und seine Machtinsignien gehören untrennbar zusammen. Selbst wenn der König einmal ausnahmsweise ohne sie aufträte, würde man sie in Gedanken sofort ergänzen, so sehr hat man sich an sie gewöhnt. Das geht soweit, daß man in seiner Umgebung schließlich Macht als eine natürliche Kraft anzusehen beginnt, die, wie die Natur selbst, nur von Gott kommen kann. «Et le monde, qui ne sait pas que cet effet vient de cette coutume, croit qu'il vient d'une force naturelle; et de là viennent ces mots: ‹Le caractère de la Divinité est empreint sur son visage, etc.›»[58]

Pascal bezieht sich hier nicht nur auf die Wachen, Tambouren und Offiziere, sondern, wie er sagt, auf «toutes les choses qui ploient la machine vers le respect et la terreur», also auf die gesamte Umgebung des Königs. Mit welchen Mitteln diese Zeichenhaftigkeit des königlichen Hofes im 17. Jahrhundert vereinheitlicht und von Fachleuten institutionell kontrolliert wird, soll im folgenden zweiten Unterkapitel beschrieben werden.

---

[58] «Die Gewohnheit, Könige in Begleitung von Wachen, Tambouren, Offizieren und all jenen Dingen zu sehen, welche der Maschinerie Respekt und Schrecken verleihen, bewirkt, daß ihr Gesicht, wenn es manchmal allein und ohne Begleitung ist, ihren Untertanen Respekt und Schrecken einflößt, denn man trennt in Gedanken ihre Person kaum von ihrem Gefolge, das man normalerweise bei ihnen sieht.» «Und die Welt, die nicht weiß, daß dieser Effekt von dieser Gewohnheit kommt, glaubt, er komme von einer natürlichen Kraft; und von daher kommen die Worte: ‹Der Charakter der Göttlichkeit steht ihm ins Gesicht geschrieben, etc.›» PASCAL 1937:94 Nr. 293.

2. «Régler tous les beaux Arts»

Gleich nach seinem Herrschaftsantritt beginnt Louis XIV eine Propagandamaschine von bis dahin unvorstellbarer Größe in Bewegung zu setzen. Ihre Wirksamkeit erhält seine Propaganda vor allem dadurch, daß sie von zentraler Stelle aus überwacht und reglementiert wird. Im ganzen Land kommen Medaillen und Gedenkmünzen in Umlauf, die ab 1663 von der sogenannten «Petite Académie» entworfen oder ausgewählt werden. Das «Königliche Portrait» ist ein staatlich geschütztes Gut. Eine von Louis XIV eingesetzte Gruppe von Spezialisten und Fachleuten soll darüber befinden, welches Bild sich für die repräsentative Vervielfältigung seiner königlichen Macht eignet, welches nicht.

In Anlehnung an das Vorgehen Richelieus, der 1636 die «Académie Française» gegründet hat mit dem Zweck, über die französische Sprache und Literatur zu wachen und in diesem Bereich im Sinne des Königs normierend zu wirken, wird nun jene «kleine Akademie» eingerichtet. Bald schon sollte sie zur «Académie des Inscriptions et Belles Lettres» umbenannt und damit formell der großen Schwester gleichgestellt werden.

Hunderte von in Gold, Silber oder auch Bronze geschlagenen Medaillen werden an verbündete Prinzen, hohe Beamte und königliche Gesandte verteilt. Spezielle Gedenkmünzen dienen dazu, den Ruhm des Königs zu heben, ihn zu dokumentieren und zu verewigen. Damit entsteht unter Aufsicht der «Académie des Belles Lettres» eine Art von offizieller königlicher Geschichtsschreibung: «[L'Académie des Belles Lettres] fit à peu près dans l'histoire ce que l'Académie des Sciences faisait dans la physique: elle dissipa des erreurs.»[59]

Das Zitat wirft einerseits Licht auf ein Kunstverständnis, das sich an klassischen und endgültigen Regeln orientiert; andererseits erhellt es auch ein Wissenschaftsverständnis, das näher bei der Kunst liegt, als es heutiger Auffassung entspricht. Wir werden auf diesen Aspekt zurückkommen müssen.

Die offizielle «histoire métallique» der von der «Académie des Belles Lettres» geprägten und verbreiteten Münzen ist nur eine Variante der permanenten, institutionalisierten Glorifikation des Königs. Sie ist

---

[59] «Die Académie des Belles Lettres leistete in der Geschichte etwa das, was die Académie des Sciences in der Physik leistete: sie merzte Fehler aus.» VOLTAIRE 1957:1000.

aber, dank der komplexen Symbolik der dazugehörigen Zeichnungen und Legenden sowie wegen der raschen und einfachen Verbreitung der Münzen und Medaillen, bestimmt eine der bedeutendsten Propagandaformen, die im absolutistischen Frankreich zur Anwendung gekommen sind.[60]

Die vom König angestellten und «fürstlich» bezahlten Kulturspezialisten haben nicht bloß die Aufgabe, sämtliche Bereiche der zeitgenössischen Kultur zu kontrollieren und, wo nötig, Leitbilder und Maßstäbe zu entwickeln; sie sind vielmehr auch damit beauftragt, eine allgemein gültige, königlich sanktionierte Sicht der Welt zu verbreiten und durchzusetzen. Wenn also in einer Oper, in einem Festplan, in einem Gedicht, ja sogar in einem Musikstück dieser Zeit die Welt beschrieben wird, dann nach einem Muster, das darüber Auskunft gibt, wie soziale Welt nach 1661 legitim wahrgenommen worden ist. Dies gilt zwar vor allem, aber nicht ausschließlich für den höfischen Bereich. Die absolutistische Monarchie beansprucht nicht nur ein Monopol im kulturellen Diskurs, es gelingt ihr auch tatsächlich, eine Hegemonie zu errichten – die mühevolle Emanzipationsarbeit bürgerlicher Kritiker des 18. Jahrhunderts, die sich gerade auch im Bereich der Ästhetik zu entwickeln beginnt, bestätigt dies auf eindrückliche Art und Weise.

«Je vous confie la chose du monde qui m'est la plus précieuse, qui est ma gloire»[61], schreibt Louis XIV an die ersten Mitglieder der «Académie des Inscriptions». Das kann nur im oben beschriebenen Zusammenhang von physisch-historischem und symbolisch-sakralem Körper des Königs verstanden werden. Im Ruhm des Königs wird absolutistische Macht vergegenwärtigt und vervielfältigt.

Jean Chapelain (1595–1674), der Mitbegründer der Académie fran-

---

[60] MANDROU 1978:91. Schon beim berühmten Entrée des Königs in Paris 1660 ist sorgfältig darauf geachtet worden, daß Louis XIV als König historisch integriert wurde. Jean-Marie Apostolidès schreibt dazu: «Le Pont Notre-Dame, où passe le cortège après avoir quitté la place de l'Hôtel de ville, est bordé de maisons symétriques, décorées par des médaillons où sont peints les rois de France. En traversant le pont, Louis XIV entre littéralement dans l'Histoire et vient prendre la suite de la lignée de ses ancêtres. (...) Louis XIV, représenté dans le dernier médaillon, vient naturellement prendre place dans la chaîne du sang. Il est l'ultime rejeton d'une longue suite de monarques qui gouvernent la France depuis des temps immémoriaux. Cette histoire stéréotypée est inscrite dans la pierre, où elle prend la place de toute histoire.» APOSTOLIDES 1981:18. Vgl. auch MÖSENEDER 1983.

[61] «Ich vertraue euch die für mich wertvollste Sache der Welt an: meinen Ruhm.» Zit. nach MANDROU 1978:159.

çaise und persönliche Berater Richelieus, wird beauftragt, Listen von Autoren, Künstlern und Wissenschaftlern aufzustellen, die sich dafür eignen würden, den Ruhm des Königs zu erhöhen. Was man in Versailles, Marly, St. Cloud, in Theatern, Opern, Balletten, Festspielen und Umzügen als Kulisse für die königliche Repräsentation im neuen Stil aufzubauen beginnt, sollte von möglichst vielen, möglichst kompetenten, aber auch möglichst kontrollierten Fachleuten tatkräftig unterstützt werden.

Zusätzlich bringt ein wirkungsvolles Zensurwesen die Kritik um ihren Einfluß. Die Kehrseite einer gut orchestrierten Propaganda[62] ist die ständige Überwachung der Drucker und Buchhändler, eine peinliche Zensur und die Jagd nach wilden Libellisten.[63]

Die Herrschaftssymbolik der Monarchie garantiert auch die Erhaltung eines gesteigerten Machtanspruchs. Chapelain erwähnt in einem an Colbert gerichteten Brief von 1662, mit welchen «monuments» man die Augen des Volkes fesseln könne. Er denke dabei an «pyramides, colonnes, statues équestres, colosses, arcs triomphaux, bustes de marbre et de bronze, basses tailles», dann aber auch «tapisseries, peintures et estampes».[64]

Colbert begnügt sich jedoch nicht mit der Reglementierung der «Beaux Arts». Nicht bloß die bedeutendsten Maler, Architekten, Dichter und Musiker der Zeit, sondern auch zahlreiche Mathematiker, Astronomen, Mediziner und Chemiker führt er auf seinen Besoldungslisten. Einmal im Dienste der Krone, können ihre Aktivitäten durch die Überwachungstätigkeit der Akademien kontrolliert werden. Nach dem Vorbild der von Karl II. von England seit 1662 unterstützten «Royal Society of London for the Promotion of Natural Knowledge» wird 1666 die «Académie des Sciences» gegründet, deren berühmtestes Mitglied der Physiker Christiaan Huygens (1629–1695) gewesen sein dürfte.[65]

Am Beispiel dieser Akademie läßt sich sehr schön zeigen, daß es der Krone nicht mehr nur darum geht, sich von wissenschaftlichen Hand-

---

[62] Siehe KLAITS 1976.
[63] MANDROU 1978:160.
[64] MANDROU 1978:159.
[65] Huygens entdeckt 1655 den ersten Saturnmond, 1656 den Orionnebel und erfindet 1657 die Pendeluhr. 1663 wird er Mitglied der «Royal Society» in London, von wo er 1665 nach Frankreich gelangt. 1669 wird seine Theorie des Stoßes und der Zentralbewegung bekannt, welcher er 1690 eine Abhandlung über das Licht nachfolgen läßt.

langern bewachte Kuriositätenkabinette zu halten.⁶⁶ Vielmehr soll der Sache, der Natur, auf den Grund gegangen werden. Das Paradigma, das darin den größten Erfolg und vor allem die größte Kohärenz zu bieten scheint, ist seit dem 17. Jahrhundert das mathematisch-geometrische, weil es einen Schlüssel zur Harmonie der Welt selbst auf astronomischer und physikalischer Ebene bietet. Huygens entdeckt eben nicht nur den Saturnring und einen seiner Monde, er ist auch der Erfinder des Pendels. Auch wenn man ihm nicht gerade die Erfindung der Uhr selber verdankt, so ist ihm doch die Entdeckung der «wahren Prinzipien der Gleichförmigkeit ihrer Bewegung» zuzuschreiben, ein Prinzip, das Huygens «aus einer erhabenen Geometrie abgeleitet» habe, wie Voltaire berichtet.⁶⁷ Das Wissen um die Zeit und um die geometrische Bewegung der Himmelskörper wird von den Experten der königlichen Instanzen verwaltet. Dies bedeutet gleichzeitig einen – höchst erfolgreichen – Kreuzzug gegen jeden Aberglauben bzw. jedes oppositionelle wissenschaftliche Paradigma. Die Astrologie hat in den Akademien, sofern sie nicht der Glorifizierung des Sonnenkönigs dient, ihren Einfluß verloren; die spekulative Geographie wird durch eine «experimentelle» Erdbeschreibung der Forschungsreisenden ersetzt.

Die in den Akademien geleistete Regelarbeit hat große Auswirkungen auf die Universitäten und die «collèges», denn die zukünftigen Notare, Anwälte, Richter, Beamte und Ärzte, ohne deren Mitarbeit der absolutistische Staat in seiner administrativen Funktion völlig undenkbar wäre, studieren während ihrer Ausbildung nach einem Curriculum, das wesentlich von der «akademischen» Normierung bestimmt ist. Die Erziehung der administrativen Elite Frankreichs⁶⁸ erfolgt aufgrund von Lehrinhalten, wie sie von königlichen Experten als gültig deklariert worden sind. Wissensgebiete wie Philosophie, Theologie und Recht stützen sich hauptsächlich auf die in den Akademien sitzenden Exegeten der alten Autoritäten. Grammatik, Rhetorik, Exegese, Geschichte, Geographie und Theater bilden den Hauptteil des Schulstoffes. Mindestens vier Stunden täglich haben die Schüler

---

⁶⁶ Siehe auch FABER 1983.

⁶⁷ «(...) les vrais principes de la régularité de leurs mouvements, principes qu'il déduisit d'une géométrie sublime», VOLTAIRE 1957:999. Huygens schafft mit seiner erstmals 1656 gebauten Penduluhr eine eindrückliche Steigerung der Ganggenauigkeit von 15 Minuten auf 10 bis 15 Sekunden pro Tag. LANDES 1983:116–118.

⁶⁸ Siehe dazu das erschöpfende Werk von BROCKLISS 1987.

während ihrer ganzen Jugend Latein zu lernen und sich mit der Literatur des alten Roms zu befassen. Die Ausbildung ist völlig auf die klassische Periode ausgerichtet. Angesichts der hohen Bedeutung klassischer Mythologie im Repräsentationsdispositiv des Hofes unter Louis XIV ist dies ein nicht zu unterschätzendes Moment der kulturellen Normierung. Die Monarchie schafft sich nicht nur jenen Beamtentyp, den sie in ihrer Verwaltung benötigt, sondern sie garantiert sich gleichzeitig mit einer entsprechenden Ausbildung, daß diese Beamten die Selbstdarstellung der Monarchie wenigstens einigermaßen verstehen werden. Der königlich-kulturelle Diskurs hat demnach nicht nur eine repräsentative, sondern auch eine loyalitätsstiftende und integrierende Funktion innerhalb des absolutistischen Verwaltungsapparates. Die Ausarbeitung eines klassisch orientierten Regelsystems für die schönen Künste, wie sie in den Akademien erfolgt, verbunden mit der klassisch orientierten Ausbildung der zukünftigen Beamten an den Collèges und Universitäten sind wichtige Bedingungen dafür.

Wissen ist flüchtig und bedarf deshalb nicht nur der Reglementierung, sondern auch der Akkumulation, der Diffusion und der Repräsentation. Entsprechend wird der offizielle Wissensvorrat des 17. Jahrhunderts, so wie ihn die Akademien produzieren, in der königlichen Bibliothek gehortet; deren Bestände erfahren deshalb unter Ludwig XIV. eine besonders starke Erweiterung.[69] Die Diffusion des von königlichen Beamten überprüften und «akademisch» abgesegneten Wissens erfolgt u. a. mit Hilfe des «Journal des Savants», das seit 1666 in Nachahmung der «Philosophical Transactions» der «Royal Society» publiziert wird. Repräsentiert wird dieses Wissen schließlich sowohl mit Hilfe der Bibliothek als auch des genannten Journals, und es wird – als «königliches Wissen» – von den Akademien selber als Institutionen zur Darstellung gebracht. Als künstlerisches Wissen trifft man es in den von Jean Chapelain erwähnten Statuen, Triumphbögen, Säulen, in der Architektur der Schlösser und in den Balletten und Theatern wieder. Denn selbst Musik und Choreographie haben «akademische» Würde.[70]

Nach bloß zwanzig Jahren persönlicher Herrschaft Louis XIV, vor allem aber auch der Wirkungszeit Colberts, kann Ménestrier deshalb folgende Erfolgsbilanz ziehen: «C'est la gloire de la France d'avoir

---

[69] VOLTAIRE 1957:999.
[70] Als Beispiel einer zeitgenössisch akademischen Thematisierung des Verhältnisses von Musik und Tanz siehe DU MANOIR 1664.

achevé de régler tous les beaux Arts. Nous avons depuis vingt ans des dissertations sçavantes de la Pratique du Theatre[71], du Poëme Epique, de l'Epigrame, de l'Eglogue[72], de la Peinture[73], de la Musique[74], de l'Architecture, des Armoiries, des Devises, des Enigmes, des Emblêmes[75], de l'Histoire[76] & de l'Eloquence. Toutes les sciences s'expliquent en nôtre langue, les Grecs & les Romains la parlent, / quelque spirituels qu'ils ayent été, ils n'ont jamais eu des Ballets, ny si justes, ny si ingenieux que le sont quelques uns des nôtres.»[77]

Es mag einer gewissen «déformation professionelle» Ménestriers entsprechen, daß er so großes Gewicht auf Theater, Rhetorik, Poetik, Musik, Architektur und Geschichte legt. Interessant ist aber immerhin der Umstand, daß er die Glorie Frankreichs (d. h. auch den Ruhm des Königs) in der Reglementierung dieser Bereiche sieht, genauer: in der wissenschaftlich abgestützten Organisation der kulturellen Praxis.

Selbst die Wahl des Emblems für die Herrschaft Louis XIV wird wissenschaftlich abgestützt und begründet. Die Erfindung von «Devisen» und Emblemen wird im 17. Jahrhundert immer stärker vereinheitlicht und genormt. Auch in diesem für unsere Untersuchung zentralen Bereich der Herrschaftsinszenierung läßt sich also eine Kodifikation der Regeln feststellen.

Politisch entscheidend ist die Tatsache, daß sich der absolutistisch-zentralistische Staat der Verwaltung, der Kunst und der Wissenschaft annimmt, sie für sich in Anspruch nimmt und in seinen Dienst stellt. Der Bau von botanischen Gärten und astronomischen Observatorien, die Gründung von Kunstakademien wie auch die Wissenschaftsförde-

---

[71] Als frühen Beleg siehe SAINT-HUBERT 1641; D'AUBIGNAC 1657; PURE 1668; SAINT-EVREMOND 1684; ferner MÉNESTRIER 1682.

[72] MÉNESTRIER 1689.

[73] COLLETET 1660; FÉLIBIEN 1689.

[74] Vgl. etwa NIVERS 1667; NIVERS 1683; DE BACILLY 1668.

[75] MÉNESTRIER 1679; Ménestrier wird zehn Jahre später eine weitere Abhandlung zu diesem Thema publizieren, vgl. MÉNESTRIER 1689.

[76] LE MOYNE 1670; DESMARETS DE SAINT-SORLIN 1657 und 1673; DESMARETS DE SAINT-SORLIN 1674; COMBES 1681; GUYONNET DE VERTRON 1685.

[77] «Es ist der Ruhm Frankreichs, die Regeln aller darstellenden Künste vervollkommnet zu haben. Seit zwanzig Jahren verfügen wir über gelehrte Dissertationen zur Praxis des Theaters, des epischen Gedichtes, des Epigramms, der Ekloge, der Malerei, der Musik, der Architektur, der Heraldik, der Wahlsprüche, der Rätsel, der Embleme, der Geschichte und der Rhetorik. Alle Wissenschaften werden in unserer Sprache erklärt, die Griechen und die Römer sprechen sie, und so geistreich diese auch gewesen sein mögen, sie haben nie Ballette gehabt, die so perfekt und genial gewesen sind, wie einige der unsern.» MÉNESTRIER 1682:5.

rung haben die universale Reglementierung und Vereinheitlichung des Wissens zum Ziel, denn eine optimale Kontrolle und Verfügbarkeit des Wissens für den absolutistischen Staat unterstützt die Machtproduktion der Monarchie.

Reglementierung, Kodifizierung, Normierung und Verwissenschaftlichung: auf diese Nenner lassen sich die Bemühungen der königlichen Akademien zurückführen. Als Hauptelemente dieser Akademisierung der kulturellen Praxis sind in diesem Zusammenhang Geometrisierung und Formalisierung zu nennen. Sie zählen zu den wichtigsten Prinzipien, nach denen sich der kulturelle Diskurs des französischen Absolutismus ausrichtet: Wer Formen beherrscht, hat auch Gewalt über Inhalte. Von daher überrascht es nicht, daß wir in den verschiedensten Bereichen der Visualisierung und Repräsentation von Macht auf das Prinzip der Symmetrie und der geometrischen Orientierung stoßen.

Symmetrisierte Phänomene erlauben eine gleichförmige Behandlung. Dies gilt für die Malerei wie für das Theater, für den Gartenbau wie für die Konzeptualisierung des menschlichen Körpers, und es trifft auf das Festungswesen ebenso zu wie für die Ausführung von dichterischen und architektonischen Kunstwerken. Dies sei hier im folgenden kurz skizziert, auch wenn wir uns auf Andeutungen beschränken müssen.

Rudolf Zur Lippe hat in seinem Aufsatz «Hof und Schloß – Bühne des Absolutismus» dieses Thema behandelt. Die Analyse konzentriert sich auf die optische Wiedergabe von Beziehungen im Raum, zwischen Personen und Dingen als abstrakten Verhältnissen. So wie die Geographie der Natur, so wird auch die Geographie der Städte und Königsresidenzen geometrisiert: «Die Wahrnehmung wird nach geometrischen Mustern simplifiziert, damit nur niemandem die Ordnung im Wahrzunehmenden entgehen könne.»[78] Der absolutistische König verläßt die Stadt, den Louvre, um sich in Versailles die seinem politischen Konzept entsprechende, vollkommen geometrisierte architektonische Umgebung zu schaffen. Das Gitter zwischen Stadt und Schloß schließt die Szene des Hofes gegen die Verlängerung in die Stadt hinein ab, die Anlage ist jedoch offen zur Seite der Natur, des Gartens hin.

«Die Zukunft liegt offenbar in der Unterwerfung der weniger den geometrischen Ordnungsprinzipien sich widersetzenden Natur. Die

---

[78] ZUR LIPPE 1986:144.

absolutistische Szene setzt sich von den historischen Orten ab, um bedingungsloser die abstrakte Ordnung realisieren zu können. Sie hat kolonisatorischen Charakter. Einöden und trockengelegte Sümpfe bilden offenbar den besten Exerzierplatz der Geometer im Dienste der zentralistischen Macht. Er findet sich in Versailles und nicht in Paris (...).»[79] Auf diesem Übungsfeld werden aber nicht bloß Bäume in Reih und Glied gestellt und Schloßflügel achsensymmetrisch ausgerichtet.[80] Auch die Höflinge haben sich in geordneter Weise um den König zu scharen. Idealtypisch geschieht dies im höfischen Ballett (s.unten). Die Ordnung des Hofes ist eine optische, und die optische Ordnung ist eine perspektivische, genau wie im Theater.

Im Schloß von Versailles entsteht die größte Bühne für das königliche Spektakel. «Il est bon de remarquer d'abord que, comme le Soleil est la devise du Roi, et que les poètes confondent le Soleil et Apollon, il n'y a rien dans cette superbe maison qui n'ait rapport à cette divinité; aussi toutes les figures et les ornements qu'on y voit, n'étànt point placés au hasard, ils ont relation ou au Soleil ou aux lieux particuliers où ils sont mis.»[81] Nichts wird dem Zufall überlassen, alles ist sorgfältig geplant und in ein Gesamtkunstwerk eingefügt. Das Arrangement der Schloßbauten ist aufs sorgfältigste geplant. Von den Deckengemälden über die Wanddekorationen mit ihrer fast erdrückenden Fülle mythologischer Bezüge und Anspielungen bis hin zur Verwendung unterschiedlich kostbaren Marmors je nach der Nähe des jeweiligen Raumes zum Schlafzimmer des Königs – alles wird in den Dienst der Verherrlichung des Monarchen gestellt. Unübersehbar dominieren zwei Hauptprinzipien: Erstens der Kult um den Sonnenkönig, und zweitens die vom Zimmer des Königs vorgegebene Symmetrie der ganzen Anlage. Beide Prinzipien setzen sich vom Schloß in den Garten hinaus fort, auch die Natur hat sich dem königlichen Gestaltungswillen zu unterwerfen.

Die Akademien finden in Versailles einen Ort der Demonstration

---

[79] ZUR LIPPE 1986:153.

[80] Vgl. auch AUTIN 1981.

[81] «Man sollte zunächst anmerken, daß es – weil die Sonne das Symbol des Königs ist und weil Dichter die Sonne mit Apollon verwechseln – nichts in diesem herrlichen Haus gibt, das nicht in Beziehung zu dieser Gottheit stünde; auch alle Figuren und die Verzierungen, die man da sieht, sind keineswegs beliebig aufgestellt und haben entweder zur Sonne oder zum speziellen Ort, an dem sie sich befinden, Bezug.» FÉLIBIEN 1689:279, zit. nach NÉRAUDAU 1986:195. Vgl. auch DE MARIGNY 1664.

2. «Régler tous les beaux Arts»

ihrer Reglementierungsarbeit. Vor allem bei Festen, wie sie hier gegeben werden, können alle zur Verfügung stehenden Mittel aus der Rüstkammer der absolutistischen Repräsentationskünste eingesetzt werden: Neben Architektur, Bildhauerei, Gartenbaukunst, Wasserspielen und Feuerwerken auch Theater, Poetik, Tanz und Musik.[82]

Alles ist aufs genaueste geregelt und einem einzigen politischen Zweck, der repräsentativen Machterhaltung des Absolutismus, unterworfen. Wo der König – legibus absolutus – Alleinherrscher ist, muß die ganze Welt um ihn herum, auch die Kunst, von Gesetzen beherrscht werden, Gesetzen, die wiederum nur der König selber erlassen und überwachen kann. Keine der eingesetzten Künste ist zweckfrei, im Absolutismus nicht einmal theoretisch. Alle haben eine klare politische Funktion.

Im vorgegebenen Rahmen dieser Untersuchung ist es nicht möglich, auf jeden einzelnen der genannten Bereiche einzugehen. Anhand der zeitgenössischen Musikliteratur soll im folgenden aber immerhin, mit Blick auf den im nächsten Kapitel ausführlich zu beschreibenden Tanz, die Frage diskutiert werden, worin denn die politische Funktion der Musik gelegen habe. «Il n'y a rien qui soit si utile dans un Etat que la musique», sagt Molières Musiklehrer, was vom Tanzmeister mit den Worten «Il n'y a rien qui soit si nécessaire aux hommes que la danse» pariert wird.[83] Selbst diese so wertfrei erscheinenden Kunstbereiche haben während der Regierungszeit von Louis XIV eine einschneidende Politisierung erfahren. Kronzeuge ist wiederum Jacques Bonnet, der deutlich macht, daß gleich von Beginn an auch die Musik mit in den Repräsentationsapparat von Louis XIV integriert worden ist:

«Le Roi après son marriage fit son entrée à Paris en 1660, qui fut la plus superbe & la plus magnifique du monde; elle fut suivie de toutes sortes de divertissemens, & entr'autres d'un carousel extraordinaire, & d'une magnificence surprenante; la marche étoit accompagnée de toutes sortes d'instrumens de Musique. Dans ce tems là le Sieur Lambert[84] Maître de la Musique du Roi & très excellent Musicien,

---

[82] FÉLIBIEN 1668 und FÉLIBIEN 1676.

[83] «Es gibt nichts Nützlicheres in einem Staat als die Musik.» «Es gibt nichts Notwendigeres für die Menschen als der Tanz.» MOLIÈRE 1670, Akt I, Szene 2.

[84] Michel Lambert (1610–1696) ist zunächst Page in der Kapelle von Gaston von Orléans, dem älteren Bruder von Louis XIII. Danach wird er Sänger, später Direktor der 'six violons' von Mlle de Montpensier und betätigt sich als Komponist, Lauten- und Theorbenspieler sowie als Gesangslehrer. 1659 erhält er ein

perfectionna la manière de bien chanter, soit pour la finesse & la délicatesse des ports de voix, des passages, des diminutions, des tremblemens, des tenues, des mouvemens & de tous les ornemens du chant qui peuvent flater le plus agréablement l'oreille, avec une méthode admirable, & audessus de tout ce que les regles ordinaire de la Musique avoient pû trouver jusqu'à ce tems-là en France; c'est aussi ce qui a fait naître un goût si generale pour la Musique, qu'on la montre aujourd'hui à la Jeunesse aussi communément que l'Aritmetique.»[85]

Die Musik von Michel Lambert ist also, wie die Arithmetik, methodisch aufgebaut. Perfekt organisiert, auf «finesse» und «délicatesse» bedacht, zielt sie mit Erfolg darauf ab, vom Hof aus geschmacksbildend zu wirken und den Ohren der Zuhörer zu schmeicheln. Den «diminutions, tremblemens, tenues, mouvemens und ornemens» Michel Lamberts werden wir im Tanz wieder begegnen. Sie sind vorerst nur Ausdruck eines gesteigerten Raffinements, das im 17. Jahrhundert auch außerhalb der Musikwelt zu beobachten ist. Die Bemerkung Bonnets, daß diese methodische Verfeinerung auf pädagogischer Ebene schließlich zur Gleichstellung von Musik und Arithmetik geführt habe, will im 17. Jahrhundert etwas heißen, denn Arithmetik war und blieb für lange Zeit der Schlüssel zum Welt- und Naturverständnis.

Nach Bonnet zeichnet sich die französische Musik aber nicht nur durch ihre methodische Verfeinerung aus, sondern auch dadurch, daß sie musikalisch dasselbe ausdrückt wie die zugrundeliegenden Worte des Textdichters – angeblich im Gegensatz zur italienischen Musik. «Il

zwanzigjähriges königliches Druckprivileg für seine Musik. Zwischen 1651 und 1663 tanzt und singt er in verschiedenen Hofballetten. 1661 wird er zum Maître de musique de la chambre du Roi ernannt. Vgl. GROVE Bd. 10 1980:397–399.

[85] «Nach seiner Hochzeit zog der König 1660 feierlich in Paris ein, es war der erhabenste und großartigste Einzug der Welt; ihm folgten allerlei Unterhaltungen, unter anderem ein aussergewöhnliches Karussell von überraschender Großartigkeit; der Umzug wurde von den verschiedensten Instrumenten begleitet. In jener Zeit vervollkommnete Herr Lambert, Musikdirektor des Königs und hervorragender Musiker, die Gesangskunst in bezug auf die Feinheit und Subtilität der Stimmführung, der Übergänge, der Verzierungen, des Tremolos, der Dehnungen, der Bewegungen und aller Ausschmückungen des Gesangs, die dem Ohr aufs angenehmste schmeicheln können; [er tat dies] mit einer bewundernswerten Methode, die alles überragte, was die gewöhnlichen Regeln der Musik bisher in Frankreich hatten entdecken können; das ließ auch einen so allgemeinen Gefallen an der Musik entstehen, daß man sie heute der Jugend mit gleicher Selbstverständlichkeit zeigt wie die Rechenkunst.» BONNET 1715:327–328.

arrive assez souvent que la Musique Italienne exprime toute autre chose que ce que les paroles signifient.»[86] Das stimmt zwar musikhistorisch keineswegs, hat doch gerade der italienische Stil die Imitationskunst zur Perfektion gebracht. Für uns ist aber hier nur wichtig, daß Bonnet als führender Vertreter der französischen Musikkritik für die französische Musik die Einheit von Text und Ton reklamiert. Die Italiener, so fährt Bonnet in seiner Tirade weiter, hätten es eben nicht verstanden, das musikalische «sujet» hervorzuheben. «Leurs Sonates (...) deviendroient trés-confuses, si la même partie étoit executée par plusieurs Instruments qui feroient des diminutions differentes (...) de sorte qu'on n'entend plus le sujet (...).»[87]

Das sind deutliche Spuren absolutistischen Denkens in der Musikkritik: Weil die verschiedenen Stimmen zu unabhängig sind und keinem einheitlichen, ordnenden Prinzip unterworfen werden, hört man vor lauter Verzierungen nicht mehr, worum es geht.

Hochpolitisch wird Bonnets musikhistorische Darstellung schließlich dort, wo er die musikalischen Unterschiede zwischen Frankreich und Italien mit einer soziopolitischen Differenz erklären will: «Mais si cette Musique figurée convient aux paroles Italiennes & Latines, pourquoi y veut on assujettir la Langue Françoise? Un italien se gouverne-t'il comme un François? Leurs goûts, leurs habits, leurs moeurs, leurs manières, leurs plaisirs, ne sont-ils pas tous differens? Pourquoi ne veut-on pas qu'ils soient aussi dans leurs chants, & dans le toucher des instruments? Chaque nation a ses usages differens: Pourquoi vouloir habiller la Musique Françoise en masque, & la rendre extravagante? Elle dont la Langue est si sage & si naïve, & ne peut souffrir la moindre violence.»[88] Das Argument entlarvt den ganzen Diskurs. Weil die Franzosen anders zu regieren sind als die Italiener,

---

[86] «Es kommt recht häufig vor, daß die italienische Musik etwas ganz anderes ausdrückt, als der Text bedeutet.» BONNET 1715:432.
[87] «Ihre Sonaten (...) werden äußerst verwirrend, wenn der gleiche Teil von mehreren Instrumenten ausgeführt wird, die alle verschiedene Verzierungen machen (...), so daß man das Thema nicht mehr hören kann (...).» BONNET 1715:433–434.
[88] «Selbst wenn diese figurierte Musik zu den italienischen und lateinischen Texten paßt, warum will man ihr die französische Sprache unterwerfen? – *Läßt sich ein Italiener wie ein Franzose regieren?* Ihr Geschmack, ihre Kleidung, ihre Sitten, ihre Gewohnheiten, ihre Vergnügungen: Sind sie nicht ganz verschieden? Warum will man nicht, daß sie dies auch in ihren Gesängen und im Spiel der Instrumente seien? Jede Nation hat ihre eigenen Gebräuche: Warum sollte man die französische Musik verschleiern und überspannt werden lassen? Sie, deren Sprache so weise und

muß man ihnen auch eine andere Musik liefern, oder offener gesprochen: Weil man sie in dieser bestimmten, absolutistischen Form regieren will, muß man eine entsprechende Musik, das entsprechende absolutistisch-musikalische Regelsystem entwickeln.

Der Schwiegersohn von Michel Lambert, Jean-Baptiste Lully, wird sich während seines ganzen Lebens dafür einsetzen, daß in Frankreich eine den politischen Verhältnissen angemessene Musik aufgeführt wird. Als «grand sectateur du beau & du vrai»[89] übernimmt er dieselbe Funktion in der Musik wie die «Académie des Inscriptions» in der bildenden Kunst und die «Académie des Sciences» in den Naturwissenschaften, er bestimmt das Schöne und Wahre. So duldet er zum Beispiel nicht, daß einer seiner Musiker im Orchester durch «schlecht plazierte Verzierungen» – wörtlich: «par quelque diminution, ou quelque miaulement mal placé»[90] – die Gesamtharmonie eines Werkes zerstört. Was sich nicht dem absoluten Willen des Dirigenten und Komponisten im Dienste des Königs fügt, hat keine Daseinsberechtigung und wird aus dem Gesichtskreis verbannt.

Die Gerüchte weisen auf recht rigorose Methoden hin, die den Hofkomponisten schließlich das Leben gekostet haben sollen. Nach dem Zeugnis von Le Cerf de la Viéville, das allerdings erst aus dem Jahre 1704 datiert, hat sich Lully bei der Aufführung seines «Te Deum» am Fuß mit der Spitze des Dirigentenschlagstockes derart verletzt, daß er wenig später an den Folgen einer Infektion starb.[91] Die Geschichte muß nicht für bare Münze genommen werden, aber sie macht zwei Dinge deutlich: Erstens hat Lully offenbar mit Hilfe eines dem königlichen Szepter nachempfundenen Machtsymbols, des Dirigentenschlagstockes, Ordnung ins Gefüge des Orchesters bringen wollen, und zweitens scheint ihm diese Disziplinierung der Musiker recht schwergefallen zu sein. Die «diminutions» und «miaulements mal placés» – Relikte der musikalischen Aufführungspraxis der Renaissance – müssen in einem absolutistischen Kontext als individuelle Verirrungen und Abweichungen vom vorgesehenen Plan der Partitur ausgemerzt werden. Diese Reglementierung vorzunehmen ist nur eine Instanz befugt: der schon 1653 vom König eingesetzte «compositeur de la cour».

so naiv ist und die nicht die geringste Gewalt erträgt.» Hervorhebung d. Verf., BONNET 1715:437.
   [89] «Großer Schiedsrichter des Schönen und Wahren», BONNET 1715:436.
   [90] «Durch irgendeine Verzierung, oder ein schlecht plaziertes Jaulen», BONNET 1715:436.
   [91] Zu Lully vgl. LÜTOLF 1987.

2. «Régler tous les beaux Arts»

Lullys Karriere macht deutlich, wie wichtig der gebürtige Italiener für die französische Hofmusik gewesen ist. 1661 wird er auf den wichtigen Posten des «Surintendant de la musique de la Chambre» berufen und am 16. Juli 1662 zum «Maître de la Musique de la famille royale» ernannt. Kurz darauf heiratet er die Tochter von Michel Lambert und wird damit Franzose. Aus dem einfachen florentinischen Müllerssohn wird der «Sieur Jean-Baptiste Lully». Noch wichtiger als der Wechsel der Nationalität aber ist der Umstand, daß an seiner Hochzeit die ehrwürdige Anna von Österreich, die junge Königin Maria Theresia, Jean-Baptiste Colbert und schließlich Louis XIV höchstpersönlich als Trauzeugen auftreten.[92] Solche Ehre käme einem bloßen Unterhalter am Hof des Königs nicht zu. Lully ist viel wichtiger. Er markiert, mit der Entwicklung eines vom italienischen Vorbild losgelösten Musikstils, eine neue musikgeschichtliche Epoche, die vollkommen im Dienst der Selbstdarstellung des Hofes steht.[93]

Schon in den 1650er Jahren hat Lully am Aufbau einer den Sonnenkönig verehrenden musikalischen Tradition mitgearbeitet, indem er für das 1653 aufgeführte «Ballet de la Nuit» einige Vokalsätze beisteuerte. Es ist dies das erste Ballett, in welchem Louis XIV, als Apollon verkleidet, auftritt. Nach dem berühmten «Ballet d'Alcidiane et Polexandre» von 1658, in dem nach Loret mehr als 80 Instrumente mitgewirkt haben sollen[94], schafft Lully auch in den 1660er Jahren weitere «Ballets de Cour», d. h. politisch motivierte höfische Tanzspiele. Darin verwendet er schon sehr bald ausschließlich französisches Tanzrepertoire und flicht französische Modetänze in seine Werke ein. Bis 1673 hat er 26 Bourrées, 21 Menuette, 19 Sarabanden, 16 Gavotten, sechs Canaries, fünf Chaconnes, vier Courantes, drei Gaillarden und eine Loure komponiert.[95]

Die offizielle Begründung für die eindrucksvolle Produktion von «Ballets de Cour» im Auftrag des Königs haben wir bei Bonnet erfahren: «Comme le Roi sçait la Musique en perfection, & qu'il dansoit le mieux de tous les Seigneurs de la Cour» (siehe Kapitel II.1).

---

[92] Dazu ANTHONY 1981:59ff.
[93] Zum Musikleben unter der Herrschaft Mazarins vgl. MASSIP 1976. Für die Zeit der Herrschaft Louis' XIV siehe neben ANTHONY 1981 auch BENOIT 1971a und BENOIT 1971b.
[94] Dieses Werk wird zum Prototyp der Französischen Ouvertüre mit einem ersten langsamen, punktierten Teil und einem zweiten, schnellen Teil mit fugiertem Stimmeneinsatz. ANTHONY 1981:58, LÜTOLF 1987:65.
[95] LITTLE 1969:30–31.

Lully schafft dem absoluten Herrscher, der ihn mit weitreichenden Privilegien und Begünstigungen entlohnt, eine Bühne für seine Selbstdarstellung. Musik, Text und Choreographie unterstützen dieses Vorhaben; Lully überläßt nichts dem Zufall. Im «Ballet des Muses» von 1666 zum Beispiel – allein der Titel ist aufschlußreich! – läßt er den Chor folgende Worte singen: «Rien n'est si doux que de vivre à la cour de Louis, le plus parfait des Roys.»[96]

Noch deutlicher ist die herrschaftsstützende Funktion der Musik Lullys im Fall des letzten Balletts in der Tradition des Ballet de Cour, im «Temple de la Paix» von 1685. Im Vorwort dazu schreibt der Komponist: «La paix que vostre majeste a donné si généreusement à ses Ennemis vaincus est le sujet de ce Ballet (...) tout y parle de Vostre gloire; tout y exprime la félicité de Vostre règne. Pouvois-je trouver rien de plus avantageux pour composer des Chants extraordinaires?»[97] Das ist reine Propaganda, die der Glorie des Herrschers dienen soll. Der 1679 abgeschlossene Friedensvertrag von Nimwegen, der den Holländischen Krieg beendet, wird nicht sehr lange eingehalten. Im Jahr der Aufführung des Balletts «Temple de la Paix» wird das Edikt von Nantes aufgehoben, und bereits zwei Jahre vor dieser innenpolitischen Kriegserklärung hat der Pfälzische Erbfolgekrieg begonnen; er wird bis 1697 dauern. Insgesamt ist die Regierungszeit Louis XIV mehr von Kriegen als von Friedenszeiten geprägt, aber die königliche Propaganda betont an den Kriegen lediglich die Glorie des Königs und den nachfolgenden Friedensschluß.

Louis XIV läßt sich solche Verherrlichung etwas kosten. Nachdem er 1661 die «Académie royale de Danse» und 1663 die «Académie des Inscriptions et Belles Lettres» gegründet hat, schafft er 1669 eine «Académie d'Opéra», deren Intendant Lully 1672 wird. Die «Académie d'Opéra» wird mit dem Amtsantritt Lullys in «Académie royale de Musique»[98] umbenannt. Der Hofkomponist erhält damit nicht nur für

---

[96] «Nichts ist so süß, wie am Hof von Louis, dem vollkommensten König, zu leben.» Zit. nach ANTHONY 1981:61.

[97] «Der Friede, welchen Ihre Majestät in so großzügiger Weise Ihren besiegten Feinden gewährte, ist Thema dieses Balletts (...) darin spricht alles von Ihrem Ruhm; alles drückt die Glückseligkeit Ihrer Herrschaft aus. Könnte ich etwas Vorteilhafteres finden, um außergewöhnliche Gesänge zu komponieren?» Zit. nach ANTHONY 1981:63.

[98] Mit der Etablierung dieser Akademie habe die französische Musik so große Fortschritte gemacht, daß sie jene anderer Nationen eingeholt und vielleicht sogar überholt habe («(...) le tems où la Musique Françoise a égalé et peut-être surpassé celle des autres nations, par les grands progrès qu'elle a faits depuis l'établissement

die Dauer von fünfzehn Jahren das ausschließliche Privileg zugesprochen, Opern aufzuführen, sondern erlangt im selben Moment ein eigentliches Definitionsmonopol für königliche Musik, die jeden repräsentativen Akt des absoluten Monarchen rhythmisieren wird: Feste, Umzüge, Ballette, Promenaden in Gondeln oder im Park, Feuerwerke.[99] Ein königlicher Befehl von 1673 verbietet jede Aufführung mit mehr als zwei Stimmen und sechs Instrumenten, sofern sie nicht von der «Académie royale de Musique» bestritten wird. Eigentliche Orchestermusik wird damit als Privileg des Königs definiert und polyphone Musik so weit wie möglich verhindert. In der Politik soll allein der König den Ton angeben, und in der Musik spielt der Solist einen vom «basso continuo» abgehobenen Part. Zuwiderhandelnde werden mit einer Buße von 10.000 Livres und der Konfiskation ihrer Kostüme, Maschinen und Dekorationen bedroht.[100]

Lully hat damit ein absolutes Privileg für die Aufführung seiner den absolutistischen Staat verherrlichenden Werke. Daß er die Gewohnheit hat, dabei jede Einzelheit der aufzuführenden Werke selbst zu überprüfen, ja sogar den Maschinisten dreinzureden, daß er Librettos nach seinem Gutdünken umschreibt, ist ein weiteres Moment einer absolutistischen Auffassung von Kunst: Der Herrscher, oder, wo nötig, sein direkt Untergebener, setzt die Maßstäbe. Wenn man heute Lullys Musik als sehr zeitgebunden empfindet – «man bestaunt das Ganze und bezweifelt das Einzelne» (Max Lütolf) – und schon zu seinen Lebzeiten Zweifel an seinen kompositorischen Fähigkeiten geäußert worden sind, dann verdeutlicht dies nur, daß seine Leistung wohl vor allem organisatorischer Art gewesen sein dürfte, von den Maschinen des Theaters über die Disziplinierung der Musiker mittels Dirigentenschlagstock bis hin zu den Intrigen gegen Jean-Baptiste Molière, Philippe Quinault, Pierre Perrin und Marc Antoine Charpentier.[101] Dies wirft auch ein Licht auf die Entstehungsbedingungen und

---

de l'Académie Royale de Musique»). BONNET 1715, Widmung an den Duc d'Orléans.

[99] Vgl. MOINE 1984:124 und 131.

[100] ANTHONY 1981:81.

[101] Auch BONNET 1715:446 weist auf den Fachleuten etwas einfach erscheinenden Aufbau der Musik Lullys hin: «Si l'on reproche à Lully d'avoir employé rarement les tons transposez, ce n'est pas qu'il ignorât l'usage; mais c'est qu'il s'accomodoit aux sujets qu'il avoit, & au goût du temps; il sentoit bien qu'un chant n'en étoit pas plus beau pour être transposé d'un demi ton plus haut ou plus bas, & qu'une Musique difficile, ou trop recherchée, quoique belle, ne laisse pas d'avoir ses défauts (...).» Die Verteidigung Bonnets führt die leichtere Eingänglichkeit dieser

Funktionsweisen höfischer Repräsentationsakte im 17. Jahrhundert. Das folgende Kapitel versucht anhand der Tanzes vorzuführen, in welcher Art sich die Körper- und Bewegungskultur unter den Bedingungen des französischen Absolutismus entwickelt und wie sie sich in den oben beschriebenen Rahmen höfischer Repräsentation eingefügt hat.

3. Ballett und «grand bal du Roi»

«Les rois ont toujours sous leur main un moyen assuré de distraire les regards de la multitude des opérations du gouvernement»[102], behauptet Louis de Cahusac in seinem Buch «La danse ancienne et moderne» von 1754. Aber das ist nur die eine Hälfte der Wahrheit, denn der französische Absolutismus trachtet nicht einfach nur danach, Blicke von den politisch heißen Fragen, den «opérations du gouvernement», abzulenken. Vielmehr sollen diese Blicke kanalisiert, geometrisch ausgerichtet und auf den König im Repräsentationsakt konzentriert werden. Wir erinnern an die «pyramides, colonnes, statues équestres, colosses, arcs triomphaux, bustes de marbre et de bronze», mit denen Jean Chapelain die Augen der Leute fixieren wollte.[103] «Il faut tout d'un coup voir la chose d'un seul regard, et non pas par progrès de raisonnement», heißt es bei Pascal.[104]

Eine der mächtigsten Ablenkungs- und zugleich Kanalisierungsmöglichkeiten für Blicke ist gewiß das «Portrait du Roi», wie wir es oben beschrieben haben; höfische Tanzanlässe wie Ball[105] und Ballett[106] stehen ihm jedoch keineswegs nach. Sie stellen eine im Gegensatz zum Porträt zwar flüchtige, aber nicht minder wirksame Strategie der Krone dar, die einstigen Potentaten des Reiches an sich zu binden. Diese werden im Fall des Tanzes nicht nur gezwungen, der Selbstdarstellung des Königs zuzusehen, sondern sie müssen gleichzeitig auch selber eine Rolle im Spektakel übernehmen und sich den choreographi-

---

Musik an: «(...) elle invite d'elle-même à être chantée, (...) au lieu que la Musique dificile effarouche, dégoute, & n'est bonne que pour les Musiciens de profession.»

[102] «Die Könige haben immer ein sicheres Mittel zur Hand, um die Blicke der Menge von den Regierungsgeschäften abzulenken.» CAHUSAC Bd. 2 Buch 4 1754:1.

[103] Vgl. oben Kapitel II.1.

[104] «Man muß die Dinge mit einem Male und auf einen Blick sehen und nicht mit fortschreitendem Nachdenken.» PASCAL 1937:21 Nr. 21.

[105] Vgl. HARRIS-WARRICK 1986.

[106] Vgl. CHRISTOUT 1967.

3. Ballett und «grand bal du Roi»

schen Anweisungen des königlichen Ballett-Spezialisten Beauchamp fügen.

Drei Hauptbereiche werden im folgenden zu beleuchten sein: Erstens werden wir am Beispiel des Balletts untersuchen, wie sich königliche Repräsentationsakte im Absolutismus immer stärker vom König selber loslösen, zweitens werden wir auf den Ball als Strategie der Integration der Hofgesellschaft eingehen, um uns schließlich drittens der Feinmechanik der absolutistischen Bewegungs- und Körperkultur zuzuwenden.

Gleich nach der Niederschlagung der Fronde 1653 tritt in Paris der vierzehnjährige Louis XIV in einem Ballett auf. Es trägt den Titel «Ballet de la Nuit» und wird später von Bonnet programmatisch als «Ballet de la prosperité des armes de la France» bezeichnet. Dem Auftritt geht eine sorgfältige publizistische Planung voraus. Nur spezielle Gelegenheiten rechtfertigen einen solch gewagten Repräsentationsakt. Mazarin muß deshalb in einer «Regierungserklärung» sehr genau begründen, weshalb er Louis in der Öffentlichkeit tanzen läßt. «(...) comme depuis long-tems on n'avoit point vû de Rois danser sur le Théâtre à Paris, ou peut-être point du tout, le Cardinal Mazarin qui étoit un Ministre très-habile, fit publier le sujet de ce Balet (...).»[107]

Es geht darum, die Ernsthaftigkeit des Auftrittes zu unterstreichen; Louis' Tanz vor dem Hof ist keine Zirkusnummer, sondern ein staatspolitischer Akt, der die Niederlage der frondierenden Adeligen der Welt vor Augen führen soll. In seinem «avertissement» schreibt Mazarin, nach langen Zeiten des Krieges und der Gefahr müsse man nun auch außerhalb der Kirchen für den ruhmvollen Sieg des Königs danken. «Après avoir reçû cette année tant de victoires du Ciel, ce n'est pas assez de l'avoir remercié dans les Temples, il faut encore que le ressentiment de nos coeurs éclate par des réjouissances publiques.» Ein großes Fest mit vielen eindrucksvollen Tänzen sei genau das Richtige für diesen Zweck. «Cet hyver doit être comme une longue fête, après de longs travaux.»[108]

Der persönliche Auftritt des Königs im Ballett wird ein seltenes

---

[107] «Da man seit langem kaum mehr Könige im Theater von Paris hat tanzen sehen, oder vielleicht überhaupt nie einen, ließ Kardinal Mazarin, der ein äußerst geschickter Minister war, das Thema des Balletts veröffentlichen.» BONNET 1723:72.
[108] «Nachdem wir dieses Jahr so viele Siege vom Himmel erhalten haben, reicht es nicht aus, dafür in den Kirchen gedankt zu haben; es ist darüber hinaus notwendig, daß die Empfindungen unserer Herzen in öffentlichen Freudenfesten

Ereignis bleiben. Zum letztenmal soll Louis bereits im Februar 1669, im Alter von nur 31 Jahren im «Ballet de Flore» aufgetreten sein.[109] Nur in jungen Jahren profitiert er offenbar von seiner körperlichen Überlegenheit und setzt Maßstäbe. Sobald aber der Eindruck, den er auf die Zuschauer macht, nicht mehr über alle Zweifel erhaben ist, räumt er das Feld professionellen Tänzern.[110] Diese Tatsache trägt viel zur Glorifizierung des Sonnenkönigs bei: Da seine Auftritte sorgfältig geplant und selten sind, hinterlassen sie beim (höfischen) Publikum einen unvergeßlichen Eindruck.

Um 1662 hat Louis selber Notizen gemacht, um seine verhältnismäßig seltenen Ballett-Auftritte zu begründen. Gestützt auf diese Aufzeichnungen erklärt er in den an seinen Sohn gerichteten Memoiren: «Si vous en croyez le maître à danser et le maître d'armes, et tous les autres, ils vous diront chacun, et il est vrai, que leur art demande l'homme tout entier, et qu'on y trouve toujours à apprendre; mais c'est assez pour nous de connaître cette vérité sans en faire l'expérience, ni chercher les dernières bornes de leur savoir, qu'ils ne trouvent jamais eux-mêmes. Cette perfection, quand nous pourrions l'acquérir, marquerait une attention et un soin peu dignes de nous, qu'on ne peut avoir qu'en négligeant ce qui vaut beaucoup mieux.»[111] Für Louis ist es klar, daß ein König über fundierte Kenntnisse – sei es im Tanzen, im Fechten oder irgendeiner anderen Disziplin – verfügen muß, ohne deswegen im einzelnen nach Perfektion zu streben. Das wäre seiner unwürdig, er hat Wichtigeres zu tun.

Die Dinge liegen aber noch etwas komplizierter. Die Tatsache, daß

Widerhall finden.» «Dieser Winter muß wie ein langes Fest nach langwierigen Arbeiten werden.» BONNET 1723:72.

[109] CAHUSAC Bd. 3 Buch 3 1754:34. Auf Bällen hat Louis XIV allerdings wesentlich länger getanzt. Siehe dazu HARRIS-WARRICK 1986:49 Anm. 10, die sich auf den «Mercure galant» von 1679 stützt.

[110] Schon von einem 1665 aufgeführten Ballett heißt es: «(...) toutes ces Entrées furent presque executées par des danseurs & des danseuses de profession.» BONNET 1723:100.

[111] «Wenn Sie darin dem Tanzlehrer und Fechtmeister, wie allen andern, Glauben schenken wollen, so wird Ihnen freilich jeder von ihnen sagen, daß ihre Kunst den ganzen Menschen beansprucht und daß es dabei immer etwas zu lernen gibt; aber uns genügt es, diese Wahrheit zu kennen, ohne selbst die Erfahrung zu machen oder die äußersten Grenzen ihres Wissens zu suchen, die sie selbst auch nie finden. Diese Vollkommenheit, wenn wir sie erwerben könnten, verlangte eine Aufmerksamkeit und Sorgfalt, die unser kaum würdig wäre und die man nur unter Vernachlässigung wichtigerer Dinge erreichen kann.» LOUIS XIV 1978:135, zit. in NÉRAUDAU 1986:143.

3. Ballett und «grand bal du Roi»

der König bei einigen Gelegenheiten höchstpersönlich eine Ballettrolle übernimmt, schon bald darauf aber nur noch professionelle Tänzer auftreten läßt, weist auf einen wichtigen Mechanismus der absolutistischen Repräsentationsmaschine hin: Selbst wenn der König auf der Bühne fehlt und im Publikum sitzt, so ist das ganze Ballett doch eine klare Selbstdarstellung der Monarchie. Die Präsenz des Königs und seiner Macht wird, wie beim Porträt, auch im Fall des Balletts verdoppelt, eben: re-präsentiert.

Gleichzeitig wird dieser Mechanismus von einem speziellen Dispositiv der Blicke unterstützt. Die Augen der Zuschauer sind zwar primär auf das Bühnengeschehen fixiert. Man weiß aber um die Gegenwart des Monarchen und weiß auch ganz genau, wo dieser sitzt, nämlich auf einem zentralen, gut sichtbaren Platz – seine privilegierte Sicht auf das Theater ist den Zuschauern sichtbar. Sie sehen, wie der König das Geschehen auf der Bühne überblickt – ein Geschehen, das die idealtypische Wiedergabe eben jener Gesellschaft sein soll, die als Publikum real präsent ist. Das bedeutet letztlich, daß der König bei der Aufführung des Balletts nicht nur die Tänzer, sondern auch die Hofgesellschaft im Auge behält und überwacht. Seine physische Absenz auf der Bühne erhöht also paradoxerweise die (Omni-)Präsenz königlicher Macht. Damit dieser Mechanismus aber funktioniert, muß der König wenigstens klargemacht haben, daß er auf der Bühne real erscheinen kann. Daher die zwar seltenen, aber dennoch umso deutlicher markierten persönlichen Bühnenauftritte Louis' XIV im höfischen Ballett.

Die oben zitierte «Regierungserklärung» Mazarins wird für einen wichtigen Zweig der Repräsentationsmaschinerie des französischen Absolutismus zukunftsweisend sein. Nicht nur deshalb, weil sie, wie sich Bonnet erinnert, der Kunst des Tanzes viel Ehre macht[112], sondern weil sie den Boden für alle folgenden «Ballets de Cour» in den 1660er Jahren vorbereitet. Nur scheinbar stellen diese einen Rückgriff auf die Tradition der politisch inspirierten Ballette von Richelieu dar. Unter Louis XIV wird ihrer Ausdruckskraft und Kohärenz nämlich ganz andere Beachtung geschenkt. Man hat jetzt einen großen Brain-Trust zur Verfügung, der sich um die Planung und Ausführung der «Ballets de Cour» kümmert. Nach Mazarins Tod beginnen die Experten für den höfischen Tanz – Beauchamp, de Pure, Ménestrier und Lully –

---

[112] «Cette convocation a fait beaucoup d'honneur à la danse.» BONNET 1723:73.

systematisch neue Regeln für das Ballett aufzustellen. Die königlichen Schauspiele werden genauer geplant, raffinierter ausgeführt und besser geordnet, der Hof hält sich eine Truppe professioneller Tänzer.[113] Das goldene Zeitalter spiegelt sich im Regelsystem des Tanzes, das auf festem institutionellem Boden steht: Die Ideologieproduktion der «Académie des Inscriptions et Belles Lettres», die Privilegien Lullys und Molières sowie die Gründung der «Académie royale de Danse» (1661) tragen dazu nicht weniger bei als die Ernennung von Beauchamp zum «Surintendant des Ballets» (1666). Die Krone unternimmt alles, um einheitliche Konzepte für Hofballette garantieren zu können.[114]

Ein unter der Ägide dieser Instanzen geplantes, und ideologiekonform durchstrukturiertes «Ballet allégorique» wird anfangs der 1660er Jahre zu Ehren der Hochzeit von Henriette-Anne von England mit Philippe de France, dem Duc d'Orléans und Bruder von Louis XIV, aufgeführt.[115] Thema ist die Geburt der Venus. Die schaumgeborene Aphrodite, die Liebesgöttin, stellt die über das Meer nach Frankreich gekommene Prinzessin dar. Das Ballett besteht aus einer «douzaine d'Entrées des Amours, de Jupiter, d'Apollon & de Bacchus, de Sacrificateurs, de Philosophes, de Poëtes, de Héros, d'Héroïnes, soumis à l'empire de la beauté, aussi bien qu'Orphée, qui va chercher son Euridice jusque dans les Enfers».[116]

Beim heutigen Leser mag die Beschreibung dieses Balletts den Eindruck eines unglaublichen Durcheinanders von Figuren, Mythologiebezügen, gelehrten und halbgelehrten Anspielungen und Zitaten hinterlassen. Aber die Versatzstücke sind sorgfältig zusammengestellt und dem Reich der Schönheit unterworfen («soumis à l'empire de la

---

[113] Ein wichtiges Motiv für die Gründung der «Académie royale de Danse» ist die Sicherung des Bestandes an professionellen Tänzern. «(...) Nous en voyons peu dans notre cour et suite capables et en estat d'entrer dans nos ballets et autres divertissemens de dance» bemerkt Louis XIV bei der Gründung der Akademie. Zit. nach GUILCHER 1969:38.

[114] MOINE 1984:38. Nach RAMEAU 1725:9 hat Beauchamp eine Vorstellung darüber entwickelt, wie man die Kunst des Tanzes endlich etwas in Ordnung bringen könnte («(...) une idée de donner un arrangement nécessaire à cet art»).

[115] Vgl. auch oben Kapitel II.2. Die Hochzeit findet am 30. März 1661 statt. Bonnet datiert das Fest auf 1665.

[116] «Ein Dutzend Entrées von Amouren, von Jupiter, Apollon und Bacchus, Opferpriestern, Philosophen, Dichtern, Helden, Heldinnen, dem Reich der Schönheit unterworfen, sowie von Orpheus, der seine Euridice bis in die Unterwelt suchen geht», BONNET 1723:100.

beauté»), und zwar von Spezialisten, ja «génies exellens», die die Gesetze dieses Reiches kennen oder vielmehr: machen.[117]

In nur wenigen Jahren gelingt es der französischen Hofkultur, für das Ballett ein abgerundetes, «klassisches» Regelsystem zu etablieren, das eine professionelle (und damit extrem gut kontrollierbare) Betreuung verlangt. Dem Imperativ der Schönheit und dem Gesetz des Königs kann niemand entrinnen.

Diese Beherrschung der Künste wird dem staunenden Hof immer wieder von neuem vor Augen geführt. Als zu Beginn der 1660er Jahre in England die Monarchie wieder Boden unter den Füßen gewinnt und Karl II. seine Herrschaft restauriert, wird in Paris ein Ballett zur Aufführung gebracht – «pour faire voir que la verité de la Religion s'étoit retirée dans l'Isle d'Angleterre»[118] – auch hier gilt offenbar die Blumenbergsche Formel von der Sichtbarkeit als letzter Instanz der Wahrheit.

In diesem Ballett werden nicht nur Wahrheit und Religion, Monarchie und Recht zusammenkomponiert, sondern gleich auch noch alle Nationen an ihren hierarchischen Ort verwiesen. Dies sei eines der größten Sujets, das in einem Ballett dargestellt werden könnte, «puisqu'il fallut plus de trois cens personnes pour l'exécution».[119]

Das Spiel gibt vor, daß Atlas das Gewicht der Erde nicht mehr tragen könne, das ihm seit so langer Zeit aufgebürdet ist. Deshalb habe er die Erde nun der Göttin der Wahrheit übergeben. Die Wahrheit wird also nun zur weltstützenden Göttin. Auf dem Hintergrund der oben beschriebenen Stellung der Wahrheit im wissenschaftlichen und künstlerischen Bereich eine bedeutsame Wachablösung.[120]

Im ersten Akt wird die Erdkugel mit allen ihren Provinzen vorgeführt, die Wahrheit schläft daneben. Die Musen singen dem König folgende Verse:

> Le monde te vient faire hommage,
> Grand Roy, de sa fertilité,
> Puisqu'ici loge la beauté,

---

[117] Das von Berufstänzern aufgeführte Ballet sei von Beauchamp auf Arien von Lully komponiert worden, «qui étoient deux génies exellens pour ces sortes de représentation». BONNET 1723:100.

[118] «Um vor Augen zu führen, daß die Wahrheit der Religion sich auf die Insel England zurückgezogen hatte», BONNET 1723:101.

[119] «(...) toutes les Nations du monde vinrent en ordre par la Tamise, jusqu'au palais du Roi, pour rendre leur hommage à la verité.» BONNET 1723:101. Vgl. auch das «Ballet des nations» am Schluß des «Bourgeois gentilhomme» von Molière.

[120] Vgl. oben Kapitel II.2.

et l'amour l'honneur de notre âge;
Il vient chercher la Vérité
Chez vous, où son temple est planté.[121]

Beim König sind also die Liebe (d. h. die Ehre des Zeitalters) und die Schönheit zu Hause, und beim König befindet sich auch der Tempel der Wahrheit – es können hier nur die Akademien gemeint sein. Jedenfalls ist dies alles Grund genug für die (gesamte) Erde, mit ihrer Fruchtbarkeit dem «Großen König», wie es heißt, ihre Reverenz zu erweisen.

Nach dem Gesang der Musen beklagt sich Atlas über seine Müdigkeit. Er habe jedoch von Archimedes gehört, daß man mit einem festen Punkt die Welt aus ihren Angeln heben könne. England erscheine ihm als ein solcher fester Punkt, weshalb er hierher gekommen sei, um der Göttin der Wahrheit seine Bürde zu übergeben, ihr, die hier so gut empfangen worden sei.

Nachdem Atlas dieses Rezitativ beendet hat, geht er zur Weltkugel, begleitet von den drei Musen Urania (Astronomie), Clio (Geschichte) und Terpsichore (Tanz). Diese singen wiederum ein Lied, in welchem sie Europa, das am meisten von den Strahlen des heiligen Geistes abbekommen habe, auffordern herauszukommen.[122]

«Aussitôt la partie du Globe, ou l'Europe étoit décrite, s'ouvrit, l'Europe en sortit vêtue en Reine avec cinq de ses filles, la France, l'Espagne, l'Allemagne, l'Italie & la Grèce, l'Ocean, & la Mer Méditeranée, avec la Loire, le Gua d'Alquivir, le Rhin, le Tibre, & Archéloüs: chaque Princesse avoit trois Pages à sa Suite; la France, un Basque, un Bas-Breton & un Lorain; l'Espagne, un Portugais, un Arragonaios & un Catalan; l'Allemagne, un Hongrois, un Bohémien & un Danois; L'Italie, un Napolitain, un Venitien & un Bergamasque; la Grece, un Turc, un Albanois & un Bulgare, chacun habillé à la maniere de son Pays, & portant chacun un flambeau allumé en main, avec le quel ils

---

[121] «Die Welt kommt, großer König, dir die Ehre ihrer Fruchtbarkeit zu erweisen, denn hier wohnt die Schönheit und die Liebe, die Ehre unseres Zeitalters; sie kommt die Wahrheit zu suchen bei dir, wo ihr Tempel aufgerichtet ist.» BONNET 1723:102.

[122] Sortez Europe la premiere,
Puisque vous avez plus reçû
Des rayons de la lumiere
Que le Saint Esprit a conçu:
Amenez ici vos Princesses
Pour en recevoir les adresses.
BONNET 1723:102–103.

dansèrent un avant-Balet, selon l'usage de ces tems-là, où l'on ne manquoit jamais d'introduire des pages ou des Esclaves, qui dansoient aux Balets avec des flambeaux.» Anschließend tanzen die Prinzen und Prinzessinnen Europas «une Entrée majestueuse & digne de la grandeur de leurs Empires».[123] Europa, Afrika («Afrique monstrueuse en erreurs plus qu'en animaux») und Asien, mit allen ihren jeweiligen Königreichen und unterworfenen Ländern, ihren großen Flüssen, Dienern und Prinzen, kurz: alles, was die Welt ausmacht, tanzt nach der königlichen Choreographie. Früher hätte Louis XIV wohl selber mitgetanzt. Für diese Gelegenheit aber bleibt er im Hintergrund – auch so werden die Zuschauer der unglaublichen Organisationsmacht der Monarchie, deren höchster Intendant ja Louis XIV selber ist, gewahr.

Das Schauspiel geht weiter, über Stunden. Mit der Restauration der englischen Monarchie ist die Welt wieder in Ordnung gebracht, die (monarchische) Wahrheit hat letztlich gesiegt. Und dies komme, so will uns das Ballett lehren, in einer geordneten Welt zum Ausdruck.

Dabei gilt es, auf alle Details zu achten. Weder die Reihenfolge der Staaten noch die der ihnen zugeordneten Lakaien darf übersehen werden. Weder der Ganges noch der Euphrat, weder das Kaspische Meer noch Afrika fehlen.[124] Dieses Muster politischer Geographie ist auch Diplomatie, ist auch Darstellung einer idealen Welt, an deren Spitze Frankreich mit seinem König steht. Denn obwohl zu Ehren der englischen Monarchie komponiert, gilt im Ballett die Verehrung doch in erster Linie dem einzig real präsenten Monarchen: Louis XIV.

Louis trachtet danach, bei den Höflingen ein quasi-göttliches Bild

---

[123] «Alsbald öffnete sich der Teil des Globus, auf dem Europa geschrieben stand, Europa trat heraus, als Königin gekleidet, mit fünf ihrer Töchter: Frankreich, Spanien, Deutschland, Italien und Griechenland; der Ozean und das Mittelmeer, mit der Loire, dem Guadalquivir, dem Rhein, dem Tiber und dem Achelous; jede Prinzessin hatte drei Pages in ihrem Gefolge; Frankreich einen Basken, einen Bretonen und einen Lothringer, Spanien einen Portugiesen, einen Aragonier und einen Katalanen; Deutschland einen Ungarn, einen Böhmen und einen Dänen; Italien einen Neapolitaner, einen Venetier und einen Bergamasker; Griechenland einen Türken, einen Albanier und einen Bulgaren, jeder nach der Art seines Landes gekleidet, jeder mit einer Fackel in der Hand, womit sie ein Eingangsballett tanzten, gemäß dem Brauch jener Zeit, als man es nie unterließ, Pages und Sklaven einzuführen, welche dann mit Fackeln ein Ballett tanzten.» «(...) ein majestätisches Entrée, das der Größe ihrer Reiche würdig war», BONNET 1723:104.

[124] Vgl. die unverkennbare Anlehnung an Ps 148,7-13: «Lobet den Herrn (...) ihr Könige der Erde und alle Völker, ihr Fürsten und alle Richter auf Erden (...)! Loben sollen sie den Namen des Herrn; denn sein Name allein ist erhaben, seine Hoheit strahlt über Erde und Himmel.» DIE BIBEL 1980:692.

seiner selbst zu hinterlassen. Je mehr er dieses Ziel erreicht, je weniger hat er es nötig, das Theater (im doppelten Sinn des Wortes) mitzuspielen.[125]

Für diese Verehrung wird kein Aufwand gescheut. Mehr als dreihundert Tänzer nehmen am Ballett teil, die Vorbereitungen müssen Monate in Anspruch genommen haben, und die finanziellen Belastungen erreichen jeweils astronomische Höhen. Allein für das «Ballet de l'Hercule amoureux» im Jahre 1662 werden 88.699 Livres ausgegeben, die königlichen «Divertissements» im Juli 1668 verschlingen die ungeheure Summe von insgesamt 149.543 Livres. In der Zeit von 1662 bis 1682 gibt die «Argenterie de Menus-Plaisir et Affaires de la Chambre» über 36 Millionen Livres für den Hofstaat aus.[126]

Dieser Pomp ist von seinen finanziellen Aufwendungen her bereits absolut, losgelöst von allem, was gewöhnlichen Adeligen möglich ist. Schon bald nach Beginn der Herrschaft Louis' XIV scheint es in ganz Frankreich nur einen zu geben, der das Monopol königlicher Prachtentfaltung ernsthaft zu gefährden beabsichtigt und der als Finanzminister auch über die entsprechenden Ressourcen verfügt: Fouquet. Der Name dieses Mannes, der sich unter Mazarin zum faktischen Bankier der Krone entwickelt hat, steht nicht nur für gigantische Korruption und Intrige. Fouquet verletzt auch und vor allem die Regeln der absolutistischen Repräsentation, weil er Nachahmer und damit Konkurrent des Königs ist. Fouquets überbordender Versuch, den König in seiner Verschwendungssucht zu imitieren, sowie das Exempel, welches Louis XIV in der Folge an ihm statuiert, geben in der gesamten Hofwelt zu reden: «Tout le monde a parlé avec admiration de la superbe & magnifique fête qui fut donnée au Roi accompagné de toute sa Cour à Vaux-le-Vicomte, par M. Fouquet sur-Intendant des Finances; & dont la dépense parut si prodigieuse, qu'elle contribua a sa disgrace.»[127]

Dieses Fest vom August 1661, dessen Höhepunkt ein Ballett ist, will

---

[125] Dazu NÉRAUDAU 1986:143.

[126] Relevé de la Dépense de l'Argenterie et des menus depuis 1662 y compris l'Année 1682, A. N. 01 3095. In: MOINE 1984:202–203 und 207.

[127] «Jedermann sprach mit Bewunderung vom herrlichen und großartigen Fest, welches in Vaux-le-Vicomte von Fouquet, dem Oberintendanten der Finanzen, zu Ehren des Königs und seines ganzen Hofes gegeben wurde und dessen Kosten so ungeheuer groß waren, daß sie zu dessen Ungnade beigetragen haben.» BONNET 1715:331.

3. Ballett und «grand bal du Roi»

alle Rekorde schlagen: Nicht nur der Weg des Königs, sondern auch das ganze Schloß in Vaux-le-Vicomte sind beleuchtet, als der geladene Hof eintrifft. Ein Orchester mit vielen verschiedenen Instrumenten spielt zum Empfang ein Konzert; ab 1673 wäre diese «Untat» allein schon Grund für eine saftige Buße.[128] Es kommt aber noch schlimmer. Das Fest dauert volle zwei Tage an und hat ein mit unzähligen Unterhaltungen vollgestopftes Programm. Für seine 6000 Gäste hat Fouquet von den Architekten Le Vau und Le Nôtre, vom Maler Le Brun und vom Dichter Molière ein Gesamtkunstwerk schaffen lassen.[129] «Il y avoit un Theatre magnifique dressé dans le milieu du canal, pour representer le triomphe de Neptune; il parut des Tritons & des Naiades, sortant des eaux qui venoient sur le Theatre chanter des airs à la louange du Roi, d'une maniere si ingenieuse qu'il sembloit que cela fût naturel (...).»

Aber nicht genug damit, daß Fouquet in die mythologische Domäne des jungen Königs eindringt, er heuert gleich noch dessen eigene Musikanten an, denen er, weil sie zu armselig klingen würden, eine anständige Verstärkung aus den Reihen der besten Musiker von Paris beistellt: «(...) tout fût fort bien executé par la Musique du Roi, accompagnée de tout ce qu'il y avoit de plus habiles Musiciens dans Paris qui avoient été mandez pour cette grande fête.»[130] – Dies dürfte dem prätentiösen Louis XIV ziemlich sauer aufgestoßen sein.

Darüber hinaus bietet das Fest auch gleich noch eine theatralisch-choreographische Innovation: Molière schreibt nämlich mit seinem Stück «Les Fâcheux» die erste seiner zwölf «comédies-ballets».[131] Mit

---

[128] Vgl. Kapitel II.2.

[129] Schwesig 1986:33.

[130] «Es gab da ein großartiges Theater, das inmitten des Kanals aufgerichtet war, um den Triumph Neptuns darzustellen; Triton und die Najaden tauchten aus dem Wasser auf und sangen, auf der Bühne, Arien zum Lob des Königs in einer so genialen Art und Weise, daß es schien, als wäre es natürlich.» «(...) alles wurde von der Kapelle des Königs, begleitet von den besten Musikern in Paris, welche man für dieses große Fest verpflichtet hatte, sehr gut aufgeführt.» Bonnet 1715:333.

[131] Molière muß sich mit einer beschränkten Zahl von Tänzern zufrieden geben. Damit den Tänzern trotzdem Zeit zum Umkleiden bleibt, läßt er die Ballett-Entrées durch Komödienakte unterbrechen. Die thematische Verbindung von Ballett und Komödie erfolgt erst später in Zusammenarbeit mit Lully. Dazu Lütolf 1987:65. Molière behauptet zwar, diese Mischung sei «nouveau pour nos théatres (...) il peut servir d'idée à d'autres choses qui pouroient être méditées avec plus de loisir». Zit. nach Anthony 1981:76. Möglicherweise will Molière aber in erster Linie auf die unglücklichen Arbeitsbedingungen bei Fouquet hinweisen, um sich die Gunst des Königs nicht zu verscherzen.

alldem überspannt Fouquet den Bogen, auch wenn er vorgibt, alles zu Ehren des Königs arrangiert zu haben. Selbst die Natur unterwirft er sich – etwas, was der König für sich allein beansprucht und später in den Gärten von Versailles exemplarisch vorführt: Auch Fouquet baut sich einen großen Kanal, beleuchtet ihn mit Fackeln und läßt, in goldenen Kästen, Orangen-, Zitronen- und Granatbäume mit ihren Früchten aufstellen, damit sich alle bedienen können.[132]

Nach der Logik absolutistischer Repräsentation ist es aber keinem außer dem König erlaubt, die Nacht zum Tag zu machen[133], die Jahreszeiten und geographisch-klimatischen Bedingungen zu bestimmen, die natürliche Landschaft seinem künstlerischen Willen zu unterwerfen.[134] Und schon gar nicht ist es erlaubt, dazu die vom König beanspruchten Künstler Le Vau, Le Nôtre, Le Brun und Molière in den Sold zu nehmen.

Das Fest findet am 17. August statt, am 5. September 1661 läßt Louis Fouquet verhaften und strengt gegen ihn einen politischen Prozeß an. Als das nach über drei Jahren gefällte Urteil vom 20. Dezember 1664, trotz Aktenfälschungen und Druckversuchen von Seiten der Krone, nicht auf den Tod, sondern auf Verbannung des ehemaligen Finanzministers lautet, wandelt es der absolute Herrscher Louis XIV – a legibus solutus – in lebenslange Festungshaft um, in der Fouquet 16 Jahre später stirbt.[135]

Politik und Kultur in ihrer gegenseitigen Abhängigkeit – der Fall Fouquet beleuchtet diese Verbindung auf idealtypische Weise. Einerseits nämlich will Fouquet mit seinem Fest seine politische Position befestigen und legitimieren, unter perfekter Benützung jenes repräsentativen Dispositivs, das das gesamte politisch-soziale System zusammenhält. Und andererseits wird ihm gerade die übersteigerte Verwendung des ausschließlich dem König zugedachten kulturellen

---

[132] BONNET 1715:333.

[133] Die königlichen Ausgaben für Beleuchtung und Feuerwerk sind entsprechend hoch. Allein der Kostenvoranschlag für die Reparatur der Beleuchtungsanlagen in Versailles 1676 beläuft sich auf 36.000 Livres. Vgl. «Mémoire de ce que pourra couster le restablissement des Illuminations et ce qu'il faut pour les exécuter», A. N. o1 3263.

[134] Als solle dieses Unterwerfungsmonopol dokumentiert werden, treten im Ballett von 1665 die vier Jahreszeiten als Diener auf: «Une troupe de trente Musiciens y entrerent en chantant, suivies de quatre Saisons qui portoient les mets les plus délicieux, pour servir devant leurs Majestez & les Seigneurs conviez à cette fête.» BONNET 1715:336. Vgl. auch MARIN 1981:236ff.

[135] Dazu MALETTKE 1977:15.

3. Ballett und «grand bal du Roi»

Diskurses zum politischen Verhängnis. Dies ist zumindest ein Hinweis darauf, wie stark dieser Diskurs politisch aufgeladen ist und Politik über Zeichen und Symbole funktioniert.

Der ausführlichen Diskussion wegen könnte leicht der Eindruck entstehen, das Ballett sei der einzige höfische Tanzanlaß von Bedeutung. Das stimmt keineswegs. Vor allem der «grand bal du roi», dem wir uns nun zuwenden wollen, dann aber auch die sogenannten «jours d'appartement»[136] spielen für die höfische Selbstzelebrierung im Tanz eine zentrale Rolle. Denn hier tanzen, im Gegensatz zum oben besprochenen Ballett mit seinen professionellen Tänzern, die Höflinge und der König fast immer miteinander.

Zwar ist die Häufigkeit der Tanzanlässe starken Schwankungen unterworfen. So bringen Geburten und Todesfälle am Hof Fest- bzw. Trauerzeiten mit sich; Kriege limitieren das Budget und halten die Männer vom Hof fern; gleich darauf gibt es wieder Friedensschlüsse zu zelebrieren; schließlich haben Zeiten religiöser Schwärmerei einen dämpfenden Effekt auf das Hofleben.[137]

Aber zu gewissen Zeiten kennt die Tanzwut des Hofes fast keine Grenzen. Der Marquis de Dangeau berichtet in seinem Tagebuch von rund 70 Tanzanlässen allein in den sechs Monaten zwischen dem 10. September 1684 und dem 3. März 1685, darunter ein «grand bal», neun Maskenbälle, 58 «appartements» und zwei Komödienabende mit Tänzen zwischen den Akten. Das bedeutet jeden zweiten oder dritten Tag einen offiziellen Tanzanlaß beim König, von den Bällen, die verschiedene Adelige geben, ganz abgesehen.[138]

Im Unterschied zum Ballett ist der Ball nicht dramaturgisch aufgebaut. Er folgt dennoch einem Regelsystem, das in vielerlei Hinsicht nicht weniger rigid ist. Vor allem der «grand bal» des Königs ist mehr absolutistische Zeremonie denn höfische Unterhaltung. Die Einla-

---

[136] An diesen Tagen öffnet der König seine Wohnräume den Höflingen (zwei- bis dreimal pro Woche). Die Gäste dürfen frei von Raum zu Raum wandeln, an Unterhaltungen teilnehmen, Karten und Billard spielen, tanzen, Musik hören und Erfrischungen zu sich nehmen. Vgl. HARRIS-WARRICK 1986:42. Damit wird ein wichtiger Teil absolutistischer Herrschaftssymbolik – die Architektur und Innendekoration des königlichen Palastes – als wegweisend in die adelige Gesellschaft getragen. Vgl. oben Kapitel 2.2.

[137] So z.B. um 1680 nach einem Skandal um die Mätresse Louis' XIV, Mme de Montespan, die von der bigotten Mme de Maintenon abgelöst wird.

[138] SOULIÉ 1854:54–132. Zit. nach HARRIS-WARRICK 1986:42.

dung zur Teilnahme kommt oft einem Marschbefehl gleich. So kann man etwa im erwähnten Tagebuch von Dangeau lesen: «Le Roi a nommé les douze dames qui danseront à Marly», oder: «La Duchesse de Duras a dansé parce qu'on lui a ordonné.» Auch wer sich dagegen sträubt, muß sich schließlich dem absoluten königlichen Willen beugen: «Le Roi a amené ici [à Marly] les dames de la cour qui dansent et en fera même danser plusieurs de celles qui y avoient renoncé. Il veut que Madame la Duchesse danse. Il fait danser aussi quelques courtisans qui y avoient renoncé.»[139] Manchmal scheint es auch schlicht an tanzfähigen Höflingen zu fehlen. Der bärbeißige Marquis de Saint-Simon meint dazu: «Par même raison de faute de gens pour danser, le Roi fit danser ceux qui en avoient passé l'âge»; der König läßt sich also nicht erweichen.[140]

Diese «großen» Bälle zeichnen sich durch eine äußerst genaue Reglementierung aus. Sie dienen zur Demonstration der höfischen Hierarchie ebenso wie zur Disziplinierung der Noblesse. Aber sie verleihen auch gleichzeitig Prestige: Die Liste der Teilnehmenden wird im «Mercure galant» publiziert und kommentiert, jedermann weiß, wann, wer, wo, mit wem, welchen Tanz aufführen wird. Mit welcher Energie am Hof Louis' XIV um Sitzplätze gekämpft wird, wieviel das Recht auf ein Tabouret, einen Lehnstuhl oder gar einen Armsessel bedeutet und wie dieses Recht von der höchsten anwesenden Person abhängt, ist bekannt. Jede Veränderung des Ranggefüges wird genau registriert und dokumentiert.[141]

Im gleichen Maß, wie Sitzgelegenheiten und -rechte die ganze höfische Hierarchie widerspiegeln, möglicherweise sogar noch deutlicher, bringt der höfische Gesellschaftstanz diese Verhältnisse zum Ausdruck. Natürlich geht es auch hier zunächst um «topographische» Probleme. Um große Konflikte zu vermeiden, kann man der Einladung zum Ball einen gedruckten Sitzplan beilegen, aus dem klar hervorgeht, wer in welcher Reihe sitzen oder stehen darf. Ein solcher

---

[139] «Der König hat die Hofdamen, die tanzen, hierher (nach Marly) mitgenommen, und er wird sogar mehrere von jenen, die darauf verzichtet haben, tanzen lassen. Er will, daß Madame la Duchesse tanzt. Auch einige Höflinge, die darauf verzichtet haben, wird er tanzen lassen.» Zit. nach GUILCHER 1969:22. Wir verdanken dieser Studie außerordentlich wertvolle Anregungen und Informationen zu diesem Abschnitt der Untersuchung.
[140] «Ebenfalls mangels tanzwilliger Leute ließ der König jene tanzen, die dafür bereits zu alt waren.» DUC DE SAINT-SIMON 1977:45.
[141] Vgl. dazu die Studie von LABATUT 1972. Ferner ELIAS 1983, vgl. Kapitel II.1.

Plan ist etwa vom Ball zu Ehren der Hochzeit des Duc de Chartres mit einer der unehelichen Töchter Louis' XIV, Mlle de Blois, überliefert. In der nicht besonders großen «Salle de Mars» haben, gemäß der Gästeliste, 316 Personen, Diener und Musiker nicht gezählt, einen Platz zugewiesen erhalten.[142]

Am oberen Ende des rechtwinkligen Saales – auch die Tanzfläche hat diese Form – sitzt der König in einem Armsessel, ihm zur Seite die Mitglieder der königlichen Familie. Auf den ersten sechs Sitzen zu beiden Seiten des Saales sitzen die «princes et princesses du sang», d. h. weitere Mitglieder der Bourbonen-Familie[143], gefolgt von den zum Tanzen bestimmten Damen von hohem Rang. Am anderen Ende des Saales sitzen die tanzenden Herren. Der Rest, immerhin 257 Zuschauer, verteilt sich den Wänden entlang.[144]

Normalerweise dürften auf einem Ball 20 bis 25 Paare getanzt haben, bei ganz besonderen Gelegenheiten wie der Hochzeit des Herzogs und der Herzogin von Burgund 1697 bis zu 40 Paare.[145] Schenkt man Saint-Simon Glauben, der in seiner wohltuend-bissigen Art auch solche Ereignisse beschreibt, dann hat bei diesem Fest im Ballraum ein schreckliches Gedränge geherrscht. Alle Eingeladenen zwängten sich mit Gewalt in den Saal, um wenigstens einen Blick auf das Geschehen auf der Tanzfläche zu erhaschen... «pour fixer des yeux».[146] Der Bruder des Königs wird in der Menge gar gestoßen und geschlagen.[147]

In seinem berühmten Buch «Le maître à danser»[148], das er 1725 in Paris publiziert, beschreibt der Tanzmeister Pierre Rameau ausführlich, wie es bei einem Hofball zu- und hergegangen ist. Auch wenn Louis XIV 1715 und die Königin bereits 1683 gestorben sind, stellt Rameau den Ball in einer verklärten Rückschau so dar, als würden beide noch auftreten können. Immerhin ist sein Bericht aufschlußreich

---

[142] HARRIS-WARRICK 1986:43.
[143] Zur Hierarchie innerhalb des Hofes siehe LE ROY LADURIE 1983.
[144] HARRIS-WARRICK 1986:44, die sich auf folgende Quellen stützt: DANGEAU (4) 1854:27–32; A. DE BOISLISLE, Mémoires du DUC DE SAINT-SIMON Bd. 1, Paris 1879:73–98; MERCURE GALANT, Februar 1692:302–337.
[145] HARRIS-WARRICK 1986:44.
[146] «Um die Augen zu fesseln», CHAPELAIN, Brief an Colbert (1662), zit. nach MANDROU 1978:159, vgl. oben Kapitel II.2.
[147] Nach HARRIS-WARRICK 1986:44.
[148] RAMEAU 1725:49–54. Die Stelle wird sowohl in GUILCHER 1969:22–24 wie auch in HARRIS-WARRICK 1986:41–42 diskutiert. Wo nicht anders verwiesen, stützen wir uns im folgenden auf diese beiden Arbeiten.

für das Ideal eines Balles, wie er in die Tradition des französischen Hofes eingegangen ist. Folgen wir deshalb Rameaus Bericht, wenn auch mit der notwendigen Vorsicht.

Nachdem alle Eingeladenen mit mehr oder weniger Glück zu ihrem Platz gefunden haben, erhebt sich der König, und mit ihm der ganze Hof. Die Tänzer formieren sich im Kreis zu einem Reigen, den der König mit der Königin oder einer Prinzessin anführt. Ihnen folgen die vorbestimmten Tänzer entsprechend ihrer Stellung in der höfischen Hierarchie. Nach einer großen Reverenz[149] untereinander tanzen sie einen Branle (Abb. 3, S. 103).[150] Am Schluß der ersten Strophe wechselt das Königspaar ans Ende der Reihe, nach der zweiten machen es ihm der Dauphin und die Dauphine nach. Sie brauchen sich dazu nur von der einen Seite der runden Kette zu lösen und an der anderen aufzuschließen. Der Wechsel von der Spitze zum Ende ist kurz und unauffällig. Er wiederholt sich so lange, bis das Königspaar wieder an der Spitze des Zuges steht.

Nach dem langsam-majestätischen Branle folgt eine lebhaftere Gavotte[151], die aber ebenfalls «en cortège», in Reihe, getanzt wird und bei der die Tänzer in der gleichen Art wie beim Branle ihre Plätze wechseln.

Dieser erste Teil des Balles, der mit einer Reverenz endet, ist ausschließlich den traditionellen höfischen Gruppentänzen gewidmet. Die Paare sind zwar hierarchisch geordnet, aber jedes Paar nimmt einmal die Spitze des Zuges ein, alle Positionen können, ideal gedacht, von jedem Mitglied der Hofgesellschaft eingenommen werden, auch wenn Ausgangspunkt und Ziel des Positionenwechsels klar definiert sind.

Im zweiten Teil des Balles herrschen ganz andere Verhältnisse. Hier wird nun die höfische Hierarchie eindeutig absolutistisch demonstriert. Getanzt werden vor allem die Courante und das Menuett. Der König und die Königin, und nur sie, tanzen den ersten Tanz, die übrigen Anwesenden schauen, alle stehend, zu. Danach begibt sich der König an seinen Platz am Kopf des Saales, und die Zuschauer setzen sich, während die Königin vom vorbestimmten Prinzen zum zweiten Tanz geführt wird, den sie wieder mit einer tiefen Reverenz einleiten. Nach diesem Tanz geht die Königin allein an ihren Platz zurück, weil

---

[149] Vgl. TAUBERT 1968:32–37.
[150] Zum Branle siehe GROVE Bd. 3 1980:201–204.
[151] Zur Gavotte siehe GROVE Bd. 7 1980:199–202.

es sich nicht schickt, sie zu führen – die Königin weiß, wohin sie gehört. Der zurückgelassene Prinz macht einen Schritt auf jene Prinzessin zu, die nun an der Reihe ist, verbeugt sich vor ihr und begibt sich dann an den Ausgangspunkt des nächsten Tanzes, wo er auf die Prinzessin wartet. So geht der Ball weiter, bis alle Tänzer an der Reihe gewesen sind. Die Reihenfolge der Paare, von denen jeweils nur ein einziges auf der Tanzfläche steht, ist äußerst sorgfältig geregelt. Wie erwähnt, wird die Liste der Tanzenden bei größeren Bällen im «Mercure galant» dem adeligen Publikum bekannt gemacht und gibt unter den Höflingen mit Sicherheit viel zu reden.

Die Beschreibung Rameaus macht deutlich, wie sehr sich die Tanzkultur des absolutistischen Hofes von jener der Ketten- und Rundtänze der Renaissance unterscheidet. Während der Branle und die Gavotte im ersten Teil noch traditionelle Bestandteile eines Hofballes konservieren, ist im zweiten die Hierarchie klar und unverrückbar auf den König ausgerichtet. Er ist nicht mehr nur «primus inter pares», sondern als Sonnenkönig einzigartig und, wie es seine wichtigste Devise sagt, «nec pluribus impar» – auch vielen Aufgaben allein gewachsen.[152] Beide Teile zusammen stellen den historischen Wandel von der mäßig hierarchisierten Hofgesellschaft der Renaissance zum absolutistischen Hof unter Louis XIV dar.

Die Dominanz des Königs ist schon aus der Sitzordnung im Ballsaal ersichtlich, aber auch die Paartänze des zweiten Teils des Balles sind klar auf den König hin orientiert: Die Tänzer folgen während ihres Tanzes einer Achse, die auf den König zugeht.[153] Aus monarchischer

---

[152] Diese «Seele» der königlichen Devise, d. h. deren sprachliche Fassung (im Gegensatz zum Gegenstand, dem «Körper» der Devise, in diesem Fall der Sonne), hat lange Diskussionen ausgelöst. Louis XIV kommt in seinen Memoiren darauf zu sprechen und begründet die Wahl des eher obskuren Losungswortes wie folgt: «Ceux qui me voyaient gouverner avec assez de facilité, et sans être embarrassé de rien, dans ce nombre de soins que la royauté exige me persuadèrent d'ajouter le globe de la terre, et pour âme, nec pluribus impar; par où ils entendaient, ce qui flattait agréablement l'ambition d'*un jeune roi*, que, *suffisant seul à tant de choses, je suffirais sans doute encore à gouverner d'autres empires*, comme le soleil à éclairer d'autres mondes, s'ils étaient également exposés à ses rayons.» [Hervorhebung d. Verf.] LOUIS XIV 1978:135–136. Vgl. die Rechtfertigung von MÉNESTRIER 1679. Siehe auch NÉRAUDAU 1986:32–35.

[153] «Ces bals de Marly, rangés ou en masque, étoient toujours, comme à Versailles, un carré long: le fauteuil du Roi, ou tois quand le roi et la reine d'Angleterre y étoient, ce qui arrivoit souvent; et, des deux côtés, sur même ligne, la famille royale, c'est-à-dire jusqu'au rang de petit-fils de France exclusivement.»

Perspektive erscheint so das Parkett wie der Garten in Versailles. Er liegt dem König zu Füßen und ist achsensymmetrisch auf seinen Blick ausgerichtet. Des Königs Sitz ist der zentrale Thron, von welchem aus man das ganze Geschehen nicht nur überblicken und damit kontrollieren, sondern auch verstehen und voraussehen kann.

Die aus dem Buch von Pierre Rameau entnommene Darstellung des «grand bal du roi» macht dies deutlich (Abb. 5). Von der Architektur des Raumes bis zur Dekoration der Wände und zur Deckenmalerei, von der Anordnung der Zuschauer und wartenden Tänzer (hier von Rameau in der Zahl stark reduziert) bis zum Thron und Baldachin am Kopfende des Saales ist die ganze Darstellung auf den König konzentriert. Umgekehrt blickt das tanzende Paar in (fast) jeder Position auf den Monarchen, sowohl bei der einleitenden Reverenz (Positionen 1 und 2) wie auch während des eigentlichen Tanzes (Positionen 3 und 4).

Was hier vorgeführt wird, ist also nicht einfach ein höfisches Unterhaltungsspiel, sondern ein vom König erzwungenes Auftreten in absolut hierarchischer Reihenfolge und vor den Augen der gnadenlos richtenden Zuschauermenge des Hofes. Jede Einzelheit, jedes noch so kleine Detail wird scharf überwacht und kommentiert. Die ganze Person der Tanzenden steht auf dem Spiel. «(...) tous vos pas & toutes vos actions sont tributaires aux yeux des Spectateurs, & leur exposent & le bien & le mal, dont l'Art & la Nature ont favorisé ou disgracié vostre personne. Ainsi le Bal merite bien quelque sorte de soins, & qu'un galant homme s'applique à se bien tirer d'un pas si dangereux.»[154] So beurteilt Michel de Pure, einer der höfischen Tanzexperten von Louis XIV, die Situation der Tanzenden auf dem königlichen Ball. Und noch 1708 gibt ihm der «Mercure galant» darin recht: «Il seroit difficile de trouver dans aucun bal (...) autant de personnes qui dansassent aussi bien, non seulement (et je le dis avec vérité) parce que le bon air règne plus à la cour qu'ailleurs, et qu'il peut être difficilement imité par ceux qui n'y font pas leur séjour ordinaire ou qui n'y viennnent pas souvent, mais aussi parce qu'on ne risque guère de danser dans un lieu si auguste, et où l'on est si éclairé, sans être

---

Duc de Saint-Simon 1977:45 ff. Vgl. auch eine ähnliche Beschreibung in Duc de Saint-Simon 1978:10–11.

[154] «Alle eure Schritte und alle eure Taten zollen den Augen der Zuschauer Tribut und zeigen ihnen das Gute wie das Schlechte, womit die Kunst und die Natur eure Person begünstigt und benachteiligt hat. So verdient der Ball wohl etwas Anstrengung, und ein Ehrenmann befleißige sich daher, keine Fehltritte zu machen.» de Pure 1668:178.

5. Pierre Rameau: «Le gran bal du roi»

persuadé que l'on ne s'exposera pas à la censure de ceux qui ne pardonnent rien.»[155] Allein von seinen Ansprüchen an die Tänzer her ist der Ball nichts anderes als eine einzige große Reverenz des Hofes an den großen König. Diese verlangt nicht nur eine ständige Anwesenheit am Hof, sondern engagiert im höfischen Zeremoniell auch die ganze Person und den ganzen Körper, von den Fingerspitzen bis zur Zehe.

Darüber hinaus unterwirft sich die Macht des königlichen Blickes im Tanz ein weiteres Mal jenen Adel, den Jahre zuvor nur Waffengewalt in die Schranken hat weisen können. Wir erinnern wiederum an die Blumenbergsche Formel von der «Sichtbarkeit als letzter Instanz der Wahrheit»: Die Domestizierung und Unterwerfung des gesamten französischen Adels wird im «grand bal du roi» durch das Zeremoniell stets von neuem sichtbar gemacht und bestätigt.[156] Und umgekehrt werden die Blicke dieses Hofes auf diejenigen königlichen Repräsentationsakte hin kanalisiert, an denen er selber beteiligt ist. Weil die Teilnahme am Ball nicht nur als Zwang, sondern auch als statusbildender Faktor aufgefaßt wird[157], erhält die Krone ein wirksames Instrument zur Integration zentrifugaler Kräfte, die den Frühabsolutismus permanent bedroht hatten.

Wie feingliedrig organisiert das absolutistische Machtdispositiv des Tanzes aber tatsächlich ist, wird erst aus dem genaueren Studium der ihm zugrunde liegenden Mikroökonomie der Körperbewegungen ersichtlich. Wir müssen deshalb im folgenden der Frage nachgehen, wie denn ein Menuett, eine Courante und später eine Contredanse ausgesehen haben, und in welcher Hinsicht ihre innere Gesetzmäßigkeit und Entwicklung jener des politisch-sozialen Systems entsprochen haben könnten.

---

[155] «Es dürfte schwierig sein, auf irgendeinem Ball so viele Leute zu finden, die so gut tanzen [wie auf dem königlichen Ball], nicht nur (und ich sage die Wahrheit) weil am Hof der Stil mehr zählt als anderswo und weil er nur schwerlich von jenen nachgeahmt werden kann, die für gewöhnlich nicht am Hof weilen oder nicht oft dorthin kommen, sondern auch, weil man kaum riskieren wollte, an einem so erlauchten Ort zu tanzen, wo man so stark im Blickfeld steht, ohne sicher sein zu können, daß man sich nicht der Zensur jener aussetzte, die nichts verzeihen.» Zit. nach GUILCHER 1969:38.

[156] In Maskenbällen ist das Zeremoniell weniger strikt, vor allem nach Mitternacht haben alle Maskierten Zugang zur Tanzfläche. Aber eines bleibt sich gleich: Immer nur ein einziges Paar tanzt, während ihm die große Menge zuschaut.

[157] «Mademoiselle de Conty et Mademoiselle d'Armagnac n'ont point été de ces bals-ci», notiert DANGEAU mit spöttischem Unterton am 2. Januar 1706. Zit. nach GUILCHER 1969:22.

3. Ballett und «grand bal du Roi»

Beschäftigt man sich näher mit der «Feinmechanik» des französischen Tanzes des 17. Jahrhunderts, dann springt zunächst ins Auge, wie sehr diese Entwicklung von (absolutistischer) Reglementierung und Verfeinerung der Organisation aller Bewegungsabläufe gekennzeichnet ist. Zwischen der 1588 erschienenen ersten gründlichen Kodifizierung des Tanzes in Buchform, der «Orchésographie» von Thoinot Arbeau[158], und den nach 1700 publizierten Tanzschriften von Raoul Auger Feuillet[159] nimmt die Präzision der Tanzvorschriften auf beeindruckende Weise zu.

Dabei können wir vier Hauptlinien erkennen, entlang derer sich der höfische Tanz im 17. Jahrhundert entwickelt:[160] Erstens werden die Grundbewegungen der Tänze immer komplizierter. Dies hat zur Folge, daß die einzelnen Schritte in mehrere kleine unterteilt werden. Hat der Branle bei Arbeau am Ende des 16. Jahrhunderts noch sechs elementare Schritte, die den sechs Schlägen der musikalischen Phrase entsprechen, so sind es nach de Lauze um 1623 deren acht[161] und bei Mersenne 1636 bereits zehn Schritte.[162]

Zweitens werden die einzelnen kleinen Bewegungseinheiten nicht einfach repetitiv aneinandergereiht, sondern zu einer Vielzahl von neuen Kombinationen zusammengebaut. Feuillet nennt die Anzahl möglicher Schritte um 1713 «presqu'innombrable». Man sei deshalb gezwungen, diese Komplexität systematisch zu reduzieren und wieder von Grundbewegungen auszugehen, welche die Beine beim Tanzen ausführen können.

«Quoi que la quantité des pas dont on se sert dans la Dance soit presqu'innombrable, on les réduit néantmoins à cinq, qui ne serviront icy que pour montrer toutes les diférentes figures que la jambe peut faire.»[163]

Die dritte Hauptlinie in der Entwicklung höfischer Tänze im 17. Jahrhundert ist damit bereits vorgegeben: In die riesige Fülle von

---

[158] ARBEAU 1588.
[159] FEUILLET 1701.
[160] Wir stützen uns im folgenden, wo nicht anders angegeben, auf die Studie von GUILCHER 1969, dort S. 25–38.
[161] DE LAUZE 1623.
[162] MERSENNE 1636.
[163] «Auch wenn die Zahl der Schritte, die man beim Tanzen verwendet, fast unzählbar ist, werden sie dennoch auf fünf reduziert, die hier nur dazu dienen, all die verschiedenen Figuren zu zeigen, welche das Bein machen kann.» FEUILLET und DEZAIS 1713:5.

Tanzschritten und kleinsten motorischen Einheiten muß Ordnung gebracht werden, um die Übersicht einigermaßen zu ermöglichen. Feuillet beginnt deshalb, eine Bewegungssystematik des Tanzes zu entwickeln, die er wie folgt aufbaut: «Dans la Dance, on se sert de Positions, de Pas, de Pliez, d'Elevez, de Sauts, de Cabriolles, de Tombez, de Glissez, de Tournemens de corps, de Cadences, de Figures & c.»[164] Danach beginnt Feuillet, der eng mit der «Académie royale de Danse» unter André Lorin zusammenarbeitet, jeden dieser Grundschritte genau zu erläutern. «Positions est ce qui marque tous les diférens endrois ou on peut poser les piés en dançant; Pas est ce qui marche d'un lieu en un autre; Plié est quand on plie les genoux; Elevez est quand on les étend; Sauté est lors qu'on s'éléve en l'air; Cabriole est quand en sautant les jambes batent l'une contre l'autre; tombé est lors que le corps est hors de son équilibre et qu'il tombe de son propre poids; Glissé est quand le pié en marchant glisse à terre; Tourné, est lors qu'on tourne d'un côté ou d'un autre; Cadence est la connoissance des diférentes mesures, et des endroits qui marquent le plus dans les Aires; Figure est de suivre un chemin tracé avec art.»[165]

Feuillets System hat den Charakter einer Grammatik[166]: Zunächst werden die Wortklassen definiert, dann die Funktionen dieser Klassen erläutert, und anschließend die Regeln ihrer Verbindungen bestimmt. Feuillet folgt damit einem gängigen, keineswegs originellen Muster der

---

[164] «Im Tanz verwendet man Positionen, Schritte, Beugungen, Hebungen, Sprünge, Kapriolen, Faller, Schleifer, Drehungen des Körpers, Kadenzen, Figuren etc.» FEUILLET 1713:1.

[165] «*Positions* ist die Bezeichnung für all die verschiedenen Orte, wohin man die Füße beim Tanzen setzen kann; *Pas* ist, was von einem Ort zum andern geht; *Plié* ist, wenn man die Knie beugt; *Elevez* ist, wenn man sie durchstreckt; *Sauté* ist, wenn man sich in die Luft hebt; *Cabriole* ist, wenn man beim Sprung die Beine gegeneinander schlägt; *Tombé* ist, wenn der Körper außer Gleichgewicht ist und aufgrund seines eigenen Gewichts fällt; *Glissé* ist, wenn der Fuß beim Gehen auf dem Boden schleift; *Tourné* ist, wenn man auf die eine oder andere Seite dreht; *Cadence* ist die Kenntnis der verschiedenen Zeitmaße und der am stärksten akzentuierten Stellen in den Melodien; *Figure* bedeutet, einem vorgezeichneten Weg kunstvoll zu folgen.» FEUILLET 1713:1.

[166] Guilcher weist darauf hin, daß bereits bei Thoinot Arbeau eine strukturelle Verwandschaft zwischen Tanz und Sprache angenommen wird, indem ARBEAU 1588:43v schreibt: «Vous savez qu'en l'art de grammaire le disciple fait premièrement amas de noms, verbes et autres parties de l'oraison, puis il apprend à les lier ensemble congrûment. Ainsi en l'art de danser il vous faut premièrement savoir plusieurs particuliers mouvement, puis par le moyen des compositions que l'on vous donnera par la tabulature saurez le tout.» Zit. nach GUILCHER 1969:28.

Systemkonstruktion. Neu allerdings für die Tanzlehre ist die konsequente Anwendung der Grammatik sowohl für die Schritte wie auch für die dazugehörige Musik. Im Kapitel «De la mesure ou Cadence» heißt es deshalb: «On doit remarquer trois sortes de Mesures dans la Dance; sçavoir Mesure à deux temps, mesure à trois temps et Mesure à quatre temps.»[167] Jedem dieser «Maße», die nicht mit der Taktart der Musik gleichzusetzen sind, werden anschließend die entsprechenden Tanzsätze zugeordnet.[168] In zwei Tanzzeiten stehen Gavotte, Bourrée, Rigaudon, erstaunlicherweise aber auch Gaillarde, Gigue und Canarie[169], in drei Zeiten die Courante, Sarabande, Passacaille, das Menuett, die Chaconne und die Passepié. In vier Zeiten schließlich stehen die langsamen Airs, «comme par exemple l'entrée d'Apollon de l'Opéra du Triomphe de l'Amour et les Airs de Louvre».[170]

Diese «Tanzgrammatik» Feuillets enthält aber noch eine weitere Innovation. Anstelle der schwer verständlichen sprachlichen Verkleidung von Tanzschritten führt der Tanzmeister ein System der graphischen Repräsentation aller Schritte ein. Diese Tanz-Stenographie weist uns auf die vierte Hauptlinie der Entwicklung des höfischen Tanzes im 17. Jahrhundert hin: Die Konzentration auf das «choreographische Element» und seine Verfeinerung. Grundsätzlich ist man darum bemüht, auch dynamische Abläufe auf der Tanzfläche normativ zu festzulegen. Während Ménestrier 1682 sich noch mit der Darstellung reiner Zustände begnügt, ist es für die moderneren Tanzlehrer unabdingbar, auch den gesamten Ablauf der Bewegung der Tanzenden festzuhalten. Auf ihren Tafeln entstehen so bizarre Gemälde, die uns mehr an französische Gartenarchitektur als an Ballett-Figuren erinnern (Abb. 6).

Die theoretische Behandlung des Tanzes bei Feuillet reflektiert die hohen Anforderungen, die am französischen Hof des ausgehenden 17. Jahrhunderts an einen Balltänzer gestellt werden. Die beiden wichtigsten Tänze bis etwa 1690, die Courante und das Menuett, werden von den Tanzmeistern immer mehr verfeinert, stilisiert und ausgefeilt.

---

[167] «Man muß beim Tanz drei Arten des [Zeit-]Maßes beachten; das sind das Maß zu zwei Zeiten, das Maß zu drei Zeiten und das Maß zu vier Zeiten.» FEUILLET 1713:81.

[168] «On verra dans les exemples suivans comme chaque Pas a raport à chaque mesure des Airs sur les quels ils sont composez.» FEUILLET 1713:81.

[169] Deren Musik versteht Feuillet offenbar als aus zwei 3/8-Takten aufgebaut.

[170] «Wie zum Beispiel das Entrée Apollons in der Oper ‹Der Triumph der Liebe› und die Melodien des Louvre», FEUILLET 1713:81.

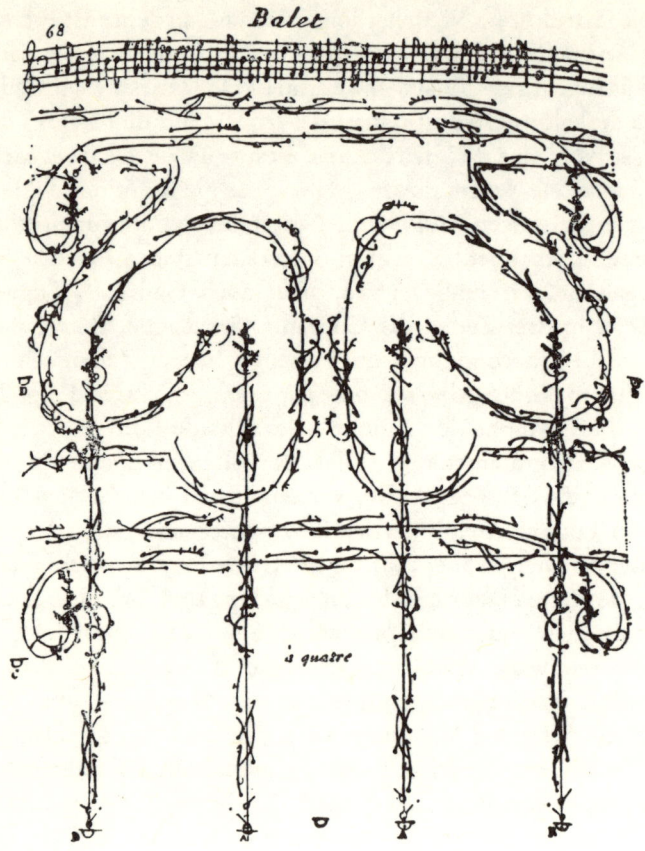

6. «Balet à quatre»

3. Ballett und «grand bal du Roi»

Beide werden im zweiten Teil des «grand bal du Roi» vom König selbst als erstem Tänzer getanzt.

Die Courante entwickelt sich von einer «course sautelante d'allées et de venues depuis le commencement jusques à la fin»[171] zu einem von noblem «Air» inspirierten, in vollendeter höfischer Gemessenheit ausgeführten und geometrisch abgezirkelten Repräsentationstanz, der «très grave» oder im Tempo «largo» gespielt wird.[172]

Meist im 3/2-Takt geschrieben, zeichnet sich die Courante durch eine rhythmische und metrische Zweideutigkeit aus, die durch kontrapunktischen Aufbau und vor allem durch die häufige Verwendung von Hemiolen[173] erreicht wird. Daß der recht ausgelassene Hopp-Tanz, der die Courante noch zu Beginn des 17. Jahrhunderts gewesen ist, gegen Ende des Jahrhunderts unter den Zwängen einer immer komplizierteren Choreographie zunehmend verfeinert und dabei majestätischer, graziöser, «nobler» wird, paßt ins Muster der oben beschriebenen Gesamtentwicklung der höfisch-absolutistischen Tanzkultur in Frankreich. Zwei verschiedene Schritte herrschen dabei vor, die beide die königliche Würde des Tanzes unterstreichen sollen: Erstens der «temps de courante», welcher aus einer Beugung, dem anschließenden Aufrichten und dem Schleifer besteht. An das sog. «plié», das Beugen der Knie auf der letzten Note des Taktes, schließt ein «élevé» auf den Schlag und ein gebogener Schleifer («glissé») mit dem unbelasteten Fuß auf den zweiten Schlag des Taktes an. Der zweite Schritttyp, der «pas de courante», ist im Grunde genommen eine Gruppe von drei Schritten. Nach einem «demi-coupé», das aus «plié» und «élevé» besteht, folgt ein weiteres «demi-coupé», dem sich ein «pas glissé» unmittelbar anschließt.[174]

Während die Courante im Ballet Lullys kaum von Bedeutung ist, spielt sie im Ball die Hauptrolle: Mit ihr wird der nicht-traditionelle Teil des Balles vom König persönlich eingeleitet. Selbst noch für die frühen Tanzmeister des 18. Jahrhunderts gilt sie als Schulbeispiel, an welchem «richtiges» Tanzen gründlich erlernt werden kann. So schreibt Gottfried Taubert, der 1717 seine «gründliche Erklärung der Frantzösischen Tantzkunst» veröffentlicht, über die Courante:

---

[171] «Ein vom Anfang bis zum Schluß hin und her gesprungener Lauf», MERSENNE 1636, zit. nach TAUBERT 1968:98.

[172] TAUBERT 1968:100.

[173] Unter Hemiole versteht man die Verwandlung zweier 3/2-Takte in drei 2/2-Takte durch rhythmische oder melodische Akzentuierung.

[174] Wir stützen uns hier auf GROVE Bd. 4 1980:875–878.

«(...) Es gebühret der Courante der Vorzug für denen übrigen beyden Fundamental-Täntzen [Menuett und Bourrée], und dieses nicht allein darum, weil durch gantz Franckreich und an vielen Orten in Teutschland, sonderlich auf Academien bey den gewöhnlichen Wochen-Bals: Wie auch auf den Tantz-Böden bey der Information der Anfang mit der Courante gemachet wird, sondern vielmehr darum, weil ein Maître seine Scholairen alles (...) am besten durch die Courante demonstriren und beybringen kann».[175]

Auch der berühmteste «Fundamental-Tantz», das «Menuett» (Abb. 7) erfährt wie die Courante eine Domestizierung im Verlauf des 17. Jahrhunderts. Erst in den 1660er Jahren wird es, vermutlich von Beauchamp, hoffähig gemacht. Als anerkanntermaßen nobelster Tanz wird das Menuett am Hof von Louis XIV nicht mehr in leichtem, sondern in mäßigem Tempo ausgeführt.[176] Die Aufmerksamkeit sowohl der Zuschauer wie der Tänzer richtet sich zum einen auf einen möglichst eleganten, scheinbar ohne Anstrengung ausgeführten Zusammenhang von Schritten und zum anderen auf das oben betonte choreographische Element des imaginären Musters auf dem Boden, dem die Tänzer folgen bzw. welches sie nachzeichnen.

Jede Schrittgruppe umfaßt grundsätzlich vier kleine Schritte während zwei Dreiertakten. Dabei werden «demi-coupés» (Heben nach vorherigem Beugen bei der Gewichtsverlagerung vom einen auf den anderen Fuß), «demi-jettés» (kleine Sprünge vom einen auf den anderen Fuß) und «pas marchés» (volle Schritte) in verschiedenen Varianten miteinander kombiniert.[177]

Bis um 1700 folgen die Tänzer einer S-Linie, die auch eine Zwei sein kann. Später dominiert die Z-Linie. Nachdem sie mehrere Z-Figuren getanzt haben, geben sich die beiden Tänzer in der Mitte des Raumes die rechte Hand, beschreiben einen vollen Kreis und kehren auf der Diagonalen in die gegenüberliegenden Ecken des Raumes zurück. Darauf wiederholen sie die Begegnung, diesmal mit der linken Hand, der wieder mehrere Z-Figuren in Menuettanzschritten folgen. Auf dem Höhepunkt des Tanzes reichen sie sich beide Hände und beschreiben mehrere Kreise, um sich anschließend gemeinsam zurückzuziehen und sich voreinander und vor den Zuschauern zu verneigen.[178]

---

[175] TAUBERT 1717, zit. nach TAUBERT 1968:101.
[176] Vgl. MARCEL-DUBOIS 1961 und LITTLE 1980.
[177] LITTLE 1980:354.
[178] LITTLE 1980:353–354.

3. Ballett und «grand bal du Roi» 159

7. «Bal à la Françoise»

Gottfried Taubert schreibt über das Menuett, daß es «ebenfalls, wie die Courante, auf zweyerley Weise, als *simple* und *figuriret* getantzet werde. Wiewol auch diese wieder auf zweyerley Weise als *hoch* und *niedrig* getantzet wird. Durch die niedrige Menuet wird die gemeine Art, so wie sie in ihrer bekannten Figur und Haupt-Pas terre à terre getantzet wird, angedeutet. Durch die hohe aber so wohl in den oben und unten geraden Linien als auch bey dem Hände geben, im Zurücktantzen etc. mit allerhand hohen und viel künstlichen Schritten variiret wird. Jedoch aber ist die douce Art bey dieser Zeit die angenehmste, so gar, daß sich auch die allerbesten Täntzer der großen Variationen gäntzlich entschlagen (...) und sich einer doucen Manier befleißigen.»[179] Der Variationenreichtum ist fast unüberblickbar, die Vorschriften erreichen bis zum Ende der Regierungszeit Louis' XIV einen Komplexitätsgrad, dem nur wenige nichtprofessionelle Tänzer gerecht werden können.

Das kleinste Detail ist vorbestimmt, nichts ist dem Zufall überlassen. Beine, Füße, Knie, Leib, Kopf, Arme und Finger sind einem äußerst genauen Bewegungsreglement unterworfen. Besonders schön zeigt sich dies in der in Jena publizierten Tanzschrift von Louis Bonin, deren Orientierung am großen französischen Vorbild allein schon sprachlich zum Ausdruck gebracht wird:

«Bey jedweden Menuet Pas so ich vorwarts mache, mus der lincke Fuß nicht gar zu weit von dem rechten stehen, hernach büge ich mit beyden Knien, im wärenden bügen aber bringe ich den rechten Fuß neben an den lincken an der Erden weg, wobey die Spitze nicht in die Höhe steigen darf, das der Lincke gleichsam die Balance vom Leibe giebt, hierauf hebe ich, und avancire zugleich im heben mit dem rechten, welches ein Tempo ausmachen mus, so aber der rechte auf der Erden, mus der Lincke augenblicklich folgen und an der Spitzen ein kleinwenig mit der Spitze (welches auch in der Courante zu observiren) vom Boden wegzustehen kommen, daß also consequenter die Balance des Leibes wieder auf dem rechten Fuß liege, und auf solche Weise büge ich wieder mit beyden Knien, geraden Leibe und erhabenen Kopff, im heben aber setze ich den lincken Fuß, wie zuvor den rechten vorwarts, welches die andere Coupé, worauf zwey steife Pas folgen und den Menuet Pas beschlüßen.»[180]

Dieser Bewegungsablauf wird von der oben beschriebenen choreo-

---

[179] TAUBERT 1717, zit. nach TAUBERT 1968:163.
[180] BONIN 1712, zit. nach TAUBERT 1968:166.

3. Ballett und «grand bal du Roi»

graphischen Anweisung und den vorgesehenen Variationsmöglichkeiten des Komplexitätsgrades (simple vs. figuriert) noch zusätzlich überlagert.[181] Die Bewegungsvorschriften für die Arme sind schon komplex genug;[182] aber noch präziser wird die Haltung der Hände beschrieben: «Die Hände soll ich dabey so halten, daß die Finger nicht ausgestreckt sind (...) der Daume ruhet zwar auf dem Zeiger Finger, die anderen aber müssen alle aneinander liegen, und ja nicht ausgestrecket seyn, wie diejenigen zu thun pflegen, welche etwan so reich, daß sie einen kostbaren Diamant an der Hand, da sie selbigen sehen zu lassen, die Finger auseinander reißen, als ob sie jemanden in die Haar greiffen, oder Krebse fangen wollten.»[183]

Mehr als dreißig Jahre kann sich dieses rigorose Bewegungsreglement halten, ohne daß ihm eine nennenswerte Opposition erwachsen würde. Erst die zweite Generation am Hof Louis XIV beginnt sich gegen die «gravité» und «noblesse» des Menuettes und der Courante zu sträuben. Nach 1697, dem Jahr der Hochzeit des Duc de Bourgogne, kann sie erste Erfolge verbuchen: «Depuis le mariage de Monseigneur le Duc de Bourgogne, on a vu que les danses nobles et sérieuses se sont abolies d'année en année (...) les jeunes gens de la cour ayant substitué en la place les contredanses, dans lesquelles on ne reconnaît plus la gravité ni la noblesse des anciennes.»[184] Besonders bei den ländlichen Festen des Hofes kommt die Contredanse zunehmend in Mode. Sie ist Ausdruck dafür, daß die höfische Gesellschaft das enge

---

[181] Auch die einzelnen Schritte können noch variiert werden, aber immer im vorgegebenen Rahmen: «Kurtz: es werden beym variieren entweder Pas simples von einerley oder unterschiedlichen Gattungen oder auch Pas composés solcher gestalt zusammengeordnet, daß sie, gleich als das Haupt Pas de Menuet, netto zwey Drey-Viertel Tacte ausmachen.» TAUBERT 1717, zit. nach TAUBERT 1968:182. Das Arsenal der Schritte umfaßt u. a. «glissés, tombés, jetés, tournés, battus, assemblés, reculés, dégagés, temps détachés de la courante, de la gaillarde, contretemps tirés de la gavotte ou de la sissone». GUILCHER 1969:28.

[182] «Wann ich dann ein Menuet Pas mache, mus ich in der ersten Coupé die Arme vornen fallen lassen, in Continuirung der anderen halben Coupé, und zweyen steiffen Schritten aber wieder zurück werfen.» BONIN 1712, zit. TAUBERT 1968:166.

[183] BONIN 1712, zit. TAUBERT 1968:166.

[184] «Seit der Hochzeit des Duc de Bourgogne läßt sich beobachten, wie die edeln und ernsten Tänze von Jahr zu Jahr an Bedeutung verloren haben (...) die jungen Leute am Hof haben diese durch Kontertänze ersetzt, in welchen man weder den Ernst noch die Erhabenheit der alten erkennen.» BONNET 1724:134, zit. nach GUILCHER 1969:58.

Korsett des absolutistischen Tanzzeremoniells zu lockern beginnt. Im informellen Gesellschaftstanz, der mehr Unterhaltung zu bieten scheint, versucht man sich gegen die majestätische Ordnung des alternden Hofes aufzulehnen.

In den letzten Jahren seiner Herrschaft muß Louis XIV die Contredanses auch auf den Bällen zulassen. Der «Mercure galant» registriert diesen Wandel wie folgt: «Il est aisé de s'imaginer que toutes les danses qui sont aujourd'hui le plus en usage furent dansées, et que les contredanses ne furent pas oubliées.»[185]

Dieser «Aufstand der Jugend» bewegt die konservativen Gemüter nicht wenig. Durch die Reihen der alten Tanzmeister geht ein Aufschrei des Entsetzens: «Je doute fort que l'on trouve dans les contredanses d'aujourd'hui les mêmes préceptes qui sont renfermez [!] dans nos anciennes danses, autant pour la perfection du corps, que pour la bonne grace. C'est pourquoi les plus fameux Maîtres de Danse repugnent aujourd'hui à montrer à leurs Ecoliers les contre-danses, qui n'ont que le caprice pour tout principe.»[186] – Was sich in der Contredanse als innerhöfische Tanzopposition manifestiert, kann aber auch von einem übermächtigen monarchischen Kulturapparat nicht mehr bloß als eskapistische Mode der jungen Generation verunglimpft werden. Die Contredanse hat nicht zufälligerweise während der Régence von Philipp von Orléans Konjunktur. Als ein Tanz, der reine Unterhaltung sein will, der unprätentiös und viel egalitärer ist als das Menuett und die Courante, entspricht die Contredanse den Bedürfnissen einer mondänen Zeit besser. Seit 1715 findet dreimal pro Woche ein öffentlicher Ball in der Oper statt, zu dem man nicht mehr per königliches Dekret abkommandiert wird, sondern an dem sich die Pariser Oberschicht, die sich die Eintrittskarten leisten kann, vergnügt. Hier tanzen nun vier, ja acht Personen gleichzeitig in Kreisen, wechselnden Paaren und Positionen miteinander (Abb. 8); die strenge Hierarchie des «grand bal du roi» mit ihrer achsensymmetrischen Ausrichtung auf den König ist aufgehoben.

---

[185] «Selbstverständlich wurden alle Tänze, die heute am meisten gebräuchlich sind, getanzt, und man vergaß auch die Contredanses nicht.» MERCURE GALANT, Januar 1708, zit. nach GUILCHER 1969:59. Zum folgenden siehe ebenda.

[186] «Ich zweifle stark daran, daß man in den heutigen Kontertänzen die gleichen Regeln findet, wie sie in unseren alten Tänzen beschlossen liegen, sowohl was die Perfektion der Körperhaltung als auch die Anmut angeht. Deshalb weigern sich heute auch die berühmtesten Tanzmeister, ihren Schülern Kontertänze zu zeigen, deren Grundlage nur die Willkür ist.» BONNET 1723:134.

3. Ballett und «grand bal du Roi» 163

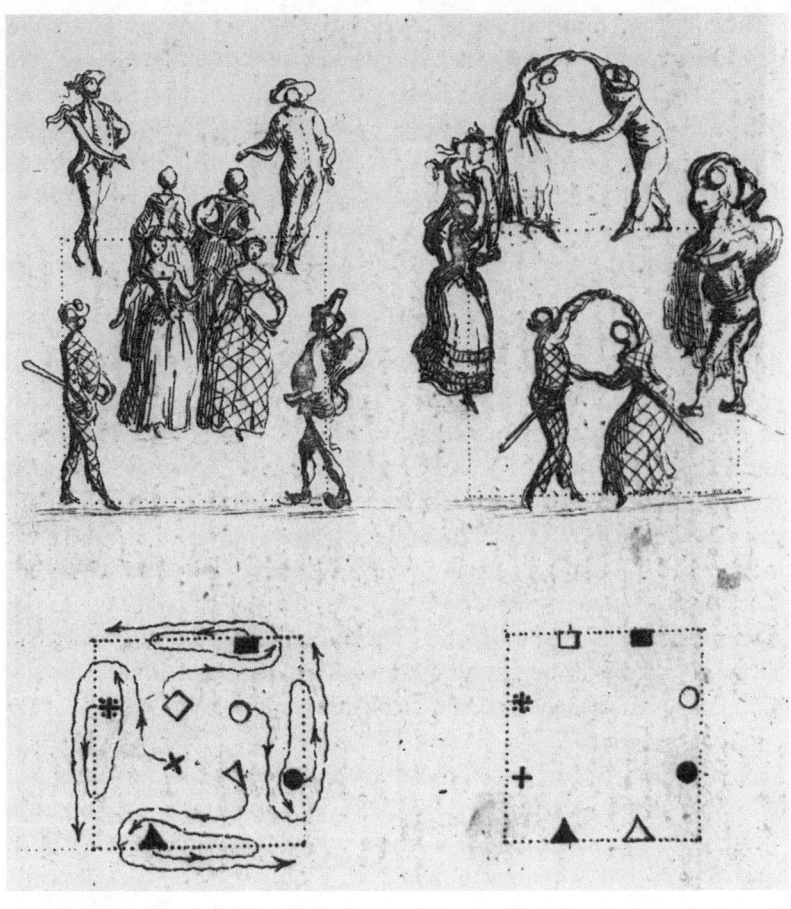

8. La Bionni, Contredanse (Detail)

Aber dennoch hinterläßt die oben beschriebene Feinmechanik der absolutistischen Körperkultur, die danach trachtet, den Körper des tanzenden Höflings in ein System von Regeln einzubetten und ihn entsprechend der «akademischen» Gesetze Feuillets zu formen und zu domestizieren, ihre unübersehbaren Spuren. Sie wird mit der neuen Tanzmode der Contredanse keineswegs obsolet – ja, ihre eigentliche Macht offenbart sich gerade darin, daß sie ihre Funktion, die «Naturbeherrschung am Menschen», bis zum Ende des Ancien Régime weiter erfüllt.[187]

Rudolf zur Lippe hat auf eindrückliche Art demonstriert, wie das Bild, das sich eine Gesellschaft von der Natur macht, dem sozial gültigen Konzept vom Menschen entspricht bzw. diesem nachgebildet ist und daß dieses Konzept wiederum aus der Natur auf den Menschen zurückgeworfen wird. «Während alle Vorstellungen und Wahrnehmungen nach dem Bilde des körperlichen Menschen rekonstruiert, begriffen wurden, war dies zugleich als Rekonstruktion nur möglich, indem dieser Körper in einem System abstrakter Formeln seinerseits theoretisch rekonstruiert wurde. Dies ist die doppelte Wende in der Anthropomorphie des modernen Weltbildes. Die Beziehung zwischen Tänzern in einer Choreographie waren nach dem Prinzip jener Beziehungen der Menschen zur Objektwelt konzipiert – physikalisch, um es extrem zu sagen.»[188]

Von daher wird die parallele Betreuung scheinbar so verschiedener Wissensbereiche wie Physik, Tanz, Musik, Sprache und Mathematik durch die königlichen Akademien verständlich, von daher einsehbar, weshalb sowohl Architektur wie auch Choreographie auf das alles beherrschende Erklärungsprinzip der Geometrie zurückgeführt werden. Selbst die «Tanzgrammatik» eines Feuillet mit ihren bizarren Zeichen, die Verzierungskunst der französischen Musik und die geometrisch geprägte Gartenbaukunst können damit erklärt werden. «Natur» ist dort beherrschbar, wo sie zivilisiert wird, wo ihr Regeln aufgebunden werden. Deshalb will Rameau seine Schüler lehren, alle verschiedenen Tanzschritte nach allen Regeln der Kunst, «dans toute la régularité de l'art», zu machen, wie es im Untertitel seiner Tanzschrift heißt.[189] Es geht darum, durch das Medium der zivilisierenden Kunst die Natur zu beherrschen. Im Fall des Tanzes ist diese Naturbeherr-

---

[187] Zum folgenden siehe ZUR LIPPE Bd. 2 1974:209–228.
[188] ZUR LIPPE Bd. 2 1974: 215.
[189] RAMEAU 1725.

3. Ballett und «grand bal du Roi»

schung zudem politische Herrschaft. Auch Ménestrier thematisiert diesen Zusammenhang in seiner Abhandlung über die Ballette von 1682, indem er schreibt: «Les Mouvemens sont si essentiels au Ballet, que c'est par les mouvemens que les Ballets sont des imitations des choses, imitant par ces mouvemens les actions des hommes, leurs affections, & leurs moeurs, comme ils imitent les mouvemens naturels des animaux, & ceux que recoivent naturellement, ou violemment tous les autres corps.»[190] Den umgekehrten Vorgang, die erzwungene Integration des Menschen in die natürliche Bewegungsvorgänge imitierenden Bewegungen des Balletts, klammert Ménestrier aus. Sei es, daß ihm diese zu offensichtlich scheint, oder sei es, daß die innere Logik der Tanz- und Körperkultur des Absolutismus der Öffentlichkeit verborgen bleiben muß. Aber gerade diese innere Logik absolutistischer Weltauffassung ist es, welche in ganz Europa die höfische Tanzkultur des 18. Jahrhunderts konkurrenzlos dominieren wird.

[190] «Die Bewegungen sind so wesentlich für das Ballett, als die Ballette [erst] durch ihre Bewegungen zu Nachahmungen der Dinge werden. Sie imitieren mittels dieser Bewegungen die Taten der Menschen, ihre Gefühle, ihre Sitten, wie sie die natürlichen Bewegungen der Tiere nachahmen und auch jene Bewegungen, welche alle andern Körper auf natürliche Weise oder durch Gewalt erfahren.» MÉNESTRIER 1682:153.

III. Die tanzenden Bürger

1. Der große Umbruch in der Tanz-, Bewegungs- und Körperkultur

Mit Goethe zu beginnen, ist immer empfehlenswert: Die «Leiden des jungen Werthers» enthalten den Bericht eines Tanzanlasses, der in der Literatur immer wieder zitiert wird im Zusammenhang mit der bürgerlichen Bewegungskultur, die im Walzer symbolhafte Repräsentanz findet, so wie das Menuett seit mehr als hundert Jahren gleichsam zur Verhaltensmetapher der höfischen Gesellschaft geworden ist. Goethe wählt für die erste Begegnung Werthers mit Lotte einen «Ball auf dem Lande». Werther holt Lotte im Amtshaus ab; nachdem sie Brot für ihre Geschwister geschnitten und verteilt hat, nimmt sie «ihre Handschuh und Fächer» – auch ein «Hütchen» findet Erwähnung – und steigt zusammen mit ihrer Base in Werthers Kutsche; sie fahren zum «Lusthause», in dem der Tanz stattfindet. Der erste Tanz ist ein Menuett; es folgen drei «Englische» (Kontertänze):

«Ich bat sie um den zweiten Contretanz, sie sagte mir den dritten zu, und mit der liebenswürdigsten Freimütigkeit von der Welt versicherte sie mich, daß sie herzlich gern deutsch tanze. Es ist hier so Mode, fuhr sie fort, daß jedes Paar, das zusammengehört, beim Deutschen zusammenbleibt, und mein Chapeau [ihr Partner] walzt schlecht, und dankt mirs, wenn ich ihm die Arbeit erlasse; Ihr Frauenzimmer kanns auch nicht und mag nicht, und ich habe im Englischen gesehn, daß Sie gut walzen: wenn Sie nun mein sein wollen fürs Deutsche, so gehn Sie und bitten sichs aus von meinem Herrn, ich will zu Ihrer Dame gehn. Ich gab ihr die Hand drauf, und es wurde schon arrangiert, daß ihrem Tänzer inzwischen die Unterhaltung meiner Tänzerin aufgetragen ward.

Nun gings, und wir ergötzten uns eine Weile an manchfaltigen Schlingungen der Arme. Mit welchem Reize, mit welcher Flüchtigkeit bewegte sie sich! Und da wir nun gar ans Walzen kamen, und wie die Sphären umeinander herumrollten, gings freilich anfangs, weils die wenigsten können, ein bißchen bunt durcheinander. Wir waren klug und ließen sie austoben, und wie die Ungeschicktesten den Plan geräumt hatten, fielen wir ein und hielten mit noch einem Paare, mit

1. Der große Umbruch in der Bewegungskultur

Audran und seiner Tänzerin, wacker aus. Nie ist mirs so leicht vom Flecke gegangen. Ich war kein Mensch mehr. Das liebenswürdigste Geschöpf in den Armen zu haben und mit ihr herumzufliegen wie Wetter, daß alles ringsumher verging und – Wilhelm, um ehrlich zu sein, tat ich aber doch den Schwur, daß ein Mädchen, das ich liebte, auf das ich Ansprüche hätte, mir nie mit einem anderen walzen sollte als mit mir, und wenn ich drüber zugrunde gehen müßte, du verstehst mich.»

Verschiedene Indizien weisen in diesem Brief vom 16. Juni auf die Umbruchsituation, die Gleichzeitigkeit des Ungleichzeitigen, hin. Zunächst der Hinweis, daß die wenigsten Paare das Walzertanzen schon genügend beherrschen. Goethe spricht aus Erfahrung, denn während seiner Straßburger Studienzeit nimmt er Tanzunterricht, um bei den neuen deutschen Tänzen gute Figur zu machen. Er ist zwar als Knabe – zusammen mit seiner Schwester – von seinem Vater in die gängigen höfischen Gesellschaftstänze eingeführt worden, und er erwies sich dabei als geschickt, ja sogar pantomimisch innovativ:

«Von früher Jugend an hatte mir und meiner Schwester der Vater selbst im Tanzen Unterricht gegeben, welches einen so ernsthaften Mann wunderlich genug hätte kleiden sollen; allein er ließ sich auch dabei nicht aus der Fassung bringen, unterwies uns auf das bestimmteste in den Positionen und Schritten, und als er uns weit genug gebracht hatte, um eine Menuett zu tanzen, so blies er auf einer Flûtedouce uns etwas Faßliches im Dreivierteltakt vor, und wir bewegten uns danach, so gut wir konnten. Auf dem französischen Theater hatte ich gleichfalls von Jugend auf, wo nicht Ballette, doch Solos und Pasdedeux gesehn und mir davon mancherlei wunderliche Bewegungen der Füße und allerlei Sprünge gemerkt. Wenn wir nun der Menuett genug hatten, so ersuchte ich den Vater um andere Tanzmusiken, dergleichen die Notenbücher in ihren Giguen und Murkis reichlich darboten, und ich erfand mir sogleich die Schritte und übrigen Bewegungen dazu, indem der Takt meinen Gliedern ganz gemäß und mit denselben geboren war. Dies belustigte meinen Vater bis auf einen gewissen Grad, ja er machte sich und uns manchmal den Spaß, die Affen auf diese Weise tanzen zu lassen. Nach meinem Unfall mit Gretchen und während meines ganzen Aufenthalts in Leipzig kam ich nicht wieder auf den Plan; vielmehr weiß ich noch, daß, als man mich auf einem Balle zu einer Menuett nötigte, Takt und Bewegung aus meinen Gliedern gewichen schien, und ich mich weder der Schritte noch der Figuren mehr erinnerte, wenn nicht der größere Teil der

Zuschauer behauptet hätte, mein ungeschicktes Betragen sei bloßer Eigensinn, in der Absicht, den Frauenzimmern alle Lust zu benehmen, mich wider Willen aufzufordern und in ihre Reihen zu ziehen.»[1]

Dieser Rückerinnerung ist eine längere reflektierende Beschreibung des Straßburger Münsters vorangestellt; abrupt, doch gewiß nicht ohne Bezug, wechselt Goethe das Thema – vom Münster zum Tanzen, von der einen Sinneswahrnehmung zur anderen: «Kann man aber bei solchen Wirkungen, welche Jahrhunderten angehören, sich auf die Zeit verlassen und die Gelegenheit erharren; so gibt es dagegen andere Dinge, die in der Jugend, frisch, wie reife Früchte, weggenossen werden müssen. Es sei mir erlaubt, mit dieser raschen Wendung, des Tanzes zu erwähnen, an den das Ohr, so wie das Auge an den Münstern, jeden Tag, jede Stunde in Straßburg, im Elsaß erinnert wird.»

Straßburg ist zu dieser Zeit (um 1770) eine tanzfreudige Stadt, in der insbesondere das Deutschtanzen und seit kurzem auch das Walzen Beliebtheit erlangt haben; das geht schon daraus hervor, daß zwei der Deutschtänze die Namen «Strasbourgeoise» und «Alsacienne» tragen.[2] Auch Goethe wird vom Tanzvirus infiziert; durch seine längere Tanzabstinenz hat er jedoch die jüngsten Innovationen im Gesellschaftstanz, eben das Deutschtanzen, verpaßt und sucht einen Tanzlehrer auf:

«Während meines Aufenthalts in Frankfurt war ich von solchen Freuden [Tanzvergnügen] ganz abgeschnitten; aber in Straßburg regte sich bald, mit der übrigen Lebenslust, die Taktfähigkeit meiner Glieder. An Sonn- und Werkeltagen schlenderte man an keinem Lustort vorbei, ohne daselbst einen fröhlichen Haufen zum Tanze versammelt, und zwar meistens im Kreise drehend zu finden. Ingleichen waren auf den Landhäusern Privatbälle, und man sprach schon von den brillanten Redouten [Maskenbällen] des zukommenden Winters. Hier wäre

---

[1] GOETHES WERKE 1981, Bd. 9:389f (Aus meinem Leben – Dichtung und Wahrheit, Teil II, 9. Buch); auch die nächstfolgenden Zitate ebenda.; vgl. ferner GOETHES WERKE 1981, Bd. 9:460 (Teil III, 11. Buch): «Die Allemanden, das Walzen und Drehen war Anfang, Mittel und Ende. Alle waren zu diesem Nationaltanz aufgewachsen; auch ich machte meinen geheimen Lehrmeisterinnen Ehre genug (...).» In Goethes Jugend gehört der Tanzunterricht zum Ausbildungskanon der Kinder bürgerlicher Oberschichten; Tanzlehrer und Tanzlehrbücher decken die Nachfrage. Goethe erhält auch Reit- und Fechtunterricht sowie, zusammen mit seiner Schwester, Musik- und Malunterricht.

[2] MGG Bd. 14, 1968:225.

1. Der große Umbruch in der Bewegungskultur

ich nun freilich nicht an meinem Platz und der Gesellschaft unnütz gewesen; da riet mir ein Freund, der sehr gut walzte, mich erst in minder guten Gesellschaften zu üben, damit ich hernach in der besten etwas gelten könnte. Er brachte mich zu einem Tanzmeister, der für geschickt bekannt war; dieser versprach mir, wenn ich nur einigermaßen die ersten Anfangsgründe wiederholt und mir zu eigen gemacht hätte, mich dann weiter zu leiten.»

Soviel zum Lernbedarf, der durch das in Mode kommende Deutschtanzen entsteht; einige Tänzer auf Werthers «Ball auf dem Lande» hätten offensichtlich gut daran getan, ebenfalls vorher Nachhilfe im Deutschtanzen, vor allem im Walzertanzen, zu nehmen, einer Bewegungs- und Verhaltenskultur, die von den bisher mühsam in den Tanzstunden gelernten Verkehrs- und Umgangsformen mit ihrem sublimen Verhaltenskodex merklich abweicht: ein Stilbruch, der sich in Handschuhen, Fächer, Hütchen und der formalisierten exquisiten Aufforderung zum Partnertausch auf der einen und dem engen Körperkontakt beim Walzen auf der anderen Seite manifestiert; ein Stilbruch aber auch, der sich im Tanzrepertoire widerspiegelt: der Ball wird mit grazilem Menuettanzen – einem höfisch-aristokratischen Tanzstil – eröffnet. Es folgen beschwingtere Kontertänze. Sie sind gegen Ende des 17. Jahrhunderts von England nach Frankreich und von dort nach Deutschland gekommen: Es sind die Country-dances, die – wie im Kapitel I gezeigt – die elisabethanische Hofgesellschaft in den verschiedensten Formen in ihr Repertoire aufnimmt – Medium und Ausdruck sozialer Integration trotz aller ständischen Distinktion und Hierarchisierung. Schon in England selbst, doch mehr noch durch die französische Rezeption wird die Choreographie dieser Country-dances variantenreich der höfischen Verhaltenskultur und der gentilen Körpersprache angepaßt; so sehr drückt Versailles ihnen den Stempel auf, daß behauptet werden kann, die nun Contredanses genannten Tanzformen seien französischen Ursprungs. Werther allerdings nennt sie «Englische».[3]

Nach den drei «Englischen» wird, zur Freude Lottes, zum Deutschtanzen übergegangen. Zunächst sind es Tänze, die schon seit einiger Zeit zum höfisch-gesellschaftlichen Tanzrepertoire gehören und entsprechend auch formalisiert sind; bei diesen sog. «Allemandes», ur-

---

[3] MGG Bd. 14, 1968:225; vgl. ferner GUILCHER 1969; vgl. dazu auch die Bemerkung von «Fräulein von Sternheim» zu den Verkehrsformen beim Englischtanzen (S. 171).

sprünglich ländlichen Schreittänzen, faßt sich das Paar an beiden Händen: «Die Kunst bey der Allemande besteht weniger in den Bewegungen der Füße – den gewöhnlichen Pas de bourrée – als in den Verschlingungen der Arme des tanzenden Paares. Diese aber zu beschreiben, würde ohne große Weitläufigkeit nicht möglich seyn. Man sollte kaum glauben, daß mit zwey paar Händen, die sich beynahe immer angefaßt halten, so viele Wendungen, Verschlingungen und Entwicklungen gemacht werden können.»[4] Lotte und Werther beherrschen das Allemandetanzen und ergötzen sich eine Weile «an mannigfaltigen Schlingungen der Arme»; und dann kommt das Walzen – Werther ist «kein Mensch mehr». Es ist ein «Sphären»-Tanz in doppeltem Sinne. Darüber später mehr.

Was ist denn das Neue, das Epochale dieser Zäsur im Tanz-, Bewegungs- und Körperverhalten? Wie in so vielen anderen Bereichen des Lebens und Zusammenlebens hat das Ancien Régime auch hier die Waffen geschmiedet, mit denen es geschlagen wird; dies in zweifacher Hinsicht. Zunächst auf das Tanzen selbst bezogen; erinnern wir uns: Die höfische Verhaltenskultur erheischt eine zierliche, natürliche, gleichsam angeborene «Air», «Grâce» und «Balance», doch stehen dahinter ständig Selbst- und Fremdzwänge sowie Selbst- und Fremdkontrollen. Natur wird als etwas verstanden, das erst durch menschlichen Formwillen, durch Domestizierung, durch «mechanische Gesetze» zur Geltung gebracht werden kann – gleichsam eine zweite Natur. Diese Verhaltens- und Bewegungskultur erinnert an die raffinierte Kunstmechanik, an die spätbarocke Automatenindustrie, das Ergötzen der Fürsten und der Hofgesellschaft – eine außengesteuerte Mechanik. Und wie die tanzenden Automatenfiguren eines Publikums bedürfen, so befindet sich die Hofgesellschaft – als Zuschauer und Akteur zugleich – ständig auf einer Bühne; einer Bühne, deren hochkompliziertes soziales Regelwerk jenen hochkomplizierten mechanisch-technischen Bühneneinrichtungen der Theater-, Opern- und Ballettaufführung gleicht: Beide sind nur für Eingeweihte durchschaubar.[5]

Dieses soziale Regelwerk mit seinen Zwangsmechanismen erzeugt einen Eskapismusdruck; darauf wurde schon früher hingewiesen. Dieser Eskapismusdruck manifestiert sich unter anderem darin, daß

---

[4] VIETH 1970:180; vgl. ferner TAUBERT 1968:87ff.
[5] Vgl. Kapitel II.1.

Gelegenheiten gesucht werden, bei denen es erlaubt ist, die Zwangsjacke höfischer Verhaltens- und Bewegungskultur auszuziehen und sich mit Gewändern einer Gegenwelt zu drapieren: sog. «Bauernhochzeiten», «Wirtschaften», «Königreiche», «Landschaften», «Schäfereien» usw.[6] – Maskeraden und Lustbarkeiten, die vor allem in der Faschingszeit mit ihrer «Verkehrten-Welt»-Tradition gepflegt werden. Sie bieten Anlaß, das Eskapismusbedürfnis auch in den Umgangs- und Verkehrsformen des Tanzes gegenweltlich auszuleben: in derberotischen, ländlich-volkstümlichen Körperkontakten und Partnerbeziehungen. Dazu ein Beispiel: Am Aschermittwoch 1760 veranstaltet der Kurfürst Clemens August von Wittelsbach in seinem Schloß in Bonn einen Maskenball; alle – auch der Kurfürst – sind als Bauern verkleidet. Giacomo Casanova ist anwesend und berichtet: «Man tanzte nur Kontertänze und ganz seltsame Ballette nach der Art verschiedener deutscher Provinzen [wahrscheinlich den walzerähnlichen «Ländler», der damals als Neuheit galt; Anmerkung des Herausgebers] (...) Bei irgendeinem Tanz, ich weiß nicht mehr bei welchem, küßte man die Bäuerin, die man erwischte. Ich war nicht sehr diplomatisch und erwischte immer Madame X.»[7] Drei Aspekte sind bemerkenswert: Ohne Choreographie wird paarbezogen getanzt; die Hierarchie ist durch das Kostüm und durch das Tanzen aufgehoben; die verfeinerten, stilisierten Verkehrsformen, die eine erotische Zeichengebung nur durch das Berühren der Fingerspitzen oder durch die Bewegung des Fächers zulassen, sind durch ein derb-bäuerliches Küssen ersetzt.

Ein zweites Beispiel, wie duodezfürstliche Festlichkeiten und Maskeraden der bürgerlichen Tanz-, Bewegungs- und Körperkultur den Weg bahnen; es handelt sich um ein literarisches: Zur Zeit (1771), als Goethe in Straßburg Unterricht im Deutschtanzen erhält, erscheint ein Werk im Druck, das sogleich zum Kultbuch der Sturm- und Drang-Generation wird: «Geschichte des Fräuleins von Sternheim» von Sophie von La Roche. Das Milieu dieses Briefromans ist einer jener nach Versailles ausgerichteten südwestdeutschen Fürstenhöfe des ausgehenden Ancien Régime. Zwei Maskeraden und Tanzbelustigungen gehören zu den Schlüsselstellen. Zu Ehren des Fürsten wird auf dem Gut eines Höflings ein Fest veranstaltet, zu dem die geladene Hofgesellschaft in «Bauernkleidung» erscheinen muß: «Wie manchem unter

---

[6] Vgl. NETTL 1960:64ff.
[7] CASANOVA Bd. 6 1965:56f.

uns fehlte nur die Grabschaufel oder die Pflugschare, um der Bauernknecht zu sein, den er vorstellte; und gewiß, unter den Damen war auch mehr als eine, die mit einem Hühnerkorbe auf dem Kopfe oder bei Melkerei nicht das geringste Merkmal einer besonderen Herkunft oder Erziehung behalten hätte.» Das Tanzvergnügen wird mit Menuetten begonnen; der Briefschreiber, Mylord Derby, macht Fräulein von Sternheim ihrer Tanzkünste wegen Komplimente: «Da ich die Vollkommenheit ihres Menuetts lobte, wünschte sie, daß ich dieses von ihr bei den englischen Landtänzen sagen möchte, in denen sie die schöne Mischung von Fröhlichkeit und Wohlanstand rühmte, die der Tänzerin keine Vergessenheit ihrer selbst und dem Tänzer keine willkürliche Freiheit mit ihr erlaubte; wie es bei den deutschen Tänzen gewöhnlich sei.» Ob bei dieser ländlichen Belustigung deutsch getanzt wird, bleibt offen, doch darf dies schon vom Bauernkleidzwang her angenommen werden. Einige Zeit später wird der Geburtstag des Fürsten mit einem Maskenball gefeiert. Mylord Derby berichtet: «(...) besonders da eine Viertelstunde darauf der Fürst in einer Maske von nämlichen Farben als die ihrige kam und sie [Fräulein von Sternheim], da eben deutsch getanzt wurde, an der Seite ihrer Tante, mit der sie stehend redte, wegnahm und, einen Arm um ihren Leib geschlungen, die Länge des Saals mit ihr durchtanzte. Dieser Anblick ärgerte mich zum Rasendwerden, doch merkte ich, daß sie sich vielfältig sträubte und loswinden wollte; aber bei jeder Bemühung drückte er sie fester an seine Brust und führte sie endlich zurück, worauf der Graf F. ihn an ein Fenster zog und eifrig redte.» Mylord Derby ist der verführende Bösewicht, Lord Seymour der edel Empfindsame, in Liebe zur Heldin entbrannt; er erlebt die gleiche Szene folgendermaßen: «Der tiefste Schmerz war in meiner Seele, als ich sie singen hörte und mit dem Fürsten und mit anderen Menuette tanzen sah. Aber als er sie um den Leib faßte, an seine Brust drückte und den sittenlosen, frechen Wirbeltanz der Deutschen mit einer, aller Wohlstandsbande zerreißenden Vertraulichkeit an ihrer Seite daherhüpfte – da wurde meine stille Betrübnis in brennenden Zorn verwandelt.»

Sophie von La Roche haben – nach eigenen Aussagen – «Zufälle, welche damals an einem benachbarten Hofe sich ereigneten», als Vorlage ihres Romans gedient.[8] Auch wenn ihr Erstlingswerk von der jüngeren Generation mit Begeisterung aufgenommen wird, so gehört

---

[8] LA ROCHE 1938; die Textzitate LA ROCHE 1938:115ff, 155 und 166f; zur Aussage siehe LA ROCHE 1938:12.

sie selbst doch nicht der Gefühlswelt des Sturm und Drang an, sondern bleibt in ihrer Wert- und Verhaltenskultur dem aufgeklärten Ancien Régime verhaftet; Goethe charakterisiert sie in dieser Weise. Er hat Sophie von La Roche in Koblenz nach seinem Abschied von Wetzlar und kurz vor der Niederschrift des «Werther» besucht.[9] Mit dieser Porträtskizze korrespondiert, daß die Autorin das Deutsch- und Walzertanzen negativ bewertet. Ihre Tanzschilderungen sind Fürstenkritik: Fürst und Hofgesellschaft verstoßen gegen ihre ständische Distinktion und Verhaltenskultur, wenn sie deutsch tanzen.

Diese Art des Tanzens und Verhaltens stößt bei ihr jedoch generell auf Ablehnung. In ihrem zweiten Roman, «Rosaliens Briefe», verurteilt sie mit moralischer Entrüstung das Deutsch- und Walzertanzen sowie die Pfänderspiele – eine Spitze gegen Werthers «Ball auf dem Lande»?[10]

Das ist die eine Seite der Medaille: das soziale Regelwerk der Adels- und Hofgesellschaft mit seinen Selbst- und Fremdzwängen und seinen eskapistischen Ventilen. Mit der Maskerade werden höfische Konduite, Distinktion, Etikette durchbrochen. Mylord Derby macht diese Beobachtung und bezieht sich auf die tugendsame Heldin, die er zu verführen trachtet: «Denn ohne Maske war meine Sternheim allezeit das Bild der sittlichen Schönheit, in dem ihre Miene und der Blick ihrer Augen eine Hoheit und Reinigkeit der Seele über ihre ganze Person auszugießen schien, wodurch alle Begierden, die sie einflößte, in den Schranken der Ehrerbietung gehalten wurden.» Die Maskerade hebt die inneren Verhaltenszwänge, die dem Deutschtanzen entgegenstehen, auf; aber auch die äußeren Hemmnisse werden beseitigt: Die höfische Prunkkleidung, die von Kopf bis Fuß, von der hoch aufgebauten Frisur über den weitausladenden Reifrock bis zu den hochgestelzten Schuhen ein wirbelndes Deutschtanzen nicht zulassen würde, ist durch ein Maskenkostüm ersetzt, das entsprechende Bewegungsfreiheit gewährt.

Zur Kehrseite der Medaille gehört eine Körperdisziplinierung des ausgehenden Ancien Régime, die gleichsam einen komplementären Kontrastpart zu «Air», «Grâce» und «Balance» bildet: der neue militärische Drill. In endlosen Stunden wird den Soldaten das «richtige» Stehen und Gehen mit und ohne Gewehr beigebracht, als ob die

---

[9] Zu Goethes Besuch bei Sophie von La Roche vgl. GOETHES WERKE 1981, Bd. 9:557ff (Aus meinem Leben – Dichtung und Wahrheit, Teil III, 13. Buch).
[10] LA ROCHE 1797:52ff.

Bauernsöhne aus der Champagne oder der Altmark von Wickelkindern zu Automaten umgeschult werden müßten. So wird beispielsweise in der «Königlichen Verordnung vom ersten Junii 1776 nach welcher das Exercitium Dero sämtlichen Infanterie eingerichtet werden soll – Auf Höchsten Befehl aus dem Französischen ins Deutsche übersetzt» ausführlich beschrieben, «wie die Recruten nach und nach dressiert werden sollen». Bei der «Stellung des Soldaten» heißt es, daß er «an die Unbeweglichkeit» zu gewöhnen sei, wobei die Körperhaltung bis ins letzte – bis zur Stellung der Augen – vorgeschrieben ist. Es folgen Abschnitte über «Erster Unterricht des Schrittes für die Recruten» oder «Stück, worauf der Exerzitienmeister, sowohl bei dem ersten Unterricht des Schrittes als auch bei der Stellung unter dem Gewehr acht haben muß».[11] In diesem Zusammenhang heißt es in der «Königlichen Verordnung»: Der «Endzweck, den man durch diesen Schritt zu erhalten sucht, besteht hauptsächlich darin, daß man durch mechanische Gesetze dem natürlichen Gang so nahe als möglich beikommt».[12] Es bedarf also auch hier «mechanischer Gesetze», um «natürliche» Bewegung einzuüben.

Der Mensch wird als Maschine verstanden, deren einzelne Teile so zugeschliffen werden müssen, daß sie – zusammengesetzt – nach mechanischen Bewegungsprinzipien als Ganzes funktionieren. Wenn drinnen in den Prunksälen der europäischen Fürstenhöfe sich Automatenfiguren nach komplizierten Mechanismen bewegen, werden draußen auf dem Exerzierplatz die Soldaten zu Menschenautomaten zugerüstet. Foucault bemerkt zu diesen militärischen Drillmethoden unter anderem: «So formiert sich eine Politik der Zwänge, die am Körper arbeiten, seine Elemente, seine Gesten, seine Verhaltensweisen kalkulieren und manipulieren. Der menschliche Körper geht in eine Machtmaschinerie ein, die ihn durchdringt, zergliedert und wieder zusammensetzt.»[13]

Auch eine nur flüchtige Beschäftigung mit der bürgerlich-philanthropischen Reformpädagogik mit ihrer neuen Leibeserziehung und Körperschulung läßt erkennen, wieviel von den militärischen Drillmethoden eingeflossen ist. Wie bei den militärischen Exerzierlehrbüchern – und übrigens auch wie bei den Tanzlehrbüchern des Ancien Régime – werden kapitelweise die einzelnen Körperteile abgehandelt, und im-

---

[11] KÖNIGLICHE VERORDNUNG VOM ERSTEN JUNII 1776:17 ff.
[12] KÖNIGLICHE VERORDNUNG VOM ERSTEN JUNII 1776:20.
[13] FOUCAULT 1976:176.

1. Der große Umbruch in der Bewegungskultur

mer wieder wird der Mensch mit einer Maschine verglichen. Schon ein Blick auf die Inhaltsverzeichnisse der zwei wichtigsten Werke, der «Gymnastik für die Jugend» von Joh. Chr. F. GutsMuths und der «Encyklopädie der Leibesübungen» von G. U. A. Vieth, zeigt, wie der menschliche Körper zergliedert und wieder zusammengesetzt wird. Allerdings stehen ganz andere Motivationen, Zielsetzungen und Wirkungsabsichten dahinter. Leistungsorientiert – Messen, Wettbewerb, Punktesammeln, Geschwindigkeit, Kraft – werden bei strikter Kontrolle auf Kommando kollektiv durchzuführende, drillmäßige Leibesübungen und Körperschulungen als wesentlicher Teil der gesamten Reformpädagogik empfohlen; Vieth betont, es müsse bei den gymnastischen Übungen «eine Art von militärischer Disziplin» durchgesetzt werden.[14] Immer und immer wieder wird in diesen Werken auf den «Nutzen» der Leibesübungen Bezug genommen und dazu – in spezifisch bürgerlicher Rezeption – die Körperkultur der klassischen Antike, insbesondere der griechischen, argumentativ in den Dienst genommen. In beiden der genannten Lehrbücher wird diesem Nutzen ein eigenes Kapitel gewidmet; jenes bei GutsMuths ist überschrieben «Über Nutzen und Zweck der Gymnastik». In sechs Unterkapiteln wird der Gebrauchswert dieser neuen bürgerlichen Körperschulung angepriesen; im sechsten Unterkapitel, «Schärfe der Sinne, Wahrheit der Empfindungen und Schärfe der Denkkraft», heißt es unter anderem: «So laßt uns den Körper üben! Ohne ihn dächten wir nichts; er ist die Maschine, auf der wir die luftigen Fäden der Gedanken weben. Je besser sie durch Gebrauch imstande erhalten wird, je leichter und sicherer wird die Arbeit, um so natürlicher wird das Gewebe, um so mehr können wir es erweitern und fortsetzen; mit ihrer Hinfälligkeit ist die Arbeit gehemmt (...).»[15]

Alles ist nutzen-, leistungs-, arbeits- und wettbewerbsorientiert; von «l'art pour l'art» kann keine Rede sein. Sogar wenn Tanzen Erwähnung findet, wird der «Nutzen» ins Visier genommen; es ist symptomatisch, daß GutsMuths das Tanzen in einem Kapitel zusammen mit militärischen Übungen behandelt.[16] GutsMuths und Vieth

---

[14] Vieth 1970:26.
[15] GutsMuths 1957:152.
[16] GutsMuths 1957:12; es heißt dort u.a.: «Ich liebe das Tanzen, aber dennoch gestehe ich, dies pedantische Abmessen der Schritte auf ebenem Boden, oft mit süßer, schmelzender Leidenschaft verbunden, leistet als Körperübung zur Erreichung eines höheren Zweckes, zur Erreichung dessen, was wir kurz *Mannheit* nennen wollen, wenig oder nichts und ist oft der Gesundheit des Körpers und der

wirken an Philantropinen, deren Zöglinge vorwiegend aus aufgeklärten Adels- und gutbürgerlichen Kreisen stammen. Auf diese Adressaten hin ist der «Nutzen»-Katalog ihrer neuen Leibesübungen und Körperschulung formuliert (wozu auch die Triebkontrolle gehört), doch wird immer wieder auch der «Nutzen» für die Zurüstung handarbeitender Menschen in Gewerbe und Heimindustrie hervorgehoben und mit naturwissenschaftlich-medizinischen Erörterungen evident gemacht.[17] Sie können sich dabei auf das Werk eines Vordenkers stützen, auf Peter Villaumes «Von der Bildung des Körpers in Rücksicht auf die Vollkommenheit und Glückseligkeit der Menschen, oder über die physische Erziehung insonderheit», das ein paar Jahre früher (1787) erschien; Villaume betont weit mehr noch Zweck und Nutzen der Leibesübungen auch in dieser Richtung.[18] Johann Heinrich Pestalozzi, der mit den Schriften dieser drei Klassiker moderner Leibesübungen vertraut ist und in seinem heimindustriellen Unternehmen Kinder mit Spinnen und Weben beschäftigt, schreibt in der Abhandlung «Über Volksbildung und Industrie»: «Alle diese Fertigkeiten gehen von der einfachsten Kraft des Schlagens, des Stoßens, des Drehens, des Schwingens, des Hebens, des Tretens aus, und rufen eine Stufenfolge von Kraft- und Kunstübungen, die die Elementarbildung tief erforschen und als Mittel der Methode, insofern sie Gewerbekraft und Industrie bewirken und begründen soll, ausbilden muß.»[19]

Es ließen sich über Villaume, GutsMuths, Vieth und Pestalozzi Verbindungslinien bis hin zum Taylorismus und zum heutigen Hochleistungssport ziehen. Wettkämpfe und Spiele der Antike sollen Vorbild werden für bürgerliche Leistungsausrichtung, auf die hin die Jugend zu erziehen ist. Mit Hinweis auf die Drehbergfeste, «die wiederaufgelebten Olympischen Spiele» (GutsMuths), die seit 1776 in Dessau gefeiert werden (auch Goethe besucht sie 1781 mit dem jungen

---

Seele durch Nebenumstände sehr nachteilig. Möge man es doch als Zeichen der Heiterkeit und Freude für Knaben und Jünglinge usw. mit Behutsamkeit nutzen.» Vgl. ferner Abschnitt XIV: «Das Tanzen – Gehen – Militärische Übungen», S. 281 ff; vgl. ferner VIETH 1970:150ff «Von der Tanzkunst».

[17] Vgl. VIETH 1970, Kapitel «Vom Nutzen der Leibesübung»; GUTSMUTHS 1957:12 ff; zur Triebkontrolle u.a.: «Die erste Bemerkung ist die, daß die vorzeitige Entwicklung und der Mißbrauch des Geschlechtstriebes, meiner Überzeugung nach wenigstens, durch nichts besseres verhindert werden kann, als durch angemessene körperliche Übungen.» GUTSMUTHS 1957:20. Zu den Adressaten vgl. das «Verzeichnis der Subskribenten», GUTSMUTHS 1957:XXXVIff.

[18] Vgl. VILLAUME 1969, insbesondere die Kapitel 11 und 12.

[19] Vgl. PESTALOZZI 1973:85.

1. Der große Umbruch in der Bewegungskultur

Fritz von Stein, dem Sohn der Charlotte, und ein Jahr später mit großem Gefolge des Weimarer Hofes), schlägt Vieth vor, «daß man mit gymnastischen Übungen auch unter uns schickliche und vermuthlich ganz unterhaltende Feyerlichkeiten verbinden könnte. (...) Es wäre also ein Vorschlag, dessen Ausführung wenigstens versucht werden könnte, ob man nicht mit Veranstaltungen des öffentlichen gymnastischen Unterrichtes in Schulen, zugleich die Veranstaltung zu feyerlichen gymnastischen Spielen verbinden könnte, so wie die Gymnasiarchen in den Gymnasien zu Athen und Sparta zu gewissen Zeiten solche Spiele anordneten. (...) Ein solches Jugend- und Volksfest würde vielleicht selbst die Aufmerksamkeit der Fremden auf sich ziehen, und könnte in manchem Betracht angenehm und nützlich seyn.»[20]

Soviel zu der neuen Leibeserziehung, die – mit Anleihen an die militärischen Drillmethoden – eine Waffe gegen das Ancien Régime schmiedet: eine Körper- und Bewegungskultur, die der Steigerung einer ganzheitlichen Leistung dient; eine Körper- und Bewegungskultur, die als Gegenentwurf zu der höfisch-aristokratischen zu interpretieren ist und sich entsprechend auch ideologisch-politisch aufladen läßt.[21] Ein Gleiches gilt für die neue Art des Tanzens, des Deutsch- und Walzertanzens: Es kommt ihr symbolhaft wendezeitliche Bedeutung zu, gleichsam Codecharakter für «bürgerliche» Umbruch- und Aufbruchstimmung.

Es gibt eine berühmte Ballszene, die durch die jeweils Tanzenden, den je eigenen Rhythmus und die je eigene Orchestrierung soziokulturelle Bezüge sichtbar macht: die Ballszene in Mozarts «Don Giovanni». Die Reihenfolge der Tänze ist die gleiche wie bei Werthers «Ball auf dem Lande». In grazilen, anmutsvollen Schritten tanzen Don Ottavio und Donna Anna zu einem volltönenden Orchester Menuett. Don Giovanni bittet seine Landschönheit, Zerline, zu einem Kontertanz im 2/4-Takt; Masetto und Leporello jedoch tanzen gleichzeitig zu einer Schleifermelodie im 3/4-Takt deutsch. Es spielen – im Gegensatz zum Menuett – zwei kleine, nur aus Violinen und Baß bestehende Orchester; die Musiker stimmen zuerst ihre Instrumente. Paul Nettl hat eine Studie «Mozart und der Tanz – Zur Geschichte des Balletts und des

---

[20] VIETH 1970:28; zu den Drehbergfesten vgl. HIRSCH 1985:107ff, Kapitel «Die Nationalfestidee: Das Volksfest am Drehberg und die wiederaufgelebten olympischen Spiele».
[21] Vgl. dazu EICHBERG 1975:118ff. Zur ideologisch-politischen Aufladung vgl. KRÜGER 1975:13–24.

Gesellschaftstanzes» geschrieben, in der er auf diese Ballszene eingeht und erwähnt, daß «die Vorschläge des ‹Deutschen› auf Wiener Vorstadtmusik zurückgehen, die Melodie des Contre aber findet man in zahlreichen Varianten in Tanzbüchern der damaligen Zeit».[22]

Die Geschichte des Deutsch- und Walzertanzens soll uns hier nicht beschäftigen; es sei auf die einschlägige Tanzliteratur verwiesen.[23] Nur soviel: In süddeutsch-österreichischen, insbesondere alpenländischen Regionen gehört Deutsch- und Walzertanzen (Weller, Dreher, Schleifer etc.) zu den ländlichen Volksbelustigungen, die seit dem 16. Jahrhundert in den Quellen Erwähnung finden (soweit es kirchliche sind, mit entsprechender sittlicher Verurteilung) – aufsteigendes Kulturgut also wie die Country-dances beispielsweise, doch sind die Wege lang bis zur städtisch-bürgerlichen Akzeptanz. Diese Art des Tanzens bleibt exotisiert. Man kennt sie von ländlichen Kirchweihfesten und anderen traditionellen Tanzterminen, später dann auch von vorstädtischen Tanzbelustigungen; allenfalls hat man sich – wie die Hofgesellschaft – zur Faschingszeit selbst darin versucht. Es bestehen durchaus Rezeptionsbarrieren. Diese Art des Tanzens ist subkulturell stigmatisiert, denn das gehobene städtische Bürgertum ist – wir erinnern an Goethes Jugend – im Rahmen seiner Möglichkeiten bemüht, sich die höfisch-gentile Verkehrs- und Bewegungskultur anzueignen und sie zu pflegen. Doch gerade daraus ergibt sich nach der Mitte des 18. Jahrhunderts die Veranlassung, das Deutsch- und besonders das Walzertanzen als Medium und Ausdruck «bürgerlicher» Selbstfindung und Selbstdarstellung, in Absetzung vom Ancien Régime, zu instrumentalisieren und ideologisch in Dienst zu nehmen: Aus einem scheinbar unpolitischen Medium wird eine verdeckt politisch-oppositionelle Waffe geschmiedet. So wie die hypertrophierende Haar- und Kleidermode der Hofgesellschaft des Rokoko mit bürgerlichen modischen Gegenentwürfen in ihrer Verzopftheit an den Pranger gestellt wird, so unterläuft das Walzen die höfische Verkehrs- und Körperkultur, die symbolisiert ist im Menuettanzen mit all seinen Figuren und Schritten, die in Tauberts «Rechtschaffener Tanzmeister oder gründliche Erklärung der französischen Tanzkunst» (Leipzig 1717) nicht weniger als 150 Seiten der Erörterung beanspruchen.

Beim Walzen fehlen Geometrie, Symmetrie, jegliche Choreographie und Gebärdenkunst; die Paare, in beliebiger Zahl, sind Ord-

---

[22] NETTL 1960:49f.
[23] Siehe Bibliographie.

nungseinheit und auf sich bezogen in engem Körperkontakt; «Air», «Grâce», «Balance» sind durch freie, wirbelnde Bewegungen ersetzt; der Charakter des Tanzes ist ein individualisiert-egalitärer und kein hierarchisierter. «The Egalitarian Waltz» heißt der Titel einer Studie von Ruth Katz, und schon Zeitgenossen fällt das ständeüberschreitende Walzertanzen auf:

«Die Leute hier lieben das Tanzvergnügen über alle Maßen», heißt es im Bericht eines Reisenden aus Bayern. «Sie brauchen nur die Musik eines Walzers zu hören, gleich beginnen sie zu springen, ganz gleich wo sie sich befinden. Die öffentlichen Tanzböden werden von allen Schichten besucht. Sie sind die Plätze, wo Abstammung und Rang vergessen zu sein scheinen und der aristokratische Stolz abgelegt ist. Hier sieht man Handwerker, Künstler, Kaufleute, Ratsherren, Barone, Grafen und Exzellenzen mit Kellnerinnnen, Frauen aus dem Mittelstand und Damen tanzen. Jeder Fremde, der eine Zeitlang hier verweilt, wird von dieser Tanzkrankheit angesteckt.»[24]

Freilich, Bayern gehört zu den Epizentren dieser Art des Tanzens, zu den süddeutsch-alpenländischen Schleifer-, Weller- und Ländlerregionen, von denen die Druckwelle – sozial und geographisch – ausgeht. Die Schilderung läßt erkennen, wie das Walzen in dem Sinne ein Gesellschaftstanz ist, in dem er nicht nur egalitären, ständeüberschreitenden Charakter hat, sondern auch die Wechselbezüge zwischen Tanzenden und Zuschauern aufhebt. Die Tanzenden befinden sich nicht mehr in kommunikativer Korrespondenz mit den Zuschauern auf einer Bühne. Elemente dieses Tanzes sind nicht mehr Teil des kommunikativen Gesamtverhaltens, und Elemente des Gesamtverhaltens sind nicht mehr Teil des Tanzens. Das individualisierte Paar ist auf sich selbst bezogen und losgelöst, gewissermaßen befreit von choreographierten und formalisierten Bindungen zu den Mittanzenden und Zuschauern. Jedes Paar kann sich jederzeit zu den Tanzenden gesellen und sie jederzeit wieder verlassen; das Tanzen ist privatisiert.

Die neue Art des Tanzens ist damit jedoch keineswegs ausgelotet; tiefere Bereiche gilt es ins Auge zu fassen, eine Raum- und Zeiterfahrung, die mit einem neuen Ich-, Du-, Welt- und Naturerlebnis korrespondiert. Der junge Goethe gibt uns Hinweise; Werthers Walzen mit Lotte erhält gleichsam Chiffrecharakter: Die Geschwindigkeit und die

---

[24] Vgl. STEINBERG 1980:270ff; diese Stelle aus dem Reisebericht aus Bayern ist oft zitiert, doch immer ohne Quellenangabe; vgl. z.B. MGG Bd. 14, 1968:25.

Drehbewegung des Walzens erzeugen beim individualisierten, auf sich selbst bezogenen Paar einen rauschhaften – auch rauschhaft erotischen – Partnerbezug. Wenn Lotte erwähnt, daß beim Deutschtanzen kein Partnertausch stattfinde und wenn Werther beim Walzen gewahr wird, wie eifersüchtige Besitzansprüche sich bei dieser Art des Tanzens einstellen, privatisiertes Eigentumsrecht, so sind dies Indizien, daß es sich um einen besonderen Partnerbezug handelt. Das Paar wird von der Umwelt – von den Mittanzenden wie den Zuschauern – abgehoben in «Sphären», in denen sich das Ich im Du sucht und findet: eine Selbsthingabe, ja Selbstauflösung, um im Spiegel des Anderen sein eigenes Inneres mit all seinen Rätseln zu entdecken. Assoziationen neuer Beziehungsformen, insbesondere auch pietistisch geprägter, tauchen auf: die Seelenfreundschaft, der Austausch von Selbsterfahrung, das erhöhte und vertiefte Erleben seiner selbst in der Analyse des Partners, Erfahrungsseelenkunde, der Freundschafts- und Empfindsamkeitskult, die partnerschaftliche Vereinigung des seelischen Binnenhaushaltes, die ich- und dubezogene Bekehrungssehnsucht – um nur diese Stichworte zu nennen. Das Walzertanzen ist ein nonverbales kommunikatives Medium der Selbstreflexion, Selbstfindung und Selbstdarstellung. Es schließt einen Weg zum Inneren auf und bietet eine Ergänzung zu den schriftlichen Medien, die gleichzeitig eine Hausse erfahren: dem Briefeschreiben, den Autobiographien, den Bildungsromanen in Ichform, den Briefromanen; auch hierfür ist «Werther» symptomatisch.

In diesem Zusammenhang sei an Entwicklungen des jungen Goethe während seines Krankenaufenthaltes im Frankfurter Elternhaus und danach in Straßburg und Wetzlar erinnert: zunächst – in Frankfurt noch – ein pietistisches Erwecktwerden, verbunden mit mystischem und alchimistischem Suchen; in Straßburg das Münster- und Walzererlebnis – beide in Absetzung von der dominierenden französischen Kultur (Gotik als deutsche Baukunst und Walzen als «Nationaltanz»); in Straßburg und Wetzlar die endgültige Ablösung von der Rokokomanier, das Eintauchen in die Gefühlswelt des Sturm und Drang sowie eine neue Liebeserfahrung, das überhöhte Finden seiner selbst im Du des Anderen; nicht zuletzt bricht sich in diesen Jahren – vor allem von Shaftesbury beeinflußt – auch eine neue Natur- und Weltsicht Bahn.

Das Walzen entspricht der Gefühlswelt des Sturm und Drang und wird durch sie symbolhaft aufgeladen. Wenn Werther den kosmologischen Begriff «Sphäre» verwendet, so werden damit auch Bezüge zum Weltall hergestellt; das um die eigene Achse sich drehende Paar wird durch die Geschwindigkeit und den engen Körperkontakt zu einer Einheit verschmolzen, und die Paare ihrerseits bewegen sich wie Planeten am Firmament um ein Zentrum. Das statische Weltbild ist in ein dynamisches verwandelt.[25] Eine neue Natur- und Weltsicht findet im Walzer einen symbolischen Ausdruck. Was zuvor als Geometrisierung und Proportionierung, als äußere Form und Struktur wichtig war und in den höfischen Tanz- und Verkehrsformen, insbesondere im Menuett, metaphorischen Ausdruck fand, wird nun gewissermaßen in den Körper des in der Welt Tanzenden hineingenommen. Das Innere gilt es zu ergründen, die «inwart form» (Shaftesbury) der Welt wie des Menschen; beider «innere Form» ist von innen her, aus sich selbst zu enträtseln, «denn das ist der Natur Gehalt, daß drinnen gilt, was draußen galt».[26]

[25] Vgl. dazu CASSIRER 1932, insbesondere Kapitel 2, «Natur und Naturerkenntnis im Denken der Aufklärungsphilosophie»; Cassirer weist auf die Bedeutung von Diderot für die Dynamisierung hin: «Kraft dieser Grundeigentümlichkeit seines Geistes wird Diderot einer der ersten, der das statische Weltbild des 18. Jahrhunderts überwindet und es in ein rein dynamisches Weltbild verwandelt.» CASSIRER 1932:120. Der Walzer als Sphärentanz wird – sicher durch Werther beeinflußt – zum Topos. Louis Casorti stellt beispielsweise in seinem Werk «Der instructive Tanzmeister für Herren und Damen», Ilmenau 1826, seinen Ausführungen über das Walzen ein Gedicht von Baggesen, «Der Walzer», voraus, in dem es u. a. heißt:
Wie droben Planeten um Sonne, im Tanz!
Wie Monden um Erden im sphärischen Kranz;
So drehn sich die Jünglinge hier um die Mädchen,
In Sonne und Monde verdunkelndem Glanz,
Oh Himmel der Wonne! hier strahlest du ganz.
CASORTI 1826:51f. Baggesen (1764–1826), dänischer Herkunft, war mit Wieland, Voß, Schiller, Klopstock und anderen bekannt.

[26] Vgl. CASSIRER 1932:113; Cassirer führt dieses Zitat von Shaftesbury an und schreibt: «Ein mächtiger Strom eines neuen Naturgefühls dringt von hier aus in die Geistesgeschichte des achtzehnten Jahrhunderts ein. Shaftesburys Naturhymnus wird insbesondere für die Entwicklung der deutschen Geistesgeschichte entscheidend; er befreit die Grundkräfte, vermöge derer sich die Naturanschauung Herders und die Naturanschauung des jungen Goethe gestaltet hat.» Im Zusammenhang mit dem Shaftesbury-Zitat sowie mit dem, was über das sich gegenseitige Finden im Partner weiter oben gesagt wurde, mag folgende zahme Xenie (VI) Goethes von Interesse sein:
Die beiden lieben sich gar fein,
Mögen nicht ohne einander sein;
Wie eins im andern sich verliert,
Manch buntes Kind sich ausgebiert.
Im eigenen Auge schaut mit Lust,
Was Plato von Anbeginn gewußt;
Denn das ist der Natur Gehalt,
Daß außen gilt, was innen galt.

In diesem doppelten Sinne ist das Walzen mit Lotte ein «Sphären»-Tanz und eine Schlüsselmetapher des Sturm und Drang. Dafür spricht gleichsam auch ein negativer Beweis, d. h. das Unverständnis jener, denen diese Gefühlswelt – trotz Teilhabe am bürgerlich-aufgeklärten Bildungsgut – fremd ist. Sophie von La Roche ist mit ihrer moralischen Entrüstung keineswegs allein; auch Johann Georg Jacobi steht diesem «Sphären»-Tanz, bei dem man das Menschsein vergißt, verständnislos gegenüber und sieht nur das Menschlich-Allzumenschliche, die derbe Sinnlichkeit. 1775, ein Jahr nach dem Erscheinen der Urfassung des «Werther», wendet er sich in der Zeitschrift «Iris», in der auch Goethe Beiträge veröffentlicht, an alle ehrenhaften Männer: «Wir sollten nicht gestatten, daß unsere Weiber, Töchter und Geliebten von Männerarmen umschlungen, Brust an Brust mit ihnen, in völliger Betäubung ihrer selbst, nach einer wilden Musik herumgeschleudert würden.»[27] Kein Wunder, daß Jacobi den Spott des Sturm und Drang erntet.

Es ist bekannt, welche emotionalen Wirkungen «Die Leiden des jungen Werthers» gleich nach ihrem Erscheinen auslösen. Ist es spekulativ anzunehmen, daß mit der Werthertracht auch das Walzen zur Werthermode, zur Wertherpathogenese wird? Immerhin, die Tanzliteratur bezeichnet übereinstimmend die 1790er Jahre als Durchbruch des Walzertanzens, Teil bürgerlicher Selbstfindung und Selbstdarstellung. Die Sturm und Drang-Bewegung ist von ihren Trägern und ihrem Gehalt her für diese ideologische Aufladung prädisponiert. Moralische Bedenken und Kritik von kirchlich-obrigkeitlicher oder privater Seite, wie wir sie bei Sophie von La Roche und Johann Georg Jacobi kennengelernt haben, wirken eher als Verstärker. Diese Tanz- und Körperkultur mit ihren Ausdrucksformen und ihrem inneren Gehalt wird in eine «bürgerliche Öffentlichkeit» integriert. Sie ist Teil eines neu sich formierenden «bürgerlichen» Habitus im Sinne von Pierre Bourdieu, d. h. Teil eines veränderten «Systems der organischen und mentalen Dispositionen und der unbewußten Denk-, Wahrnehmungs- und Handlungsschemata».[28]

Um diese These evident zu machen, müßten Dimensionen einbezogen werden, die im Rahmen dieser Studie nur gerade angedeutet werden können. Es handelt sich um wendezeitliche Phänomene, die einem Kaleidoskop gleichen: Eine leise Berührung genügt, und die Teile ordnen sich zu einem neuen Bild; Goethe oder der Sturm und

---

[27] Zit. bei NETTL 1960:98f.
[28] BOURDIEU 1974:40

1. Der große Umbruch in der Bewegungskultur

Drang dokumentieren dies zur Genüge. Allein der Begriff «bürgerlich» ist eine Chiffre, mit der sich gerade in dieser Um- und Aufbruchsituation keine soziologisch eingrenzbare Gruppe verbinden läßt; im Gegenteil: Die Träger und Förderer sind sozial äußerst heterogen (mit Einschluß auch adeliger Elemente, fürstlicher Hofbeamten, ja vereinzelt auch fürstlicher Geneigtheit). Soviel sei vorausgeschickt.

Reinhart Koselleck bedient sich der Metapher «Sattelzeit», um dieses wendezeitliche Syndrom, diesen Paradigmenwechsel zu umschreiben: Das Pferd wird für den Ritt in die «Moderne» gesattelt. In verschiedenen Beiträgen, insbesondere jedoch als Initiant, Herausgeber und Mitautor der «Geschichtlichen Grundbegriffe – Historisches Lexikon zur politisch-sozialen Sprache» hat Koselleck von semantischen Forschungsansätzen her Phänomene dieses Um- und Aufbruchs evident gemacht – ein «moderner», «neuzeitlicher» Erfahrungswandel, der sich unter anderem auch durch Verzeitlichung und Dynamisierung, durch veränderte Temporalstrukturen politisch-sozialer Schlüsselbegriffe auszeichnet. Koselleck legt Wert darauf, daß die Verzeitlichung dieser Begriffe nicht isoliert gesehen wird: «Alle genannten Kriterien, die Demokratisierung, die Verzeitlichung, die Ideologisierbarkeit und die Politisierung bleiben unter sich aufeinander verwiesen.»[29]

Wie immer vermittelt und bezogen, lassen sich diese Kriterien mit der neuen Art des Tanzens, der neuen Leibeserziehung und der neuen Bewegungs- und Körperkultur in Verbindung bringen: Sie sind dynamisiert, demokratisiert sowie ideologisier- und politisierbar. Ein Beispiel mag diese Bezüge etwas erhellen. Friedrich Schiller, zu jener Zeit mit Kantstudien und einer Schönheitstheorie beschäftigt, schreibt am 23. Februar 1793 an Gottfried Körner einen längeren Brief, in dem er seinen Freund «in den Stand» setzen will, «mir ungehindert zu folgen, wenn ich von Natur, von Selbstbestimmung, von Autonomie und Heautonomie, von Freiheit und von Kunstmäßigkeit spreche». Natur ist für Schiller «die innere Nothwendigkeit der Form. Die Form muß im eigentlichen Sinne zugleich selbstbestimmend und selbstbestimmt seyn; nicht bloße Autonomie, sondern auch Heautonomie muß da seyn.» Dieses Naturverständnis ist für die Schönheitstheorie konstitu-

---

[29] Vgl. dazu die Einleitung zu BRUNNER, CONZE, KOSELLECK Bd. 1 1974:XIII-XXVII; das Zitat auf S.XVIII; es liegt nahe und geschieht auch zuweilen, daß Walzertakt und seine Drehgeschwindigkeit mit dem aufkommenden Maschinenwesen in Verbindung gebracht werden; dies scheint uns jedoch eine eher fragwürdige, kurzgeschlossene Assoziation.

tiv: «Zweckmäßigkeit, Ordnung, Proportion, Vollkommenheit – Eigenschaften, in denen man die Schönheit so lange gefunden zu haben glaubte – haben mit derselben ganz und gar nichts zu thun. Wo aber Ordnung, Proportion etc. zur Natur eines Dinges gehören, wie bey allen organischen, da sind sie auch eo ipso unverletzbar, aber nicht um ihrer selbst willen, sondern weil sie von der Natur des Dinges unzertrennlich sind.» Nachfolgend exemplifiziert Schiller seine Schönheitstheorie empirisch; zwei Beispiele seien herausgegriffen: «Wann sagt man wohl, daß eine Person schön gekleidet sey? Wenn weder das Kleid durch den Körper, noch der Körper durch das Kleid an seiner Freiheit etwas leidet; (...) Eine Landschaft ist schön componiert, wenn alle einzelnen Parthien, aus denen sie besteht, so ineinander spielen, daß jene sich selbst ihre Grenze setzt, und das Ganze also das Resultat von der Freiheit des einzelnen ist. Alles in einer Landschaft soll auf das Ganze bezogen seyn, und alles einzelne soll doch unter seiner eigenen Regel stehen, seinem eigenen Willen zu folgen scheinen.»

Er könne «noch Beispiele genug anhäufen», schreibt Schiller, wählt jedoch zum Schluß das Tanzen und die Bewegungskultur zeichenhaft, um seine Vorstellungen von Freiheit, Verfassung, Gesetz darzulegen; Tanz-, Bewegungs- und Körperkultur werden zur ideologisch-politischen Metapher. So wie beim Landschaftsbeispiel die neue, von England beeinflußte Garten- und Parkarchitektur Pate steht, so für das Tanzen der «englische Tanz»:

«Darum stört uns jede sich aufdringende Spur der despotischen Menschenhand in einer freyen Naturgegend, darum jeder Tanzmeisterzwang im Gange und in den Stellungen, darum jede Künsteley in den Sitten und Manieren, darum alles Eckige im Umgang, darum jede Beleidigung der Naturfreiheit in Verfassungen, Gewohnheiten und Gesetzen.

Es ist auffallend, wie sich der gute Ton (Schönheit des Umgangs) aus meinem Begriff der Schönheit entwickeln läßt. Das erste Gesetz des guten Tons ist: Schone fremde Freiheit. Das zweite: Zeige selbst Freiheit. Die pünktliche Erfüllung beider ist ein unendlich schweres Problem, aber der gute Ton fordert sie unerläßlich, und sie macht allein den vollendeten Weltmann. Ich weiß für das Ideal des schönen Umgangs kein passenderes Bild, als einen gut getanzten und aus vielen verwickelten Touren componierten englischen Tanz. Ein Zuschauer aus der Gallerie sieht unzählige Bewegungen, die sich aufs bunteste durchkreuzen, und ihre Richtung lebhaft und muthwillig verändern und doch niemals zusammenstoßen. Alles ist so geordnet, daß der eine schon Platz gemacht hat, wenn der andere kommt, alles fügt sich so geschickt und doch wieder so kunstlos ineinander, daß jeder nur seinem eigenen Kopf zu folgen scheint, und doch nie dem anderen in den Weg tritt. Es ist das treffendste Sinnbild der behaupteten eigenen Freiheit und der geschonten Freiheit des anderen.»[30]

Nicht das Deutsch- und Walzertanzen dient als Chiffre, sondern der englische Tanz; allerdings nicht die domestizierte, stilisierte und choreographierte höfische Form der französischen Contredanses, sondern ein Gesellschaftstanz ohne «Tanzmeisterzwang», frei, individualisiert und dynamisiert in den Bewegungen – so, «daß jeder nur seinem eigenen Kopf zu folgen scheint, und doch nie dem anderen in den Weg tritt». Die Natürlichkeit des englischen Gartens und die Natürlichkeit des englischen Tanzens – beide mit einander in Verbindung gebracht, ideologisch aufgeladen und idealisiert! Natur, ein Schlüsselbegriff der bürgerlichen Emanzipation!

Wenn sich auch der Gefühlsgehalt dieses englischen Tanzens von jenem des Deutsch- und Walzertanzens unterscheidet, so sollten doch auch die Affinitäten hervorgehoben werden – vor allem in der Bewegungskultur. Es sei nur daran erinnert, daß Lotte beim Englischen feststellt, Werther könne wohl auch «gut walzen», und daß im «Don Giovanni» gleichzeitig – von zwei kleinen Orchestern begleitet – Don Giovanni und Zerline englisch, Masetto und Leporello jedoch deutsch tanzen. Als Mozart 1787 in Prag weilt, besucht er am 15. Januar den sogenannten Bretfeldischen Ball und schreibt einem Freund nach Wien, er habe nicht selbst getanzt, «ich sah aber mit ganzem Vergnügen zu, wie alle diese auf die Musik meines figaro, in lauter Contretänze und teutsche verwandelt, Leute so innig vergnügt herumsprangen».[31]

Die Affinitäten von Englisch-, Deutsch- und Walzertanzen beziehen sich jedoch nicht nur auf die Bewegungs- und Körperkultur,

---

[30] SCHILLERS BRIEFWECHSEL MIT KÖRNER Teil 2 1878:25 ff.

[31] Zit. bei NETTL 1960:93 f; in diesem Zusammenhang sei an Fräulein von Sternheims Charakterisierung der «englischen Landtänze» erinnert: «Eine schöne Mischung von Fröhlichkeit und Wohlstand (...), die der Tänzerin keine Vergessenheit ihrer selbst und dem Tänzer keine willkürliche Freiheit mit ihr erlaubte.» LA ROCHE 1938:13. Vom Gefühlsgehalt des Deutsch- und Walzertanzens, dem Sophie von La Roche ja kein Verständnis entgegenbringen kann, abgesehen, läßt diese Charakterisierung doch die Beschwingtheit des Englischtanzens erkennen. Wenn Mozart hier von «teutsch» spricht, so handelt es sich um den Dreher oder Walzer. Vgl. dazu auch die Charakterisierung der englischen Country-dances und des Walzers in der «Encyclopädie der Leibesübungen»; VIETH 1970: 179 ff.

sondern auch auf Wesen und Gehalt des Tanzens: alle drei sind «das treffendste Sinnbild der behaupteten eigenen Freiheit und der geschonten Freiheit des andern». Die Autonomie des individualisierten Paares wird durch jene der mittanzenden Paare bestimmt; der Rhythmus der Musik zähmt die Wildheit der Bewegungen; «das Maaß» begrenzt Raum und Geschwindigkeit; es ist handlungsleitendes Sinnbild: «Handelnd fliehst du das Maaß, das du im Spiele doch ehrst?» Dies ist der letzte Vers des Gedichtes «Der Tanz», in dem Schiller den Inhalt der Tanzmetapher im Brief an Körner in eine poetische Kunstform gießt, wobei er zugleich aber noch kosmologische Bezüge mit aufnimmt – ein «Sphären»-Tanz. Die Verse 11 bis 13 lassen darauf schließen, daß Schiller wiederum einen englischen Tanz vor Augen hat; immerhin, die Wesensverwandtschaft mit Deutsch- und Walzertanzen ist augenfällig.

Der Tanz

Sieh, wie sie durcheinander in kühnen Schlangen sich winden,
    Wie mit geflügeltem Schritt schweben auf schlüpfrigem Plan.
Seh' ich flüchtige Schatten von ihren Leibern geschieden?
    Ist es Elysums Hain, der den Erstaunten umfängt?
Wie vom Zephir gewiegt, der leichte Rauch durch die Luft schwimmt,
    Wie sich leise der Kahn schaukelt auf silberner Flut
Hüpft der gelehrige Fuß auf des Takts melodischen Wellen,
    Säuselndes Saitengetön hebt den ätherischen Leib.
Keinen drängend, von keinem gedrängt, mit besonnener Eile
    Schlüpft ein liebliches Paar dort durch des Tanzes Gewühl.
Vor ihm her entsteht seine Bahn, die hinter ihm schwindet,
    Leis wie durch magische Hand öffnet und schließt sich der Weg.
Sieh! jetzt verliert es der suchende Blick. Verwirrt, durcheinander
    Stürzt der zierliche Bau dieser beweglichen Welt.
Nein, dort schwebt es frohlockend herauf. Der Knoten entwirrt sich,
    Nur mit verändertem Reiz stellt sich die Spannung mir dar.
Ewig zerstört und ewig erzeugt sich die drehende Schöpfung,
    Und ein stilles Gesetz lenkt der Verwandlungen Spiel.
Sprich, wie geschiehts, daß rastlos bewegt die Bildungen schwanken,
    Und die Regel doch bleibt, wenn die Gestalten auch fliehn?
Daß mit Herrscherkühnheit einer der einzelne wandelt,
    Keiner ihm sklavisch weicht, keiner entgegen ihm stürmt?

Willst du es wissen? Es ist des Wohllauts mächtige Gottheit,
Die zum geselligen Tanz ordnet den tobenden Sprung,
Die, der Nemesis gleich, an des Rhythmus goldenem Zügel
Lenkt die brausende Luft, und die gesetzlose zähmt.
Und der Wohllaut der großen Natur umrauscht dich vergebens?
Dich ergreift nicht der Strom dieser harmonischen Welt?
Nicht der begeisternde Takt, den alle Wesen hier schlagen?
Nicht der wirbelnde Tanz, der durch den ewigen Raum
Leuchtende Sonnen wälzt in künstlich schlängelnden Bahnen?
Handelnd fliehst du das Maaß, das du im Spiele doch ehrst?[32]

Die Tanz-, Bewegungs- und Körperkultur, wie sie im Gedicht «Der Tanz» poetischen Ausdruck findet, öffnet den Blick auf weitere Perspektiven: auf die Konstituierung des «Bürgerlichen» als kulturelles Konstrukt, als Folie einer neuen Welt- und Selbsterfahrung. Zentral dabei ist, daß der menschliche Körper als Beobachtungsfeld mit fragendem naturwissenschaftlich-klassifizierendem Blick ins Visier genommen wird, als gelte es Neuland zu entdecken. Hinter diesem Bemühen steht auch die Absicht, dem höfisch-aristokratischen Reper-

---

[32] Vgl. SCHILLER 1871:40f (Nr. 21). Schiller verfaßt das Gedicht «Der Tanz» im Sommer 1795; vor dem Druck (im Musenalmanach 1796) erfährt es eine Veränderung. Eine vollständige Umarbeitung erfolgt um 1799, fast kein Vers blieb unverändert: vgl. die Fassung SCHILLER 1871:41f (Nr. 22). Ende August schickt Schiller – zusammen mit anderen neuen Gedichten – den «Tanz» an Körner und schlägt ihm vor, dieses Gedicht zu vertonen. Am 9. September 1795 schickt Körner seine Komposition an Schiller zurück und schreibt: «Hier hast Du eine Composition des Tanzes. Anfänglich verzweifelte ich an der Möglichkeit. Indessen nutzte ich die ersten Momente, da die Wirkung des Gedichtes noch durch nichts gestört war, und ließ mich nachher nicht durch Schwierigkeiten abschrecken. Sorge nur, daß beim Vortrage das Tempo allmählich langsamer wird, doch so, daß der letzte langsamste Satz immer noch Bewegung genug enthält.» Am 18. September 1795 schreibt Schiller an Körner: «Für deine Musik tausend Dank. Sie ist überaus angenehm, und stimmt trefflich zu den Gedanken. Den eigentlichen Genuß davon werde ich aber erst dann haben, wenn ich jemanden finde, der sehr gut singt. Bald kommt Goethe hierher, und da will ich ihn damit tractieren.» Vgl. SCHILLERS BRIEFWECHSEL MIT KÖRNER 1878:167 und 170. Körner trägt sich in dieser Zeit mit dem Gedanken, einen Essay über das Tanzen für die «Horen» zu schreiben; Schiller ermuntert ihn brieflich mehrmals. 1795 verfaßt Körner dann einen kurzen Aufsatz «Über die Bedeutung des Tanzes» im Zusammenhang mit seinen musiktheoretischen Studien, der 1808 erstmals gedruckt wird. Vgl. KÖRNER 1964:48ff. Es sei nochmals betont, daß Schiller ein Ideal des Tanzens vor Augen hat und poetisch verklärt; wie im nächsten Subkapitel (III.2) zu zeigen sein wird, sieht nicht nur die Realität anders aus, sondern – was für uns bedeutsamer ist – auch die Bewertung dieser Tanzkultur.

toire an Körpersprache und den persönlichkeitsbildenden körperlichen Verkehrs- und Ausdrucksformen ein Gegenbild gegenüberzustellen – ein Gegenbild als Selbstrechtfertigung und Selbstdarstellung, das nicht auf das Äußere, den Schein hin orientiert ist, sondern auf das Innere, das Sein. Im Gegenlicht gentiler Wert-, Verhaltens- und Lebensformen, die vom Geist des Ancien Régime bestimmt sind, wird deshalb das Innere analysiert, klassifiziert und geformt. In seinem brillianten Essay «Die Beredsamkeit des Leibes – Körpersprache als künstlerisches und gesellschaftliches Problem der bürgerlichen Emanzipation» weist Wolfgang Kemp auf diese Zusammenhänge hin:

«Auf derart klassifizierend naturwissenschaftlicher Grundlage entwickelt das ausgehende 18. Jahrhundert die Lehre der Physiognomik, Mimik, Phrenologie und der Proportionen, das sind Wissenschaften, die von einem Äußeren auf ein Inneres schließen – Ausdruckskunde also. Sie stehen für den Versuch, die gestörte Interaktion der Individuen durch Erkenntnis, Lehre und Übung zu beheben. Die pragmatische Anthropologie (Kant), das Ergebnis dieser Bemühungen, bildet sich in reger Wechselbeziehung zu den verschiedensten Disziplinen: der viele Gebiete übergreifende Antikenkult, die Veränderungen auf dem Theater und dem Tanzboden, in der Malerei und Plastik, in der Mode, in der Pädagogik und vor allem in der neuen Leibeserziehung sind hier als Faktoren mit in Betracht zu ziehen.»[33]

Die von Wolfgang Kemp aufgelisteten Disziplinen, die in reger Wechselbeziehung stehen, könnten durch weitere ergänzt werden: Physiologie, Psychologie, Chemie wären zu nennen; ferner ein neues Körper-, Hygiene- und Gesundheitsbewußtsein, auch in Verbindung mit neuen Disziplinierungsmethoden usw., doch sei nochmals an das Kaleidoskophafte all dieser Bemühungen erinnert. Goethes Wirken bietet dafür Illustrationen genug: seine vielfältigen kunst- und naturwissenschaftlichen Studien, die in Verbindung stehen mit seinem eigenen künstlerischen Schaffen und darin ihren Niederschlag finden. In mannigfach wechselnder Anschauung und Einsicht spüren sie den Rätseln des Menschseins, der Natur und der Welt nach: von der Physiognomik bis zur Farbenlehre; von der Geologie bis zur Botanik; von der Zoologie bis zur menschlichen Anatomie. Symptomatisch für das wechselnde Fortschreiten ist, daß Goethe – angeregt durch und in Auseinandersetzung mit Spinoza – in einer 1792 verfaßten Studie nicht mehr dem Messen der Proportionen am lebendigen Körper das Wort

---

[33] KEMP 1975:118.

redet, denn dieses Messen sei einem von außen herangebrachten Maßstab verpflichtet. Der lebendige Körper habe aber nur in sich selbst seinen Maßstab, und dieser sei ein höchst geistiger. Wie Schiller verbindet Goethe in dieser Studie seine Einsichten mit der Suche nach einer Theorie des Schönen und des Erhabenen, und kurze Zeit später nehmen die beiden ein intensives Gespräch darüber auf. Schiller schreibt am 1. September 1794 an Körner, daß sich eine «unerwartete Übereinstimmung» gefunden habe, «die um so interessanter war, weil sie wirklich aus der größten Verschiedenheit der Gesichtspunkte hervorging».[34]

Weiter oben wurde Dessau-Wörlitz in Zusammenhang mit der Reformpädagogik, der neuen Leibeserziehung und den «wiederaufgelebten Olympischen Spielen» (Drehbergfeste) erwähnt. Dessau-Wörlitz ist eine Kaleidoskop-Figuration ganz besonderer Art, die evident macht, wie wenig das «Bürgerliche» soziologisch fixierbar und wie sehr es in dieser formativen Phase eine Chiffre für Kultur ist. Wir stützen uns im folgenden auf das Werk von Erhard Hirsch «Dessau-Wörlitz. ‹Zierde und Inbegriff des XVIII. Jahrhunderts›».[35] Der Untertitel ist ein Zitat von Christoph Martin Wieland – seine Charakteri-

---

[34] Vgl. GOETHES WERKE 1981, Bd. 13:7f («Zur Naturwissenschaft im Allgemeinen – Studie nach Spinoza»): «Jedes existierende Ding hat also sein Dasein in sich, und so auch die Übereinstimmung, nach der es existiert. Das Messen eines Dinges ist eine grobe Handlung, die auf lebendige Körper nicht anders als höchst unvollkommen angewendet werden kann.»
Vgl. ferner DILTHEY 1894:317ff, insbesondere 338f. Die Briefstelle an Körner lautet: «Bei meiner Zurückkunft fand ich einen sehr herzlichen Brief von Goethe, der mir nun endlich mit Vertrauen entgegenkommt. Wir hatten vor sechs Wochen über Kunst und Kunsttheorie ein langes und breites gesprochen, und uns die Hauptideen mitgeteilt, zu denen wir auf ganz verschiedenen Wegen gekommen waren. Zwischen diesen Ideen fand ich eine unerwartete Übereinstimmung, die um so interessanter war, weil sie wirklich aus der größten Verschiedenheit der Gesichtspunkte hervorging. Ein jeder konnte dem anderen etwas geben, was ihm fehlte, und etwas dafür empfangen. Seit dieser Zeit haben diese ausgestreuten Ideen bei Goethe Wurzel gefaßt, und er fühlt jetzt ein Bedürfnis, sich an mich anzuschließen, und den Weg, den er bisher allein und ohne Aufmunterung betrat, in Gemeinschaft mit mir fortzusetzen.» Vgl. SCHILLERS BRIEFWECHSEL MIT KÖRNER 1878:110.
[35] HIRSCH 1985; das außerordentlich instruktive, viele Bereiche behandelnde Werk entbehrt leider der genauen Quellenanmerkungen; die zeitgenössischen Quellenzitate, die wir im folgenden von Hirsch übernehmen, werden von uns über die im Werk enthaltenen Quellenangaben hinaus nicht weiter eruiert.

sierung des Aufklärungsphänomens Dessau-Wörlitz, des Dessauer Kultur- und Reformkreises mit seinen zwei Schlüsselpersönlichkeiten, dem Fürsten Leopold III. Friedrich Franz (1758–1817) und Friedrich Wilhelm von Erdmannsdorf. Hirsch hätte andere zeitgenössische ‹Epitheta ornantia› als Untertitel wählen können; es gibt eine Vielzahl davon. Das kleine Fürstentum wird zum Wallfahrtsort, zur Kultstätte einer Bildungsreligion, zu «Irenopolis» (Basedow), zum Friedensstaat; Fürst Leopold III. Friedrich Franz ist der Hoffnungsträger reformfreudiger Aufklärer, der «Friedensfürst» (Basedow), der «Philosophenfürst» (Winckelmann), ein «Weiser zum Heyle vieler Länder», ja, «ein Prinz, der ein Kayser seyn sollte, so wie er ein Menschenfreund ist» (Winckelmann), der «Abgott Deutschlands» (Andreas R. Riem). Eine große Zahl reise- und schreibfreudiger Aufklärer, darunter auch fürstliche Häupter, besucht für längere oder kürzere Zeit Dessau-Wörlitz, denn hier werde vorgelebt und verstanden, «die Erde in einen Schauplatz vernünftiger Menschen zu verwandeln» (Franz V. Reinhard). Als Jean Paul Wörlitz erblickt, da ist ihm, «als ginge die Sonne eben auf. (...) Lange sonnentrunkne Perspektiven liefen wie glänzende Rennbahnen der Jugend, wie Himmelweg der Hoffnung hin.»[36]

Mannigfache Neigungen und Interessen verbinden sich mit diesem Besucherstrom; der Dessauer Kultur- und Reformkreis ist Leitstern für vieles. Die Liste ist lang; erwähnt seien nur: das Philanthropin, die Landesschulreform, die Nationalfeste, die Buchhandlung und der Verlag für Gelehrte und Künstler, das Musik- und Theaterleben, die ständeverbindenden Geselligkeitsformen; aber auch die Einrichtungen der Armenversorgung, des Gesundheitswesens, der Hygiene (einschließlich des Bestattungswesens), der Volksbildung und -aufklärung, der religiösen Toleranzpraxis, der Rechtsprechung, des Fiskal- und Ökonomiewesens, des Straßenbaus – alles ist auf das Schöne, Humane und Nützliche zugleich bezogen.

Das «Allerheiligste» jedoch, zu dem die Besucher wallfahren, sind die Garten- und Landschaftsarchitekturen, insbesondere die Wörlitzer Anlagen. Sie stehen – so Hirsch – «als Gesamtkunstwerk in ihrer Widerspiegelung der widersprüchlichsten Strömungen eines unendlich reichen Zeitalters dreier geistiger Generationen: des Sturm und Drangs, der Klassik und der Romantik. Als Klammer dient allen dreien die Aufklärung. Erst in dieser kulturgeschichtlichen Einbet-

---

[36] Die hier aufgelisteten zeitgenössischen Quellen finden sich zitiert bei HIRSCH 1985:223, 51, 7, 9, 223.

1. Der große Umbruch in der Bewegungskultur

tung, umgeben von all den gleichzeitigen allseitigen Leistungen der Dessauer aufklärerischen Reformer, konnte Wörlitz als ‹Mekka› (van Kempen), als Wallfahrtsort des reisebegeisterten Zeitalters, als Symbol des unter deutschen Verhältnissen möglichen Fortschritts gelten, der die ganze Skala des gesellschaftlichen Lebens erfaßte. (...) Die Dessau-Wörlitzer Kulturlandschaft als philosophisches Programm in einer Zeit, da die Philosophen sich anschickten, die Welt zu verändern: Es konnte unter den gesellschaftlichen Gegebenheiten nur Stückwerk daraus werden.»[37]

Goethe besucht im Mai 1778 Wörlitz und schreibt an Charlotte von Stein: «Wörlitz Donnerst. Nach Tische gehn wir auf Berlin über Pozdam. Hier ists jetzt unendlich schön. Mich hats gestern Abend wie wir durch die Seen Canäle und Wäldgen schlichen sehr gerührt wie die Götter dem Fürsten erlaubt haben einen Traum um sich herum zu schaffen. Es ist wenn man so durchzieht wie ein Mährgen das einem vorgetragen wird und hat ganz den Charackter der Elisischen Felder in der sachtesten Manigfaltigkeit fliest eins ins andere, keine Höhe zieht das Aug und das Verlangen auf einen einzigen Punckt, man streicht herum ohne zu fragen wo man ausgegangen ist und hinkommt. Das Buschwerck ist in seiner schönsten Jugend, und das ganze hat die reinste Lieblichkeit. – Und nun bald in der Pracht der königlichen Städte im Lärm der Welt und der Kriegsrüstungen.»

Die Leitidee der Dessau-Wörlitzer Anlagen ist, «das Nützliche mit dem Schönen» zu verbinden. Das «Schöne» jedoch dient gleichzeitig der «Läuterung» der Menschheit, denn – so Shaftesbury – «das Gute und das Schöne sind ein und dasselbe». Für die Zeitgenossen ist diese Kulturlandschaft in ihrem Imaginations- und Emotionsgehalt «ein Garten Gottes (...) und ein wahres Paradies. (...) Kein Fleckchen Land liegt unbenutzt»; alles zeigt die «Verbindung des Nützlichen mit dem Schönen», und das Ganze ist «ein Meisterwerk einer glühenden Einbildungskraft, die sich aber allenthalben dem Soliden unterordnet» (so der Berliner Aufklärer Andreas R. Riem, ein offener Sympathisant der Französischen Revolution). Der bürgerlich-aufgeklärte Heidel-

---

[37] HIRSCH 1985:223 und 227; Hirsch widmet dieser Thematik zwei Kapitel: «Das Gartenreich: Kulmination der Dessauer Aufklärung»; «Das ‹Allerheiligste›: Die Wörlitzer Anlagen». Die nachfolgenden Quellenzitate sind diesen zwei Kapiteln sowie dem Schlußkapitel «Die Folgen» entnommen; HIRSCH 1985:158 ff. Ferner hat Hirsch diese Thematik in zwei früheren Studien behandelt: HIRSCH 1974 und HIRSCH 1978. Zum nachfolgenden Goethebriefzitat vgl. GOETHE 1982:249 (Brief vom 14. Mai 1778).

berger Universitätsprofessor Johann Friedrich Abegg erlebt die Anlagen als «einen Garten für Menschen». Der aufgeklärte Romanschriftsteller Wilhelm Friedrich Meyer kennt «nur eine Ebene, die wie ein heiliges Geheimnis immer neu wechselnd dem Auge sich entschleiert – die des Landes Dessau. (...) Von jeher zeigt sich da, wo der Trieb zum Schönen der herrschende war, die Menschheit in ihrer reinsten Blühte». Charles-Joseph de Ligne ruft zum Schluß seines Werkes über Gartenarchitektur seinen Zeitgenossen zu: «Gärtner, Maler, Dichter, Philosophen: Geht nach Wörlitz!» Der gemeinsame Besuch der Dessau-Wörlitzer Anlagen wird für die Frühromantiker Wackenroder und Tieck zum bildungsreligiösen Erlebnis. Der erste schreibt von «heiligen Tagen»; der letztere antwortet ihm: «Erinnerst Du Dich des halben Stündchens, da wir in dem Felsengemache auf den Steinen saßen und durch die Öffnung auf den Kanal heruntersahen? (...) Gott, was war das für ein Vormittag! Idealischer habe ich nie einen erlebt!» Damit genug der Pilgerfahrtberichte. Die Wörlitzer Anlagen sind Seelenlandschaften mit kultureller Zeichenhaftigkeit, und sie deuten dorthin, wo das «Bürgerliche» zu suchen ist.

Shaftesbury wurde zitiert; es bestehen direkte Bezüge: Leopold III. Friedrich Franz besucht viermal England; das erste Mal – von April 1763 bis Sommer 1764 – zusammen mit Erdmannsdorf, dem genialen Architekten und Landschaftsgestalter. Gemeinsam mit Fürst Franz ist er Schöpfer der Dessau-Wörlitzer Anlagen. Auch auf der zweiten und dritten Englandreise (1766/7 und 1775) ist er mit dabei. Für den Fürsten ist England das Muster bürgerlicher Freiheit, sein zweites Vaterland. Die dritte Englandreise (1775) führt über Paris, weil man dort Rousseau besuchen will; das Hauptgesprächsthema mit diesem: England. Neben Landwirtschaft und Manufaktur finden vor allem die neuen englischen Schloß-, Garten- und Parkanlagen das Interesse; sie inspirieren in vielfältiger Weise die Konzeption der Dessau-Wörlitzer Kulturlandschaft.[38] Versailles Gärten mit ihrer künstlichen, geometri-

---

[38] Vgl. dazu HIRSCH 1985:31 sowie 48 ff. Der Fürst und Erdmannsdorf beherrschen die englische Sprache hervorragend. James Boswell findet schon 1764 in der Dessauer Schloßbibliothek eine reichhaltige Kollektion englischer Werke. Die vierte Reise (zusammen mit dem Erbprinzen und Rode) 1785 führt unter anderem ins Industriezentrum Coalbrookdale. Das Studium der englischen Landwirtschaft steht in direkter Verbindung mit dem Studium der englischen Garten- und Parklandschaft. Die Dessau-Wörlitzer Anlagen sind ja nicht ‹art pour l'art›, sondern werden landwirtschaftlich genutzt – das Nützliche mit dem Schönen verbindend. Auf einer Schweizerreise (1770) besuchen der Fürst und Erdmannsdorf nicht nur

sierten, zurechtgestutzten «Natürlichkeit» haben als Leitbild ausgedient. Eine andere «Natürlichkeit» wird Schönheitsideal und findet in ihrer symbolhaften Aufladung Ausdruck in den neuen «englischen» Park- und Gartenanlagen. Im zitierten Brief Schillers an Körner vom 23. Februar 1793 ist diese Art «Natürlichkeit» als Schönheitsideal beschrieben, und zugleich wird ja die Verbindung zum englischen Tanz hergestellt.

Die Dessau-Wörlitzer Kulturlandschaft ist jedoch keineswegs ein Abklatsch englischer Reiseeindrücke, in ihr finden noch andere Bildungserlebnisse ihren Niederschlag: die klassische Antike in der aufgeklärt-bürgerlichen Rezeption der Zeit. Erdmannsdorf weilt insgesamt viermal in Italien, einmal zusammen mit dem Fürsten; Winckelmann ist an ihrer Seite, als Führer und Gesprächspartner. Seine geistige Patenschaft ist in der ständigen Weiterentwicklung und Ausgestaltung der Dessau-Wörlitzer Anlagen durch Erdmannsdorf überall präsent. Gegen Ende des Jahrhunderts ist ganz Dessau «in italienischem Geschmack umbauet», berichtet 1797 der Weimarer Archäologe Carl August Boettiger, von dem auch das Epitheton ornans «das Allerheiligste» für die Wörlitzer Anlagen stammt. Mehrere Bauten, aber auch Gartenanlagen (einschließlich südlicher Gewächse) sind Imitationen antiker Vorbilder. Italiensehnsucht und Engländerlebnisse gehen eine Verbindung ein und prägen den bürgerlich-emanzipatorischen Habitus von Dessau-Wörlitz: eine Symbiose zwischen Klassizismus und Neugotik; antike Anlagen integriert in englische.

Auf all die Bauwerke und Anlagen einzugehen, die während der mehr als ein halbes Jahrhundert dauernden Regierungszeit Leopolds III. (in rund vierzigjähriger Zusammenarbeit mit Erdmannsdorf) entstehen, ist nicht möglich. Auch ihr zeitgenössischer Einfluß (z. B. auf Goethes Weimar) und die nachfolgende Wirkungsgeschichte bleiben unerwähnt. Zwei auf unsere Thematik bezogene Hinweise

Lavater und Salomon Gessner, sondern auch den «philosophischen Bauern» Kleinjogg. Über den Besuch englischer Landsitze schreibt Hirsch unter anderem: «wahrscheinlich sind die Dessauer bei der Einweihung des neugotischen Hauses Horace Walpoles in Strawberry Hill zugegen. (...) Mit Sicherheit sind alle Adelssitze mit den modernsten Parkschöpfungen Kents und «Capability» Browns besichtigt worden; Stourhead hinterließ dabei den größten Eindruck, und die persönliche Bekanntschaft mit William Chambers wurde von großer Bedeutung für die Dessauer Gartengestaltung.» HIRSCH 1985:48f. Wie groß der englische Einfluß ist, mag der Ausspruch des englischen Diplomaten beim Besuch in Dessau-Wörlitz kurz vor dem Tode des Fürsten Leopold III. dokumentieren: «Goddam, hier bin ich in England.» HIRSCH 1985:213.

müssen genügen: Zum einen sei nochmals die Verbindung des Nützlichen mit dem Schönen erwähnt. Nicht nur die Parkanlagen werden mit neuen Anbaumethoden intensiv landwirtschaftlich genutzt, sondern auch die Bauten finden einen Verwendungszweck, mögen sie nun klassisch oder neugotisch sein. Der eben genannte Carl August Boettiger führt mehrere Beispiele an und schreibt: «Der Fremde glaubt anfänglich, diese Gebäude wären bloß zur Verzierung da, wird aber aufs angenehmste überrascht, wenn er erfährt, daß hier nichts vergeblich stehe und alles zugleich putzen und nutzen müsse.» Zum anderen ist der ‹Genius loci› der Dessau-Wörlitzer Anlagen ein ständeüberschreitender und ständeintegrierender: eine Seelen- und Stimmungslandschaft des «Bürgerlichen». Nach August Rode, Verfasser von vier offiziellen Dessau-Wörlitzer Führern und mit dem Fürsten eng verbunden, übertreffe nichts den Genuß, in diesem Gartenreich «bei stillem Mondscheine, unter dem Geräusch des nahen Wasserfalls, am Ufer des Flusses zu sitzen (...) während daß in den dämmernden Gängen umher, gleich den Schatten Elysium, alle Stände vermischt lustwandeln (...)».[39]

Die Wörlitzer Anlagen – ein bürgerlich pädagogisches Programm, wie Thomas Nipperdey die englischen Gärten charakterisiert: «Der englische Garten, das war die Pluralität einer künstlichen, wohlabgewogenen, aber doch freien Natur, unzentriert und scheinbar unbegrenzt, in der der Einzelne – spazierengehend – seine eigenen Perspektiven gewann und seinen Phantasien, die ins Unendliche schweifen mochten, seinen – zudem durch Wasserfälle, Tempel, Ruinen oder Gedenksteine angeregten – Empfindungen und Erinnerungen folgen konnte, gegenüber dem formalen Garten eine individualisierte, eine liberale Welt. Dieser Garten hat nachhaltig die Naturanschauung wie die Vorstellung von anschaulicher Ordnung verwandelt. Dieser Garten nun wird öffentlich, wird bürgerlich, auch wenn die Bauherren zunächst noch Monarchen oder Adlige sind. Seit dem Jahrhundertbeginn wird die Idee des öffentlichen Parks, in dem der Mensch sich nicht nur spazierend erholt, sondern auch im Anschauen und Erleben frei

---

[39] Zu August Rode vgl. HIRSCH 1985:39f; zu den vier Führern bemerkt Hirsch, man könne sie wegen der engen freundschaftlichen Beziehungen Rodes zu den Schöpfern des Gartenreiches als ihr «Sprachrohr» ansehen. Wohl das eindrücklichste Beispiel der Verbindung des Nützlichen mit dem Schönen ist heute noch im Speisesaal des Wörlitzer Schlosses zu sehen: Auf einem hölzernen Sockel steht ein marmorner Ganymed; der hölzerne Sockel ist zugleich ein Kühlschrank mit Eisbehältern.

geordneter Natur sich bildet und veredelt, selbstverständlich; der Park ist ein humaner, volkserziehender Bau mit ‹höherem› Zweck; die ästhetische Idee der Funktion der Gartenschönheit wird zu einem festgeronnenen Traditions- und Konventionsstück.»[40]

Fügt sich ins Dessau-Wörlitzer Kaleidoskop auch der Tanz ein? Zunächst ein recht spekulativer Bezug: Unter den Bauten der Dessau-Wörlitzer Anlagen befinden sich einige, bei denen die Kreisform als Stilelement dominant ist.[41] Im Rahmen eines breit angelegten Forschungsprojektes zum Bürgertum hat Monika Steinhauser eine ebenso brillante wie interdisziplinär dichte Studie, «Sprechende Architektur», geschrieben, in der sie das französische und deutsche Theater als Institution und ‹monument public› (1760–1840) von der Verbürgerlichungsthematik her analysiert.[42] Sie weist darauf hin, daß in der «Sattelzeit» die Architektur «eine moralische Idee in Analogie zur Rhetorik und Poesie sinnlich zu vermitteln» sucht: «Die damals neu entwickelte Charakterlehre umriß den Darstellungswert der Architektur, den angemessenen Ausdruck der praktischen Funktionen einer Bauaufgabe.» In diesem Zusammenhang geht Monika Steinhauser auf die zeitgenössische Bedeutung der Kreisform ein – unter anderem als Symbol von Egalität und Natur –, im Spiegel des antiken Theaters, «das immer wieder Maß für Macht und Ohnmacht des zeitgenössischen Theaters war». Die Kreisform gehört zur «neuen moralischen Sprache».[43]

Es ist wohl kein Zufall, daß auch die Rousseau-Insel am Eingang zu den Wörlitzer Anlagen kreisförmig angelegt ist.[44] Fürst Franz und Erdmannsdorf verfolgen in der Ausgestaltung des Dessau-Wörlitzer Gartenreiches eine pädagogische Absicht: «In Wörlitz und im Gartenreich entstand nun eine ‹pädagogische Provinz› größten Formats: Was

---

[40] NIPPERDEY 1983:533.

[41] Erwähnt seien die in HIRSCH 1985 abgebildeten: Der Zuschauerraum des Theaters (Nr. 37 und 38); die Sportstätte Drehberg mit dem fürstlichen Grabmal, das ebenfalls ein Rundbau ist (Nr. 51); das Georgium, Jonischer Tempel – Monopteros (Nr. 57); das Pantheon (S. 170); der Halbkreis des Amphitheaters (Nr. 110); die Luisenklippe (Nr. 115); die Synagoge und ihr antikes Vorbild, der Portunus-Tempel am Tiber bei Rom (Nr. 116 und 117); damit sind keineswegs alle kreisförmigen Bauten und Anlagen aufgelistet.

[42] STEINHAUSER 1988.

[43] STEINHAUSER 1988:287ff; die Zitate 306f, 315f und 308. Der Ausdruck «sprechende Architektur» ist zeitgenössisch («architecture parlée»).

[44] Vgl. HIRSCH 1985, Abb. Nr. 102; das nachfolgende Zitat sowie die Schilderung der «pädagogischen Provinz» HIRSCH 1985:213ff.

die Freunde auf ihren Reisen beeindruckt hatte, ihre ‹Landeskinder› jedoch nicht sehen konnten, wurde ihnen *en petit*, sozusagen wenigstens als plastisches Bilderbuch anschaulich gemacht.» Die «pädagogische Gestaltung» reicht von einer Nachbildung der Brücke von Coalbrookdale über einen römischen Limes-Wachtturm auf dem Elbdeich bis zur chinesischen Pagode. Vor allem aber sind es antike Werke, deren «moralische Sprache» belehren soll, darunter ein hoher Anteil kreisförmiger. Die Sportstätten des Drehbergs mit dem Fürstengrab in der Mitte dienen als Illustration; sie führen zum Tanzen zurück.

«Die Abbildungen [hier Abb. 9 und 10] zeigen – im Auf- und Grundriß – die in konzentrischen Kreisen angelegte Drehberger Anlage, die Stätte der wiederaufgelebten Olympischen Spiele» (GutsMuths), eine Verbindung von antiker Festspielidee und der als Teil der Reformpädagogik konzipierten und praktizierten neuen Leibeserziehung, deren Pioniere ja alle für kürzere oder längere Zeit in Dessau wirken: Winckelmann und GutsMuths Hand in Hand. Die jährlichen Volksfeste, 1776 erstmals abgehalten und ein Jahr später auf den 24. September, den Geburtstag der Fürstin Luise, gelegt, finden bis 1799 statt. Die volkssportlichen Wettkämpfe, die Siegerehrungen und das übrige Zeremoniell bilden ein «klassizistisches Kulturprogramm».[45] Die acht Dorfschaften ziehen mit Gesang und Spiel in die acht «Schächte» der Anlage ein (siehe Grundriß); das Fürstenpaar erscheint und zeichnet nach dem Frühstück «tugendhafte» Landmädchen im heiratsfähigen Alter mit Kränzen, Bauerntracht, schwarzem Festkleid und Geschenken für die Aussteuer aus. Es folgen die Wettkämpfe, dem klassischen Agon verpflichtet: zuerst ein Pferderennen (wie in der Antike ohne Sattel), dann altersgestufte Wettläufe der Knaben und danach – vom antiken Vorbild abweichend – der Mädchen. Diese Jugendwettläufe finden in der Kreisbahn um das Grabmal statt. Das Fürstenpaar und seine Gäste beobachten sie von der offenen Galerie aus, die um die Laterne der Grabkuppel führt: Spiel und Totenkult vereint nach klassischem Muster, «etwas im wahren Geiste

---

[45] Vgl. HIRSCH 1985:107; für das folgende siehe das Kapitel «Die Nationalfestidee: Das Volksfest am Drehberg und ‹die wiederaufgelebten olympischen Spiele›»: HIRSCH 1985:107–111. Auch diese Drehbergfeste sind eine Verbindung von klassischer Antike und Englandorientierung, denn in England werden im 17. Jahrhundert – in Anlehnung an die Klassik – Olympische Spiele innoviert, von denen der Fürst und Erdmannsdorf wohl Kenntnis haben, vgl. HIRSCH 1985:107.

1. Der große Umbruch in der Bewegungskultur

9. Frédéric le Bert de Bar: «Der Drehberg»

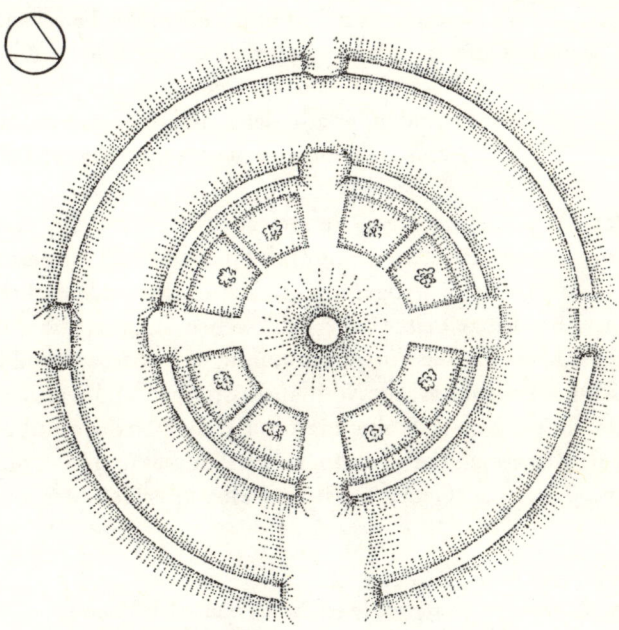

10. «Der Drehberg»: Grundriß, Durchmesser etwa 130 m

des Altertums Gedachtes» (Carl August Boettiger). Die Siegerehrung und Gabenüberreichung erfolgt durch die Fürstin persönlich, wie überhaupt Gestaltung und Zeremoniell dieses Volks- und Nationalfestes auf eine Egalisierung der Standesunterschiede hin angelegt sind. Nach dem letzten Lauf der Mädchen beginnt der Festschmaus, vom Fürstenpaar gestiftet, in den acht «Schächten» der Sportanlage, und anschließend wird getanzt: Saturnalien!

GutsMuths schreibt: «Ein tausendfach gruppiertes ländliches Mahl in Zelten und Lauben erfrischt das große Menschengewühl. Gern trägt der gütige Fürst soviel als möglich ist dazu bei. Musik und Jauchzen ertönt in allen Quartieren, in welche der Platz um die Laufbahn her für die einzelnen Dorfschaften geteilt ist. Der Tanz beginnt und währt, bis der Tag sich neigt. Oft macht eine Beleuchtung des Gebäudes und der Hecken den Beschluß und ein Zeichen erinnert die vergnügten Landleute an den Rückzug.»[46]

Drehberg und sein ‹Genius loci›: Der Name selbst, aber auch die kreisförmigen Grundrisse der Anlage und des Grabmals wecken Assoziationen an die neue Art des Tanzens. Zum Abschluß des Volks- und Nationalfestes ländliche Volks- und Nationaltänze um die Grabstätte des Fürsten, am Geburtstag der Fürstin: das sind Anleihen an antike Traditionen der Verbindung von Tod und Leben, des Feierns und des Tanzens auf Grabstätten. Dazu nochmals GutsMuths: «Wie schön drängt hier der edle Fürst den ernsten Gedanken des Todes an den freudigen des Lebens und überläßt dem ruhigen Denker das stille Vergnügen, beide zu dem reizendsten Wohlsein zusammenzustimmen.»[47]

Zu den Wörlitzer Anlagen gehört auch das gotische Haus, die Privatwohnung des Fürsten, die nur mit Spezialbewilligung zu besichtigen ist. Carl August Boettiger erhält 1797 Zutritt und beschreibt das Innere in allen Einzelheiten: die zahlreichen Räume, die gotischen Fenster, das Mobiliar, die Porträtsammlung, die kostbaren Bilder und andere Kunstgegenstände, die Waffen, Rüstungen und was der Dinge mehr sind, die der Fürst aus aller Herren Länder von der Antike bis zur Gegenwart gesammelt hat – bis hin zur Südseesammlung und einer Weltkarte, die er von Georg Forster geschenkt erhielt, der an Cooks

---

[46] GUTSMUTHS (1793) 1957:99ff.

[47] GUTSMUTHS (1793) 1957:98; es sei daran erinnert, daß Tanzen bei Grabstätten nicht nur antike Tradition ist, sondern auch frühchristliche, die – trotz vieler kirchlicher Verbote – bis in die frühe Neuzeit reichte.

1. Der große Umbruch in der Bewegungskultur

zweiter Weltumsegelung teilnahm und die Route auf dieser Karte einzeichnete.⁴⁸

Im Juli 1812 notiert Rahel Varnhagen in ihr Tagebuch, sie werde nun ihre fünf Träume aufschreiben, «in der Folge, wie sie mir träumte». Im Gegensatz zu den vier anderen hat der zweite Traum einen heiterbeschwingten Inhalt: ein Traum von der Kunst und den Künstlern aller Zeiten und aller Länder.⁴⁹ Rahel befindet sich in einem gotischen Haus, dessen Räume gefüllt sind mit Kunstwerken, Porträts, ja den lebenden Künstlern selbst: «Die Maler und Bildhauer selbst aus allen Zeiten umgaben mich in großem Gedränge, in allen nur erdenklichen Kostümen; um diese Kunstwerke zu beurteilen: eine Art letztes Gericht der Kunst!» Rahels Traumgesicht «hinter verschlossenen Augen» gemahnt bis hin zu den Männern in Nationaltracht, Rüstung und Waffen an das Wörlitzer gotische Haus, wie Boettiger es detailreich schildert. Plötzlich entsteht in einem Saal ein Gedränge, und alles schreit: «Das Ideal, das Ideal». In einem kleinen Raum, in den sich die Künstler zurückgezogen haben, steht ein scheuer Jüngling «in gewöhnlicher Kleidung ohne Hut, in einem blauen Frack». Ehrfurchtsvolle Stille nun, nur einige Künstler sagen «leise zischend» noch einmal «das Ideal». Rahel tritt im Traum an den Jüngling heran: «Ich gehe heran, sehe diesem Menschen recht in die Augen, die bedeckt bleiben; er lächelt aber mehr. Ich klopfe ihm mit der Hand auf die Schulter und sage: ‹Ich sehe es ja, Sie leben. Sie können sich das Lachen nicht enthalten.› Darauf hebt er den Kopf; umfaßt mich mit beiden Armen; und wir fangen auf die fröhlichste Weise an zu walzen. Mit großem Vergnügen und ganz unbefangen; fröhlich. Die Künstler sehen etwas erstaunt zu, treten etwas zurück; und so auch mein Traum: denn hier war er aus.»

Die Inkarnation der Kunst aller Zeiten und Länder, das Ideal: ein scheuer Jüngling, der Rahel zum Walzertanzen auffordert. «Läßt

---

⁴⁸ Vgl. BOETTIGER (1797) 1973:53 ff; Boettiger veröffentlicht 1799 in Cottas Taschenbuch als ersten Teildruck dieser Reise die Beschreibung des «gotischen Hauses», BOETTIGER (1797) 1973:112, Anm. 137. Die Südseesammlung (mit Weltkarte) befindet sich nicht im gotischen Haus.

⁴⁹ Dieser Traum ist abgedruckt in der Neuen Zürcher Zeitung Nr. 69, 1989 (21./22.Oktober) und kommentiert von Friedhelm Kemp. Dieser zweite Traum war verschollen und wurde erst vor kurzem wieder aufgefunden. Der vierte Traum, «Mägden der Erde», hat Rahels Judentum zum Inhalt. Könnte es auch hier Verbindungen zu Dessau-Wörlitz geben, denn hier wurde, wie erwähnt, eine Synagoge in antikem Stil gebaut, und die Juden wurden mit außergewöhnlicher Toleranz behandelt?

dieser (Traum) nicht, ohne zur Allegorie zu gerinnen, alle angestrengten Unterscheidungen von Klassik und Romantik hinter sich? Auf eine sie übertreffende weibliche Weise und mit liebendem Schwung? Und bedarf es weiterer Auslegungen, wenn man sich von diesem selber in Bewegung setzen läßt?» Diese Fragen stellt Friedhelm Kemp in seinem Kommentar zu Rahels zweitem Traum, den er «Das tanzende Ideal» nennt. In der Tat: ‹bedarf es weiterer Auslegungen›? Ein Kaleidoskopbild besonderer Art, dieses Traumbild, dessen Imaginationsgehalt von Dessau-Wörlitz inspiriert ist![50]

Mit Goethe wurde begonnen; Rahel führt uns abschließend zu ihm zurück. In einem Briefwechsel mit ihrem Jugendfreund David Veit gibt der walzertanzende Werther zu einer längeren Kontroverse Anlaß; wir beschränken uns auf wenige Auszüge: Am 17. Dezember 1793 schreibt Rahel: «Ja, ich walze. Seit fünf Montagen haben wir eine Tanzstunde etablirt bei uns – seit dem dritten walz' ich, und nicht bitter; und glauben Sie, daß man den Verstand bei diesem unheilsamen Drehen behält? – die Wollust find' ich nur nicht drin; – die fast alle Menschen, die eine Hälfte als so gefährlich, die andre als so himmlisch schildert, oder muß man so verliebt sein, wie Werther, und daß man den Andern gar nicht gönnen kann, mit seinem Mädchen zu walzen, weil man es gar zu köstlich findet?»

Am 24. Dezember 1793 antwortet Veit: «Aus Ihren Bemerkungen über das Walzen schließe ich positiv, daß Sie in den Menschen nicht verliebt waren, mit welchem Sie walzten», und versucht nun ausführlich, die besondere Gefühlswelt des walzertanzenden Werther zu

[50] Rahel kennt Wörlitz; David Veit schreibt am 5. Oktober 1793 aus Dessau an Rahel, schildert das Schloß von Wörlitz und fragt: «War schon zu Ihrer Zeit das Bildnis der Frau von der Reck von Graff auf dem Schloß?» (vgl. nächste Anmerkung). Es ist zu vermuten, daß Rahel auch später noch Dessau-Wörlitz besucht hat, denn sie ist nicht nur eine große Kunst- und Gartenliebhaberin (sie liest auch den «Gartenkalender»), sondern wird von der Judentoleranz des Fürsten sich besonders nach Dessau-Wörlitz hingezogen gefühlt haben. Mehrere Jugendfreunde (unter anderem auch Veit) studieren zeitweise in Halle. Ob sie vor 1812 die Innenräume des gotischen Hauses besichtigen konnte, entzieht sich unserer Kenntnis. Möglich wäre es, denn der Fürst führt zuweilen inkognito Fremde durch das gotische Haus, und Adolf Müller berichtet 1804, daß man eine Besichtigung nur tags zuvor anzumelden brauche, vgl. BOETTIGER (1797) 1973, Anmerkung 110 und 137. Rahel, die extensiv Journale las, wird wohl auch die Schilderung des gotischen Hauses von Boettiger in Cottas Taschenbuch 1799 gekannt haben. Forster hat dem Fürsten nicht nur die Weltkarte geschenkt, sondern auch seine Südseesammlung. Die Bibliothek des Schlosses enthält Porträts (Wandbilder) und Büsten von den römischen Friedenskaisern bis zu den Reformatoren und Rousseau.

1. Der große Umbruch in der Bewegungskultur

erklären, doch kann er Rahel nicht überzeugen: «Mit dem Walzen sind wir aber in Jahren noch nicht fertig – Ich walze – fertig und werde nicht schwindlich.» Sie fühle keine Eifersucht: «Seit der Zeit aber, daß ich Ihnen nicht geschrieben habe, hab' ich mit einem Menschen gewalzt, dem ich sehr gut bin, und auch im Walzen keine Wollust gefunden (...) Also mein Geliebter kann sich mit allen Damen der Welt todt walzen, wenn er nur für mich wieder auflebt!» (3. Januar 1794) Veit versucht erneut, seinen Standpunkt verständlich zu machen; er leitet seine abermalige Analyse der Gefühlswelt des Walzers mit der Bemerkung ein: «Über das Walzen bleibt mir wenig zu sagen übrig; Sie setzen meinen Gründen Erfahrungen, und meinen Vermuthungen Gründe entgegen.» (16. Januar 1794)

Bevor jedoch dieser Brief in den Händen von Rahel ist, springt der Funke – oder hat ein anderer Funke gezündet? In einem Brief Rahels vom 6. Januar heißt es: «Horchen Sie also, heute ist – unsere letzte, rathen Sie. – Wissen Sie noch nichts? – nun seh' mal – er weiß es schon – wahrhaftig nicht? – na Tanzstunde, Tanzstunde, Tanzstunde – und nun kriegen Sie wieder was gewalzt. Respiriren Sie? Sie haben Recht. Werther hat Recht. Mlle. Levin [Rahel selbst] hat Recht. Sie erklären das Walzen für den Geliebten mit der Geliebten für eine hohe Freude, die er nicht gerne mit einem Anderen theilen möchte, ‹weil ihm reell entzogen würde, sobald die Geliebte auch in dem Walzen mit einem Anderen Lust fühlt›.» Das Zitat im Zitat stammt aus einem Brief ihres Diskurspartners vom 24. Dezember 1793: eine bedingungslose Kapitulation?! – keineswegs, Rahel wäre nicht Rahel. Sie räsoniert, daß Werthers eifersüchtiger Besitzanspruch beim Walzen nur deshalb zu tolerieren sei, weil «dieser junge Mensch, der die Demoiselle versprochen weiß», Lotte ja gar nicht besitzen kann und auch gar nicht besitzen will, denn dann würde er nicht mehr leiden. «Und wenn er [Werther] dann auf seinen Stuhl kommt, ist die Bemerkung natürlich, die ihn der Geheimrat machen läßt. Aber macht sie ein ordinair verliebter, beglückter Mensch, der sie macht, indem ein Anderer mit seinem Mädchen tanzt, so scheint sie mir gemein und unausstehlich. Das sagt Mlle. Levin. Sind Sie zufrieden? oder finden Sie's zu weit hergeholt?» Veit beeilte sich, seine Briefpartnerin sogleich wissen zu lassen, er sei «so vollkommen zufrieden»; mehr als dies, er versichert ihr, daß er Rahels «Auseinandersetzung des Walzens (...) herzlich gerne geschrieben hätte, und von Ihnen nur so gern und noch lieber lese als von mir, weil ich mich auf diese Art am besten von unserer Übereinstimmung überzeuge, – (...) à présent entendiren wir uns parfaitement!»[51]

2. Der Walzer wird König, und der Bürger sucht seine Verhaltensform

Wie verbreitet sich der Walzer sozial und geographisch, und weshalb bleibt er, trotz vieler Diffamierungen, mehr als ein Jahrhundert der König der Ballsäle und Tanzböden? Weshalb bedarf die bürgerliche Bewegungs- und Körperkultur einer gentilen Verfeinerung, einer Konduite? Lassen sich die beiden Fragenkomplexe verkoppeln?

Als Einführung und Scharnier dient uns die Autobiographie von Johanna Schopenhauer, der Mutter des Philosophen, die als verwitwete Hofrätin in Weimar einen bekannten Salon pflegt und als vielgelesene Romanschriftstellerin ihren Lebensunterhalt bestreitet. Als Tochter einer wohlhabenden Danziger Kaufmannsfamilie 1766 geboren, wird Johanna schon als Kind in einer «Société des jeunes dames» für das Gesellschaftsleben zugerüstet. In der Danziger guten Gesellschaft herrscht noch der ‹bon ton› des Ancien Régime. Leitbild sind Hof und Adel; die Erzieherin ist mit dem schwedischen Hofleben vertraut. Johanna Schopenhauer schildert in ihrer Autobiographie, «Jugendleben und Wanderbilder», wie Mamsell Ackermann die Mädchen aus gutem Hause «konventionellen Anstand und gesellige Sitte» lehrt sowie «jene Lebensleichtigkeit, die später zu erwerben oft unendlich schwer wird, durch Gewöhnung zur zweiten Natur zu machen».

---

[51] Vgl. RAHEL-BIBLIOTHEK Bd. VII 1983; unter den jeweiligen Daten. Der letztgenannte Brief von Rahel trägt das Datum 6.1.94; sie kann also den Veitbrief vom 16.1.94 noch nicht erhalten haben, doch enthält dieser Brief noch einen Zusatz, datiert vom 27.1.94, in dem u. a. steht: «Wissen Sie, mon cher ami, daß ich die Aussicht habe, bald die glücklichste Person auf dieser von Sternen bedeckten Welt zu sein?» Könnte diese verdeckte Anspielung der springende Funke gewesen sein? Letztes Veitzitat: 8. Februar 1794. Veit und Rahel sind mit Goethe persönlich bekannt. Veit studiert in Jena und trifft auf einem Ball Goethe; sie sprechen über Rahel; Goethe: «(...) o die Levin hat sehr viel gedacht, hat Empfindungen und Verstand, es ist was Seltenes.» Veit teilt dieses Gespräch in einem Brief (Jena, den 14. August 1795) mit (fast gleichlautend nochmals in einem Brief vom 3. September). Diese beiden Briefe sind auch insofern wichtig, als Goethe mit Veit ein längeres Gespräch über seine naturwissenschaftlichen Studien führt, in dem er bekennt, daß er laufend seine Ansichten über einzelne Phänomene zu korrigieren und zu modifizieren habe; RAHEL-BIBLIOTHEK Bd. VII 1983:167ff.

2. Der Walzer wird König

Es wird ihnen beigebracht, «wie man in guter Gesellschaft zu gehen, zu stehen, zu sitzen und zu knixen habe».[52]

Die frühreife, vielseitig begabte Johanna beschäftigt sich schon als Kind mit Lavaters physiognomischen Studien und verfertigt Schattenrisse, liest Werther sowie – in Originalsprache – französische und englische Aufklärungsliteratur; sie erhält Musik- und Zeichenunterricht und wird dem «Tanzmeister überantwortet». Schon mit drei Jahren wird Johanna zur Schule geschickt; die beiden Lehrerinnen sind die Schwestern von Chodowiecki, und auch die betagte Mutter dieses berühmten Berliner Kupferstechers und Malers sitzt in der Schulstube. Auf Besuch zeichnet Chodowiecki die Zöglinge; Johanna schaut ihm über die Schulter. Jahre danach, sie ist etwa zwölfjährig, ist es ihr Wunschtraum, seine Schülerin zu werden. Um diese Zeit, im Jahre 1778, beschäftigt sich Chodowiecki mit einer graphischen Serie «Natürliche und affektierte Handlungen des Lebens», die – in Gegensatzpaaren – bürgerliches und höfisches Verhalten kontrastierend darstellt; darüber später mehr. An dieser Stelle sei nur die Gleichzeitigkeit des Ungleichzeitigen in der Erziehung von Johanna Schopenhauer hervorgehoben: Noch nicht eingesegnet, erlebt sie bereits eine intensive Konfrontation mit bürgerlich-aufgeklärtem Bildungsgut auf der einen und höfisch-gentiler Bewegungs-, Verkehrs- und Verhaltenskultur auf der andern Seite. Das Walzen hat in der guten Gesellschaft Danzigs noch in den frühen 80er Jahren keinen Eingang gefunden:

«Alles, im häuslichen wie im geselligen Leben, gestaltete sich weit abweichend von dem jetzt üblichen, auch die höchste Jugendfreude, der Tanz; schwerlich würde eine unserer jetzigen eleganten Tänzerinnen den langweiligen Vandalismus eines damaligen Balles länger als eine Stunde ertragen, und gewiß schenken alle dem Andenken ihrer längst im Grabe ruhenden Großmütter noch jetzt ihr innigstes Mitleid, wenn sie erfahren, daß damals keine tanzende Seele bei uns weder an Walzer noch Dreher noch Galopade dachte. Diese Tänze gehören dem südlichen Deutschland an und hatten bis zu den eisigen Gestaden der Ostsee und der Weichsel noch nicht den Weg gefunden. Unsere nordischen Volkstänze waren die Polonaise und der Masurek und sind es noch bis auf den heutigen Tage.

---

[52] Vgl. Johanna SCHOPENHAUER 1922:93ff; zur Lektüre, dem Malunterricht und dem Wunsche, die Schülerin von Chodowiecki zu werden, vgl. SCHOPENHAUER 1922:103; zum Schulbesuch bei den Schwestern von Chodowiecki vgl. SCHOPENHAUER 1922:29ff; das längere Zitat über das Tanzen, SCHOPENHAUER 1922:157ff; eine Beschreibung des Ballkleides vgl. SCHOPENHAUER 1922:152ff.

Wie jetzt eben auch noch, eröffnete die Polonaise damals den Ball. Doch welch ein Unterschied zwischen jenem großartig edlen, jeden Vorzug einer schönen Gestalt in anmutigsten Fortschreiten entwickelnden Tanz und dem jetzigen nachlässigbequemen Einherschlendern, das man sehr unverdienterweise mit seinem Namen beehrt! Damals wurde die Polonaise mit einem ihr eigentümlichen pas wirklich getanzt, nicht bloß gegangen; um recht zu verstehen, wie ich dies meine, muß man von Polinnen sie tanzen, von Polen ihre mannigfaltigen Wendungen anführen gesehen haben, die dem eben vorhandenen Raum anzupassen dem Vortänzer allemal überlassen blieb.

Der Polonaise folgte die Anglaise; die Schleppen, die bei jenem feierlichen Nationaltanz am Boden hinrauschten, wurden von den sorgsamen Mamas zierlich aufgeschürzt, und alles eilte dem ersten Paare so nahe als möglich in Reihe und Glied sich zu stellen. Durch eine Kolonne von zwanzig bis dreißig Paaren sechs, acht, sogar zwölf Touren mit jedem einzelnen derselben durchzutanzen, dann stehen zu bleiben, bis auch das letzte der Paare das erste geworden und wieder bis ans Ende der Kolonne auf die nämliche Weise sich hindurchgewunden hatte, war freilich ein großes Unternehmen.

Masureks, Anglaisen, Deutsche, Quadrillen, zuweilen von einer Polonaise unterbrochen, folgten nun schnell aufeinander, bis Menuets die große Pause vorbereiteten, welche das sehr reichliche warme Abendessen herbeiführte, das weder alt noch jung verschmähte, denn kalte Küche war nicht die Sache jener Generation, die überall dem Soliden den Vorzug gab und ebensowenig ihrer Gesundheit als ihres guten Appetits sich schämte.

Nach Tisch wurde der Tanz mit erneuerten Kräften auf die nämliche Weise fortgesetzt, gewöhnlich, bis der grauende Morgen durch die Fenster hineinleuchtete.

Kein Walzer, kein Galopp, und was beinahe noch mehr sagen will, kein Kotillon! Denn diese große Geduldsprüfung der Mütter tanzfähiger Töchter war damals ebenfalls noch nicht erfunden. ‹Ach was war die alte Welt für eine dumme Welt!› ruft hier gewiß die jetzige junge, und doch erhob damals ein solcher Ball uns alle nach dem Gipfel irdischer Seligkeit, die wenigen Bedauernswerten ausgenommen, denen das harte Los fiel, in unerwünschter Ruhe Zuschauerinnen bleiben zu müssen.»

Immerhin, der Walzer hat in dieser Zeit seinen Siegeszug nach den «eisigen Gestaden der Ostsee und der Weichsel» schon angetreten. Das «Journal des Luxus und der Moden» schreibt 1792 mit kritischen

2. Der Walzer wird König

Untertönen, in Berlin seien «die Walzer, und nichts als Walzer, jetzt so sehr in Mode, daß man beym Tanze auf nichts sonst sieht; nur Walzen muß man können, und alles geht gut. Die Touren mit Walzern sind nicht um des Tanzes willen, sondern der Tanz um ihrentwillen da. So ein Tanz ohne Abwechslung ist ein l'hombre [Kartenspiel] ohne Schikanen, eins ist so langweilig als das andere.»[53] Das gleiche tonangebende Journal enthält in der Märznummer 1797 eine Satire auf das Walzen:

«Das Drehen ist so allgemein, wie eine ansteckende Schnupfeninfluenza, aber so schwer, als wenige glauben. Jedermann dreht, aber nicht Jedermann tanzt den Dreher. Manches Paar schleppt sich mit unbehülflichen oder verwechselten Füßen und peinlicher Mühe in dem vollen Kreise herum; bald nagelt es die Schleppe des vordern Frauenzimmers an den Fußboden, bald fährt es erschrocken zurück und weckt das nachfolgende Paar schmerzlich aus dem Taumel der Fröhlichkeit, indem es auf Jenes Fußzehen festen Ankergrund sucht und einander mit den eingeklammerten Armen bald selbst zu Boden drückt. Wieder ein anderes geschicktes Paar kömmt gerade in den Takt, wenn eben die Musik recht schadenfroh aufhört. Und haben Sie bemerkt, wie manches Paar mit abgewandten Köpfen, Er zur Rechten, Sie zur Linken sehend, sich mit Ehren herumtreibt, wie ein treues Ehepaar nach den Flitterwochen? Dafür ist das folgende Pärchen oft desto magnetischer verschlungen und im Überströmen der Zärtlichkeit wie aus Einem Stücke gegossen. (...) Wer weiß, was wir bey unserer Annäherung an die Natur noch für lustige Tänze in der Nähe zu sehen bekommen, um die man sonst zu den Kindern der Natur ans Vorgebürge der guten Hoffnung oder nach Otahiti reiste. Da ich übrigens um meiner Gemüthsruhe willen stark an den Beyfall derjenigen Leser glaube, die bis an diese Zeilen gelesen haben, so will ich zur Dankbarkeit auch noch das Schatzkästlein meiner Alterthums-Kunde aufthun und dem nachdenklichen Leser den ältesten und schönsten Dreher verrathen, der je getanzt wurde, seit die Erde – dreht. Sie selbst ist es, die gute Mutter Erde, die, seit sie durch ihre Erscheinung das alte Nichts ablösete, sich mit ihrem treuen Gesellen, dem bald halb, bald ganz in der Staatsuniform eines zurückgestralten Schimmers, erscheinenden Monde, durch den unermeßlichen Saal des Weltgebäudes, unter den Kronleuchtern des Himmels und bey der Zaubermusik der

---

[53] JOURNAL DES LUXUS UND DER MODEN März 1792:113.

Sphären, regelmäßig herumwirbelt.»[54] – Der «Sphärentantz», doch nun in satirischer Brechung.

Im gleichen Jahr (1797) erscheint in Halle die warnende Schrift «Erörterung deren wichtigsten Ursachen der Schwäche unserer Generation in Hinsicht auf das Walzen» von Salomon Jakob Wolf. Rasch vergriffen, wird 1799 eine Neuauflage gedruckt mit dem noch eindringlicheren Titel: «Beweis daß das Walzen eine Hauptquelle der Schwäche des Körpers und des Geistes unserer Generation sey. Deutschlands Söhnen und Töchtern angelegentlich empfohlen».

Trotz Satiren und Warnsignalen ist der Vormarsch des Walzers nicht aufzuhalten – auch nach Westen nicht. Nach der Französischen Revolution wird – von Straßburg aus – Paris vom Drehvirus angesteckt. In seinen «Reisen durch einen Teil Teutschlands, Ungarns, Italiens und Frankreichs» schildert Ernst Moritz Arndt die französische Walzerepidemie und bringt sie mit den kriegerischen Ereignissen im Gefolge der großen politischen Umwälzung in Verbindung:

«Man liebt diese Walzer oder eigentlich Schleifer – denn man schleift meistens sehr leise – leidenschaftlich, und sie wechseln regelmäßig mit den Quadrillen, und noch jetzt können die Augen und Herzen nicht davon satt werden. Une walse! Oh encore une walse! hört man alle Augenblick rufen. Diese Liebe zum Walzer, und die Nationalisierung dieses deutschen Tanzes, ist ganz neu. Erst seit diesem Kriege ist er mit dem Tabakrauchen und anderen gemeinen Moden gewöhnlich geworden.»[55]

In der Tat: «Während der Napoleonischen Kriege erreichte er [der Walzer] Paris, und das Wort ging um, die Deutschen hätten nach dem

---

[54] JOURNAL DES LUXUS UND DER MODEN März 1797:115 ff; der Bericht erscheint unter der neuen Rubrik Orchestrik, die allerley Betrachtungen über die neuesten Tanzmoden zu liefern beabsichtigt. In der Juninummer des gleichen Jahres ein Bericht: Tanzmoden in Br... (vermutlich Breslau), aus dem später noch zitiert wird. Stil und die Vergleiche mit der klassischen Antike lassen auf ein und denselben Autor für beide Tanzberichte schließen; sie könnten aus der Feder des Archäologen Carl August Boettiger stammen, der von 1795 bis 1803 Redakteur am JOURNAL DES LUXUS UND DER MODEN war.

[55] ARNDT 1804:198, zit. in SACHS 1933:291; in der Mainummer des JOURNAL DES LUXUS UND DER MODEN 1797:245 f ist unter Französische Sittengemälde eine Karikatur eines Walzerpaares beschrieben: Die Unterschrift heißt: plaisir à la mode. Ein junger Herr von vielversprechenden Naturgaben walzt mit einem Mädchen, gar frisch und lieblich anzuschauen. In ihren Bewegungen athmet Wollust (...).

2. Der Walzer wird König

Frieden von Lunéville (1801) außer vielen Gebieten sogar ihren Nationaltanz an die Franzosen abgetreten.»[56]

Trotz Kontinentalsperre erreicht der Walzer noch während der napoleonischen Ära die Küsten Englands. Er sei mit offenen Armen empfangen worden, schreibt Mosco Carner in seinem schon mehrfach hier zitierten Walzer-Artikel in «Die Musik in Geschichte und Gegenwart», doch habe es Widerstände gegeben, die er mit zwei Quellen belegt. In «The Waltz: an Apostrophic Hymn» (London 1812) wendet sich Lord Byron mit beißender Ironie gegen «this German article of importation to whom bow Irish Jig and ancient Rigadoon, Scotch reels and country dance».[57] Ebenso chauvinistisch verurteilt Charles Burney «this fiend of German birth, destitute of grace, delicacy and propriety, a disgusting practice» in der «Cyclopaedia, or Universal Dictionary of Art, Sciences and Literature» (London 1802-1818) und führt moralische Bedenken ins Feld: «I could not help reflecting how uneasy an English mother would be to see her daughter so familiarly treated, and still more witness the obliging manner in which the freedom is returned by the female.»[58] Zur selben Zeit findet der Walzer jedoch auch seine Verteidiger und Werber. In «A Description of the Correct Method of Waltzing» (London 1816) versichert Thomas Wilson, der Walzer sei «generally admitted to be a promoter of vigorous health and productive of a hilarity of spirits». So wie er in England getanzt werde, sei er «totally destitute of the complained – of attitudes and movements used in warmer and lighter climates» und keineswegs «an enemy of true morals and endangering virtue. (...) The waltz is chaste in comparison with Country Dancing, Cotillons and other species of Dancing.»[59]

---

[56] MGG Bd. 14 1968:226.

[57] Dieser deutsche Importartikel, vor dem sich der irische Jig, der alte Rigadoon, die schottischen Reels und der Countrydance verneigen.

[58] Dieser böse Feind deutscher Herkunft, bar jeder Anmut, Zierlichkeit und Schicklichkeit, ein ekelhafter Brauch; Ich muß immer wieder daran denken, wie unwohl es einer englischen Mutter sein muß, ihre Tochter so vertraulich behandelt zu sehen und darüber hinaus die verbindliche Art, mit der diese Freiheiten von den Frauen beantwortet werden, mitansehen zu müssen.

[59] (Der Walzer) gilt im allgemeinen als Förderer einer kräftigen Gesundheit und als Erzeuger heiterer Stimmung. Er sei völlig bar dessen, weswegen man ihn anklage nämlich der Haltungen und Bewegungen, wie sie in wärmeren und leichteren Gegenden vorkommen; (kein) Feind wahrer Moral, keine Gefahr für die Sittsamkeit (...). Der Walzer ist züchtig im Vergleich zum Countrydance, zu den Cotillons und anderen Formen des Tanzens. MGG Bd. 14 1968:226.

Seit eh und je sind Kriege und Besatzungstruppen für Innovation und Diffusion neuer Tänze und Tanzstile verantwortlich, doch auch Friedensverhandlungen vermögen solches zu bewirken. In Wien werden während der Friedensverhandlungen auch gekrönte Häupter vom Walzerrausch erfaßt: «Der Kongreß tanzt» – und zwar mit Begeisterung auch Walzer. Allerdings ist es nicht leicht, diesen Tanz hoffähig zu machen. Anläßlich ihrer Doppelhochzeit mit dem preußischen Kronprinzen Friedrich Wilhelm und seinem Bruder Ludwig wagen die zwei walzerbegeisterten Prinzessinnen von Mecklenburg-Strelitz einen solchen Versuch, doch mit wenig Erfolg. Fürstin Anton Radziwill, geborene Prinzessin Luise von Preußen, schreibt in «Fünfundvierzig Jahre aus meinem Leben»:

«Am folgenden Tage [24. Dez. 1793] war Tafel und dann Ball. Beide Bräute tanzten mit vollendeter Grazie, und der König bewunderte besonders ihren Walzer, einen Tanz, der bei Hofe, wo keine Prinzessin ihn zu tanzen wagte, bisher verboten gewesen war. Die Königin war empört über diese ‹indécence› und darüber, daß ihre Schwiegertöchter einen von ihr gemißbilligten Tanz einführten. Sie ließ ein erneutes Verbot an ihre Töchter ergehen und wandte die Blicke ab, um ihre Schwiegertöchter nicht Walzer tanzen zu sehen.»[60]

Die beiden Prinzessinnen wurden in Darmstadt bei ihrer Großmutter erzogen und dürften dort auch mit dem Walzen vertraut geworden sein. Im Sommer 1793, während der Belagerung von Mainz, besuchen die Bräute ihre Verlobten «fast täglich» im Lager, in dem man sich «vortrefflich amüsiert (...) Man begibt sich nach dem Lager wie zu einem Fest.» Haben die beiden Schwestern wohl bei dieser Gelegenheit dem preußischen Kronprinzen und seinem Bruder das Walzen beigebracht?

Auch in Wien, der Walzerstadt, ist diese Art des Tanzes bei Hofe noch mit einem Bann belegt. So informiert beispielsweise das «Journal des Luxus und der Moden» seine Leserschaft, es habe einen Tag nach der prunkvollen Vermählung des Kaiserpaares, am 7. Januar 1808, im neuerbauten Rittersaal ein Hofball stattgefunden: «Der Palatinus eröffnete den Ball mit der Kaiserin; zuerst wurden Menuetten, hierauf Ecossaisen und teutsche Contretänze getanzt, die Walzer sind von Hofbällen ausgeschlossen. (...) Der Ball begann Abends nach 6 Uhr,

---

[60] LUISE VON PREUSSEN 1912:78; zur Belagerung von Mainz vgl. LUISE VON PREUSSEN 1912:73f; die beiden Prinzessinnen waren bei ihrer Vermählung 17 und 15 Jahre alt.

und endigte um 10 Uhr, also zur Stunde, wo man sich in Privathäusern erst zum Tanze versammelt.»[61] Zu Ehren dieser Vermählung eröffnet Herzog Albert von Sachsen-Teschen, der Onkel des Kaisers, sein neu erbautes Palais am 12. Januar mit einem Ball: «Der Herzog selbst tanzte mit jugendlicher Munterkeit den ersten Menuet und den ersten Contretanz mit der Kaiserin; um zehn Uhr wurde an zwölf großen Tafeln, wovon jede einen Erzherzog zum Präsidenten hatte, zu Nacht gespeist, es war für vierhundert und achtzig Personen gedeckt, und die übrigen Gäste wurden an Büffets bedient. Nach Tische entfernte sich der Hof, und nun tönte der Dreiachtel-Tact zu raschen munteren Walzern.» In Anwesenheit des Kaisers mit seinem Hofstaat ist mithin auch auf fremden Bällen Walzertanzen noch nicht erlaubt.

Wohl mit Rücksicht auf die fremden Fürsten und Diplomaten werden während des Wiener Kongresses die Vorschriften etwas gelokkert. Graf de la Garde berichtet in seinem «Gemälde des Wiener Kongresses»:

«Nach dem Weggehen der Souveräne begannen die Orchester Walzer zu spielen. Alsobald schien eine elektrische Bewegung sich der ganzen zahllosen Versammlung mitzuteilen. Deutschland ist das Vaterland des Walzers; in diesem Lande und besonders in Wien hat dieser Tanz, dank dem musikalischen Gehöre der Einwohner, all den Reiz bekommen, der ihm eigen ist; man muß es dort mit ansehen, wie der Herr seine Dame nach dem Takte unterstützt und in dem wirbelnden Laufe hebt, und diese dem süßen Zauber sich hingibt und eine Art von

---

[61] JOURNAL DES LUXUS UND DER MODEN März 1808:198; das nächste Quellenzitat ebenfalls JOURNAL DES LUXUS UND DER MODEN März 1808:200f; gleichzeitig informiert das Journal: Ein neuer öffentlicher Belustigungsort in der Mariahülfer Vorstadt, genannt der Apollo Saal, verdient hier Erwähnung. Das Tanzlokal sei luxuriös ausgestattet, und da der Eintrittspreis auf fünf Gulden gesetzt ist, so ist die Gesellschaft nicht so ganz wie an anderen wohlfeileren Vergnügungsörtern vermischt, JOURNAL DES LUXUS UND DER MODEN März 1808:201f. Ist es wohl der Newcomer-Status des Königs von Westfalen, der es ermöglicht, daß im gleichen Jahre 1808 an einem Hofball in Kassel auch in Anwesenheit des Königspaares Walzer getanzt wird: «(...) die Musik begann und mit ihr der Tanz. Der König und die Königin nahmen bloß als Zuschauer Theil. Der Ball war sehr animiert und zwanglos. Es wurde abwechselnd Walzer und Ecossaisen getanzt und eine französische Quadrille, jedoch bloß von französischen Herrn und Damen, welche schon durch ihre Leichtigkeit für diesen Tanz geschaffen zu seyn scheinen.» JOURNAL DES LUXUS UND DER MODEN August 1808:549. Zur Ecossaise vgl. SACHS 1933:295; sie ist eine Art Anglaise, die jedoch gegen die Jahrhundertwende auch mit Drehungen ausgeführt wird (Hopsanglaise, eine Gallopade mit oder ohne Drehung; siehe weiter unten).

Schwindel ihrem Blick einen unbestimmten Ausdruck verleiht, der ihre Schönheit vermehrt. Man kann aber auch kaum die Macht begreifen, die der Walzer ausübt. Sobald die ersten Takte sich hören lassen, klären sich die Mienen auf, Augen beleben sich, ein Wonnebeben durchrieselt alle. Die anmutigen Kreisel bilden sich, setzen sich in Bewegung, kreuzen sich, überholen sich, während die Zuschauer welche das Alter zur Untätigkeit verdammt, den Takt und den Rhythmus mit dem Fuße markieren, in Gedanken und in der Erinnerung noch in dem Vergnügen schwelgend, das ihnen versagt ist.

Man mußte diese hinreißend schönen Frauen sehen, ganz von Blumen und Diamanten strahlend, durch diese unwiderstehliche Musik fortgezogen, auf den Arm ihrer Tänzer sich lehnend und glänzenden Meteoren gleich; die glänzende Seide, die leichte Gaze ihrer Kleidung folgte der Bewegung und zeichnete lieblich wogende Wellenlinien, und dann endlich: diese Art von ekstatischer Wonne, welche ihr reizendes Antlitz atmete, wenn die Ermüdung sie nötigte, die luftigen Regionen zu verlassen und von der Erde neue Kräfte zu fordern. Diese Lust endete erst mit der Nacht, erst die Strahlen der aufgehenden Sonne schienen dieser so belebten, blendenden Gesellschaft ein Ziel setzen zu können.»[62]

Wenn Graf de la Garde auch erwähnt, daß erst nach «dem Weggehen der Souveräne» die Musik zum Walzen aufgespielt habe, so ist doch zumindest einer geblieben; sarkastisch schreibt Jean-Gabriel Eynard in «Au congrès de Vienne»:

«Wir hörten, daß sich Kaiser Alexander gestern abend auf dem Ball schlecht gefühlt hat, als er einen Walzer mit Lady Castlereagh tanzte; man behauptet, daß er sich am Bein gestoßen habe, und so könnte man boshaft sagen, daß er auf dem Felde der Ehre verletzt worden sei. Übrigens ist es nicht zu verwundern, daß der Kaiser, nachdem er dreißig bis vierzig Nächte hintereinander bis vier und fünf Uhr morgens getanzt hat, schließlich der Müdigkeit nicht mehr hat widerstehen können. In den Annalen der Weltgeschichte wird man später lesen, daß auf dem berühmten Wiener Kongreß die Herrscher so ernste Pflichten zu erfüllen hatten, daß der Kaiser, nachdem er vierzig Nächte damit beschäftigt war (...) – Bei dieser Stelle wird die Aufmerksamkeit des Lesers sich steigern, seine Seele wird zur Bewunderung bereit sein – aber welcher Absturz! Malt euch die Überraschung aus: er wird seinen Augen kaum glauben wollen, wenn er folgende Worte lesen

---

[62] DE LA GARDE 1844, zit. nach SOLL 1916:43f.

wird: Nachdem er vierzig Nächte durchgetanzt hatte, wurde er schließlich vor Übermüdung krank. – Hier wird der Leser das Buch hinlegen und wird lange Betrachtungen über das menschliche Herz anstellen.»[63] Wahrlich, «le congrès ne marche pas – il danse», ein doppelsinniges Bonmot aus dem Munde des Fürsten von Ligne.[64]

Wir wollen den Siegeszug des Walzers nicht weiter verfolgen. Auch wenn später noch Nachhutgefechte stattfinden, so läßt sich doch sagen, daß in der napoleonischen Ära die völkerübergreifende Expansion und eine Standeserhöhung des Walzers erfolgen, die der tanzende Wiener Kongreß besiegelt. Er wird nicht, wie so viele reichsunmittelbare Standesherren, mediatisiert, sondern gehört zu den wenigen glücklichen Fürsten, die bei diesen Friedensverhandlungen ihre neu erworbene Königswürde bestätigt erhalten. Er ist und bleibt allerdings ein Bürgerkönig mit fraglicher Legitimation.

In Wien wird ihm zwar die Hoffähigkeit zugebilligt, nicht jedoch in Berlin; bis zu Ende des Kaiserreiches bleibt er bei Hofbällen verbannt, auch wenn bei gewissen Gelegenheiten Konzessionen gemacht werden. Herzogin Viktoria Luise, die Tochter Wilhelms II., schreibt in ihren Erinnerungen «Im Glanze der Krone» über ihren ersten Ball am 2. Januar 1910: «Schon der 2. Januar brachte immer ein Tanzfest im Pfeilersaal des königlichen Schlosses, das nicht der Repräsentation diente und einen etwas intimeren Charakter hatte. Man konnte sich zwangloser bewegen. Hier durfte auch der Wiener Walzer und linksherum getanzt werden. Der Wiener Walzer galt für die offiziellen Bälle nicht als hoffähig. Jedenfalls war es nicht erlaubt, ihn in Anwesenheit des Kaiserpaares zu tanzen. Lediglich in der Pause des Hofballes, während des Soupers, erklangen die beschwingten Dreivierteltaktweisen von der Donau im Weißen Saal. Grund genug für uns jüngere Leute, beim Ende des Essens schnell zum Tanz zu eilen, um noch so viel wie möglich zu tanzen, bevor der Kaiser erschien und der mitreißende Wiener Walzer abgebrochen wurde.»[65]

Die «beschwingten Dreivierteltaktweisen von der Donau» führen zurück nach Wien: Nach Abschluß des Friedenskongresses, gleichsam als Krönungsmelodie des Walzers, erscheint «Aufforderung zum Tanz» (1819) von Carl Maria von Weber – die Geburtsstunde jenes

---

[63] EYNARD 1914, zit. nach SOLL 1916:44f.
[64] Zit. nach MGG Bd. 14 1968:226.
[65] Vgl. VIKTORIA LUISE 1970:214f.

Wienerwalzers, von dem die Tochter Wilhelms II. so schwärmt. Komponisten – auch solche von Rang und Namen – haben zwar schon Jahre und Jahrzehnte vorher Walzertänze geschrieben bzw. in ihre Werke integriert, doch die «Aufforderung zum Tanz» bildet sowohl für den Konzertwalzer als auch für den Tanzwalzer eine eigentliche Zäsur: «Die Blütezeit des Walzers» beginnt – eine Formulierung von Mosco Carner, der in einem längeren Exkurs der vielfältigen Wirkungsgeschichte dieser Komposition nachgeht. Darauf kann hier nicht eingegangen werden; erwähnt sei nur, daß auch Lanner und Johann Strauß (Vater) von Webers «Aufforderung zum Tanz» nachhaltig beeinflußt werden.[66]

Wir haben bislang «Walzer» als Sammelbegriff für die seit dem ausgehenden Ancien Régime in Mode kommenden Drehtänze verwendet. Es wären jedoch regionale und soziale Variationen und Entwicklungen zu beachten (Takt, Geschwindigkeit, Bewegungsverhalten, Körperkontakt, Touren usw.); auch die Bezeichnungen können regional und sozial verschieden sein (Dreher, Schleifer, Deutscher, Ländler usw.). Ein gleiches gilt für den Walzerexport: Die Rezeption und die Weiterentwicklung erfolgen in Anpassung an die jeweiligen Tanztraditionen national verschieden. Thomas Wilsons Walzer-Plädoyer führt das Argument ins Feld, in England werde Walzer anders, sittlicher, getanzt als «in warmer und lighter climates». Daß die Franzosen den «Beuteartikel» Walzer auf ihre Weise in ihr Tanzrepertoire integrieren und gleich noch – wie seinerzeit beim Contredanse – das Erstgeburtsrecht reklamieren, kann nicht überraschen. Schließlich sind sie gewissermaßen Vortänzer, und die vielen französischen Tanzmeister möchten ihre Hände und Füße weiterhin mit im Spiel haben. Auf all diese Aspekte soll hier nicht näher eingegangen werden; es sei auf die einschlägige Tanzliteratur verwiesen. Ein Hinweis muß an dieser Stelle genügen: Zwei Walzertypen setzen sich in der ersten Hälfte des 19. Jahrhunderts durch. Zum einen der deutsche oder Wienerwalzer; «Aufforderung zum Tanz» leistet entscheidende Geburts- und Entwicklungshilfe. Zum andern die französische Form, die – man ist versucht zu sagen: selbstverständlich – komplizierter ist und aus einer Folge von drei verschiedenen Tänzen besteht, die unmittelbar hintereinander getanzt werden. Sie enthalten Pirouetten und alle übrigen Grundfiguren der klassischen Ballsaaltänze und werden meist auf Zehenspitzen ausgeführt. Die französischen Tanzlehrer werden also

---

[66] MGG Bd. 14 1968:230ff.

2. Der Walzer wird König

keineswegs brotlos. Im Gegensatz dazu tanzt man den Wiener Walzer auf dem flachen Fuß. Er hat nur eine Hauptbewegung, ein dauerndes rotierendes Gleiten, das die Tänzer zu beleben versuchen, indem sie Kopf und Oberkörper hin und her bewegen[67] – eine Domestizierung, die interpretationsbedürftig ist.

Die Juninummer 1797 des «Journal des Luxus und der Moden» enthält Auszüge eines Briefes über «Tanzmoden in Br...» (Breslau). Neben Quadrillen und polnischen Tänzen beherrschen neue Drehtänze den Ballsaal: «Die Hopsangloise findet unter den jungen Herrn und Damen unbedingten Beyfall; sie dreht sich, als eine verfälschte Zwittergestalt, in dem ewigen Kreislaufe von einigen äußerst leicht zu begreifenden Touren umher – ein wichtiger Umstand für den Geist so mancher Tänzer – und in diesen darf der Walzer niemals fehlen. Wehe dem Vortänzer, der sich erdreisten wollte, diesem Liebling sein Recht zu schmälern! (...) Der begünstigte Walzer oder Dreher nimmt eine etwas bescheidnere Miene an, und seine langsam schmelzende Bewegung schließt noch nicht allen Anstand und Grazie aus. Dagegen übertrifft der Wiener Walzer alles an wilder Raschheit; gewöhnlich löst sich der Dreher in denselben auf, seltener tanzt man ihn allein, und nur wenig Frauenzimmer – die von der eisernen Natur – überlassen sich seinen fortreißenden Schwingungen. Die meisten opfern sehr ungern diese Bacchantenlust dem strengen Verbothe der für die Gesundheit bekümmerten Mütter auf. (...) Zu neuen Angloisen und Walzern müssen am häufigsten die Arien aus beliebten Opern den Stoff hergeben.»[68]

Drei walzerartige Drehtänze bestimmen mithin in Breslau vor der Jahrhundertwende die Tanzmode, wobei in den Tanztouren der eine in den anderen übergehen kann: die Hopsangloise, der Walzer oder Dreher und der Wiener Walzer. Der erstere wird zeitgenössisch auch Hopptanz oder Scotchsteps genannt und entwickelt sich, nach Curt Sachs, «aus dem Eindringen des walzermäßigen Drehens in die Ecossaise».[69] Wenn Lord Byron beklagt, die irischen und schottischen Country-dances verneigten sich vor dem Walzer, «this German article

---

[67] Diese Charakterisierung ist ein ins Präsens übertragenes fast wörtliches Zitat aus dem WalzerArtikel von Mosco CARNER in MGG Bd.14 1968:222ff; neben der in der Bibliographie aufgeführten Tanzliteratur sei speziell auf diesen Artikel hingewiesen, der sowohl musik- als auch tanzgeschichtlich für dieses Kapitel von herausragender Bedeutung ist.

[68] JOURNAL DES LUXUS UND DER MODEN Juni 1797:289ff.

[69] Sachs 1933:291

of importation», so gilt auch die Umkehrung, und vielleicht hat Thomas Wilson nicht so unrecht, wenn er versichert, «the waltz is chaste in comparison with Country Dancing». In der zeitgenössischen deutschen Kritik jedenfalls ist der Hopptanz als der wildeste, für Moral und Gesundheit schädlichste verschrien. Insbesondere die Damen würden sich der Gefahr eines frühen Todes aussetzen; die Gewinner seien die «Wittwen-Cassen» – dies der Schluß einer längeren Persiflage auf den Hopptanz, in der es unter anderem heißt: «Wie das zuckt, wie das hüpft! Gewiß! der Hopptanz ist für die junge Welt der wahre Stellvertreter des Metallreizes, womit unsere ernsthaften Naturforscher die armen Froschkeulen noch im Tode zu hüpfen zwingen.»[70]

Drei Jahre später, in der Märznummer des Jahres 1800, druckt das «Journal des Luxus und der Moden» einen Brief unter dem Titel «Fromme Wünsche wegen der jetzigen Modetänze» ab; der anonyme Einsender beschwert sich: «Denn wirklich war ich, obgleich ehedem ein leidenschaftlicher Tänzer – doch sehr wider diese sogenannte Hoppe-Tänze oder Scotchsteps, wo aller Anstand verlohren ging, und oft nichts als ein wildes – ja ich möchte fast sagen – ein unsinniges Herumspringen und Herumreißen übrig blieb, wie es leider noch an vielen Orten der Gebrauch ist.»[71]

Der Ruf des «Wiener Walzers», wie er im Breslauer Rapport genannt wird, ist in dieser Frühphase jedoch keineswegs besser; er wird – so Curt Sachs – an der Donau «Langaus» genannt.[72] Der

---

[70] JOURNAL DES LUXUS UND DER MODEN März 1797:110f.
[71] JOURNAL DES LUXUS UND DER MODEN März 1800:122.
[72] Vgl. SACHS 1933:292f: «Klassische Form wird und bleibt aber der Wiener Walzer, den man an der Donau Langaus nannte, und als dessen Urbild der Walzer in Vinzenz Martins Oper 'Una cosa rara' (Wien 1776) gilt. (...) Diese Entwicklung [zur klassischen Form] kommt keineswegs plötzlich. Noch Josef Lanner nennt anfangs seine Tänze Ländler oder Deutsche; erst seit seinem Opus 7 begegnet der Titel Walzer, aber durchaus nicht ausschließlich. Im ‹Vermählungswalzer› op. 15 (gegen 1825) beginnt bei ihm die Zeit der sechzehntaktigen Perioden, mit denen ihm Webers ‹Aufforderung zum Tanz› voraufgegangen war.» Hier findet sich auch der Hinweis auf die Entwicklung des Schottischen Walzers. Das JOURNAL DES LUXUS UND DER MODEN ist in der Beurteilung des Wildheitsgrades von Dreher einerseits und Wiener Walzer andererseits ambivalent. Da ist jene satirische Schilderung des Drehers, aus der schon zitiert wurde und die zusammen mit der Satire auf den HoppTanz (Märznummer 1797) erscheint. Die Wildheit wird hier betont, doch heißt es auch wiederum: «Der Drehertanz hat auch seine verdienstliche Seite, in dem er den ungleich schädlicheren Walzer vertrieb, nur hätte er auch seine Schildwache gegen den Hopptanz ausstellen sollen.» (S. 116) Die Terminologie ist nicht eindeutig; auch sei nochmals auf die regionalen Unterschiede in der

«Walzer oder Dreher» dagegen scheint laut dieser zeitgenössischen Quelle gezähmter zu sein, «seine langsam schmelzende Bewegung schließt noch nicht allen Anstand und Grazie aus». Die Gradunterschiede werden allerdings je nach Tanzanlaß, Tanzort und Tanzgesellschaft gering gewesen sein. Wie es bei einem feuchtfröhlichen Fest der Erlanger «Burschenwelt» in dem nahegelegenen Dorf Bubenreuth im Sommer 1798 zugeht, schildert Ernst Moritz Arndt:

«Viele Mädel gab es dort auch; denn wo das Aas ist, da sammeln sich die Adler. Einige unter ihnen waren Honoratioren, von denen zwey ganz leidlich waren, das Übrige war Plebs, aber auch dieser nicht grade Ausschuß. So ward denn von 5 Uhr Nachmittags bis Mitternacht, daß ich der Gesellschaft beywohnte, geschliffen und gewalzt, während der Himmel alle seine Schläuche zerrissen und alle Schleusen geöffnet hatte. Es ging hier übrigens auf gut Jenensisch her, obgleich die Mütter und Basen der Mädchen als Zuschauerinnen saßen. Die Tänzer faßten das lange Kleid der Tänzerinnen, damit es nicht schleppte und zertreten ward, weit hinauf, klemmten sie in dieser Verhüllung, die beyde Körper unter Eine Decke brachte, so dicht als möglich gegen sich, und so ging das Gedrehe in den unanständigsten Stellungen fort; die haltende Hand lag hart auf den Brüsten und macht mit jeder Bewegung kleine lüsterne Eindrücke; die Mädchen waren dabey wie Tolle und Hinsinkende anzusehen. Bey den Umwälzungen an der abgewandten Lichtseite gab es dabey keckere Eingriffe und Küsse. Ländlich sittlich; so schlimm ist es nicht, wie es aussieht, ruft man: ich aber begreife nun sehr wohl, warum man hie und da im Schwaben, und Schweitzerlande den Walzer verboten hat.»[73]

Tanzart und den Benennungen hingewiesen. Im Taschenbuch für Freunde und Freundinnen des Tanzens von Johann Heinrich Kattfusz (Vom Walzer oder Ländler) heißt es u.a.: «Walzen, Drehen, Ländlern hat im Pas keinen Unterschied, außer daß das Walzen geschwind, das Ländlern aber langsam getanzt wird. (...) Soviel von dem Tanze, der anjetzo so allgemein geliebt wird und der Modetanz ist, ohne welchen Niemand mehr zum Englischen Tanze sich gesellen kann, weil fast alle Englischen Tänze mit zwey Walztouren vermischt zu werden pflegen und kein Vortänzer, der sich seiner Dame vorzüglich zu empfehlen gedenkt, das Walzen weglassen darf.» KATTFUSZ Teil 1 1800:149ff.

[73] Vgl. ARNDT (1798) 1985:68f. Unter der Rubrik Orchestik erscheint in der Januarnummer im JOURNAL DES LUXUS UND DER MODEN 1802:6 ein Beitrag, Der Tanz, wie er ist, und seyn könnte; darin heißt es u.a.: «Wie aber weibliche Dezenz und Delikatesse einem ursprünglich deutschen Tanz dem sogenannten Ländrischen oder Schwäbischen, den jeder auch nicht strenge Sittenrichter anstößig finden muß, die Aufnahme in verfeinerte, übrigens höchst schickliche Zirkel hat bewilligen

Wird hier Langaus («Wiener Walzer») oder Dreher getanzt? Wer will es entscheiden! In einem städtischen Ballsaal werden die Erlanger Studenten mit ihren «Besen» wohl etwas gesitteter tanzen. Der Domestizierungsprozeß des ursprünglichen Wiener Walzers zieht sich allerdings noch rund ein Vierteljahrhundert hin. Erst in den 20er Jahren wird der Wildfang zu einer Dame erzogen – zum sanften, klassischen Wiener Walzer mit seinen sechzehntaktigen Perioden. Ist auch er ein Opfer der Karlsbader Beschlüsse und der Demagogenverfolgungen?

Seit den letzten zwei Jahrzehnten des 18. Jahrhunderts häufen sich Schriften, die sich mit den moralischen und gesundheitlichen Schäden der neuen Tanzmoden befassen; schon allein die Titel kommen Warnrufen gleich. Darauf soll nicht eingegangen werden; erwähnt sei nur, daß nicht religiöse, sondern moralisch-sittliche Argumente ins Feld geführt werden, ebenso wie medizinische. Als Wächterin der Volksgesundheit öffnet sich der Schulmedizin ein neues Wirkungsfeld.[74] Auch die Vorreiter jener Anstands- und Benimmbücher, die im 19. Jahrhundert zu einer wahren Flutwelle anwachsen, befassen sich schon zu dieser Zeit mit dem Tanzen; so beispielsweise der Moralphilosoph Adolph Freiherr von Knigge in seinem 1788 erscheinenden Werk «Über den Umgang mit Menschen»:

können, ist kaum zu begreifen. So viel ist gewiß, daß dieser Tanz mehr wie jeder andere, der Moralität und der Gesundheit Eintrag gethan hat.»

[74] Dazu nur ein Beispiel: 1805 erscheint in Frankfurt a.M. die Schrift eines anonymen Verfassers, Gynäkatoptron oder Blicke in die weibliche Garderobe in Bezug auf körperliches Wohlseyn von einem praktischen Arzte. Darin wird auch ausführlich auf physiologische Schäden des Tanzens eingegangen, wobei der Autor nach dem damaligen Stand der Schulmedizin auf den Umlauf der Säfte bei den verschiedenen Tanzarten hinweist; einige Auszüge seien hier zitiert: «Die jetzt Epoche machenden Tänze sind: la contredanse anglaise, la contredanse française und die Walzer; denn die eleganten Menuets, zu welchen hauptsächlich Grazie des Körpers und savoir faire erfordert wird, zu welchen überhaupt mehr Solidität gehört, sind den alten Matronen zum Erbtheil anheim gefallen. (...) Was ich so eben von den üblen Folgen der englischen Contretänze sagte, kann dem unsinnigen Walzen, welches jetzt herrschende Mode ist, mit doppeltem Recht vorgeworfen werden. Nicht genug, daß dieser wollüstige Tanz für sich allein schon alle Kräfte erschöpft, den ganzen Körper abspannt und das Blut in eine tobende Bewegung setzt, er wird auch noch unaufhörlich getanzt, denn auf jedem Ball kann man, ohne zu exageriren, wenigstens drei Walzer auf eine Quadrille rechnen. Unsre jungen Herrchen wollen beinahe nichts anderes mehr tanzen, und dazu mögen sie wohl ihre guten Gründe haben. Daß die Frauenzimmer sich in diesem Stück so gefällig bezeigen, mag schon manche bereut haben.» ANONYMUS 1805:42ff.

2. Der Walzer wird König

«Ich habe bemerkt, daß man (dies ist besonders bei Damen der Fall) sich beim Tanze oft von einer nicht vorteilhaften Seite zeigt. Wenn das Blut in Wallung kommt, so ist die Vernunft nicht mehr Meister der Sinnlichkeit; verschiedene Arten von Temperamentsfehlern werden dann offenbar. Man sei also auf seiner Hut! Der Tanz versetzt uns in eine Art von Rausch, in welchem die Gemüter die Verstellung vergessen. – Wohl dem, der nichts zu verbergen hat! Anständigkeitsregeln beim Tanze übergehe ich hier. Wer Erziehung hat, bedarf deren nicht, und weiß z. B., daß man sich nicht vordrängen und Damen nicht plump angreifen, drücken und herumreißen darf; daß es beim Händegeben schicklich ist, der Hand des Vornehmern über der seinigen den Platz zu lassen u. dgl. mehr. – Das Alles würde in der Tat nicht verdienen, daß man ein Wort darüber verlöre, wenn nicht in der heutigen Welt Mancher der Beobachtung oder Vernachlässigung solcher Kleinigkeiten sein zeitliches Glück oder Unglück verdankte.»[75]

Knigges Buch enthält unter anderen auch Illustrationen von Chodowiecki; dies führt uns zurück zu Johanna Schopenhauer. Erinnern wir uns: Trotz ihrer aufgeklärt-bildungsbürgerlichen Schulung ist für die allgemeine Erziehung von Johanna noch die höfisch-adelige Anstands-, Verhaltens- und Bewegungskultur maßgebend. Auch einflußreiche und schreibfreudige Vertreter der deutschen Aufklärung sind diesen Vorbildern noch verpflichtet – und sei es nur in kritisch-ironischer Absetzung. Dazu gehören Herausgeber und Redakteure des «Journal des Luxus und der Moden», eigentliche Schrittmacher des ‹bon ton›. In ihren Berichten über «Tanzmoden» kommt dies klar zum Ausdruck; insbesondere verbirgt sich hinter den satirischen Tanzschilderungen ein Dilemma: Der höfisch-aristokratische Verhaltenskodex mit seiner auf Schein hin ausgerichteten, artifiziellen Körpersprache wird zwar, wie erwähnt, mit einem neuen, bürgerlichen Verhaltenskodex und einer verinnerlichten Körpersprache des «Seins» konfrontiert, auch karikiert, doch werden gerade durch diese Gegenbilder die Defizite in diesem Bereich – in den alltäglichen Verkehrs- und Kommunikationsformen wie auch im Tanz – aufgedeckt. Die graphische Serie «Natürliche und affektierte Handlungen des Lebens» von Chodowiecki ist solchen Gegensätzen und Konfrontationen gewidmet,

---

[75] KNIGGE (1788) 1977:278 f. Es sei noch darauf hingewiesen, daß das JOURNAL DES LUXUS UND DER MODEN in gleicher bildungsbürgerlich-aufgeklärter und moralphilosophischer Weise erzieherisch tätig ist. Bertuch (Herausgeber) oder Boettiger (Redakteur) sind mit dem sozialen Netz der Aufklärung verwoben.

beispielsweise die «Kunstkenntnis» (Abb. 11). Dazu die Interpretation von Werner Busch: «Die affektierten Höflinge gestikulieren mit Händen und Füßen und reden heftig aufeinander ein, oder genauer: der eine scheint Entzückensschreie auszustoßen, und der andere erklärt ihm eindringlich die besondere Grandezza und Bedeutung der Figur, dazu schaut er nicht etwa auf das Kunstwerk, sondern seinem Gesprächspartner beschwörend in die Augen. Ganz anders die sogenannten natürlichen Bürger. Gefaßt, gesammelt, ganz wörtlich: zusammengenommen sind sie. Der eine hat die Arme vor der Brust gekreuzt, der andere die Hände vorm Bauch gefaltet. Voller Andacht schauen sie auf die Statue, einer hat gar angesichts des Werkes in hingebungsvoller Demut den Hut abgenommen. Die Statue, ein bezeichnender Zug, dankt es ihnen mit einem feinen Lächeln, während ihr Pendant bitterböse auf die höfischen Deklamateure schaut. Die natürlichen Bürger sind sprachlos in die Betrachtung versunken, jeder für sich, sie kommunizieren nicht über das, was sie in der Kommunikation mit dem Kunstwerk empfinden.»[76]

Chodowiecki ist Illustrator der in zwei Folgen (1779 und 1780) erscheinenden «Handlungen des Lebens» von Georg Christoph Lichtenberg; Wolfgang Kemp nennt dieses Werk «eine Art BilderKnigge». Zentrales Thema der zuvor erwähnten Studie von Wolfgang Kemp, «Die Beredsamkeit des Leibes – Körpersprache als künstlerisches und gesellschaftliches Problem der bürgerlichen Emanzipation», ist die Suche nach einer bürgerlichen Körpersprache in Mimik und Gestik; diesem Essay sind wir im folgenden verpflichtet. Kemp weist mit Nachdruck auf die Ambivalenz und das kaum zu behebende Dilemma bürgerlicher Selbstinszenierung durch besondere Verkehrs- und Verhaltensformen sowie durch eine ihr adäquate Bewegungskultur hin: konstitutive Defizite, die Teil der Selbstfindung und Selbstdarstellung sind. Physiognomische Studien werden zu einer Modebeschäftigung für bildende Künstler wie für Dilettanten; Lavater ist in aller Munde; die neue Schattenrißtechnik kommt diesen Interessen, diesen Gesellschaftsspielen, entgegen.[77] Mimik und Gestik werden

---

[76] Vgl. BUSCH 1989:216. Vgl. LICHTENBERG 1971; hier findet sich auch die Serie Der Fortgang der Tugend und des Lasters. Die Formulierung von Wolfgang Kemp, eine Art BilderKnigge, findet sich in seinem Aufsatz Die Kunst des Schweigens, KEMP 1989:98.

[77] Es sei daran erinnert, daß Johanna Schopenhauer noch als Kind Lavaters physiognomische Studien liest und Schattenrisse anfertigt. Ein Pilgerstrom besucht Lavater in Zürich, und auf seinen Reisen wird er fürstlich empfangen. Johann

2. Der Walzer wird König

11. Daniel Chodowiecki: «Kunstkenntnis»

nicht nur im hypertrophierenden Theater- und Opernbetrieb gepflegt, in Absetzung vom Affektierten und Hinwendung zum Natürlichen im bürgerlichen Sinne, sondern verselbständigen sich als neue Darstellungsform. Tischbein und Goethe sind 1787 fasziniert von Lady Emma Hamilton, die in Neapel die Gesellschaft durch ihre mimisch-monodramatischen Darstellungen unterhält: Sie zeige, so Goethe, «eine Abwechslung von Stellungen, Gebärden, Mienen etc., daß man zuletzt wirklich meint, man träume».[78] Lady Hamilton findet in Deutschland in Hendel-Schütz eine Imitatorin und im Freiherrn von Seckendorff, der unter dem Künstlernamen Patrick Peale auftritt, ein männliches Gegenstück. Der letztere veröffentlicht 1816 «Vorlesungen über Deklamation und Mimik» mit Illustrationen von Tischbein, der – nicht zuletzt durch Lady Hamilton angeregt – als Kapazität im Bereich der Körpersprache und der Attitüden gilt. Schon 1782 erscheint «Ideen zu einer Mimik» von Johann Jakob Engel, ein vielgelesenes Werk, das auch Goethe studiert, und zwar in der Zeit, in der er mit «Wilhelm Meisters Lehrjahre» beschäftigt ist – ein Faktum, mit dem wir uns noch befassen werden.

Freiherr von Seckendorf wählt sicherlich mit Absicht einen englischen Künstlernamen, denn Großbritannien hat auch in diesem Bereich die Vorreiterrolle; dies gilt insbesondere für die bildende Kunst, die mit dazu beiträgt, Handlungsanweisungen auf dem Gebiet der Verkehrs- und Verhaltensformen lehrhaft zu visualisieren. W. Hogarths «Analysis of Beauty» (1753) strebt dieses Ziel an. In einem auf das Tanzen bezogenen Kupferstich erläutert Hogarth unter anderem seine Vorstellung einer positiven bzw. negativen Bewegungs- und Körperkultur (Abb. 12). Das tanzende Paar ganz links bewegt sich, laut Hogarth, ideal. Unschwer ist zu erkennen, daß höfisch-adeliges Tanzen vorbildhaft ist. «The ornamental way of moving» müsse von «grace» bestimmt sein; die Anmut körperlicher Bewegungen, die

---

Georg Sulzer macht den Vorschlag, die redenden Gebärden nach naturwissenschaftlichen Methoden zu sammeln und zu klassifizieren: Warum sollte eine Sammlung redender Gebärden weniger möglich und nützlich sein als eine Sammlung abgezeichneter Muscheln, Pflanzen und Insekten? Zit. nach KEMP 1975:118, der wiederum dieses Sulzer-Zitat, symptomatisch genug, in ENGEL 1782 (Ideen zu einer Mimik) zitiert findet.

[78] Zit. bei KEMP 1975:116; wir möchten betonen ohne im einzelnen immer darauf hinzuweisen, daß wir dieser Studie außerordentlich viele Anregungen verdanken. Lady Hamilton hieß damals noch Emma Hart (um 1755–1815); seit 1791 mit dem englischen Gesandten in Neapel, Hamilton, verheiratet; seit 1798 Geliebte von Lord Nelson.

2. Der Walzer wird König

12. William Hogarth, «Analysis of Beauty» (Detail)

Sicherheit und Freiheit der Gestik, hätten sich nach Regeln zu vollziehen, deren oberstes Gesetz die S-förmige Linie ist. Vor allem diejenigen, die im bürgerlichen Erwerbsleben stehen, müßten die anmutsvolle Körpersprache bewußt lernen: «Die nützlichen, durch Gewohnheit eingeschliffenen Bewegungen, die den Notwendigkeiten des Lebens dienen, folgen direkten, geraden oder kreisförmigen Linien (...) Anmutige Bewegungen nach S-förmigen Linien kommen nur gelegentlich vor, meist in Zeiten der Muße (...); und deswegen, weil sie nicht durch Notwendigkeit eingeübt werden, müssen sie nach Vorschriften oder durch Nachahmung erworben und durch zahlreiche Wiederholungen zur Gewohnheit werden.»[79] Erinnern wir uns: Die S- oder Z-förmige Linie ist das choreographische Grundmuster des Menuetts, die direkten, geraden und kreisförmigen Linien zeichnen das Englisch-, Deutsch- und Walzertanzen aus.

Hogarth' Handlungsanweisungen für anmutsvolle Bewegungs- und Körperkultur sind nicht durch Ambivalenz und Dilemma «angekränkelt»; die Körpersprachbarrieren zwischen jenen, die im bürgerlichen Erwerbsleben stehen, und jenen, die der gentilen Muße pflegen, können und müssen überwunden werden: Die ersteren haben sich «grace» so anzueignen, daß sie «easy und natural» wirken. Kemp weist auf die Besonderheit der englischen Verhältnisse hin: «Hogarth' praktische Ästhetik hat als Voraussetzung die englische Situation, d.h. das Bündnis zwischen Adel und Bürgertum, und den Grundsatz bürgerlicher Gesellschaftsethik, ihre Defizite durch bewußte Lerntätigkeit zu ersetzen.»[80] Hinzuzufügen wäre, daß dem Adel in England nicht, wie auf dem Kontinent, bürgerliche Erwerbsformen und Beschäftigungen verboten sind und Verstöße mit dem Verlust von Standesprivilegien geahndet werden können. Die nachgeborenen Söhne sind im Gegenteil darauf angewiesen, sich mit Handels- und Finanzgeschäften eine standesgemäße Alimentierung aufzubauen und zu sichern. Andererseits wird die «landed society» seit der zweiten Hälfte des 16. Jahrhunderts, doch vor allem im 18. Jahrhundert, von Bürgerlichen infiltriert, die sich das Arsenal gentiler Distinktionen zulegen.

Chodowiecki und Lichtenberg sind mit dem Werk Hogarth' vertraut; der letztere besitzt eine vollständige Sammlung und kommentiert die Hogarthischen Kupferstiche.[81] In ihren «Handlungen des

---

[79] Zit. bei KEMP 1975:120.
[80] KEMP 1975:121.
[81] Vgl. dazu E. P. Wieckenberg ‹Erklärungen der Hogarthischen Kupferstiche›

Lebens» wird jedoch die Körpersprachbarriere akzentuiert, ja ironisiert; sie scheint unüberwindbar – zwei Welten: die Kernproblematik in «Wilhelm Meisters Lehr- und Wanderjahre». Goethe besucht Chodowiecki im Frühsommer 1778 in Berlin, zur Zeit der Entstehung der graphischen Serie. Wolfgang Kemp widmet der zentralen Frage dieses Bildungsromanes eine subtile Analyse; hier müssen Hinweise genügen: Wilhelm ist bestrebt, als Kaufmannssohn sich dem Ideal gentiler Lebensführung und Ostentation anzunähern und entdeckt, welche Bedeutung dabei dem äußeren Erscheinungsbild, dem Auftreten, dem Bewegungskanon und dem Repertoire der Körper- und Gesichtsmimik zukommt. Er wird Schauspieler, denn «auf den Brettern erscheint der gebildete Mensch so gut persönlich in seinem Glanz, als ob in den oberen Klassen». Doch diese «Theatralische Sendung» erweist sich als Scheinlösung. Wilhelm realisiert, daß eine bloße Nachahmung kein gangbarer Weg für den gebildeten Bürger sein kann – das Dilemma scheint unaufhebbar: «Ein Bürger kann sich Verdienste erwerben und zur höchsten Not seinen Geist ausbilden; seine Persönlichkeit geht aber verloren, er mag sich stellen wie er will. (...) Wenn der Edelmann durch die Darstellung seiner Person alles gibt, so gibt der Bürger durch seine Persönlichkeit nichts und soll nichts geben. Jener darf und soll scheinen; dieser soll nur sein, und was er scheinen will, ist lächerlich und abgeschmackt. (...) An diesem Unterschied ist nicht etwa die Anmaßung der Edelleute und die Nachgiebigkeit der Bürger, sondern die Verfassung der Gesellschaft schuld.»[82] Wilhelm wird Wundarzt und läßt seinen Sohn in der «Pädagogischen Provinz» ausbilden; einem utopischen Reich der Menschbildung zwar, dessen Programm jedoch unverkennbar an den Kanon der reformpädagogischen Experimente von Dessau-Wörlitz erinnert.

Wenn Hogarth die Aneignung gentiler, anmutsvoller Verhaltens-, Bewegungs- und Körperkultur für den Bürger als lernbar propagiert,

– ein Anti-Lavater?; TEXT + KRITIK, Heft 114, April 1992:3956. Friedrich MATTHISSON schreibt in seinen Erinnerungen Bd. 2, 1810–1816:234: Hogarths Werke, welche meines Wissens, in Deutschland nur Lichtenberg ganz komplet besaß. In diesem Zusammenhang sei auf Kaleidoskopelemente des Dessau-Wörlitzer Kulturkreises hingewiesen, die sich wieder zu einer besonderen Konfiguration ordnen: Tischbein, Chodowiecki, Matthison, Goethe, Lavater, Boettiger sind mit Dessau-Wörlitz und dem Fürstenpaar verbunden; auch Johanna Schopenhauer besucht Wörlitz. Chodowiecki illustriert Basedows Werke.

[82] Zit. nach KEMP 1975:124f; Goethe beginnt Wilhelm Meisters Lehrjahre 1777; Tagebuch, 16. Februar 1777: Im Garten, diktiert an Wilhelm Meister; vgl. GOETHES WERKE Bd. 7 1973:613.

so nur – das Zitat bringt dies deutlich zum Ausdruck – «in bewußter Abgrenzung vom Spezifischen der Lebenstätigkeit», denn es besteht «ein grundsätzlicher Unterschied zwischen einer Lebenstätigkeit, die Subsistenzmittel schafft, und einer, die sie nur verbraucht».[83] Doch gerade das ist der Kern des Dilemmas: Zum Wesen des gentilen Lebensstils gehören Muße und Dilettantismus – eine säkularisierte Vita contemplativa. Zeit und Besitz sind dazu unabdingbare, konstitutive Voraussetzungen. Die bürgerliche Lebensmeisterung ist jedoch eine erwerbs- und leistungsorientierte Vita activa; Muße kann darin nur vorkommen, wenn haushälterisch mit der Zeit gerechnet und gespart wird – ein Paradoxon. Mußezeit wird dadurch zur Freizeit. Zum Freiheitsbegriff der Aufklärung gehört die Forderung nach freier Zeitdisposition, um Seele, Geist und Körper zu bilden, als ein «unalienable right»: es ist ein zeitlich verstandener Freiheitsbegriff, ein «Freiheitsbegriff der Freizeit».[84] Das Dilemma, das konstitutive Defizit bürgerlicher Selbstinszenierung, wird jedoch mit dem zeitbezogenen Freiheitsbegriff nicht aufgehoben, sondern eher verstärkt, gewiss jedoch verstärkt sichtbar. Für den erwerbs- und leistungsorientierten Bürger ist und bleibt Zeit Geld; deshalb mit Kemp: «Die Geschichte der bürgerlichen Verkehrsformen ist eine Geschichte ohne Ende, ohne Lösung, eine Geschichte der halbherzigen bis selbst vergessenen Kompromisse.»[85] Auch im Untertitel von «Wilhelm Meisters Wanderjahre» ist dieses Resignative enthalten: «Die Entsagenden».

Im «Journal des Luxus und der Moden» erscheint unter der Rubrik «Orchestik» in der Juninummer 1797 ein längerer Beitrag mit dem Titel «Bemerkungen über körperliche Erziehung und Ausbildung der Kinder, und über das Tanzen insbesondere»[86]; sein Inhalt ist wahrhaftig «eine Geschichte der halbherzigen bis selbstvergessenen Kompromisse»: Soweit es die körperliche Erziehung betrifft, werden – mit Hinweis auf GutsMuths und Villaume – die reformpädagogischen Leibesübungen und Spiele angepriesen, damit «die Kinder mehr Ungezwungenes, mehr Gewandtheit und Anstand ihres Körpers für die Folge bekämen: denn man schließt aus dem Äußern und aus der Haltung des Körpers sehr oft auf die Geschicklichkeit eines Menschen. (...) Die Meinung des Herrn Villaume ist ganz gegründet, daß das

---

[83] Dies sind Formulierungen von Wolfgang Kemp; KEMP 1975:120 und 119.
[84] Vgl. dazu NAHRSTEDT 1972:279 ff.
[85] KEMP 1975:120.
[86] JOURNAL DES LUXUS UND DER MODEN Juni 1797:278 ff.

größte Geschäft und der wichtigste Theil der Kunst eines Tanzmeisters darin bestehe, die Jugend stehen und gehen zu lehren, auf die Ausbildung ihres Körpers zu sehen, dabey aber ihnen kein geziertes Wesen beyzubringen, sondern blos die Natur zu verfeinern.» Indessen, welche Tänze und welcher Tanzstil werden denn zur Erlangung dieses Ausbildungsziels empfohlen? Hogarth scheint Pate zu stehen:

«Zur verfeinerten Ausbildung sowohl, als zur Festigkeit des Körpers, sind unstreitig unter allen gesellschaftlichen Tänzen der Menuet und der Vauxhall (Allemande) die vorzüglichsten, besonders wenn die Pas des Menuet ganz einzeln gelehrt werden. Diejenigen verfehlen ganz ihren Zweck, welche die Pas im Ganzen, ja sogar den ganzen Menuet auf einmal lehren. Der Menuet ist das Herz der ganzen Tanzkunst; die Verfeinerung dieses Tanzes haben wir dem berühmten Operntänzer Marcell zu danken, welcher dem Menuet alle die Grazie und Annehmlichkeiten, mit der er jetzt getanzt wird, gegeben hat. Auch hat er die Figur dieses Tanzes, welche erst S-förmig war, in die eines Z verändert, wodurch er viel mehr Accuratesse erhalten hat. Der menschliche Körper hat in keinem Tanze so viel Gelegenheit sich in seiner ganzen Schönheit, in seiner ganzen Grazie zu zeigen als in diesem. Jeder einzelne Theil des Körpers zeigt sich in seiner vortheilhaftesten Lage. Welche angenehme sanfte Lage bekommt der Kopf beym mannichfaltigen Wenden desselben? Wie lieblich wird der Blick? Welche Grazie zeigt sich nicht bey den Bewegungen der Arme, beym Geben sowohl der einzelnen als beyder Hände? In welcher Schönheit zeigt sich nicht das ganze Bein, beym Biegen und Steifen der Kniee sowohl als bey den 2 letzten Schritten des ganzen Pas, welche auf den Spitzen gemacht werden? Welche sanfte Festigkeit und Accuratesse ist bey diesem Tanze im ganzen Körper zu sehen? Mit welcher Pünktlichkeit kommen die Füße nach jedem geendigten Pas in die reinste und beste Position? Und dennoch ist der Menuet, wie J. J. Rousseau mit Recht sagt, der einfachste und am wenigsten lustigste aller der Tänze, welche auf unsern Bällen getanzt werden. Der Vauxhall hat mehr Bezug auf den Oberkörper allein, wegen der vielerley Bewegungen der Arme, welche zuweilen schnell, zuweilen sanft gemacht werden müssen, auch wegen des steten sanften Herumdrehens des Kopfs, weshalb jedem Tanzmeister anzurathen ist, diesen Tanz seinen Schülern zu lehren, da er sosehr zur Bildung des Körpers beyträgt. Die übrigen springenden gesellschaftlichen Tänze haben alle nicht einen solchen Einfluß auf die Bildung des Körpers wie die 2 jetzt erwähnten, die französischen Tänze ausgenommen, als die französische Quadrille,

Pericordine, Montferine u.s.w. durch welche die Beine mehr Festigkeit und der Oberkörper mehr Gleichgewicht zu halten lernen. (...) Alle solche Vorschläge des angenehmen und annehmlichen Tanzes können freylich nicht angenommen und müssen ganz hintan gesetzt werden, sowohl bey dem überaus geschwinden Tanzen als bey den ausgelassenen Galoppaden oder sogenannten Hopstänzen. Bey einem solchen Benehmen ist sicher das Tanzen Gift für die Menschen; und in solchem Falle könnte man wohl dem Hr. Dr. Sponitzer Beyfall geben, wo er von der Schädlichkeit des Tanzes in seinem Büchelchen: das Tanzen in pathologisch moralischer Hinsicht erwogen, spricht. Tanzt man aber mit Behutsamkeit und Maaße, so gereicht das Tanzen dem Menschen sicher zum großen Nutzen, sowohl zur Gesundheit als zur Geschmeidigkeit des Körpers, und seinem Geist dient es zur Erhohlung.»

Kein Zweifel, die Suche des Bürgers in diesen Phasen des Umbruchs nach einer eigenen Körpersprache, nach einem seiner Selbstdarstellung gemäßen Verhaltens- und Bewegungskodex ist voller Irrungen und Wirrungen, voller Brüche und Widersprüche, voller defensiver Zweifel und Verunsicherungen, aber auch – agierend und reagierend – voll Bereitschaft, sich einen Umgangs- und Bewegungskanon der Distinktion und Ostentation anzueignen, der ihm Selbstsicherheit gibt und Selbstzelebrierung erlaubt. Aus dieser Situation entspringt das wachsende Bedürfnis nach speziellen Anstands- und Benimmbüchern, einer literarischen Gattung, die das Bürgertum als Adressaten im Visier hat; doch zeichnen – und dies ist symptomatisch – oft Adelige bzw. Pseudoadelige als Verfasser. Und auch die deutschen Tanzlehrer brauchen um ihre Alimentierung nicht zu bangen; sie helfen – in Wort und Schrift – mit, das Tanzen allgemein und den Wiener Walzer im speziellen zu bändigen und zu zähmen. Der letztere wird in seiner klassischen Form gleichsam der Herzschrittmacher des bürgerlichen 19. Jahrhunderts.

3. Der Wildling wird gezähmt: der Wiener Walzer im «bürgerlichen» Jahrhundert

Rahel, «das alles am feinsten durchfühlende Nervensystem ihrer Zeit» (Theodor Mundt), soll das erste Wort haben – zur Erinnerung nur: Im Winter 1793/94 ihre Kontroverse mit David Veit über den walzertanzenden Werther; rund zwei Jahrzehnte später (1812) der Traum vom walzertanzenden Jüngling im gotischen Schloß, dem «Ideal». Wiederum knapp zwanzig Jahre später, am 15. März 1829, schreibt Rahel an Varnhagen, der in Bonn weilt, über eine Abendgesellschaft, an der auch Heinrich Heine anwesend ist. Es sei über die Körperhaltung der alten Ägypter – das «Auswärtsstehen» – diskutiert worden. Sie habe dies zum Anlaß genommen, diese Bewegungskultur mit dem Wiener Walzer in Beziehung zu setzen: «(...) ein Strom ergoß sich aus mir – ein längst zurückgedämmter (...), und so seien der Ägyptier Stellungen eine Art Bild ihres geselligen Daseins; nicht arbeitend, nicht strebend, nicht noch bewegt. Der Gegensatz davon sei der Wiener Walzer; der oft so unsinnig angebracht schiene, nach jedem ernsten Kampf oft; mir aber immer guten Eindruck mache und gefalle – ohne daß ich lange den Grund deutlich gewußt – so wie ein Leid, ein Kampf, eine Verwirrung, ein Vollbrachtes geschehen sei: gewalzt! Was will der Mensch mehr. Schweben, Leben, Sein, Fertigsein!» Heine, so Rahel, sei nach ihrem Erguß «blutrot, ganz weg vor Lachen» gewesen. «Die letzte Hälfte, die vom Walzer, mußte ich ihm erklären: er frug ganz ernsthaft; und fand es dann sehr gut.»[87]

Heine bedarf und erhält Interpretationshilfe; für uns ist die Metapher gleichsam ein Suchbild. Es scheint, daß zum einen der Wiener Walzer für Rahel eine Chiffre bürgerlichen Selbstverständnisses ist: Ausdruck des Arbeitens, des Strebens, der bewegten Dynamik – Teil des bürgerlichen Tugendkanons. Ein halbes Jahr später (17. Oktober 1829) steht in einem Brief an eine Freundin der Satz: «(...) – und das ist die ganze Aufgabe unseres Lebens, lebendigsten Lebens, – treu, wahr, redlich zu sein; und das bei der größten Kleinigkeit, und in jedem Augenblick; immer auf Sein, und nicht auf Schein auszugehen.» Fürwahr ein bürgerliches Manifest – und der Wiener Walzer als Sinnbild dieser Bürgerlichkeit.

Zum andern ist der Wiener Walzer für Rahel auch ein Elixier, mit dessen Hilfe man die bürgerliche Lebenswelt nach den Befreiungskriegen, dem Wiener Kongreß und den Karlsbader Beschlüssen mit ihrem Licht und ihrem Schatten, ihren Brüchen, Widersprüchen, Ängsten, Hoffnungen und Enttäuschungen aushält und kompensiert: «So wie

---

[87] Vgl. RAHEL – EIN BUCH DES ANDENKENS 1983:378 und 403. Das Auswärtsstehen hat Rahel in der ägyptischen Sammlung des «Musée Napoléon» beobachtet; vgl. RAHEL – EIN BUCH DES ANDENKENS 1983:377. In dem weiter oben erwähnten NZZ-Artikel bringt Friedhelm Kemp diesen Brief mit dem Traum «Das tanzende Ideal» in Verbindung.

ein Leid, ein Kampf, eine Verwirrung, ein Vollbrachtes geschehn sei: gewalzt!»

Rahels Leben und Lebensgestaltung sind wie ein Hohlspiegel, der die bürgerlichen Tendenzen der Zeit, nach 1819 namentlich auch die Bürgerlichkeit in all ihren Verwerfungen, sammelt und gebündelt zurückstrahlt – reflektiert durch «Selbstdenken», denn «auf das Selbstdenken kommt alles an».[88] In ihrer Jugend lernt sie Werke und Persönlichkeiten der Klassik und der Frühromantik kennen; sie ist schon vor ihrer Verheiratung ein Magnet, der – ständeverbindend – Träger des klassischen und frühromantischen Bildungsguts zum geselligen Gespräch anzieht. Nach 1819 verkehrt in ihrem Salon alles, was in Wissenschaft und Literatur Rang und Namen hat – von Wilhelm und Alexander von Humboldt, Hegel, Schleiermacher bis zu Leopold von Ranke; von Jean Paul, Heinrich Heine, Grillparzer bis zum «märkischen Don Quijote», Friedrich Baron de la Motte Fouqué – die Liste ist endlos; Bürgerwelt, Altadel und Neunobilitierte; Juden, Katholiken und Protestanten; Frauen und Männer; Junge und Alte – ein bunter Strauß. Rahel und ihr Gatte leiden an den Folgewirkungen und Begleiterscheinungen der Karlsbader Beschlüsse, insbesondere an den kleinlichen Zensurmaßnahmen sowie der soziopolitischen und soziokulturellen Intoleranz, die sich wie Mehltau auf alle Lebensbereiche niederschlagen und dem «Bürgerlichen» als Kultur und Lebensstil, als Selbstidentifizierung und Selbstdarstellung einen besonderen Anpassungsdruck zumuten, eine besondere Ambivalenz auslösen und fördern, aber auch zur besonderen Herausforderung in den Jahrzehnten des Systems Metternich werden. Rahels Walzer-Metapher in ihrer doppelten Sinndeutung ist Ausdruck dieser Situation, dieser «Verhältnisse und Verhinderungen» (Ute Gerhard). Wie manifestieren sich diese politischen, sozialen und kulturellen Zeittendenzen der Restauration und des Vormärz in der Verhaltens-, Bewegungs-, Körper- und Tanzkultur?

Es hält schwer, die Erscheinungen und Strömungen in ihrer Vielfalt, ihren Widersprüchen, ihren Brechungen und Spannungen in wenigen Strichen zu skizzieren; es können kaum mehr als flüchtige Hinweise sein, manches bleibt offen und manches kontrovers. Die Welt des Bürgerlichen scheint auch in diesen Jahrzehnten sozialstrukturell nur vage faßbar und politisch-ideologisch diffus. Sie ist ein Habitus des Bürgerlichen im Sinne von Bourdieu, der als Kultur und Lebensform

---

[88] Zit. nach Rahel VARNHAGEN 1988:367 (Nachwort von Dieter BÄTZ).

in Literatur, Kunst und Wissenschaft mit eigenständigen Ausdrucksformen und Institutionen identitätsstiftendes bürgerliches Selbstverständnis und Selbstbewußtsein sucht. «Strukturwandel bürgerlicher Öffentlichkeit»: öffentliche Museen und Kunstgalerien sowie bürgerliches Mäzenatentum; bürgerlich alimentierte Theater-, Opern- und Konzertveranstaltungen; öffentliche literarische Lesungen und wissenschaftliche Vorträge und Vortragsreihen; eine Flutwelle von Druckerzeugnissen (Bücher, Zeitungen, Zeitschriften, Almanache und Taschenbücher). Bildung und Wissen sind soziokulturelles Amalgam der Verbürgerlichung; ohne ihre Aneignung kann Kunst nicht verstanden, empfunden und erlebt werden, seien es nun Inhalte der bildenden Kunst, der Architektur, der neuen Programm-Musik, die «Bildungsmusik» (Nipperdey) ist, oder seien es literarische Erzeugnisse mit all ihren ästhetischen, mythologischen und historischen Bezügen. Daraus entspringt die wachsende Nachfrage nach Konversationslexika, ein Indiz, daß sich die Kreise jener, die bemüht sind, sich den bürgerlichen Kultur- und Lebensstil anzueignen und die sich zur Welt des Bürgerlichen zugerechnet wissen wollen, stetig vergrößert. Der Zuwachs rekrutiert sich einerseits aus dem aufsteigenden und arrivierteren Wirtschaftsbürgertum, aus den akademischen oder halbakademischen Freiberufen mit oder ohne Bildungsdiplom, den Ärzten, Wundärzten, Advokaten, Publizisten, Literaten und Künstlern, andererseits aus dem staatlich oder munizipal alimentierten Bildungsbürgertum im Bereich des Ausbildungs- und Rechtswesens sowie der sich funktional und zahlenmäßig ausweitenden Verwaltungsbürokratie – Kreise mit vorwiegend urban-munizipaler Orientierung. Bildung im weitesten Sinne wird verstärkt ein statusbildendes Medium und Lieferant bürgerlicher Insignien. In der auch für unsere Thematik äußerst anregenden Studie «Deutsche Bürgerlichkeit nach 1800 – Kultur als symbolische Praxis» schreibt Wolfgang Kaschuba: «Eben dies meint ‹Bürgerlichkeit›, verstanden als ein sozial bestimmter und kulturell geformter Habitus: ein in sich zwar vielfach abgestuftes und variiertes, in seinen Grundzügen jedoch verbindliches Kulturmodell, das entscheidende Momente sozialer Identität in sich birgt. Es vermittelt bürgerliches Selbstverständnis und Selbstbewußtsein, definiert durch den Gebrauch materieller Güter, durch den Bezug auf ideelle Werte, durch die Benutzung kultureller Verhaltensmuster, die zusammengenommen ein lebensweltliches Ensemble bilden. Es ist gleichsam die ‹zweite Natur› der Bürgerlichen, die sich darin verkörpert, die sich in eigenen Formen und Normen habitualisiert und damit der ‹Kultur› eine doppelte Funktion zuschreibt, als Identitätsmodell wie als Distinktionsmittel.»[89]

Das bürgerliche Distinktionsbedürfnis indessen, das Suchen und Darstellen adäquater, ostentativer bürgerlicher Symbole, Signete, Insignien sowie die Akkumulation und der Gebrauch eines eigenen soziokulturellen Kapitals, stößt in diesen Zeiten auf mannigfache Widerstände. Die Restaurationspolitik läßt viele Versprechungen und Hoffnungen der Reformperiode und der Befreiungskriege unerfüllt, verwässert Reformgesetze in der Ausführungspraxis, ja dreht auch das Rad gleich ganz zurück – Versprechungen und Hoffnungen, die insbesondere für das Bemühen um ein bürgerliches Selbstverständnis und eine bürgerliche Identitätsbildung von Bedeutung sind. Dazu gehören die Nichteinhaltung von Verfassungsversprechen, eine nur partielle Rechtsgleichheit, mangelnde Rechtsstaatlichkeit und Pressefreiheit, Zunahme religiöser Intoleranz, Beamtenschikanen, Restaurierung ständischer Privilegien usw. – kurz, die Menschenrechte geraten vermehrt in Bedrängnis. Zudem wird – wenn auch regional verschieden – der kulturelle Bereich, Wissenschaft, Literatur und Kunst, von den kleinlichen Zensurmaßnahmen nicht verschont.

Doch nicht nur die Bürgerwelt sieht sich nach dem Wiener Kongreß in die Defensive gedrängt und mit einer Situation konfrontiert, die ihre Selbstverwirklichung und Selbstentfaltung hemmt, die Anpassungs-, Verzicht-, Kompromiß- und Kompensationsleistungen erheischt. Auch der Adel kämpft mit dem Rücken zur Wand: von den mediatisierten Standesherren über den Stiftsadel bis zum landsässigen Kleinadel, dem während der napoleonischen Ära hohe Opfer abgefordert wurden und der nun durch die Agrarpreiskrise besonders zu leiden hat. Es sind jedoch nicht allein Güter und Privilegien, die einen materiellen Gebrauchswert haben, die dem Adel vor, während und nach dem Wiener Kongreß verloren gehen, sondern auch immaterielle, die seine Distinktion, seine Kultur und seinen Lebensstil, seine «Conduite», die Insignien seiner Lebenswelt und seines Standesbewußtseins verändern. Auch die Träger «adeligen Stamms und Namens» haben sich – je nach Region und Adelsgruppe verschieden – mit Anpassungs-, Verzicht-, Konzessions- und Kompensationsanforderungen auseinanderzusetzen. Auf eine Aufzählung wird verzichtet; nur soviel: Der

---

[89] Vgl. KOCKA, Bd. 3 1988:18; in KOCKA 1988 finden sich, in allen drei Bänden, weitere einschlägige Beiträge; ferner sei auf Nipperdey 1983 Kapitel IV («Glauben und Wissen, Bildung und Kunst») hingewiesen.

Adel hat sich auf die neuen Ausbildungs- und Zugangsvoraussetzungen für den Staatsdienst (Prüfungsordnungen, Notensysteme, Hochschulzugangsprüfungen, Berechtigungswesen usw.) einzustellen, wenn er diese traditionelle Alimentierungschance – in Konkurrenz mit Bürgerlichen – in einer Zeit wahren will, in der Schule und Staat eng aufeinander bezogen werden. Diese Situation hat Auswirkungen auf herkömmliche adelige Sozialisationsmuster und Erziehungsziele und geht auf Kosten eines adeligen Selbsterkennungscodes, einer «Conduite». Die adelige Bodenbindung erheischt nicht nur neue Betriebs- und Managementformen; mit der Ablösung der Lasten und Dienste gehen neben den materiellen Werten auch immaterielle verloren, d. h. symbolisch-soziokulturelles Statuskapital, das die Lebenswelt des landsässigen Adels prägt. Welche Bedeutung die Inhaber altständischer Statusprivilegien gerade diesem symbolischen soziokulturellen Kapital beimessen, läßt sich daraus ersehen, wie verbissen der Adel nach 1815 um den Erhalt oder die Rückgewinnung kleinster Distinktionsprivilegien kämpft, ob es sich nun um das Jagdrecht, den Kirchenstuhl, die Hofrangordnung, Autonomie bei der Familien- und Erbrechtsregelung oder um Titulatur, Gerichtsstandsfragen, Wappen und Ehrenwache, Livreen und Kirchengebet handelt. Die hohe Gewichtung geht aber auch daraus hervor, daß namentlich neu gekrönte Monarchen solche Distinktionsprivilegien rigoros zu beschneiden versuchen. Vor allem im süd- und südwestdeutschen Raum, in den Rheinbundstaaten, führt der Adel einen Zweifrontenkampf: gegen den Staatsabsolutismus und seiner Beamtenschaft sowie den Liberalismus. Nochmals: Es geht hier um symbolisch-soziokulturelles Kapital, das auch einen soziopolitischen Verkehrswert hat und nur schwer ersetz- oder kompensierbar ist.[90]

Diese Sachlage und diese Frontstellung haben direkte Auswirkungen auf die Verbürgerlichung, insbesondere auch auf die für unsere Thematik zentralen Aspekte der bürgerlichen Umgangs- und Verkehrsformen, der Etikette, der Verhaltens-, Bewegungs- und Körperkultur, denn das aus der Defensive heraus geführte adelige Pochen auf Distinktionsprivilegien, auf geburtsständische Rangauszeichnungen bezieht sich ja zumeist auf Äußerlichkeiten – Äußerlichkeiten allerdings, die gerade für das Selbstverständnis und das Selbstwertgefühl des gebildeten und arrivierten Bürgertums recht diffamierende Wirkungen

---

[90] Vgl. dazu BRAUN 1990.

haben. Wenn die mediatisierten Standesherren um Ebenbürtigkeit mit den gekrönten Familien feilschen, so setzt der niedere Adel gleichsam Ebenbürtigkeits-Grenzpfähle, um die gehobene Bürgerwelt in Schranken zu halten. Bürgertöchter sind Mamsells und keine Fräuleins; Bürgerfrauen sind nicht Geborene, sondern Gewisse; Bürgerlichen ist der Zugang zum Hof und zur Hofgesellschaft verwehrt, es sei denn, ein entsprechender Orden öffnet die Türe. Im Weimarer Hoftheater ist der erste Rang streng zwischen Bürgerlichen und Adeligen geteilt, die ersteren sitzen links, die letzteren rechts; ständische Rangunterschiede manifestieren sich in Titulaturen wie «Hochwohlgeboren» oder «Wohlgeboren». Im Programm der Adelsreunion «zur Wiederbelebung in der dem Adel nur im Drang der Zeit entfremdete Stellung» wird vorgeschlagen, der Adel solle die Schranken der Geburt durch entsprechende Kleidung, Pferde, Waffen, Diener, Gefolge und burgartige Wohnungen kenntlich machen – die Beispiele könnten vermehrt werden. Die Tendenz des Adels, seine geburtsständischen Privilegien durch kleinliche Vorrechte auch äußerlich zur Schau zu stellen, muß auf die gehobenen Bürgerkreise provokativ wirken. Kritisch beobachtet Varnhagen diese aufreizende Adelsdistanzierung nach 1819: «Die jungen Leute meiden bürgerlichen Umgang und versuchen sich Airs zu geben, indem sie durch Worte, Gebärden und Handlungen Geringschätzung der Bürgerklasse an den Tag legen.»[91]

Diese Adelsdistanzierung ist indessen für die Bürgerwelt nicht nur provokativ, sondern auch eine positive Herausforderung, sich selbst ein eigenes, ihrer Lebenswelt adäquates «Air» zu geben; um so mehr, als sie um ihre konstitutiven Defizite in diesen Bereichen weiß und – wie wir sahen – darüber schon seit Jahrzehnten reflektiert und räsoniert. Sie kann dabei auf die von der Klassik geforderten antiken Vorbilder zurückgreifen; hinzu kommen Ritterideale der Romantik. Die Verfeinerung der Bewegungs-, Körper- und Tanzkultur gehört zum bürgerlichen Bildungsanspruch, geht Hand in Hand mit bürgerlicher Etikette, Konversationsführung, Kunstverständnis usw.; sie ist auch Teil der bürgerlichen Utopie des Menschseins und der Menschheit. Schon der Titel des 1829 im Druck erscheinenden Werks von Eduard Friedrich David Helmke dokumentiert dies: «Neue Tanz- und Bildungsschule – Ein gründlicher Leitfaden für Eltern und Lehrer bei

---

[91] Zit. bei VON BOEHM 1922:494; hier finden sich auch zahlreiche weitere Beispiele provokativer Adelsdistanzierung, vgl. VON BOEHM 1922:260ff sowie 492ff.

der Erziehung der Kinder und für die erwachsene Jugend, um sich einen hohen Grad der feinen Bildung zu verschaffen und sich zu kunstfertigen und ausgezeichneten Tänzern zu bilden». Im dritten Abschnitt, «Der edle Anstand» überschrieben, entwirft Helmke ein Idealbild bürgerlicher «Air» – auch als positive Antwort auf die Herausforderung adeliger Distanzierung; darin heißt es unter anderem:

«Der wahre edle Anstand bedingt eine frühe geistig edle Richtung, deren Stempel auf der ganzen Gestalt lesbar erscheinen muß; er kann demnach nur aus der Tiefe edler Menschheit entspringen. Die Kunstregel kann ihn zwar leichter entbinden; aber sie allein vermag ihn nicht auf jene ästhetische Glanzhöhe zu stellen, von wo aus er, wie die Sonne, erquickliche Strahlen überall verbreitet. Er kann nur von innen nach außen geführt werden, wenn die Rückwirkung wieder nach innen gehen soll. Der wahre edle Anstand darf nicht öffentliche leere Repräsentation, sondern muß ein Ausdruck des innern, vollständig geistig ausgebildeten Menschen seyn. Diejenigen, welche sich als Muster der Etikette aufstellen, besitzen deshalb nicht immer einen edlen Anstand, denn die Etikette ist hier weiter nichts, als leere Repräsentation.

Der wahre edle Anstand entspringt überhaupt schon aus dem Gefühle unserer Würde als Mensch, wie viel mehr nun noch aus dem Gefühle eines vollkommen geistig ausgebildeten Menschen? Hier offenbart sich jeder edle Stolz, den der Kastengeist nicht begreift und als unbeugsam tadelt. Nur das Gefühl seiner Würde als redlicher, edler, tugendhafter Mensch mit geistiger Ausbildung, giebt den wahren edlen Anstand, indem man seine innere Größe fühlt. – Es ist oft für eine Person von hohem Stande und Range gar unbequem, einem Manne gegenüber zu stehen, der bei aller schuldigen Ehrfurcht doch den Stempel eines werthvollen Menschen an der Stirne trägt. Nur Stirn gegen Stirn hält da aus. Die leere Repräsentation ist demnach eine subjective und werthlose Spielerei.»[92]

---

[92] Vgl. HELMKE 1829; PETERMANN 1982:8f; Helmke ist von den Reformpädagogen GutsMuths und Salzmann, auch vom Turnvater Jahn beeinflußt und bekennt in einem Bewerbungsschreiben an den Senat der Universität Jena, er sei «bei der Schöpfung eines neuen Lehrsystems in die Zeiten Homers, des Dionisius von Harlicarnus, und andere mehr» zurückgegangen; zit. im Nachwort von PETERMANN 1982:VII. Helmke will sich mit dieser Bemerkung natürlich auch als Bildungsbürger ausweisen. Bei den nachfolgenden Helmke-Zitaten verzichten wir auf Seitennachweise; sie sind unter den entsprechenden Abschnitten leicht auffindbar.

Der «gründliche Leitfaden» von Helmke dokumentiert, daß bürgerliche Etikette, Verhaltens-, Bewegungs-, Körper- und Tanzkultur gelehrt und gelernt sein wollen. Ein wachsender Markt für Anstands- und Tanzfibeln sowie für Tanzkurse entsteht. Ferner schießen im Sog dieser Nachfrage Zeitschriften, Almanache, Taschenbücher wie Pilze aus dem Boden, die Etikettenfragen breiten Raum widmen und besonders auch das weibliche Lesepublikum im Auge haben: «Minerva», «Urania», «Fortuna», «Aurora», «Philomene», und wie sie alle heißen. Und schließlich sind Themen wie verfeinerte Umgangsformen, einschließlich Schilderungen von Tanzkursen und Ballbesuchen, die Grundmotive der zeitgenössischen Trivialliteratur – gleichsam das Pygmalion-Motiv mit Happy End; doch auch in anspruchsvolleren Werken wie beispielsweise in Gustav Freytags «Soll und Haben» finden Tanz, Ball und die Aneignung von Etikette ihren Platz.[93]

Es wäre nun zu fragen, welches die Inhalte dieser Literaturgattung sind; ein weites Feld und ein Feld dazu, auf welches das Gesetz des abnehmenden Ertrags besonders zutrifft, denn es wimmelt von Gemeinplätzen, Schablonen und nicht selten auch Plagiaten. Wir beschränken uns deshalb auf wenige Hinweise und greifen für eine etwas eingehendere Illustration aus der Fülle nur ein Beispiel heraus, die eben zitierte «Neue Tanz- und Bildungsschule» von Helmke; warum gerade diese, werden wir später sehen.

Die Gattung hat eine lange Tradition: Es sei an Castigliones «Cortegiano» erinnert, an die sog. «Tanzmeister», die seit dem späten 17. Jahrhundert aufkommen; ferner an Adolph Freiherr von Knigges «Über den Umgang mit Menschen», an den «Bilderknigge» (die «Handlungen des Lebens» von Chodowiecki) oder an das «Journal des Luxus und der Moden». Seit der Wende des 18. zum 19. Jahrhundert bildet sich jedoch eine stereotypisierende Gattung heraus mit einem inhaltlichen Musterkanon, der auf die Bürgerwelt abgestimmt ist. So erscheint beispielsweise 1800 in Leipzig die «Kurze Anweisung zur wahren feinen Lebensart nebst den nöthigsten Regeln der Etikette und des Wohlverhaltens für Jünglinge, die mit Glück in die Welt treten wollen» von G. C. Claudius. Im Vorwort heißt es unter anderem: «Die Absicht dieser kleinen Schrift gehet einzig nur dahin, jungen, noch unerfahrenen Menschen in einem Alter von zwölf bis sechzehn Jahren eine kurze Anleitung zu geben, wie sie den Grund zu einer

---

[93] Zu den zahlreichen Zeitschriften und Almanachen vgl. Krüger 1979:176; hier wird auch erwähnt, daß die meisten nach 1848 eingehen.

wahren Wohlanständigkeit in der Gesellschaft legen sollen, um dadurch die Regeln der Etikette um so leichter in Anleitung zu bringen. Diese hier gegebenen Vorschriften gehen nur auf das Allgemeine; wer sie für einzelne Classen von Menschen und für einzelne Stände und Fälle berechnet wissen und diese Forderung hier machen wollte, würde dem Verfasser unrecht thun.» Im gleichen Jahr kommt ebenfalls in Leipzig ein «Taschenbuch für Freunde und Freundinnen des Tanzens» von Johann Heinrich Kattfusz heraus, das im zweiten Teil (1802) längere Ausführungen auch «Über die Haltung des Körpers» sowie «Regeln des Wohlstandes und der Lebensweisheit» enthält.[94]

Es wäre verlockend, weitere Titel der Gattung aus dieser Zeit, dem Anfang des 19. Jahrhunderts (d. h. vor der Restauration) zu zitieren, denn sie sowie die Vorworte und Widmungen enthalten viel Programmatisches. Wir machen jedoch einen Sprung in den Vormärz und begnügen uns mit den Titeln zweier Werke, die in rascher Folge zahlreiche Auflagen erleben: «Galanthomme oder der Gesellschafter, wie er sein soll. Eine Anweisung, sich in Gesellschaften beliebt zu machen und sich die Gunst des schönen Geschlechts zu erwerben. Enthaltend: Regeln für Anstand und feine Sitten; musterhafte Liebesbriefe und Gedichte; Anreden; Liebeserklärungen; mündliche und briefliche Heiratsanträge; Blumen-, Zeichen-, Farbensprache; Geburtstagsgedichte; Neujahrs- und andere Wünsche; declamatorische Stücke; Gesellschaftslieder; belustigende Kunststücke; Gesellschaftsspiele; Pfänderauslösungen; scherzhafte Anekdoten; Naivitäten; Denksprüche für Stammbücher; Sprüchwörter; Kartenorakel und Trinksprüche. Ein unentbehrliches Handbuch für Herren jeden Standes» – so der Titel, der zur Genüge dokumentiert, welche gesellschaftlichen Bedürfnisse abzudecken sind. Das Werk erscheint erstmals 1837 in Quedlinburg und Leipzig, und ein Jahr später folgt schon eine zweite Auflage; mehr als zwanzig weitere gesellen sich dann noch dazu. Als Herausgeber zeichnet ein Professor J. T. Sr.; die Furcht vor Repressalien läßt ihn wohl nicht mit vollem Namen zeichnen, schreibt er doch im Vorwort der Erstausgabe: «Geh' hin, mein Buch, in alle Welt, steh' aus, was dir beschieden: Man beiße dich, man reiße dich, läßt man nur mich zufrieden!» Das zweite Beispiel ist von einem

---

[94] Über das Walzen schreibt KATTFUSZ 1800:154 u. a.: «Soviel von dem Tanze, der anjetzo so allgemein geliebt wird und der Modetanz ist, ohne welchen Niemand mehr zum Englischen Tanze sich gesellen kann, weil fast alle Englischen Tänze mit zwey Walztouren vermischt zu werden pflegen und kein Vortänzer, der sich seiner Dame vorzüglich zu empfehlen gedenkt, das Walzen weglassen darf.»

Vielschreiber verfaßt, der sich auf diese Literaturgattung spezialisiert – sie ernährt offensichtlich ihren Mann: «Neuer Sitten- und Höflichkeits-Spiegel. Ein Complimentirbuch für alle Stände; oder Anleitung, sich in allen geschäftlichen und geselligen Verhältnissen, mit Anstand, der Sittlichkeit und Schicklichkeit gemäß und dem Geiste der Zeit angemessen, zu verhalten. Besonders für den Mittel- und Bürgerstand bearbeitet und für Personen jedes Alters und Geschlechts berechnet von Friedrich von Sydow, Verfasser des Weltbürgers, des Freundes in der Noth, des Mannes von Welt und feinen Sitten, des Nachbars mit Rath, und mehrerer anderer gemeinnütziger Schriften» (Nordhausen 1840).

Der Bürger als «Galanthomme»: Das «gebildete Publikum» ist angesprochen; die Texte sind mit vulgarisiertem Klassiker-Verschnitt gespickt. Insbesondere die mehr auf Tanz-, Bewegungs- und Körperschulung ausgerichteten Lehrbücher sind bemüht, ihren Fächerkanon für das Gebildetsein als unumgänglich anzupreisen, und die Verfasser dieser Lehrbücher sind speziell darauf bedacht, ihren Bildungsausweis zur Geltung zu bringen. Sie sind vorwiegend in die Jahre gekommene Ballettänzer, Ballettmeister und Tanzlehrer. Franz Xaver Nadler beispielsweise ist «königlicher Hoftänzer» und widmet der bayrischen Königswitwe sein Werk «Kallischematik, oder Anleitung zu einem edlen Anstande und zur schönen, gefälligen Haltung des Körpers, sowohl im gesellschaftlichen Umgange als beim Tanze» (München 1834). Franz Anton Roller ist «ehemaliger Theatertänzer»; von ihm erscheint 1843 in Weimar ein «Systematisches Lehrbuch der bildenden Tanzkunst und körperlichen Ausbildung von der Geburt an bis zum vollendeten Wachsthume des Menschen – Ausgearbeitet für das gebildete Publikum, zur Belehrung bei der körperlichen Erziehung und als Unterricht für Diejenigen, welche sich zu ausübenden Künstlern und zu nützlichen Lehrern dieser Kunst bilden wollen». Roller erwähnt, daß er seit 1805 «Lehrer der bildenden Tanzkunst und der Gymnastik an der Königlich Preußischen Landesschule Pforta» sei. Offensichtlich gehörten Tanz-, Bewegungs-, Körper- und Anstandsschulung zum Lehrangebot der Gymnasien und auch der Hochschulen mit Beizug von Spezialisten. Dies führt uns zurück zu Helmke, denn auch er unterrichtet – wenn er nicht Tanzkurse für gehobenere städtischkleinstädtische Adels- und Bürgerkreise gibt – an Gymnasien, Kloster- und höheren Töchterschulen, und auch er legt Wert darauf, sich auf dem Titelblatt als «Ballettmeister und Lehrer der Tanzkunst» auszuweisen. Er bewirbt sich 1828 um die städtische Tanzlehrerstelle in

Nordhausen; absichtsvoll enthält das genannte Werk die Widmung: «Sr. Wohlgeboren dem Herrn Hofrath Seiffart, dirigirendem Bürgermeister von Nordhausen, erfurchtsvoll geweiht». Die ehrfurchtsvolle Weihe nützt jedoch wenig; Helmke erhält die Stelle nicht. Was macht ihn und seinen «gründlichen Leitfaden» für uns so interessant?

Gewiß, das Individuelle an Helmkes Persönlichkeit und Lebensmeisterung soll nicht geleugnet werden; dennoch spiegeln sich darin Widersprüchlichkeit und Zwangslage eines Tanz- und Anstandslehrers der Restaurationsperiode und zugleich auch Licht und Schatten der tanzenden Bürgerwelt in all den Jahren des Metternichschen Systems. Helmke, mit 18 Jahren Teilnehmer an den Befreiungskriegen, von Turnvater Jahn beeinflußt, versteht seine Tanz-, Bewegungs-, Körper- und Anstandsschulung als Medium liberal-bürgerlicher Selbstdarstellung. Mit aller Vorsicht, denn das Auge der Zensur ist wachsam, bringt er diese Haltung und Gesinnung in seinem «gründlichen Leitfaden» zum Ausdruck. Allein, trotz dieser Zurückhaltung gilt er als subversiv und erhält deshalb, so vermutet Kurt Petermann, die städtische Tanzlehrerstelle in Nordhausen nicht.[95] Zwei Jahre später, 1831, ist er dann mit seiner Bewerbung als Universitätstanzlehrer in Jena erfolgreich (zunächst provisorisch, seit 1833 definitiv angestellt), doch ernährt ihn diese Stelle nicht. Er ist weiterhin gezwungen, Tanzkurse und Anstandsunterricht für private gehobenere Kreise zu erteilen und auch Hoffeste zu arrangieren: mithin ein Lavieren zwischen Bürger-, Adels- und Fürstenwelt, um ein Auskommen zu finden.

Das liberal-bürgerliche Credo der Tanz- und Anstandslehre Helmkes läßt sich schon aus den weiter oben zitierten längeren Ausführungen erkennen. Im Bewerbungsschreiben an den Senat der Universität Jena hält Helmke an dem «angenommenen Grundsatz» fest: «Die Wahrheit denken, das Gute tun und das Schöne genießen, diese göttliche Dreyeinigkeit in der Brust, diente mir als Richtschnur bei der Gründung eines neuen Lehrsystems, und deshalb ließ ich die Gymnastik mit der Philosophie und der Ästhetik Hand in Hand gehen» – für unsere Ohren recht harmlos-unverdächtige Grundsätze, keineswegs jedoch für damalige: Sie hörten und verstanden die programmatische Botschaft.

---

[95] Wir stützen uns im folgenden auf das sehr instruktive Nachwort von PETERMANN 1982, der einer der hervorragendsten Kenner der Tanzgeschichte ist. Auch das nachfolgende Zitat aus dem Bewerbungsschreiben an den Senat der Universität Jena findet sich hier.

Was charakterisiert dieses «neue Lehrsystem», und wie manifestiert sich darin das Bürgerliche? Zunächst das Tanzen selbst: Für Helmke «ruhen» zwar im Menuett «alle schönen Eigenschaften eng» vereint und bilden es zu einem Ganzen, als da sind: «Majestät, edler Anstand, Grazie, Würde, Ehrfurcht, Galanterie und Delicatesse. Hierdurch erhält sie [das Menuett] auch den ersten Rang und wird daher mit Recht die Königin der Tänze genannt.» Helmke weiß jedoch, daß die Jugend das Menuettanzen in der herkömmlichen Form weder schätzt noch kennt, ja darüber als etwas aus Großvaters und Großmutters Zeiten lacht. Er gießt deshalb die alte Form in eine neue, um die graziöse Bewegungsschulung des Menuettanzens auch der heutigen Jugend schmackhaft zu machen: «Der Menuet hab ich nun eine neue Form gegeben, die unserem Zeitgeist angemessen ist.» Er beschwingt und verbürgerlicht gewissermaßen höfische Tänze mit ihrer Bewegungskultur und Körpersprache. Helmke ist auch sonst als Tanzlehrer innovativ. Er führt beispielsweise den «Triolet-Walzer» ein, der «von einem Herrn und zwei Damen getanzt wird», weil «es auf allen Bällen stets an Herren fehle, weshalb so viele Damen sitzen bleiben» (Abb. 13).

Helmke informiert in seinem «gründlichen Leitfaden» über die modischen Tanzformen und beschreibt die einzelnen Tanzarten (allein fünf Walzerarten und eben so viele Contretänze); er erteilt Ratschläge, wie Bälle und Tanzfeste durchzuführen, Tanztouren zusammenzustellen sowie welche geselligen Tanzspiele beliebt sind usw.; er charakterisiert in je einem Kapitel die «erforderlichen Eigenschaften eines Tanzlehrers» und stellt «Verhaltensregeln für die Tanzscholaren» auf mit dem Muster einer «Sittentafel über das Betragen der Scholaren»; schließlich befaßt er sich selbstverständlich auch mit allgemeinen Anstands- und Umgangsnormen des geselligen Verkehrs. «Im Gegensatz zu anderen Tanzlehrern», so Kurt Petermann, «wendet sich Helmke mit seinen Schriften direkt an den bürgerlichen Verbraucher. Er bietet sogar in einem Buch eine «Methode zum Selbstunterricht» an. Auch dieses merkantile Gebaren kann ihm die Mißachtung seiner ‹rechtschaffenen› Kollegen eingebracht haben.»[96]

---

[96] Vgl. Nachwort von PETERMANN 1982:VIII; das Werk «Die Kunst, sich durch Selbstunterricht in kurzer Zeit zum feinen Weltmann und sehr geschickten Tänzer zu bilden» erscheint ein Jahr nach dem «gründlichen Leitfaden» (Merseburg 1830). Petermann erwähnt, daß Helmke von seinen Berufskollegen ignoriert wird und vermutet, daß sein selbstbewußtes Auftreten mit daran Schuld hat.

3. Der Wiener Walzer im «bürgerlichen» Jahrhundert

13. Triolet-Walzer

Helmkes liberal-bürgerliche Haltung und Gesinnungen geraten in der Praxis indessen in Widersprüche und Zwangslagen. In seinen «Verhaltensregeln für die Tanzscholaren» legt er einerseits Wert auf gesellschaftliche Gleichbehandlung aller Kursteilnehmer: «Da keine Rangordnung stattfinden kann, ist unter den Scholaren auch kein Unterschied zu machen und allen stehen gleiche Rechte zu. Der Lehrer hat das Recht, den Tänzern ihre Tänzerinnen zu bestimmen und Niemand darf sich der Bestimmung weigern oder widersetzen.» Andererseits jedoch zieht Helmke für die Kursteilnehmer gesellschaftliche Grenzen, die sein Verständnis des Bürgerlichen offenbaren: «Daß nie ein Lehrer untergebne oder dienende Personen, Handwerksgesellen und dergleichen, die jedoch nicht jeder Tanzlehrer in Unterricht nimmt, zu Herren und Damen in dieselbe Classe nehmen darf, versteht sich wohl von selbst; es sey denn, daß die Anzahl der Scholaren zu geringe und es an Herren oder Damen fehle, und in diesem Falle sind sie immer nur als Lückenbüßer zu betrachten.»

Für Helmke ist das Ausgrenzungs- und Auswahldilemma besonders spannungsreich, weil er – wie so viele seiner Berufskollegen – sein täglich Brot in kleinstädtischem Milieu verdienen muß, in dem es schwer ist, einen genügend großen Kurs gesellschaftlich homogener Teilnehmer zusammenzustellen. Sogar in größeren Städten wie Stuttgart ist dies nicht leicht und kann – für den Tanzlehrer wie auch für die Kursteilnehmer – problemträchtig sein. Dazu ein Beispiel, das wir Wolfgang Kaschuba verdanken:

«Wie diffizil sich solche Zugehörigkeits- und Abgrenzungsfragen damals darstellen, mag eine Szene verdeutlichen, die der Jurist und spätere Minister Robert von Mohl in seinen Erinnerungen beschreibt. Selbst aus guter bürgerlicher Familie stammend, schildert er darin seine Tanzstunde in Stuttgart während der Jahre 1815/1816, die er mit ‹Mädchen aus ganz anständigen, wenn auch nicht gerade aus den ersten Familien› absolvierte, mit ‹Töchtern von Beamten, Kaufleuten und dergleichen›. Mit ihnen übte man in der Tanzschule gemeinsame Tanzschritte – jedoch: ‹Man begleitete niemals diese Mädchen nach der Stunde nach Hause; ein Anreden oder Mitgehen auf der Straße bei etwaigem Begegnen war ganz außer aller Frage.› Denn das hätte nicht nur zu emotionalen Verwicklungen führen können, sondern vor allem auch zu sozialen Irritationen. Wiewohl ‹anständig›, gehörten die Familien eben doch nicht zur ‹guten Gesellschaft›. Angemessene Partnerinnen aus den ‹ersten Familien› fand Mohl dann auf geschlossenen und entsprechend steifen Abendgesellschaften und Bällen, zu denen seine Tanzstundendamen wiederum keinen Zugang hatten.»[97]

Von Mohls Schlußbemerkung wirft die Frage auf, wo und wann denn die Bürgerwelt tanzt und welche internen gesellschaftlichen Schranken auszumachen sind; eine Thematik für sich, die in diesem Rahmen nur mit einigen Schlaglichtern beleuchtet werden kann. Zu unterscheiden ist zwischen öffentlichen, halböffentlichen und privaten Tanzbelustigungen. Öffentliche Tanzveranstaltungen, im Sommer wenn möglich im Freien, sonst in öffentlichen Lokalen (in größeren Städten sind es eigentliche Tanzpaläste wie der Redoutensaal in Wien oder das Kolosseum in Berlin), werden von den gehobenen Gesellschaftskreisen gemieden; Helmke warnt: «Ein öffentlicher Ball ist eigentlich kein Ball und nur ein allgemeiner Tanz, an dem ein Jeder Antheil nehmen kann. Hier wird der Anstand nicht beachtet, und deshalb darf kein Herr von feiner Bildung und keine Dame, die auf Anstand hält sich nähern.» Ludwig Lenz und Ludwig Eichler weisen sich in ihrem Buch «Berlin und die Berliner» (Berlin 1840/42) als Kenner des Kolosseums aus und geben eine farbige Schilderung; daraus eine Kostprobe:

«Es gibt in Berlin eine sehr große Menge von Leuten, die tanzlustig sind, deren Bekanntschaft und Stellung aber nicht von der Art ist, daß sie Einladungen zu Bällen zu erwarten hätten. Für diesen Übelstand hat das Kolosseum Abhilfe, indem es seine eleganten großartigen Räume für gutes Geld öffnet.

Aber nicht etwa am Sonntage, dem Vergnügungstage für alle Welt; ein Tag in der Woche, der glückliche Donnerstag, ist den Bestrebungen Terpsichores geweiht.

Da strömen des Abends elegante Handlungsdiener, von den Kommis des Bankiers bis zu den Mühlendammlords und respektive ‹Trankonditoren› herab, nach der Jakobstraße, Offiziere in Zivil, Referendarien, Roués, junge Geschäftsleute, junge Leute überhaupt aus fast allen Ständen und besonders Kohorten Studenten – Berliner Studenten nämlich, welche fast alle sich wie gewöhnliche Leute tragen – die verschiedenste Auswahl tanzlustiger Herren findet sich zusammen. (...)

Im Grunde bieten die Tanzenden einen recht trostlosen, für den Liebhaber charakteristischer Volksbelustigung betrübenden Anblick dar. Alles will hier fein sein, eine törichte Nachäffung anständiger,

---

[97] KASCHUBA 1988:15f.

vornehmer Manieren gibt sich durchweg kund, niemand möchte seinen Stand verraten, eine echt berlinische Bestrebung. (...)
Der jungen naiven Mädchen aus den Bürgerständen, welche mit Familie anwesend sind, gibt es leider gar nicht viele, da diese nur ab und zu eines solchen Vergnügens teilhaftig werden, während der größere Teil der tanzenden Damen als Stammgäste des Kolosseums zu betrachten sind. (...)
Der Habitué des Kolosseums tanzt selten, er verhält sich beobachtend und unterhaltend, in den Zwischenpausen bewährt sich seine eigentliche Tätigkeit. Er ist gewöhnlich reicher Student oder Referendarius, häufig von Adel, auch wohl Leutnant oder Fähnrich, jedenfalls aber ein Roué, der sein Bedürfnis, erfolgreiche Bekanntschaften unter dem weiblichen Geschlecht zu machen, hier aufs angenehmste befriedigen kann, und selten geht er nach Hause, ohne einige neue Adressen sich notiert zu haben.»[98]

Die Anonymität der Großstadt gibt Herren bürgerlicher Kreise an solchen Tanzstätten, aber auch an öffentlichen Konzerten in Gärten, Lokalen und Musik-Cafés die Möglichkeit, gleichsam Treibjagd auf Freiwild zu machen, um – das Jagdbild ins Paradoxe drehend – sich die Hörner abzustoßen, denn sie haben zumeist durch ihre Ausbildungsjahre und die Zeit des Wartens auf eine gesicherte Alimentierung, die dann Heirat und Familiengründung ermöglicht, eine längere Periode des Zwangszölibates auszuhalten. Die soziale Kontrolle in Kleinstädten und das Fehlen entsprechender Lokale verhindern solche Jagdausflüge, doch sind auch hier Reviere vorhanden: Landpartien zu Dorffesten und Tanzveranstaltungen im geselligen halböffentlichen Kreise von Burschenschafts-, Turn-, Sänger- oder Schützenfesten, die ja ein wichtiger Teil der «bürgerlichen Öffentlichkeit» sind.

Halbprivate Tanzveranstaltungen sind dadurch gekennzeichnet, daß sie gesellschaftlich homogener sind und die Teilnehmer sich zumeist gegenseitig kennen. Das Tanzen ist ein integrierender Teil der geselligen Umgangsformen und Vergnügungen eines relativ geschlossenen bürgerlichen Verkehrskreises; selbstbestimmte, selektive «bürgerliche Öffentlichkeit». Dazu Helmke: «Den Namen Ball verdient nur dann ein Tanzverein, wenn die Personen nicht gemischt und nur durch die eigene Wahl verbunden, auch zu gleicher Achtung gegenseitig sich verpflichtet fühlen.» Für diese Tanz- und Festanlässe werden

---

[98] Zit. bei HERMANN 1913:72ff; es folgen Schilderungen über das Tanzen, die Jagd auf tanzende Schöne und der Versuch, diese am Ende heimzubegleiten.

geeignete Lokalitäten angemietet: «Ein Tanz-Saal der zu Bällen für gebildete Personen dienen soll, muß hoch, geräumig, elegant und geschmackvoll decoriert seyn, und die Beleuchtung hell, wozu Wachskerzen sich geziemen.» Für die Organisation und das Arrangement sowie die Auswahl der Einzuladenden – sofern nicht ein privater Gastgeber dies besorgt – gibt es Spezialisten, vorwiegend Tanzlehrer oder Ballettmeister; auch entsprechend kundige und geschäftstüchtige Gastwirte können diese Aufgabe übernehmen. Helmke, der auch Ratschläge für geeignete Ballmusik, Tanzordnung und vieles mehr gibt, hebt nochmals seinen Warnfinger: «Zu geschlossenen Bällen dürfen nur Personen eingeladen werden, die zu einander passen. Kein Herr, auch keine Dame, deren Ruf bemakelt ist, und keine unanständige Person darf zugelassen werden; deshalb muß der Director einer Thédansant-Gesellschaft sehr behutsam wählen. Gastwirthe dürfen nie vom Eigennutze sich leiten lassen, wenn sie geschlossene Bälle auf eigene Kosten geben; denn eine unanständige Person kann alle übrigen entfernen.» Um die Exklusivität des Verkehrskreises sicherzustellen und eine ständige Lokalität für gehobene bürgerliche Freizeits- und Festbedürfnisse zur Verfügung zu haben, werden in Groß- und auch Kleinstädten – seit der zweiten Hälfte des 18. Jahrhunderts, doch nun vermehrt – Casinos gegründet, deren Mitglieder kooptiert werden. Die Zugehörigkeit setzt natürlich gewisse Mittel voraus.

Schließlich wären noch die privaten Hausbälle und Tanzveranstaltungen zu nennen, die sich jedoch nur das wohlhabende Bürgertum leisten kann, denn für einen gediegenen Rahmen braucht es entsprechende Räumlichkeiten sowie andere infrastrukturelle Voraussetzungen. Das sind Bedingungen, die in der ersten Hälfte des 19. Jahrhunderts noch relativ wenige Familien der Bürgerwelt erfüllen können, die jedoch im Zuge der wirtschaftlich-industriellen Entwicklung für eine ständig wachsende Zahl erfüllbar und auch erstrebenswert werden. Im Biedermeier wird die Hausmusik besonders gepflegt; Musizieren gehört zur bürgerlichen Selbstfindung und Selbstdarstellung, repräsentiert nicht nur, doch vor allem durch die heranwachsenden Töchter. Klavier oder Flügel fehlen in keinem gehobenen Bürgerhaushalt. Klavierauszüge von Ouvertüren, Symphonien und – wen wundert's – Wiener Melodien finden weiten Absatz. Franz Schubert komponiert nicht nur für den biedermeierlichen Hausmusik-Markt, vorzüglich auch Tanz- und Walzermelodien, sondern sucht sein Auskommen auch dadurch, daß er von Bürgerhaus zu Bürgerhaus zieht, in Abendgesellschaften seine Tanzmelodien spielt – und oft tanzen dann die

Anwesenden bis spät in die Nacht. Ein Verleger rät Schubert, kleinere, leicht zu spielende Stücke für das «Pianoforte» zu komponieren, «kleine Rondos, Tänze und dergleichen» – Markttransparenz!

Die Tempobezeichnungen dieser biedermeierlichen Hausmusik, «lustig, doch nicht zu schnell», «ruhig, zart» und immer wieder «mäßig», sind symptomatisch: Das Maß soll die innere Zerrissenheit, das Chaos, die Ängste des in die Subjektivität entlassenen Menschen überdecken. Die Bürgerlichkeit wird zum Genrebild, zur Idylle stilisiert, gerade weil ihr Gehalt voll innerer Spannung, Ambivalenz, abgründigem Dunkel ist. «Das Große im Kleinen» (Stifter) wird als bändigendes Maß gesucht; die Ferne lockt und ängstigt, deshalb zieht man sich in den formalisierten Garten zurück, gleichsam in die «Gartenlaube»: «Aufforderung zum Tanz» und «Freischütz». Damit korrespondieren biedermeierliche Porträts und Selbstporträts, die von innen her gleichsam den privaten, individuellen Herzschlag zu erfassen versuchen. Und schließlich die Familienbildnisse dieser Zeit: die Inszenierung einer Harmonie des Kindseins und der Geschlechtsrollenzuweisung; bildhafte Ideologisierung, gebändigt und verharmlost; eine binnenfamiliale Verbürgerlichung (Abb. 14). Dies führt uns zurück zur biedermeierlichen Tanz-, Bewegungs- und Körperkultur, denn sie trägt das ihre zur neuen Festschreibung und Ideologisierung der Geschlechtsrollen bei: die Tanz- und Anstandsfibeln als «gründlicher Leitfaden» für die Umgangs- und Verkehrsformen des Bürgers mit der Weiblichkeit.

Es liegt auf der Hand, daß dieser Bereich in den Tanz-, Bildungs- und Anstandsbüchern von zentraler Bedeutung ist; anders formuliert: Diese Literaturgattung ist eines der wichtigsten Medien, die Polarisierung der «Geschlechtscharaktere», wie sie sich im Biedermeier herausbildet, einzuimpfen – ein Prozeß, dem Karin Hausen in ihrem schon «klassisch» gewordenen Aufsatz nachgeht.[99] Die Frau wird zu einem reinen, weißen, zerbrechlichen, schutzbedürftigen, triebschwachen Wesen um- und hochstilisiert, das als Seele des Hauses und der Familie fern von der feindlichen Außen- und Erwerbswelt still zu wirken und dem Manne zu dienen hat – dem Manne, der stark, selbstsicher und aktiv den Lebenskampf zu meistern, Frau und Familie zu schützen und mit seinem Erwerbsstreben zu ernähren bemüht sein muß. Die Emsigkeit des Erwerbslebens und der beruflichen Beschäftigung gestattet es dem Manne nur bedingt, sich und sein Haus soziokulturell zu reprä-

---

[99] Vgl. HAUSEN 1976

3. Der Wiener Walzer im «bürgerlichen» Jahrhundert 245

14. Biedermeier Familienbild

sentieren; der Frau wächst deshalb die Aufgabe zu, den erworbenen Wohlstand, die Kultur, die Bildung und die soziale Stellung nicht nur innerhäuslich, sondern auch «in der großen Welt» zu zelebrieren. Sind es in der Hochklassik vorwiegend noch seelische Eigenschaften der Frau, mit denen argumentiert wird und die als Rechtfertigung der Polarisierung dienen, so werden im Zuge der schulmedizinischen und naturwissenschaftlichen Entwicklung im Vormärz immer häufiger biologisch-physiologische Gründe ins Feld geführt. Gleichzeitig versucht man diese Polarisierung auch entsprechend rechtlich abzusichern, wie Ute Gerhard in ihrem Werk «Verhältnisse und Verhinderungen» akribisch nachweist.[100]

Es könnte nun seitenlang illustriert werden, wie die Tanz-, Anstands- und Benimmbücher, die den Markt zu überschwemmen beginnen, den Polarisierungsprozeß als «gründlicher Leitfaden» begleiten und unterstützen. Für Alltags- und Festpraxis werden in besonderen Abschnitten detailreiche Instruktionen gegeben, wie sich der Herr gegenüber der Dame zu verhalten hat, sei es beim Handkuß, bei der Aufforderung zum Tanz, der Konversation, oder sei es bei der Partnerfindung, der Verlobung und der Heirat.[101] Es liegt auf der Hand, daß der Ball und das Tanzen in besonderer Weise die «Polarisierung der Geschlechtscharaktere» sichtbar werden lassen; das folgende sind lediglich Andeutungen: Die zahlreichen Warnungen, wie gesundheitsschädlich übermäßiges und ausgelassenes Tanzen gerade für die Weiblichkeit sei, leistet der Zähmung zur Sittlichkeit Vorschub. Die Vorschrift, daß Töchter nur in Begleitung ihrer Mütter oder Väter einen Ball besuchen dürfen, bringt die Schutzbedürftigkeit und Entmündigung zum Ausdruck. Die Regelungen, wann es einer Dame erlaubt ist, eine Aufforderung zum Tanz abzulehnen, wirken in gleicher Richtung: ohne Rechtfertigung nie und bei älteren Herren nur mit äußerst zwingenden Argumenten, während der Beschützer der Dame ohne Rechtfertigung den Fragenden abzuweisen befugt ist. Das Gebot, daß der Herr im schwarzen Frack und mit weißen Seidenhandschuhen, die Dame jedoch in einem weißen Kleid und ebenfalls mit Handschuhen zu tanzen habe, unterstreicht die weibliche Zartheit, Feinheit, Zerbrechlichkeit; das Tanzen und die Tänze werden gebändigt, harmoni-

---

[100] Vgl. Gerhard 1978.

[101] Der auf Seite 235 zitierte vollständige Titel von «Galanthomme» vermittelt schon eine Inhaltsübersicht. Dieses Werk ist wohl, seine vielen Auflagen zeigen es, eines der einflußreichsten seiner Gattung.

siert, ästhetisiert, versittlicht durch einen neuen Partnerbezug und Partnertausch bei der Choreographie und der Tanzordnung, die keine Absonderung gestattet – Veränderungen, die dem geforderten Triebverzicht, der gezähmten Leidenschaft der Dame Rechnung tragen. Die weibliche Ballkleidmode, die immer mehr in kühler Distanzierung die feenhafte Unnahbarkeit, das Ätherische zum Ausdruck bringt, zelebriert diese keusche Züchtigkeit: die mit Hilfe eines Schnürkorsetts zusammengepreßte «Wespentaille», die durch sog. «Keulenärmel» noch zerbrechlicher erscheint; der trichter- oder glockenförmige Rock, mit Rüschen und Bändern verziert; die weißen Unterkleider und das Wiederaufkommen einer Krinoline; die Boas und Schals, um die freie Rückenpartie zu decken; die kunstvoll zarten Frisuren, beherrscht von zumeist künstlichen Zapfenlocken; die sog. «Schute», eine Kombination von Haube und Hut, reich mit Blumen geschmückt, die symbolhaft den Gesichtswinkel beschränkt; schließlich das ganze Arsenal der Accessoires, bei dem auch das Riechfläschchen nicht fehlen darf, denn modische Ohnmachtsanfälle sind beim Tanzen im engen Schnürkorsett nicht unbedingt vorgetäuscht, weshalb 1833 ein Schneider eine Schlaufvorrichtung erfindet, die beim Ziehen das Mieder schnell und diskret lockert.[102]

Kurz, die Frau ist die liebliche Porzellanfigur, die Zierde des Mannes, und das Tanzen ist das Medium, um in Bewegung, Körperhaltung, Mimik, Umgangsformen und Mode diese «Geschlechtscharaktere» zu inszenieren (Abb. 15): Im Bemühen um Harmonie werden die Widersprüchlichkeiten, die spannungsgeladenen Ungleichheiten verdeckt und mit Posen das «Ungenügen hinter der Maske der Würde» (Heinrich Heine) vertuscht. Rahel stellt 1819 fest: Sie [die Frauen] haben (...) gar keinen Raum für ihre eigenen Füße, müssen sie nur immer dahin setzen, wo der Mann eben stand und stehen will (...) Jeder Versuch, jeder Wunsch, den natürlichen Zustand zu lösen, wird Frivolität genannt, oder noch für strafwürdiges Benehmen gehalten»[103] – eine Bemerkung, die auch für das Tanzen gilt, ja die gerade beim Tanzen eindrucksvoll visualisiert wird. Im «Buch der Gesellschaft» schreibt August Lewald: «Die Dame fügt sich ganz und

---

[102] Wir verzichten auf entsprechende Quellenbelege; allein schon Helmkes «gründlicher Leitfaden» würde genug Anschauungsmaterial enthalten. So schreibt er z. B. über den Paarbezug beim Walzern: Der Herr «legt seine rechte Hand sanft in die linke Seite der Dame, ohne sie zu umschlingen, wodurch das Kleid Schaden leidet»: das Kleid als Distanzbarriere. HELMKE 1829:203 f.

[103] Zit. nach BÖHMER 1968:319.

ungezwungen der Leitung des Cavaliers; ein solcher Abandon (Hingebung hat bei uns eine andere, hierunter nicht verstandene, eine tiefere Bedeutung) macht den lieblichsten Eindruck.»[104]

Das biedermeierliche Tanzen ist gleichsam eine Flucht in die «Gartenlaube»-Idylle: «Man besitze vor Allem das natürliche Gefühl des Anstandes, dessen zarte Gränzlinie im Taumel der Bewegung, welcher der Tanz hervorruft, so leicht überschritten werden kann. Weder die Leichtigkeit noch Kunstfertigkeit entzücken den Zuschauer, nicht die Schönheit des Körpers, welche beim Tanze in das hellste Licht gesetzt werden kann, blendet das Auge, wenn das Hauptsächlichste fehlt, welches der jugendlichen Erscheinung der Tänzer den höchsten Zauber verleiht, die Züchtigkeit, welche unbewußt ihr ganzes Wesen umfließt.» All die Anstands- und Tanzregeln haben als Anspruch und erstrebenswertes Ziel, «die zarte Gränzlinie im Taumel der Bewegung» zu bewahren – ein Balanceakt: ob es nun den Handkuß und die Ballkleidermode betrifft oder die Vorschrift, daß der Tänzer seine Partnerin nur mit seidenen Handschuhen ohne Hautberührung zart, distanziert, doch beherrscht-männlich zu führen hat, da Züchtigkeit das «Hauptsächlichste» sein muß. All diese Verhaltensnormen und -erwartungen sind hoch formalisierte und ritualisierte Geschlechtsrollenzuweisungen, hinter denen sich Männerängste verbergen, Berührungsängste vor der «zarten Gränzlinie im Taumel», Polarisierungsbemühungen durch Tabuisierung dunkel lockender, gefahrvoller Zonen des Weiblichen, eine Idyllisierung, Verschleierung und Immunisierung des Geschlechterkampfes – ein kastrierter Balztanz. Doch das Genrebild, das entworfen wird, hat einen dünnen Firnis. Die Knaben und Mädchen müssen deshalb schon früh beginnen, die «zarten Gränzen» kennen und respektieren zu lernen; in jugendlichem Alter wird ihnen das beigebracht, «welches der jugendlichen Erscheinung der Tänzer den höchsten Zauber verleiht, die Züchtigkeit, welche unbewußt ihr ganzes Wesen umfließt».

Die geglättete Oberfläche des biedermeierlichen Tanzens ist politisch antiseptisch, doch läßt sie immerhin zu, daß gelegentlich auch politische Haltung und Gesinnung beim Tanzen zum Ausdruck kommen, sofern es Ereignisse betrifft, die weit genug weg sind. Im Herbst 1831 beispielsweise, nach der Niederwerfung des polnischen Aufstandes durch den Zaren, werden polnische Nationaltänze, Mazurka und Polonaise, in allen bürgerlichen Ballsälen mit Begeisterung getanzt,

---

[104] LEWALD 1847:65; das folgende Zitat ist ebenfalls aus LEWALD 1847:63f.

3. Der Wiener Walzer im «bürgerlichen» Jahrhundert   249

15. Ferdinand von Reznicek: «Aufforderung zum Tanz»

und Helmke nimmt diese tanzenden politischen Sympathiekundgebungen zum Anlaß, im «Almanach der neuesten Modetänze für das Jahr 1832» (Merseburg 1831) Mazurka und Polonaise, mit Kupfer und Strichzeichnungen illustriert, vorzustellen.[105] Als Signet ihrer politischen Sympathie tragen die Männer den polnischen Rock mit Knebeln und Schnürwerk – ein Anlaß, sich kurz der bürgerlichen Männerwelt zuzuwenden: der politisch in wechselvoller Weise hochbesetzten Turnbewegung – ein Exkurs nur.

Trotz der Inhaftierung von Turnvater Jahn, der Turnsperre in Preußen und dem Exodus wichtiger Träger der Turnbewegung, der Demagogenverfolgung wegen, wird das Banner der bürgerlichen Leibeserziehung weitergetragen. Die Politisierung und Ideologisierung des Turnens und der Leibesübungen, von Jahn vor und während der Befreiungskriege als «teutsche» Waffe gegen alles Französische ins Feld geführt, wird nun – nach 1819 – zur innerdeutschen liberal-bürgerlichen Waffe umgeschmiedet. Wenn es nach den Karlsbader Beschlüssen höchst riskant ist, die «Nationaltracht», den Freischarenmantel, die lange Haartracht und die schwarzrote Mütze zu tragen, so gibt es auf Turn- und Sängerfahrten weniger auffällige Signete, um «altdeutsche» Gesinnung kundzutun. Sogar der ehemalige «Erbfeind» darf nach der Julirevolution virile politische Symbole beisteuern: Um 1830 kommt bei den Zivilisten der Schnurrbart in Mode, der seit der französischen Revolution dem Militär vorbehalten ist, vor allem aber erfreut sich der Bart ‹à la jeune France› großer Beliebtheit, während Vollbärte weiterhin politisch suspekt und riskant sind. Schnurrbart und Bart ‹à la jeune France› haben eine doppelte Zeichenhaftigkeit; sie unterstreichen die Virilität bei der Polarisierung der «Geschlechtscharaktere» und sind zugleich – wenn auch verdeckt – politisches Bekenntnis. Die Turnvereine sind neben den Sängervereinen ein Hort liberal-bürgerlicher Haltung und Gesinnung; so sehr, daß sich gegen Ende des Vormärz namentlich im deutschen Süden und Südwesten eine Verschärfung hin zum Republikanismus vollzieht und Turnvereine im «tollen Jahr» (1848) mit eigenen Bataillonen dem bestehenden System auf den Leib rücken.

Im politisch-ideologischen Konflikt und im Kurswechsel der Turnerschaft spiegeln sich die politisch-ideologische Zerrissenheit und die

---

[105] Vgl. das Nachwort von PETERMANN 1982:XI bei Helmkes «gründlichem Leitfaden».

3. Der Wiener Walzer im «bürgerlichen» Jahrhundert

Richtungsveränderungen des Bürgertums: Vor und nach 1848 sind die Turner in «politische», d. h. liberal-demokratisch gesinnte, und in «unpolitische», d. h. konstitutionell-monarchisch eingestellte, gespalten (wobei «unpolitisch» nicht mit politischer Abstinenz gleichzusetzen ist, sondern mit affirmativ konformer Haltung). Die Turnfeste werden zu Kampfplätzen der Konfliktaustragung. Nach 1852 (Kommunistenprozeß) setzen sich die «Unpolitischen» durch, auch wenn auf dem Turn- und Jugendfest in Coburg (1860) der Streit noch nicht ausgetragen ist. Anfang der 60er Jahre schwenkt die «Deutsche Turnerschaft» auf Preußens Kurs unter Bismarcks Führung ein, folgt allerdings eher widerwillig 1866 dem Waffenruf; um so enthusiastischer jedoch 1870/71: Die Turner werden im Kaiserreich Apologeten des Militarismus, der Sozialistengesetze, teilweise auch des Kulturkampfes, gehören zu den Vorsängern des Hurra-Patriotismus und lassen Affiliationen zum «Alldeutschen Verband», zu antisemitischen und völkischen Kreisen erkennen. Ihr Rekrutierungsfeld wird mehr und mehr das Kleinbürgertum; Kulturkampf und Sozialistengesetze führen zu konfessionellen und soziopolitischen Sondervereinigungen; das gehobenere Bürgertum, insbesondere die Söhne der Wirtschaftsbürger mit Englanderfahrung, werden zu Trägern der neuen angelsächsischen Spiel- und Sportbewegung.[106]

Die Stichworte für den Schlußcotillon des «tanzenden Bürgers» sind gefallen: Bismarck, Kaiserreich, Wirtschaftsbürgertum. Das Einschwenken des Bürgertums auf den Preußenkurs unter Führung Bismarcks rechtfertigt, daß wir erstens den Blick vor allem Preußen und Berlin zuwenden und das Hauptaugenmerk auf das Kaiserreich richten. Zweitens beschränken wir uns weitgehend auf das seit dem Durchbruch zum modernen Wirtschaftswachstum, vor allem jedoch in den Gründerjahren zu Reichtum und Macht gekommene Wirtschaftsbürgertum, den «Geldadel», die «Finanz- und Schlotbarone», und ins Zentrum des Interesses rückt die Frage, welche Bedeutung der Hausball als Ritual für dieses Milieu erlangt.

Die 48er Revolution erschreckt die bürgerliche Welt; die Gefahr von unten tritt heller zutage. Die «unpolitischen Turner» sind in der Tat ein Abbild der bürgerlichen Umorientierung: eine wachsende Bereitschaft, mit der konstitutionellen Monarchie Frieden zu machen, auch wenn die Verfassung von oben aufoktroyiert worden ist und eine

---

[106] Vgl. KRÜGER 1975; vgl. ferner SCHLOZ 1969:18ff.

konservativ-reaktionäre Verhärtung wieder sichtbar wird – eine Affirmation, bei der es vor allem auch um Absicherung sozioökonomischer Interessen geht. Gewiß, eine liberale Bürgeropposition bleibt erhalten; sie manifestiert sich bei den Militärvorlagen und nach Bismarcks Regierungsantritt im Verfassungskonflikt und wird genährt durch liberale Nationalstaats- und Reichsideen. Nach den Siegen von 1864 und 1866, mehr noch nach jenem von 1870/71 schwächt sich dieses Oppositionspotential jedoch rasch ab. Bismarcks «innenpolitische Präventivkriege» tragen das ihre dazu bei: Der Kulturkampf isoliert das katholische Bürgertum; die Sozialistengesetze malen das Schreckgespenst einer Revolution von unten an die Wand. Das Reich als kleindeutsche Lösung wirkt in gleicher Richtung: Enttäuschte Erwartungen in den Gliedstaaten und das Gefühl, durch den Preußenkurs stiefväterlich behandelt zu werden, fördern eine regionale und konfessionelle Trennung der Bürgerwelt. Der Parvenü Berlin setzt sich gegenüber so traditionsreichen Städten wie Leipzig, Dresden, München, Köln, Frankfurt oder Hamburg mit ihrem stolzen Patriziat oder Bürgertum in Szene als Reichshauptstadt, Wirtschafts-, Finanz- und Industriemetropole.

Dazu gesellen sich sozial- und mentalitätsgeschichtliche Veränderungen, die für die Wert- und Verhaltensorientierung insbesondere des gehobenen Bürgertums von Bedeutung sind: Die Junker, der preußische Offiziersadel, gerieren sich so, als hätten sie eigenhändig den «Erbfeind» geschlagen und reklamieren für sich materielle und immaterielle Privilegien als Entschädigung. Sie pflegen in den Garderegimentern und den Offizierskasinos Kastengeist sowie ein schneidiges, viriles Auftreten, das auch für zivile nichtadelige Bezugsgruppen eine leitbildhafte Attraktivität erhält. Dies um so mehr, als durch die Heeresreform und die neue Institution des Reserveoffiziers zunehmend auch Bürgerliche zu Offiziersehren kommen. Diese bürgerlichen Reserveoffiziere, durch die Kooptationsrekrutierung gesinnungsmäßig gleichgerichtet, müssen auch im bürgerlichen Alltag dem Inhalt der Offiziersehre Genüge leisten, denn auch sie unterstehen der militärischen Ehrengerichtspraxis. Dadurch erhalten die Verhaltens- und Verkehrsformen des adeligen Offizierskorps auch im bürgerlichen Alltag Wirkungsmächtigkeit. Die herkunftsmäßige Verbürgerlichung des Offizierskorps wird durch eine gesinnungsmäßige «Feudalisierung» konterkariert: «Adel der Gesinnung» (Wilhelm II.). Dieser Verhaltens- und Gesinnungskodex wird durch den Comment der studentischen Corps unterstützt. Im Dachverband dieser Corps, die sich ebenfalls durch Kooptation ergänzen, nehmen im Kaiserreich vorwiegend Adelige die Führungspositionen ein. Wie bei den Garderegimentern gibt es exklusive Corps, die es Bürgerlichen schwer machen, kooptiert zu werden. Dazu gehört auch die Borussia Bonn, und seit der spätere Wilhelm II. als Bonner Student diese Verbindungsfarbe trägt, fühlen sich diese und andere exklusive Corps gewissermaßen zur kaiserlichen Leibgarde berufen. Die Altherrenverbindungen sorgen dafür, daß dem Ehren-, Verhaltens- und Gesinnungskodex auch nach der Aktivzeit nachgelebt wird. Schließlich Hof und Kaiser: Haben schon adelige Premierleutnants Zugang zum Kaiserhof, so bleiben Bürgerliche, mögen sie auch noch so wohlhabend und einflußreich sein, ausgeschlossen. Sogar bürgerliche Minister werden ferngehalten, es sei denn, sie erhalten – wie ein Finanzminister zu seinem fünfzigsten Geburtstag – ein Leutnantpatent, oder es wird ihnen die gnädige Zulassung durch Nobilitierung bzw. einen entsprechenden Orden gewährt. Kein Wunder, daß das Streben der gehobenen Bürgerkreise nach Titeln und Orden, schon früher eklatant und ein Zeichen bürgerlicher Ambivalenz, nun zur eigentlichen Gier wird. Preußische Orden, jetzt mit kaiserlichem Glanz versehen, Kommerzienratstitel oder andere königlich-kaiserliche Auszeichnungen erreichen einen enormen Kurswert. Und die Bereitschaft wächst, für diese Effekten auch bürgerliche Haltung, Gesinnung und Selbstachtung zu opfern; es sei nur an Herrn Treibel erinnert.

«Das tanzende Berlin» heißt ein Essay im Sammelband «Berliner Pflaster», der 1893 im Druck erscheint. Er enthält auch die Schilderung eines öffentlichen Balls in einer kleinen Berliner Vorstadt; damit soll begonnen werden: «Jugend und Frohsinn, letzterer nur selten mit Leichtsinn gepaart, sind hier vertreten, sehr häufig auch Schönheit und Anmut, denn all diese kleinen ‹Ladenhüterinnen› und ‹Ritterinnen von der Nadel› (...) sind heiteren Temperaments und rechtfertigen größtenteils die Ansicht, daß Berlin unter allen Hauptstädten die meisten hübschen Mädchen zählt. (...) Das wissen auch die Herren, welche sich hier einfinden und selbst der Referendar, der Offizier ‹in Zivil›, die hier in einzelnen Exemplaren auftreten, sie achten darauf, daß der muntere, wohl auch der ausgelassene Ton nie in einen freien umschlägt, denn aus diesem Grunde ziehen ja die Besucherinnen diesen ‹ländlichen› Tanzboden den vielen hauptstädtischen vor, weil sie dort, abgesehen von der Überwachung ihrer Familienmitglieder, zu leicht mit schlechten Elementen in Berührung kommen können.»[107]

[107] LINDENBERG 1891:23.

Kein Zweifel, hier wird zum Vergnügen getanzt ohne gesellschaftliche Rücksichten und Verpflichtungen. Die soziale Mischung sorgt für Ungezwungenheit. Wenn auch nur in «einzelnen Exemplaren», so beteiligen sich an dieser Art von Tanzvergnügen auch Herren, nicht jedoch Damen besserer Kreise. Ein weibliches Pendant zum Offizier «in Zivil» gibt es nicht.

Zieht dieser Offizier «in Zivil» seine Uniform an, so wird er gleichsam Vortänzer, der uns zu den geschlossenen Bällen sowie den Hausbällen der bürgerlichen Crème de la crème führt. Er ist ein vielbegehrter Gast solcher Anlässe; zu seinem Pflichtenheft gehört, daß er seinen Mann auch auf dem glatten Parkett des Tanzsaales steht. Das Lehrbuch «Der Offizier im gesellschaftlichen Verkehr» enthält selbstverständlich auch ein Kapitel «Tanz und Ball», das folgendermaßen beginnt: «Nachdem das Tanzen einen der Hauptfaktoren aller gesellschaftlichen Vergnügungen bildet, sorgt bereits die Militär Erziehung dafür, daß die Zöglinge der Militär Bildungs- und Erziehungs-Anstalten unter anderem auch als fertige Tänzer in die Welt treten. Und in der That genießen die Offiziere den im allgemeinen wohlverdienten Ruf, gute Tänzer zu sein.»[108]

Es folgen dann detaillierte Anweisungen, wie sich der Offizier auf geschlossenen Bällen und Hausbällen zu verhalten habe; es sind zumeist solche, die auch für zivile Ballbesucher gelten und hier später erörtert werden. Zur Illustration deshalb nur Instruktionen, die sich auf die Uniform beziehen: «Die Adjustierung betreffend, sei noch erwähnt, daß man auf Elite Bällen, sowie auch auf anderen Tanz Unterhaltungen, wo die betreffende Einladung die sogenannte Ball Parade vorschreibt, stets mit der Parade Kopfbedeckung erscheint. Dieselbe, sowie der Säbel ist erst dann abzulegen, wenn der allgemeine Tanz beginnt. Nichttänzer legen auf öffentlichen Bällen weder das eine, noch das andere ab. Auf Maskenbällen erscheint man zumeist mit aufgesetzter Kopfbedeckung im Tanzsaal.

Schließlich bedarf es wohl kaum einer weiteren Erinnerung, daß zu einer tadellosen Adjustierung stets auch ein ordentlich rasiertes Gesicht gehört, wenn man es nicht vorgezogen hat, einen Backenbart zu tragen.»

Dem Offizier wird es leicht gemacht, zu jedem dieser geschlossenen Tanzanlässe – vom Maskenball bis zum Hausball – korrekt, gediegen und adrett gekleidet zu sein: er trägt Uniform. Jeder Gastgeber eines

---

[108] SCHNEIDER 1895:52; die zwei folgenden Zitate SCHNEIDER 1895:56 und 54.

Hausballes rechnet es sich zur Ehre, Träger des «königlichen Rocks» empfangen zu dürfen. Mehr Probleme und mehr Kosten haben die Zivilisten, und besonders natürlich die Damen. Die Balltoilette des Herrn setzt sich in der Belle Epoque aus dem «siegreichen Dreigestirn» (Paul Lindenberg) Frack, Lackschuhe und Chapeau-claque zusammen. Eine weiße oder schwarze Halsbinde sowie weiße Glacéhandschuhe kommen hinzu. Die englische Herrenmode ist Vorbild: dezente, unauffällige Eleganz, doch bequem, denn der Herr hat die Dame beim Tanzen und in den Erfrischungspausen so zu führen und zu beschützen, daß sie selbst, ihr Ballkleid und all ihre Accessoires keinen Schaden leiden – eine Aufgabe, die Bewegungsfreiheit und aufmerksame Gewandtheit erfordert. Überall lauern Gefahren; nicht selten passieren Mißgeschicke, sei es, daß der Herr auf die Schleppe der eigenen oder einer fremden Dame tritt, den Blumenschmuck des Ballkleides zerstört oder sei es, daß er den Fächer demoliert. Nicht umsonst instruiert das Offizierslehrbuch: «Sollte es dem Herrn geschehen, daß er aus Unvorsichtigkeit den Fächer der Dame zerbricht, so hat er denselben wieder in Ordnung bringen zu lassen. Ist ein Ausbessern des Schadens nicht mehr möglich, so obliegt ihm die Pflicht, denselben durch einen neuen zu ersetzen, welcher dem zerbrochenen möglichst ähnlich zu sein hat und keinen größeren Wert als jener repräsentieren darf.»

Die Peinlichkeit des zerbrochenen Fächers gibt das Stichwort, sich der Balltoilette der Dame zuzuwenden – ein unerschöpfliches Thema, wie die Garderobe der Damen gehobener Bürgerkreise allgemein, denn mit ihr läßt sich der erworbene Reichtum glänzend und glitzernd zur Schau stellen. Gegen Ende des Biedermeiers bestimmt, wie erwähnt, die Krinoline die Modesilhouette; nach der Jahrhundertmitte verschwindet sie allmählich. Sie wird durch ein anderes technisches Hilfsmittel ersetzt, das eine neue Silhouette recht eigentlich konstruiert: die Tournüre, den «Cul de Paris», wobei – wie es bei technischen Innovationen üblich ist – diese Tournüren laufend verändert und verbessert werden – von der Roßhaartournüre bis zur «Langtry»-Tournüre mit Metallfedern, die der Trägerin das Niedersetzen erleichtert. Zusammen mit dem Stütz- und Schnürkorsett, das die Taille einengt und den dekolletierten Busen hervorhebt, verhilft die Tournüre der Dame zu einer Silhouette, die in der Seitenansicht eine verkehrte S-Form bildet (Abb. 16). Allgemein läßt sich feststellen, daß die Ballkleider aus immer kostbarerem Stoff gefertigt (Seide, Crêpe, Atlas, Samt) und mit einer langen Schleppe versehen sind. Das Kleid ist reich bestickt mit Rüschen, Spitzen, Schleifen und anderen Drapierun-

16. *Damensilhouette in verkehrter S-Form*

3. Der Wiener Walzer im «bürgerlichen» Jahrhundert

gen; neben kostbaren Angebinden kommen nun auch frische Blumen in Mode, mit denen das Ballkleid – besonders bei Backfischen zu ihrem ersten Auftritt – über und über verziert wird: ein Wegwerfschmuck, der keineswegs billig ist, wenn der Ball wie üblich im Winter stattfindet. Die bevorzugte Farbe für das Kleid dieser jungen Ballbesucherinnen ist weiß oder ein blasses Rosa. Die Silhouette ist – natürlicher und artifizieller Weise – bei den Backfischen weniger betont als bei den Damen; bei den letzteren zeichnet sich eine Entwicklung hin zu einem neuen Frauentyp ab: schlank, elegant, luxuriös, verführerisch; das Bild der Geliebten, wie auch die Porträts der Belle Epoque sie darstellen. Die Accessoires spielen dabei eine wichtige Rolle; dazu gehören: kostbarer Schmuck im Haar und am tiefen Dekolleté; hauchdünne weiße Lederhandschuhe; Ballschuhe aus Atlas oder Brokat; ein zerbrechlicher Fächer aus Federn, Seide oder bemaltem Papier, der beim Tanzen in der linken Hand gehalten wird oder mit einer Seidenschnur am Ballkleid befestigt ist; schließlich ein Spitzentuch und ein Blumenbouquet, die beim Tanzen abgelegt werden. Das Einkleiden und Zurüsten der Töchter und Damen für den Ballbesuch ist ein Motiv, das in den Trivialromanen sowie in den Jungmädchenbüchern, die in der Belle Epoque ins Kraut schießen, immer wiederkehrt. Ballzurüstungen und Balltoilette sind aber auch Objekte zahlloser Karikaturen und Scherze – selbstredend aus der Kiste der Herrenwitze.

Diese kurze Skizzierung der Balltoilette läßt immerhin erkennen, welch hohe Kosten ein Ballbesuch verursacht, zumal beim Ballkleid ein mehrmaliges Tragen auf wirtschaftlich-pekuniäre Limiten schließen lassen könnte; ein ständiger Wechsel – oder wenigstens eine Ab- und Umänderung – scheint deshalb geboten. Unser kleiner Modebericht macht ferner evident, wie schwierig das «Leibwächteramt» der Herren ist. In kaum einem Tanz- und Benimmbuch dieser Zeit fehlt der Hinweis, wie peinlich es sei, wenn nach dem Cotillon der leere Saal mit abgerissenen Angebinden und Blumen übersät sei, als wäre er eine Frühlingswiese. Der Herr, der auf der Schleppe der Dame steht, ist ein Klischee. Deshalb wird den männlichen Tanzeleven von ihren Tanzlehrern oder -lehrerinnen ein «schleifendes» Bewegen der Füße beigebracht: der «pas de salon» – eine Glissade, sie darf zum Anlaß genommen werden, sich mit den Tanzstunden und dem Tanzen zu befassen.[109]

---

[109] Vgl. HIRSCHFELD-BÖHM 1895:29; ergiebig für die Herren und vor allem Damenballmode sind die Modezeitschriften, besonders der «Bazar».

Tanzkurse gibt es in der Belle Epoque in jeder Preislage und für alle Bürgerschichten: öffentliche, für die mit Inseraten geworben wird; halböffentliche, die zwar auch mit Inseraten angeboten werden, doch unter Chiffre, so daß eine soziale Auswahl getroffen werden kann; Kurse, die nicht öffentlich ausgeschrieben, sondern für Töchter und Söhne eines relativ geschlossenen Verkehrskreises organisiert werden – eine selbstbestimmte Öffentlichkeit; noch exklusiver ist der Tanzunterricht, der von einer Tanzlehrerin oder einem Tanzlehrer als «Stördienst» in Privathäusern für wenige ausgesuchte Teilnehmer der obersten Spitze der Gesellschaft erteilt wird. Die Übergänge sind fließend, doch darf als Kriterium für die soziale Zugehörigkeit gelten, ob die Kursteilnehmerinnen nur in Begleitung ihrer Mütter oder einer anderen Aufsichtsperson am Unterricht teilnehmen dürfen. Sind die Besucher der öffentlichen Kurse vowiegend zwischen sechzehn und zwanzig Jahre alt, so sind jene der halböffentlichen jünger, und noch jünger sind jene, die zu Hause Privatunterricht erhalten. In allen Kursen ist Anstandslehre Teil des Unterrichts, doch geht es bei den oberen Bürgerschichten um mehr, weshalb schon früher, ja schon im zarten Kindesalter begonnen wird: Das Tanzenlernen ist lediglich eines der verschiedensten Unterrichtsziele; mindestens ebenso wichtig ist das Erlernen eines grazilen Körper- und Bewegungsverhaltens, das Einüben gewandter, entspannter gesellschaftlicher Umgangsformen in allen – auch überraschenden – Situationen, die richtige Handhabung der Accessoires und vieles mehr. Deshalb: «früh übt sich ...». Zur Illustration sei die Schilderung eines öffentlichen sowie eines privaten Tanzkurses angeführt. «Das tanzende Berlin» enthält einen farbigen und lebenswarmen Bericht eines per Inserat (ohne Chiffre) ausgeschriebenen öffentlichen Tanzkurses; nur wenige Auszüge daraus:

«Eine buntgemischte Gesellschaft zumeist, hauptsächlich aus sechzehn bis zwanzigjährigen Kaufleuten und Handwerkern, angehenden kleinen Beamten und Bürogehülfen bestehend, während die Mehrzahl des weiblichen Geschlechts sich aus Ladenmamsells, aus Schneiderinnen, Verkäuferinnen, Anprobiererinnen, kurz, aus jenen oft zu beneidenden, oft zu bedauernden Mädchen zusammensetzt, welche sich, sobald sie die Schule verlassen, ihr Brot selbst verdienen müssen, die aber selten ihren Humor verlieren und das Dasein von einer möglichst lustigen Seite anschauen. (...) Dem wurmstichigen Klavier entlockt der hagere Spieler, ein beschäftigungsloser Schreiber, jammernde Töne, die sich allmählich zu einer Art von Polka heranbilden, bei deren ersten Tönen der Lehrer langgedehnt ‹Enjaschieren!› ausruft, worauf sich die Herren wie hungernde Wölfe auf die Damen stürzen. Ein Walzer folgt; o weh, das ist ein Hüpfen und Springen, (...). Nun werden die beiden ersten, bereits in der vorletzten Stunde probierten Touren des Contre wiederholt. ‹Schön angläsee!› Ah, wie sie durcheinanderlaufen, keine Ahnung mehr von den Belehrungen.»[110]

Die zweite Schilderung stammt von Thomas Mann; ihr liegen wohl Lübecker Kindheitserinnerungen zugrunde:

«Dies, daß Tonio Kröger sich an die lustige Inge Holm verlor, ereignete sich in dem ausgeräumten Salon der Konsulin Husteede, die es an jenem Abend traf, die Tanzstunde zu geben; denn es war ein Privatkursus, an dem nur Angehörige von ersten Familien teilnahmen, und man versammelte sich reihum in den elterlichen Häusern, um sich Unterricht in Tanz und Anstand erteilen zu lassen. Aber zu diesem Behufe kam allwöchentlich Ballettmeister Knaak eigens von Hamburg herbei. (...) In dem ausgeräumten Salon brannten die Gasflammen des Kronleuchters und die Kerzen auf dem Kamin. Der Boden war mit Talkum bestreut, und in stummem Halbkreise standen die Eleven umher. Aber jenseits der Portieren, in der anstoßenden Stube, saßen auf Plüschstühlen die Mütter und Tanten und betrachteten durch ihre Lorgnetten Herrn Knaak, wie er, in gebückter Haltung, den Saum seines Gehrockes mit je zwei Fingern erfaßt hielt und mit federnden Beinen die einzelnen Teile der Masurka demonstrierte.»

Es braucht kaum erwähnt zu werden, daß auch die öffentlichen und halböffentlichen Tanzkurse Gelegenheiten zur Partnerfindung bieten; zumindest wird für viele der Besucher die Tanzstunde eine erste Möglichkeit sein, mit dem anderen Geschlecht formalisiert – in Grenzen auch körperlich – Kontakt aufzunehmen. Je selektiver und privater die Kurse sind, um so mehr erhalten sie die Zusatzfunktion eines relativ geschlossenen Heiratsmarktes: Knaben und Mädchen, die «das Heu auf dem gleichen Boden haben», begegnen sich früh; ihnen werden die gleichen Wert- und Verhaltensmuster beigebracht; die ganze Zurüstung ist dieselbe. Zudem haben die anwesenden Begleitpersonen, die Mütter und Tanten, auf ihrem sog. «Drachenfelsen» den Überblick, potentielle Heiratskandidatinnen oder – kandidaten mit «ihren Lorgnetten» zu studieren. Allerdings ist Heiratsmarkt nicht so zu verstehen, daß unter den ja altersmäßig gleichen Mädchen und Knaben häufig Partnerschaften fürs Leben angebahnt würden, denn in diesen Kreisen beträgt der Altersunterschied zwischen Braut und

[110] LINDENBERG 1891:12f.

Bräutigam in der Regel einige Jahre: ohne standesgemäße gesicherte Versorgung wird weder um das Jawort angehalten, noch wird es gegeben. Um so wichtiger ist es, daß die Begleitpersonen auf ihrem Hochsitz das Wild beobachten und für einen späteren Abschuß vormerken.[111]

Mädchen dieser großbürgerlichen Welt erhalten in einem Töchterpensionat den letzten Schliff; vom Sprach-, Mal-, Musik- und Gesangsunterricht bis zum damenhaften Auftreten und der Modellierung der erwähnten S-Form-Silhouette – eine Zurüstung, um den großbürgerlich-standesgemäßen Repräsentationspflichten, die auf sie zukommen, gewachsen zu sein. Zu diesem Fächerkanon gehört selbstverständlich auch der letzte Schliff des Tanz- und Bewegungsverhaltens.

In der Trivialliteratur und in den Jungmädchenbüchern ist der Besuch der Tanzstunde ein beliebtes Thema, wobei besonders die letztere Gattung dadurch didaktisch zu wirken versucht, daß sie aufzeigt, welche Fehler und Mißgeschicke vorkommen können und wie teuer dafür bezahlt werden muß. Auch die Anstands- und Benimmbücher der Belle Epoque sind voll solcher Warnungen. All diesen Gattungen ist eigen, daß sie zum einen den Soll-, und nicht den Ist-Zustand schildern, einen normativen Musterkatalog; zum andern transportieren sie recht konservative, teilweise sogar anachronistische Wert- und Verhaltensregeln. Bei den Anstands- und Benimmbüchern ist diese altbackene Ausrichtung schon dadurch gegeben, daß einzelne Werke, wie z. B. der «Galanthomme», über Jahrzehnte immer in neuen, doch kaum veränderten Auflagen erscheinen.[112]

Die sozial selektionierte Öffentlichkeit der exklusiven Ballveranstaltungen sowie die Hausbälle der großbürgerlichen Crème dienen als Rahmen, um eine Skizze der Tänze und des Tanzens der Belle Epoque zu entwerfen. Die Mädchen und Knaben dieses Milieus sind durch die

---

[111] Daß das Tanz-, Bewegungs- und Körperverhalten bei der Partnerwahl nicht unwichtig und das Beobachten vom «Drachenfelsen» aus deshalb durchaus von Bedeutung ist, geht aus folgendem hervor: «Diesen Augenblick benützte Hofer, zog seinen Vater in eine Ecke und flüsterte ihm zu: «Wie gefällt dir denn Grete Helm?» «Sehr gut, – Junge, du zerdrückst mir ja den Arm, es kommt noch ein ‹aber› – aber ich will sie erst noch tanzen und essen sehen, bevor ich ein endgiltiges (sic!) Urteil fälle: Durch diese beiden Dinge kann man eine junge Dame am besten kennenlernen.» VON HOXAR O. J.:111.

[112] Es gibt viele andere Anstands- und Benimmbücher, die in rascher Folge hohe Auflagen erreichen, beispielsweise ROCCO 1876 oder EBHARDT 1878, zehnte Auflage 1886; weitere folgen.

Institution der «Kinderbälle» bestens auf das Ereignis ihres ersten Auftritts auf dem Parkett der Großen vorbereitet, denn diese «Kinderbälle» sind bis in Einzelheiten nach dem Vorbild der letzteren arrangiert und inszeniert. Wie sehen diese Vorbilder aus?

Bei den exklusiven, sozial selektiven Bällen mit repräsentativer Öffentlichkeit gibt es eine feingestufte Hierarchie: Auf die Hofbälle, die Spitze, wird im folgenden Kapitel eingegangen. Die Bälle des Hochadels, der reichen schlesischen, böhmischen oder mährischen Magnaten und der Gesandtschaften sind zwar nicht so hochformalisiert und rangreglementiert wie Hofbälle, doch nur recht wenige Nichtadelige werden dazu eingeladen; bei Gesandtschaften können natürlich wirtschaftspolitische und andere Interessen als Türöffner für einflußreiche Persönlichkeiten bürgerlicher Herkunft dienen. Zwar exklusiv, doch mit einer größeren adelig-bürgerlichen Durchmischung sind jährlich wiederkehrende Tanzveranstaltungen wie der Subskriptions- oder der Opernball. Eine eigene Durchmischung weisen der Künstler- und der Presseball auf: vom Hochadel bis zum Journalisten oder Maler, die den Durchbruch zur Prominenz suchen. Auch die Juristen- und Architektenbälle sind bunte soziale Gemengelagen. Dazu kommen luxuriöse und teure Bälle im Wintergarten, in der Philharmonie oder bei Kroll – mit oder ohne Maskierung. Ein Höhepunkt der Ballsaison ist für das «swinging» Berlin der Korps de Ballet-Ball:

«Das übermüthige und überschäumende Berlin giebt sich auf dem Korps de Ballet-Ball ein gern besuchtes Rendezvous, bei der die Losung: ‹leben und leben lassen› ist, und dieser Parole wird man in der denkbarsten Weise gerecht. Wer sich in diesen Strudel stürzt, der muß Obacht geben, daß nicht die Wogen weltstädtischer Lebenslust und weltstädtischen Leichtsinns über ihm zusammenschlagen, denn an Gelegenheiten und Verführung hierzu fehlt es nicht, und diese Damen und Dämchen, die hier theils in Maskenkostümen, theils in kurzen, recht kurzen Kleidchen, oder auch in schweren, rauschenden Toiletten erscheinen, leiden keineswegs an Prüderie und Zurückhaltung und sind gern bereit, Neulinge in die Geheimnisse des lustigen Berlins einzuweihen.»[113]

Die Verkehrsformen bei solchen Maskenbällen sind selbstverständlich andere; sie sind gelockerter, die weibliche Maske fordert den unmaskierten Herrn zum Tanz auf (das Umgekehrte ist ein Regelverstoß) und sagt «Du» zu ihm – Eskapismus auch in der Belle Epoque in

---

[113] LINDENBERG 1891:19f.

diesen Kreisen. Ein Regelverstoß setzt Regeln voraus; diese aber sollen nicht anhand jener exklusiven, halböffentlichen Bälle vorgestellt werden, denn erstens gibt es feine Unterschiede im soziokulturellen Regelwerk der einzelnen genannten Bälle, und zweitens ist wiederum dieses Regelwerk von jenem der Hausbälle nicht so verschieden, als daß die wesentlichsten Charakteristika nicht im Rahmen der letzteren skizziert werden könnten.

Die Vorbereitung eines Hausballes in diesen Kreisen ist eine logistische Generalstabsübung und beginnt schon Wochen vorher. Allerdings enthalten die Tanz-, Anstands- und Benimmbücher recht ausführliche Informationen darüber, wie ein Hausball zu organisieren ist und wann damit begonnen werden soll. Zudem kann professionelle Hilfe herangezogen werden, sog. Vortänzer, die dann auch am Ballabend selbst vom Empfang bis zum Schlußcotillon dem Gastgeber zur Seite stehen. Ja, woran muß nicht alles gedacht werden: Die Terminfestlegung bedarf der Abstimmung mit anderen potentiellen Gastgebern des Verkehrskreises, damit keine Konkurrenzsituation entsteht; einen Klavierspieler oder – in sehr wohlhabenden Häusern – ein kleines Orchester gilt es zu bestellen[114]; zumeist muß auch zusätzliches Dienstpersonal – Diener, Garderobefrauen, Küchenhilfen usw. – herangezogen werden. Die Getränke und die kleinen Naschereien für die Erfrischungspausen sowie das Menü für das Mitternachtsdiner gilt es festzulegen und zu bestellen; wie bei der Musik – Klavierspieler oder aber kleines Orchester – ist beim Mitternachtsdiner der Entscheid, ob warm oder kalt, ein Distinktionskriterium, denn warmes Essen setzt größere Räumlichkeiten, mehr Geschirr und Besteck sowie mehr und gewandteres Servierpersonal voraus. Noch einiges mehr ist auszuwählen, vorzubereiten, vorzubestellen und einzukaufen: die Einladungs-

---

[114] Auch die Hausbälle bei Marie von Bunsens Eltern sind nur mit einem Klavierspieler besetzt: «In diesem Jahrzehnt versuchte jede ballgebende Familie unserer Kreise, sich Herrn Neumann zum Klavierspielen zu sichern. Tagsüber arbeitete er in einem Ministerium, und in seinem ordengeschmückten Frack, in seinem grauen Kaiser-Wilhelm-Bart und gerader Haltung wirkte er so ausgesprochen ‹geheimratlich›, daß immer wieder höflichkeits-beflissene Leutnants ihn für einen Ballvater hielten und sich ihm vorstellen ließen. Das kannte er und antwortete mit lässigem Selbstgefühl ‹Neumann›. Sein Spiel erschien uns vollendet, unfehlbar rhythmisch und dabei schwungvoll. Seine Art Quadrille zu spielen kannten wir auswendig, sowohl das kunstvolle Rallentando bei der großen Verbeugung als das rasende Galopptempo zum Schluß. Wenn ich mich nicht irre, erhielt er sechs Mark den Abend, natürlich wurde ihm ein gutes Abendessen mit einer Flasche Wein hingestellt.» Vgl. VON BUNSEN 1929:51.

karten, die Dekorationen, die Tanzkarten, die Utensilien für Tanzspiele, die Sträuße und die Orden für den Schlußcotillon, der auch Anlaß ist, den Damen Abschiedsgeschenke zu überreichen – Insignien wiederum, die als Gradmesser der Großzügigkeit und der Wohlhabenheit des Gastgebers bewertet werden: «Für den Kotillon nimmt man außer schönen Blumensträußen und den üblichen Knallbonbons kleine Geschenke und Überraschungen mehr oder minder kostbarer Art. Der Wohltätigkeit sind dann keine Schranken gesetzt – und je hübscher und wertvoller die Gaben, desto entzückter werden die Damen sein!»[115]

Die schwierigsten Entscheide sind selbstverständlich: Wer soll eingeladen werden? Wie viele tanzende und zuschauende Gäste ertragen die Räumlichkeiten und die übrige Infrastruktur, so daß kein stilwidriges Gedränge entsteht? Wie läßt sich eine Balance zwischen tanzbegabten und -willigen Herren und den Damen finden, so daß die letzteren gut geführt zu jedem Tanze aufgefordert werden? Schließlich – und das ist wohl der heikelste Punkt – die Frage: Wieweit hinauf in der sozialen Hierarchie dürfen Einladungen gehen, ohne peinliche Absagen zu riskieren? Auch hier kann professionelle Unterstützung zugezogen werden; Marie von Bunsen schreibt in ihren Erinnerungen: «Ein damaliger Hausball verlief in folgender Weise: der Vortänzer, ein dem Hause nahestehender Herr, wurde einige Zeit vorher zu Tisch eingeladen, mit ihm durchsprach man die Liste der Tanzenden, fehlten noch einige Herren – an ihnen war kein Mangel! – legte er Tanzlustigen nahe, am nächsten Sonntag Besuch zu machen.»[116] Insbesondere die Plutokratie ist erpicht darauf, Adel und Offiziere – beinahe ein Pleonasmus – als Gäste begrüßen zu dürfen, wobei es selbstredend Rangunterschiede gibt, je nach Ahnenprobe bzw. Exklusivität der Waffengattungen und der Regimenter.[117] Um gleichsam als Saaldekoration und zur sozialen Aufwertung Herren in Offiziersuniform zu angeln, werden angeblich recht unfeine Köder an den Angelhaken gebunden,

---

[115] VON BAUDISSEN O.J., Stichwort «Hausball», Nr. 234.
[116] VON BUNSEN 1929:50.
[117] Von Bunsen schreibt: «Tänzer eines normalen, richtigen Balles war uns der Leutnant, und zwar der Gardeleutnant. Mit den Gardekavallerieregimentern kamen wir wenig in Berührung, bei uns und in den befreundeten Familien herrschte der Gardeinfanterist, insonderheit das von uns bevorzugte zweite Garderegiment zu Fuß. Die vom Alexander ließen wir ebenfalls gelten, die Kaiser Franzer, die Gardefüsiliere und die Gardeartilleristen fielen etwas ab. Gardeingenieure und Gardepioniere gab es für uns nicht.» VON BUNSEN 1929:53.

die jedoch offensichtlich zum Beißen ermuntern:» «Daß adelige Gardeleutnants gewöhnt waren, bei ihren bürgerlichen Gastgebern 1000 Mark Scheine in der Serviette zu finden und im Oktober schon um ihr Weihnachtsgeschenk in bar bitten durften, erfüllte die Nichteingeweihten mit Scham und Ekel, die Eingeweihten nur mit Unwillen über die Indiskretion, die das an den Tag brachte.»[118]

Mit noch anderen Lockvögeln wird geworben: «Unser hoher Adel ist verhältnismäßig zu wenig begütert, um rauschende Festlichkeiten, von denen ganz Berlin spricht, zu veranstalten, Ausnahmen kommen natürlich vor. Dagegen thut die Geld-Aristokratie viel für das Vergnügen ihrer Gäste, und zu letzteren zu gehören, ist nicht schwer, am wenigsten, wenn man zweierlei Tuch trägt. ‹Wir werden bald tanzen lassen, Herr Lieutenant.› ‹Ah, vortrefflich, Herr Kommerzienrat, werde ich auch die Ehre haben?› ‹Selbstverständlich – und hm – wenn Sie einige Kameraden haben, Herr Lieutenant, – es fehlen uns noch einige Tänzer und – es kommen sehr hübsche, auch sehr reiche Mädchen!› Der junge Vaterlandsverteidiger hat den Wink verstanden und er findet auf sein Anfragen im Offiziercorps viel Bereitwilligkeit, gewiß, warum soll man bei Kommerzienrats nicht tanzen, man hat gar keine Umstände davon und ist selbst von der pflichtmäßigen Visite entbunden, da die Abgabe der Karten als genügend angesehen wird, und vor allem, wie hatte der Finanzbaron doch gesagt: es sind sehr hübsche und sehr reiche Damen da – alle Wetter, solch einen Goldfisch nicht nur zum Kotillon, sondern auch zu einer Lebenstour zu engagieren, wäre durchaus nicht übel und es verlohnt sich schon einmal, deshalb einen Abend zu opfern, selbst auf die Gefahr, sich zu langweilen.»[119]

Die Jagd nach solchem Adel wird allerdings zuweilen auch zum Preis von Kränkungen erkauft. Zu den glänzendsten und kostspieligsten Hausbällen – eigentliche Festveranstaltungen – gehören jene des Bankiers Bleichröder; er ist ein Intimus des eisernen Kanzlers, auch dessen Vermögensverwalter und als kometenhaft aufgestiegener Jude besonders auf gesellschaftliche Anerkennung und Auszeichnung bedacht. Marie von Bunsen, die ihren Standesdünkel wieder einmal nicht ganz zu kaschieren vermag, bewährt sich als Klatschbase: «Glänzend war auch das Bleichrödersche Fest. (...) Die gesellschaftliche Stellung der Bleichröders war, wenn man will, vorzüglich, aber doch nicht

---

[118] VON BOEHN 1925:223f.
[119] LINDENBERG 1891:18f.

erbaulich. Fast das gesamte aristokratisch-offizielle Berlin ging hin, entschuldigte sich aber nachher. Die ganze Festtafel zeigte das Erlesenste vom Erlesenen, man aß von Silber, das Kostbarste wurde einem vorgesetzt. Nachher spielte Sarasate nebst Essipoff, und dann wurde getanzt. Ich kannte genügend viele Tänzer, die meisten Herren ließen sich – wie mein Tagebuch entrüstet erwähnt – aber nicht vorstellen, eine Unart, die sie sich in anderen Häusern nicht erlaubt hätten.»[120]

Die Herren, die zwar den Luxus eines Bleichröder-Festes genießen, jedoch die Taktlosigkeit begehen, sich nicht vorstellen zu lassen, geben Anlaß, sich mit der Ballveranstaltung selbst und seinem soziokulturellen Regelsystem zu befassen. Marie von Bunsen nimmt uns an die Hand; sie führt uns in die besten Häuser des Berliner Wirtschafts- und Finanzbürgertums: «Der Winter 1877/78 brach an, ich wurde achtzehn Jahre alt. Mein erster Ball war bei den Behr-Bandelins, es folgte ein unoffizieller Ball beim Kriegsminister von Kameke, dann wurde bei uns getanzt. Darauf bei der alten Frau Mendelssohn-Bartholdy in dem vornehmen Patrizierhaus Jägerstraße 51. Auch tanzte ich bei Werner Siemens in dem von parkartigem Garten umgebenen Charlottenburger Haus Berliner Straße 36.»[121]

Ein Ball beginnt für die Dame selbstverständlich mit einer sorgfältigen Balltoilette – Motiv so vieler Trivialromane, Jungmädchenbücher und Karikaturen; Elise Baronin von Hohenhausen erteilt in ihrem Benimmbuch «Die feine junge Dame» dazu folgenden Rat: «Wenn die Einladung auf 8 Uhr abends lautet, so braucht eine junge Dame ihre Toilette für den großen Moment keineswegs vor 5 Uhr nachmittags zu beginnen. 2½ Stunden sind vollauf genügend, die Mühen der Frisur miteingerechnet – vorausgesetzt natürlich, daß die Toilette vielleicht bis auf das Befestigen des Ballblumenschmucks, der im letzten Moment nach Geschmack und Gutdünken vor dem Spiegel angebracht werden mag, fix und fertig zur Benutzung vorliegt.»[122]

Auch in anderer Hinsicht beginnt die Ballvorbereitung schon früh, sogar Tage früher: Bei den Hausbällen gibt es nämlich keine spontane «Aufforderung zum Tanz»; die Reihenfolge der Tänze wird im voraus festgelegt, eine Aufgabe, die zum Pflichtenheft des Vortänzers gehört, der dann auch die Tanzspiele leitet, die Polonaise anführt und – falls diese Ehre nicht an andere Herren delegiert wird – eben als Vortänzer

---

[120] VON BUNSEN 1929:49; vgl. STERN 1978.
[121] VON BUNSEN 1929:49.
[122] E. VON HOHENHAUSEN O.J.:213.

fungiert. Diese fixierte Abfolge der Tanztouren und Tänze wird, in geschriebener oder gedruckter Form, den Damen und Herren entweder zugesandt oder aber – bei größeren Anlässen – beim Eintritt in den Ballsaal verteilt. Auf dieser Tanzkarte werden dann die Namen der zu engagierenden Damen eingetragen; der Herr hat darauf zu achten, daß ihm nicht etwa das Versehen eines Doppelengagements passiert.

Jeder Backfisch und jede Dame ist begierig, ihre Tanzkarte früh vollzuhaben; auch Marie von Bunsen ist keine Ausnahme: «Zum Ball erschien man recht pünktlich: um 8 oder 8 ½ Uhr. Wir jungen Mädchen legten Wert darauf, mindestens vor dem ersten Walzer, womöglich schon in der vorhergehenden Woche sämtliche Tänze vergeben zu haben. Wollte ein Herr noch einen, wurde er mit einem ‹eingeschobenen› vertröstet. So standen auf der Rückseite meiner Karten oft über ein halbes Dutzend Namen aufgezeichnet, während doch höchstens zwei Tänze ‹eingeschoben› wurden. Das machte sich aber gut.»[123]

Nur diese von Marie von Bunsen erwähnten Extratouren, die sog. Eingeschobenen, bieten Gelegenheit zum spontanen Engagieren und dem Herrn auch die Möglichkeit, Signale auszusenden; die Extratouren werden vom Vortänzer bestimmt. Beim Ausfüllen der Tanzkarte hat der Herr verschiedene Anstandsregeln zu beachten: Er ist z. B. verpflichtet, mindestens einmal die Hausherrin und die Töchter des Hauses zum Tanz aufzufordern; umgekehrt wird erwartet, daß der Gastgeber oder seine Söhne mit allen Damen wenigstens einmal tanzen. Außerdem wird dem Herrn bei Hausbällen – im Gegensatz zu den selektiven Ballveranstaltungen halböffentlicher Art – zur Pflicht gemacht, jeden Tanz zu tanzen, es sei denn, daß alle Damen schon auf der Tanzkarte verbucht sind. Die Regel will «Mauerblümchengeschicke» vermeiden.[124] Die Dame ihrerseits darf kein Engagement ohne stichhaltige Begründung ausschlagen; auch gilt es als unschicklich, zweimal mit demselben Herrn zu tanzen, doch die Eingeschobenen – es sind

---

[123] VON BUNSEN 1929:50; vgl. auch VON BAUDISSEN o. J. Nr. 272: «Bei dem Eintritt in den Ballsaal wird den Damen und Herren eine Tanzkarte überreicht, und jeder Herr sollte nicht eher ruhen, als bis er seine Karte vollhat. Die Dame reicht dem Herrn die Karte, damit dieser seinen Namen einträgt, den Namen der Dame, die der Herr engagiert, schreibt dieser selbst.»

[124] Die Realität kann allerdings anders aussehen; Franz Ebhardt rät in solchen Fällen: «Andererseits soll eine Dame, welche das Unglück gehabt hat, nicht aufgefordert zu werden, dies Mißgeschick mit Ruhe tragen. Wenn sich das Herz dabei auch krampfhaft zusammenziehen mag, so soll doch kein Zug ihres Gesichts die Enttäuschung und die üble Laune verraten.» EBHARDT 1886:441.

gewöhnlich Rundtänze, die nur eine Saalrunde lang getanzt werden –
geben ihr die Gelegenheit, ihren Sender für gewisse Signale auf Empfang zu stellen. Bei Damentouren, sofern solche vom Vortänzer
überhaupt zugelassen werden, hat die wohlerzogene Dame nur äußerst
beschränkt die Möglichkeit, ihrerseits solche Signale auszusenden;
Vorsicht ist geboten: Einen Herrn aufzufordern, der selbst noch nicht
um einen Tanz gebeten hat, verbietet die Anstandsregel. Als ein
verdecktes Zeichen der Zuneigung wird gewertet, wenn die Dame
einem Herrn die Polonaise, den Tischwalzer – nach dem der Herr die
Dame zu Tische begleitet – oder den Cotillon gewährt; leise Winke mit
dem Fächer sind also den Damen gestattet, doch sonst bleiben sie unter
Kuratel gestellt. Dies wird dadurch unterstrichen, daß die Töchter
auch bei Hausbällen nur in Begleitung von Aufsichtspersonen erscheinen dürfen, zumeist mit Mutter und Vater. Ein «Drachenfelsen» ist
mithin auch bei solchen Tanzveranstaltungen vorhanden. Während die
Väter sich ins Rauchzimmer zurückziehen können, eventuell – wenn
die Möglichkeit sich bietet – auch ein Tänzchen wagen und sogar
früher nach Hause gehen dürfen, haben die Ballmütter bis zum
ersehnten Ende auszuharren. Ihnen ist das Tanzen nicht gestattet;
«tanzende Mütter traf man nur in den flottesten Häusern, in den
andern wurden höchstens mal die jüngern zu einem Stehtanz aufgefordert» (Marie von Bunsen). Die Ballmütter haben Zeit, vergangenen
Jungmädchenträumen nachzusinnen.

Wir sind jedoch dem Ballgeschehen vorausgeeilt. Bevor überhaupt
zum Tanz geschritten werden kann, ist ein Zeremoniell zu beachten,
das von gewissen bornierten Bleichröderschen Gästen in kränkender
Weise umgangen wird: das Sichvorstellenlassen und das Vorgestelltwerden, bei denen neben dem Gastgeber oder seinen Söhnen die
Ballväter und die Ballmütter die Hauptrolle spielen. In allen Anstands- und Benimmbüchern wird diesem Vorstellen breiter Raum gewidmet,
denn ohne sich gegenseitig vorgestellt worden zu sein, kann kein Paar
tanzen: «Will man tanzen, so begiebt man sich in den Kreis der jungen
Damen und läßt sich ihnen vorstellen; sollte kein bekannter Herr zur
Hand sein, so bittet man den Herrn des Hauses oder den Sohn darum.
Kennt man erst einige Damen, so kann man sich den andern durch diese oder ihre Freundinnen vorstellen lassen. Es sei hier gleich bemerkt,
daß niemals eine junge Dame sich durch einen Herrn vorstellen lassen
darf, wenn er nicht ein ganz naher Verwandter von ihr ist.»[125]

---

[125] F. von Hohenhausen 1876:52.

Auch beim Vorstellen ist die Dame die passiv erwartende, denn sie darf nie den Wunsch äußern, einem Herrn vorgestellt zu werden. Den Herren ist es erlaubt, ihren Neigungen zu folgen und sie auch zum Ausdruck zu bringen; es ist für den Herrn jedoch eine unabdingbare Verpflichtung, sich den Begleitpersonen der Dame vorstellen zu lassen, insbesondere wenn er die Absicht hat, mehr als einmal mit dieser Dame zu tanzen.

Nun endlich ist es soweit; «Aufforderung zum Tanz», der Ball kann eröffnet werden: «Sobald das Signal ertönt, daß der betreffende Tanz beginnen soll, eilt der Herr zu der Dame, mit welcher er engagiert ist. Er lasse seine Dame ja nicht lange auf sich warten. Vergeßlichkeit bezüglich eines Engagements ist eine unverzeihliche Ungezogenheit. Er verneigt sich vor seiner Dame, sie erhebt sich, legt ihr Bouquet auf den Sitz, da es beim Tanzen nur genieren würde, und nimmt den ihr angebotenen rechten Arm. Sie bleibe ihm immer zu Rechten, sowohl beim Führen, als auch während des Tanzens selbst. Man spreche nicht viel während des Tanzes. Bei den Rundtänzen darf der Herr die Taille der Dame nicht umfassen, sondern lege seine Hand auf die Taille ungefähr in der Mitte des Rückens. (...) Die Dame legt die Hand leicht auf die Schulter des Tänzers, in dieser Hand hält sie Fächer und Taschentuch, wenn sie nicht den Fächer an einer Gürtelkette trägt. (...) Nach beendigtem Tanz führt der Herr die Dame wieder am Arm auf ihren Platz zurück. Er verabschiedet sich von ihr mit tiefer Verbeugung, welche die Dame erwidert. In großen Sälen kann man mit der Dame einen Rundgang machen, bevor man sie auf ihren Platz zurückführt. Eigentliches Promenieren ist den Damen nur mit Herren gestattet, die ihren Eltern vorgestellt sind.»[126]

Das Zitat macht evident, daß das Engagieren, das Tanzen selbst und die Beendigung des Tanzes in ein formalisiertes Korsett von Regeln gepreßt sind, das bis hin zum tabuisierten Körperkontakt die Distanzhaltung zu garantieren hat – ein Schnür- und Stützkorsett, das ein emotionales Sichgehenlassen verhindern soll, doch darf angenommen werden, daß in der lebenswarmen Praxis doch wohl an einer Schlaufvorrichtung gezogen werden kann, um mehr Freiraum zu schaffen. Wie sehr die Damen ihre Emotionen zu kontrollieren haben, dokumentiert folgende eindringliche Warnung in «Spemanns Goldenem Buch der Sitte»: «Nie, selbst nicht bei dem letzten Walzer ihres Lebens, darf eine Dame sich bei einem Herrn, der mit ihr getanzt,

---

[126] ADELSFELD O.J.:27.

Liebe Leserin, lieber Leser,

gerne informieren wir Sie regelmäßig über unser Verlagsprogramm. Schicken Sie einfach diese Karte ausgefüllt an uns zurück!

Ihr Verlag C.H. Beck

PS: Wenn Sie Zeit und Lust haben, beantworten Sie doch die Fragen auf der Rückseite dieser Karte! Sie würden uns damit helfen, unsere Arbeit noch besser auf unsere Leser abzustimmen.

Als kleines Dankeschön verlosen wir unter den Einsendern monatlich 10 interessante Titel aus unserer Beck'schen Reihe!

Vorname/Name o. Institution

Straße, Nr.

PLZ/Wohnort

Postkarte

Verlag C.H. Beck
Vertrieb/Werbung Allgemeiner Verlag
Postfach 40 03 40
80703 München

Bitte
freimachen

Diese Karte entnahm ich dem Buch

Haben Sie dieses Buch
☐ gekauft ☐ geschenkt bekommen?

Was war für Ihre Kaufentscheidung ausschlaggebend?
(Mehrfachnennungen möglich)

☐ Beratung in der Buchhandlung
☐ Präsentation des Titels in der Buchhandlung
☐ Prospekte/Verzeichnisse
☐ Rezensionen/Bücherlisten
☐ Empfehlung durch Freunde u. Bekannte
☐ Umschlag/Ausstattung
☐ Werbung/Anzeigen, und zwar in

_____

_____

_____

Ihre Altersgruppe?

☐ bis 30 Jahre ☐ 30 - 45 Jahre
☐ 46 - 60 Jahre ☐ über 60 Jahre

Welche Zeitungen/Zeitschriften lesen Sie regelmäßig?

_____

_____

Welche Themen sähen Sie gerne im Verlag C.H.Beck?

_____

_____

_____

bedanken, nie, nie, jamais de ma vie, auch dann nicht, wenn sie den ganzen Abend ein Mauerblümchen war und vor Freude und Glückseligkeit, wenigstens einmal aufgefordert zu sein, ihrem Tänzer am liebsten einen Kuß geben möchte.»[127]

Auf das formalisierte «Laufgitter» scheint im Tanzunterricht und in den Tanz- und Anstandsbüchern deshalb so großes Gewicht gelegt zu werden, weil sich in der Belle Epoque die choreographierten Gruppentänze, z. B. die Contres, tendenziell zu Paartänzen wandeln mit der Gefahr, daß das Regelwerk gestört wird: «Da ist es denn kein Wunder, wenn überall Klagen auftauchen über die Confusion beim Contre. (...) Bekanntlich aber wird für viele ein Contre erst interessant, wenn es ‹recht konfus› dabei hergeht.»[128] Bei der Polka wird gerügt, daß nicht mehr ein Paar nach dem andern sich in Bewegung setzt, «wie es der gute Ton um der Ordnung willen erheischt, sondern jedes (Paar) tanzt nach Gutdünken von seinem Platz aus in den Saal hinein, um sich nun dort ganz willkürlich hin und her zu bewegen. Von einem Rundehalten ist da nicht mehr die Rede, kurz, es ist ein so regelloses Durcheinanderwirbeln, daß den Zuschauer Schwindel ergreifen kann.»[129] Der gleiche Autor, Franz Ebhardt, hat auch Einwände gegen das Walzer- und Galopptanzen, wie es im Schwange ist: «So kann man in unseren Tagen recht wohl davon sprechen, daß auch unser Tanz und Ball das Gepräge des Zeitalters der Dampfmaschine deutlich zeigt. Die Langsamkeit und Grandezza der Väter und Großväter ist verschwunden, die Menuett ist eine Mythe geworden, zierliche Pas kennt man kaum noch dem Namen nach, dagegen beherrschen der Schnellwalzer, die Galoppade und andere Atem raubende Tänze den Ballsaal vollständig.» Immerhin, Ebhardt gesteht zu, daß der Bewegungsrhythmus beim Walzen vom «energischen Aufbrausen» bis zum «schmachtenden Wiegen» reichen dürfe; den Galopp sollte das «Rasche» und «Kraftvolle», doch nicht das «Wilde und Unmäßige» auszeichnen.

Auf die einzelnen Tänze und die Tanzspiele wird nicht eingegangen; die genannten einschlägigen Literaturgattungen geben darüber erschöpfend Auskunft. Erwähnt sei nur, daß der Eröffnungstanz, die Polonaise, mit einem gravitätischen Promenadenschritt getanzt wird, wobei die Herren und die Damen ihre grazile Bewegungs- und Körperkultur unter Beweis stellen können. Schreiben wir uns auf der

---

[127] VON BAUDISSEN O. J.: Nr. 277.
[128] ROCCO 1876:387.
[129] EBHARDT 1886:465.

Tanzkarte von Marie von Bunsen für den Tischwalzer ein, und reichen wir ihr nach Beendigung des Tanzes den Arm, um sie zum «Souper» zu führen: «Entweder wurde ein warmes Souper den an langen Tischen Sitzenden durch herrschaftliche, mit von Bekannten entliehenen Dienern und auch Lohndienern gereicht (Serviermädchen hätten damals spießbürgerlich gewirkt); dies fanden die tanzenden Herren ausruhender und bequemer, oder – dies war üblicher und eleganter – diese versorgten vom kalten Büffett aus ihre mit ihnen an kleinen Tischen sitzenden Damen, und diese Art wurde von uns bevorzugt. In einigen guten Häusern gab es nur Rot und Weißwein, meistenteils, auch bei uns, gab es aber Champagner.»[130] Nach dem Essen findet das Tanzen seine Fortsetzung, bis sich der Ballabend seinem Ende zuneigt: «Über die Dauer eines Balles sind die Ansichten sehr verschieden, und nicht selten wird auch in besseren Gesellschaften die Grenze überschritten, wo das Vergnügen aufhört und das Übermaß anfängt. Man sehe nur einen solchen Cotillon, der vielleicht um 2 Uhr begonnen hat und nun schon zwei Stunden währt, man sehe sich um in dem schweigsamen Kreise! (...) Gelangweilte Gesichter, bleischwere Augenlieder, hier und da kaum unterdrücktes Gähnen, bisweilen ein verzweifelter Versuch, die Unterhaltung zu erneuern. Schlummernde Mütter und mit Recht zürnende Väter, das sind die unausbleiblichen Folgen solchen Übermaßes.»[131]

Das Stichwort ist gefallen; der Höhepunkt eines jeden Balles, der Cotillon: «Der Cotillon ist der eigentliche, echte Gesellschaftstanz, der allenfalls auf offiziellen, aber niemals auf kleineren und Privatbällen fehlt. (...) Bekanntlich erfordert der Cotillon mit seinen zahlreichen Touren viel Zeit, deshalb wird er auch in der Regel gewählt, um den Schluß des Balles zu bilden.»[132] Die Inszenierung des Cotillons gewährt Freiräume für Zeichengebung, die sonst regelwidrig bzw. nicht gegeben sind. Einerseits beim Tanzen selbst: Die verschiedenen Touren führen – je nach Planung – immer wieder neue Paare zusammen, die dann jeweils einen kurzen Rundtanz, meist einen Walzer, tanzen; dem Zufallsglück, mehrmals die gleiche Partnerin bzw. den gleichen Partner zugeführt zu bekommen, läßt sich nachhelfen. Andererseits gehört zum Zeremoniell des Cotillon in der Belle Epoque, daß der Herr seine Dame und die Dame ihren Herrn mit einem Angebinde auszeichnet: Die Damen erhalten von den Herren Blumenbouquets

---

[130] VON BUNSEN 1929:51.
[131] ROCCO 1876:161.
[132] EBHARDT 1886:476.

und die Herren von den Damen – wie könnte es im Wilhelminischen Kaiserreich anders sein – Orden; die Damen genießen sogar den Vorzug, feine Unterschiede bei der Dekorierung der einzelnen Herren machen zu können, denn wie die echten Orden sind auch die Cotillon-Orden nach Verdienst (Sympathie) gestuft (Abb. 17). Der Gastgeber besorgt die Blumensträuße und die Orden. Es liegt auf der Hand, daß jede Tänzerin mit möglichst vielen Blumensträußen bedacht werden möchte, wobei natürlich nicht nur die Quantität, sondern auch die Qualität, d. h. der Straußspender von Bedeutung ist. Auch Marie von Bunsen ist Sammlerin und Jägerin: «Zum Schluß wurden die Blumensträuße und die Kissen mit Schleifen hereingetragen. Unser geübter Blick erkannte bald, wie viele Sträuße auf jede Tänzerin berechnet waren; und es war natürlich erfreulich und wünschenswert, einige über den normalen Durchschnitt zu erhalten.»[133] Daß die Herren hochdekoriert den Ballsaal verlassen möchten, bedarf keiner Erwähnung. Die Offiziere erhalten jedoch im erwähnten Lehrbuch die Instruktion: «Die Brust des flotten Tänzers dürfte nach beendetem Cotillon reich mit Papier-Orden geschmückt sein. Für Offiziere scheint es uns jedoch passender, dieselben statt an der Brust am linken Rockärmel befestigen zu lassen und nicht bis zum Schluß des Balles zur Schau zu tragen. Sie mögen dieselben daher bald entfernen und eventuell an einem anderen Ort als theure Andenken aufbewahren.»[134]

Der Hausball ist zu Ende, und im Tanzsaal wird wohl ein buntes Mosaik abgefallener Blumengebinde liegen; Marie von Bunsen ist todmüde ins Bett gesunken: «Natürlich durfte ich nach Belieben ausschlafen, aber zeitig erschienen vor ihrem Frühstück und Schulgang die jüngsten Schwestern Emma und Hildegard in meinem Zimmer. Ich blinzelte nur mit den Augen, sie zählten die Sträuße, studierten die Tanzkarte, lasen die Namen vor und machten ihre Glossen: ‹Wieder X(...) und zweimal Y(...)! Weißt du, das finde ich auffallend!› Gemurmel aus dem Bett: ‹Habt ihr eine Ahnung!›»[135] Für die Herren allerdings ist der Ballabend noch nicht abgeschlossen, denn von ihnen wird verpflichtend erwartet, daß sie innerhalb der auf den Ball folgenden Wochen eine Dankesvisite beim Gastgeber abstatten. Wir dürfen davon ausgehen, daß die erwähnten Bleichröder-Gäste auch diese Anstandsregel mißachtet haben.

[133] VON BUNSEN 1929:52f.
[134] SCHNEIDER 1895:55.
[135] VON BUNSEN 1929:53.

Cotillon-Orden.

In hochfeinen Mustern sortirt,
pr. Dtzd. 1.50, 1.75, 2.25, 2.50, 3.—, 4.50

Großer Orden „Für flottes Tanzen" an Gold- u. Silberkette 1.—
Großer Carnevals-Orden an Gold- und Silberkette 1.—

Elegante Rosette aus Atlasband. Mit Vereins-Emblemen
für Sänger, Turner, Krieger, Feuerwehr, Radler ɾc.
Mit Nadel à Dtzd. 4.—
Auch mit „Vorstand", „Comitee" ɾc.
Bandschleifen in den Nationalfarben. à Dtzd. 1.75
Kleine Atlas-Rosetten mit Silber-
stern und Perle } als Tanz-
zeichen { à Dtzd. 1.50
Kleine Silberkreuzchen mit langen
schmalen Bändern } zu
benutzen. { „ 0.50

17. Cotillon-Orden

Glich unsere Hausball-Berichterstattung dem Kapitel eines Jungmädchenbuches oder Trivialromans, so ist diese Dankesvisite in den Tagen nach dem Anlaß ein Scharnier zu einer mehr grundsätzlichen Betrachtung der Ritualisierung dieser Hausbälle sowie ihrer Bedeutung für die Selbstidentifikation und Selbstdarstellung der Spitze des Berliner Bürgertums: Die persönlich abzustattende Dankesvisite kann auch substituiert werden, indem man lediglich die Visitenkarte abgibt – dem Ritual ist auch dadurch Genüge getan. Auf diesen Visitenkarten wird im Kaiserreich übrigens zuoberst – wenn vorhanden – der Reserveoffizier aufgeführt und erst danach akademische Titel und berufliche Stellung.[136] Ist dies überhaupt noch eine bürgerliche Selbstidentität, die sich im Ritual des Hausballes manifestiert? Ein kurzer Blick in den Rückspiegel: der Umschwung nach dem Sieg von 1870/71; eine kurze, überhitzte Wirtschaftskonjunktur, doch schon 1873/74 ein Umschlag und ein Einbruch an den Börsen – ein sozialpsychologischer Dämpfer für das so optimistische Wirtschafts- und Finanzbürgertum; als Folge dieser konjunkturellen Wende 1879 die Einführung von Schutzzöllen auf gemeinsamen politischen Druck von Roggen und Eisen oder Rittergut und Hochofen; die veränderte politische Kultur mit der Krönung Wilhelms II. und Bismarcks Entlassung – weitere Marksteine wären zu nennen. Sie würden den Hintergrund skizzieren, auf den eine zweifache Ambivalenz, eine adelige und eine großbürgerliche, zu projizieren ist – eine Ambivalenz, die sich im Ritual der großbürgerlichen Hausbälle manifestiert.

Zunächst die eine Seite: Die Plutokratie ist darauf aus, ihre Gästeliste mit möglichst exklusiven Adeligen und Offizieren zu schmücken – auch, doch nicht nur mit dem Ziel, für ihre Töchter einen Bräutigam aus Adelskreisen zu angeln. Sie ist ferner darum bemüht, daß ihre Söhne in vornehme Regimenter als Reserveoffiziere kooptiert werden; Bleichröder gelingt es mit all seinem Geld, seinem Einfluß und seinen Konnexionen, daß einer seiner Söhne in ein exklusives Garderegiment aufgenommen wird, doch bei der ersten Gelegenheit verurteilt ihn das Ehrengericht, und er muß austreten.[137] Die Feste und Hausbälle des obersten Wirtschafts- und Finanzbürgertums konkurrieren an Luxus- und Prachtentfaltung mit jenen adeliger Magnaten. Diese und andere Zeichen an der Wand lassen erkennen, daß der Adel mit seinen Wert- und Verhaltensformen im Kaiserreich gerade für die Spitze der Bürger-

---

[136] Vgl. ZUNKEL 1962:131.
[137] Vgl. STERN 1978:591 ff.

welt eine wichtige Bezugsgruppe ist; die Bürgerwelt ist bereit, ihre eigene Selbstidentität bis zur Selbstverleugnung preiszugeben. Das Ritual des Hausballes offenbart die Kapitulation der bürgerlich-eigenständigen Selbstwertschätzung und Selbstdarstellung; es ist gleichzeitig aber auch Ausdruck der Selbsteinschätzung ihres sozioökonomischen und soziopolitischen Einfluß. Die Gastgeber wissen nur zu gut, wie viele Adelige – bis hinauf in den Hochadel – auf Gedeih und Verderb von ihrer Kreditwilligkeit abhängig sind – Adelsprobe hin oder her.

Andererseits die Ambivalenz der adeligen Bezugsgruppen im Kaiserreich: Offensichtlich ist es für Angehörige dieser Kreise wenn auch nicht attraktiv, so doch lohnend, auf dem Altar des plutokratischen «goldenen Kalbes» etwas vom adeligen Standesstolz und von der Standesehre zu opfern. Man läßt sich von den Lockvögeln und Lockspeisen verführen und erscheint auf den Hausbällen. Man ist nicht uninteressiert, Distinktionsbedenken beiseite zu schieben und um die Hand einer mitgiftgesegneten Tochter aus dem Finanz- und Wirtschaftsbürgertum anzuhalten – und wäre der Vater auch Jude –, wenn diese «Mesalliance» hilft, die Offizierskarriere zu fördern und den Lebensstil zu verbessern; ein Faktum, das im Simplizissimus-Band «Die oberen Zehntausend» mehrfach karikiert wird. Hier wächst zusammen, was nicht zusammengehört, und das Zeremoniell der Hausbälle amalgamiert und pseudointegriert Geburt und Gold. Ohne die doppelte Ambivalenz wäre dem nicht so.

Das nächste Kapitel wird diese Situation in ihrer Brüchigkeit neu beleuchten, und zwar zunächst von der höchsten Warte aus: Wilhelm II. als Tanzimpresario. Wenn – wie zitiert – Franz Ebhardt in «Der gute Ton in allen Lebenslagen» behauptet: «die Menuett ist eine Mythe geworden», so macht er die Rechnung ohne Wilhelm II., denn wenige Jahre später wird auf höchsten Befehl das Menuettanzen auf den kaiserlichen Hofbällen wieder eingeführt. Und es gibt eine Wiederbegegnung mit den so begehrten Gardeleutnants der Hausbälle: beim Einüben dieser höfischen Tänze. Dieses Kapitel soll jedoch mit einem Walzererlebnis abgeschlossen werden; am Anfang Rahel und am Ende Courths-Mahler: «Endlich trat auch Roland zu ihr und bat um einen Walzer. (...) Aber während sie, von seinem Arm umschlungen, dahinschwebte, war ihr, als fühle sie den lauten, raschen Schlag seines Herzens.»[138]

---

[138] COURTHS-MAHLER O.J.:331f.

IV. Die tanzenden Imperialisten

1. «The Invention of Tradition»: Wilhelm II. und die Renaissance der höfischen Tänze[1]

In der Tat, da sind sie wieder, die Platzhirsche der exquisiten Hausbälle der Berliner Crème, die vielbegehrten Gardeleutnants, doch diesmal legen sie keine «heiße Sohle» bei der Mazurka, dem Wiener Walzer oder dem Cotillon aufs Parkett, jetzt werden ihnen mühsam Menuettschritte sowie höfische Bewegungs- und Körperkultur beigebracht. Am 16. Februar 1897 schreibt Baronin Spitzemberg in ihr Tagebuch: «Probe [für ein Kostümfest] im Weißen Saale, nachdem wir etwa eine Stunde auf Seine Majestät gewartet, der seinerseits mit der Schloßgarde ‹friderizianische Griffe› eingeübt hatte! Eulenburg warf einen Teil des mühsam Eingeübten frischweg um, worüber Lehrerin, Schüler und Mütter nahezu in Verzweiflung gerieten; besonders die Potsdamer Offiziere befinden sich in übler Lage und sind nahezu rebellisch, denn wenn auch Dienst nachgelassen wird, können sie's physisch kaum leisten und behaupten mit einigem Recht, sie seien vor allem Offiziere und keine Ballettänzer.»[2] Der Eintrag bezieht sich auf die Probe für das Kostümfest zu Ehren des hundertsten Geburtstages von Kaiser Wilhelm I., «das als ganz intim gedachtes preußisches Hoffest von anno 1797» geplant ist. Die kaiserliche Regieanweisung lautet: historische Originaltreue. Deshalb übt im Hof unten die Schloßgarde in altpreußischen Uniformen altpreußische Gewehrgriffe, und oben im Weißen Saal wird mit adeligen Damen und Gardeoffizieren ein «Menuet à la reine» einstudiert.

Am 27. Februar findet dieser Hofball dann statt. Wilhelm II., der am Abend vorher beim Festmahl des brandenburgischen Provinziallandtages seinen Großvater «Wilhelm den Großen» nannte und gleichzeitig Bismarck, Roon und Moltke zu dessen Werkzeugen degradierte, eröffnet die Gedenkfeierlichkeiten: In der Dienstuniform des ehemaligen Garderegimentes, 1. Bataillon von 1797, marschiert er in den

---

[1] Vgl. Braun 1986.
[2] SPITZEMBERG 1963:352.

Festsaal ein, hinter ihm die Schloßgardekompanie. Der Kaiser verneigt sich vor seiner Gemahlin und beginnt darauf, die alte Garde in Griffen und Bewegungen vorzuexerzieren – eben: die «friderizianischen Griffe». Auch die rund 400 Gäste haben sich historisch drapiert: «Damen in Gewändern von großem Stil, in gewaltigen brillantendurchblitzten Lockenfrisuren, über denen Reiherfedern nicken; Kavaliere in der alten Hoftracht mit Escarpins und bunten Sammetfräcken, auf der gepuderten Perücke den Dreispitz (...)»[3]. Zwei Fackeltänze aus dem Jahre 1793 eröffnen den Ball; Höhepunkt ist das «Menuet à la reine», mit dem sich die Gardeoffiziere so schwer tun; dazu kommen andere alte höfische Tänze, die Gavotte beispielsweise und die Française. Der historischen Authentizität wegen sind ausnahmsweise im Beisein Seiner Majestät die sonst nicht hoffähigen Rundtänze – der Walzer und der Schottisch – zugelassen. «Gleich der erste Rundtanz war der einst berühmte Lieblingswalzer der Königin Luise» – jener Braut, die am Vorabend ihrer Hochzeit 1793 walzertanzend das Mißfallen ihrer Schwiegermutter erregte. Der Tanz auf dieser Hochzeit dient auch sonst als Vorlage des Kostümfestes: Die zwei einleitenden Fackeltänze, an denen sich nur die Majestäten und die übrigen höchsten Herrschaften beteiligen, «einfache Rundgänge unter wechselndem Vorantritt, (...) waren dermaleinst auf der Hochzeit des nachmaligen Königs Friedrich Wilhelm III. mit der jungen Prinzessin von Mecklenburg-Strelitz gespielt worden».[4] 1797 ist nicht nur das Geburtsjahr des späteren Kaisers Wilhelm I., sondern auch das Krönungsjahr Friedrich Wilhelms III.: Rundtänze finden nun königliche Gnade.

Königin Luises Urenkel, Wilhelm II., ist allerdings weniger tolerant. Dem Glanz und dem Zeremoniell abträglich, sind und bleiben Rundtänze in Gegenwart des Kaiserpaares von Hofbällen verbannt; sie sind nur als Pausenfüller in Abwesenheit des Kaiserpaares zugelassen, wie wir ja schon von Viktoria Luise, im Familienkreise liebevoll Sissy genannt, erfahren haben. Hingegen geriert sich Wilhelm II. als Tanzinnovator. Durch «ein Machtwort des Monarchen» müssen fünf Jahre früher an Hofbällen wieder höfische Tänze des Ancien Régime ins Repertoire aufgenommen werden: 1890 kommt in privatem Rahmen das von Marie Köbisch-Wolden, früher königliche Hof-Solotänzerin, einstudierte und von zehn adeligen Damen vorgetragene «Menuet

---

[3] MONATSHEFTE 1902–03:697–709; im folgenden ohne Seitenangaben zitiert.
[4] MONATSHEFTE.

à la reine» zur Aufführung. «Auf Befehl Seiner Majestät war schon auf dem ersten Hofball der nächsten Saison [1892] die Menuett Don Juan der Tanzfolge eingefügt. (...) Mit ungeahntem Talent und überraschend schneller Auffassung hat die Jugend der Hofgesellschaft den kaiserlichen Willen zur Ausführung gebracht»[5] – der Kaiser als Tanzimpresario!

Ob auch unsere Gardeoffiziere eine «überraschend schnelle Auffassung» haben, sei dahingestellt; sie geben sich jedenfalls Mühe, doch ist Nachsicht angebracht, denn «diese Tänze wollten erst gelernt sein», wie die Kaisertochter Sissy mit Recht bemerkt, «denn Tanz ist nicht Tanz, und sicher wird die heutige Jugend zögern, die Figuren, Reigen, Schritte, die damals von der Hofgesellschaft getanzt wurden, mit diesem Namen zu bezeichnen».[6] In der Tat: «Tanz ist nicht Tanz.» Frau Köbisch-Wolden und mit ihr andere Tanzlehrer und -lehrerinnen haben Hochbetrieb, um den auf allerhöchsten Erlaß bei der Hofgesellschaft entstandenen «cultural gap» zu schließen; für die männliche und weibliche Jugend, die auf eine Einladung zu Hofbällen hoffen darf, gehört von nun an die Beherrschung des höfischen Tanzes mit all seinen Bewegungs- und Verhaltensformen zum standesgemäßen Ausbildungsprogramm, und auch die «gereiftere Jugend» sieht sich zum Nachexerzieren genötigt: «Heut [1902/03] ist es Vorschrift, daß jeder Offizier, jede junge Dame, die überhaupt bei Hofe eingeladen zu werden wünscht, diese Menuett in der Vollendung können und ebenso die später noch als dauernde Institution eingebürgerte alte Française, sowie die Gavotte-Quadrille.»[7] Selbstverständlich gehört es auch ins Pflichtenheft der Söhne des Kaisers, die Schritte und Figuren mit aller vorgeschriebener Grazie zu lernen: «Der Kaiser ließ nicht nur alle von ihm befohlenen Tänze des XVII. und XVIII. Jahrhunderts durch Frau Wolden arrangieren, er machte diese letztere auch zur Lehrerin seiner Söhne und entsendet sie in jedem Herbst auf einen Monat nach Plön, um den kaiserlichen Prinzen Unterricht zu erteilen.»[8]

Mit stolzer Befriedigung vermelden die Monatshefte: «Ein Berliner Hofball sieht also heute [1902/03] ganz anders aus als etwa vor zwölf Jahren. Von der Reihenfolge der Tänze sind nur die Galoppaden und Lanciers geblieben. An erster Stelle herrschen Menuett und Gavotte.

[5] MONATSHEFTE.
[6] VIKTORIA LUISE 1970; alle Zitate finden sich in den zwei Kapiteln «Der Weiße Saal» und «Hofball».
[7] MONATSHEFTE.
[8] MONATSHEFTE.

IV. Die tanzenden Imperialisten

Die am Berliner Hof längst nicht mehr getanzte Française ist in ihrer ältesten Form glänzend wiederaufgetaucht. Der Schlußreigen verdrängte den Kotillon. Und all' diese altneuen Tänze sind nicht nur durch die komplizierten Touren, sondern viel mehr noch durch die strengen Vorschriften, die sie an jedes Glied des Körpers stellen, wirkliche ‹Kunst›, die nicht jeder erlernt.»[9] Mag sein, daß diese Kunst nicht jeder erlernt; die Potsdamer Offiziere jedenfalls haben inzwischen enorme Fortschritte gemacht und es schon in kurzer Zeit zur Bühnenreife gebracht: In der Saison der Jahrhundertwende treten sie als Zwischennummer im Lessingtheater auf. Ein lebendes Bild stellt den «üppigen Hof zu Trianon» dar mit Marie Antoinette und ihrem Gefolge. «Vor dem Hintergrunde dieses lebenden Bildes und zur Ergötzung des gedachten französischen Hofes tanzten dann zwölf Paare – junge Aristokratinnen und Offiziere der Potsdamer Garderegimenter – eine Rokokogavotte. Ein stolzes Publikum füllte dichtgedrängt die Ränge.»[10]

Die hohe Zeit der Hoffestlichkeiten beginnt mit dem Jahresanfang, der Gratulationscour am Neujahrsmorgen; Sissy ist dabei: «Am Neujahrsmorgen wurde die Standarte des deutschen Kaisers auf dem Mittelportal des Neuen Palais eingeholt, um knapp eine Stunde danach am Flaggenmast des königlichen Schlosses emporzusteigen. Der Kaiser residierte wieder in Berlin! Die Zeit der glänzenden Empfänge, Bälle, Couren und Feste, in denen sich der deutsche Kaiserhof in der Reichshauptstadt repräsentierte, war gekommen. Jahr für Jahr, nach demselben Kalender, mit demselben Zeremoniell und am selben Platz: dem königlichen Schloß.»[11] Nähere Einzelheiten schildert ein «Bazar»-Artikel, «Berliner Hoffeste» überschrieben; es lohnt sich, ausführlicher zu zitieren, denn er läßt etwas vom Glanz der Krone aufscheinen.

«Neujahr! Der Weckruf der Spielleute der Garde-Infanterie erklingt. Von der Galerie der Schloßkuppel aber bläst das Trompeterkorps der Garde Dragoner das neue Jahr mit feierlichen Choralmelodien an. Das gibt eine pomphaft feierliche Stimmung durch den weiten Bau, in dem es schon zu früher Stunde lebendig wird. Von allen Seiten rollen Galakutschen unter die Portale. Hof– und Galauniformen auf Treppen und Korridoren. In Sälen und Galerien sammeln sich Gruppen und Zirkel, man tauscht Gruß und Glückwunsch aus, aber flüchtig

---

[9] MONATSHEFTE.
[10] MONATSHEFTE.
[11] VIKTORIA LUISE 1970.

nur und inoffiziell, denn das Hofzeremoniell, das heute ein langes Programm zu absolvieren hat, muß mit Minuten geizen. Und wenn bald nach neun Uhr schon die kaiserlichen Automobile heransausen, welche die höchsten Herrschaften aus Potsdam herführen, sind die Geladenen fast vollzählig versammelt. Nur die Prinzen und Prinzessinnen des königlichen Hauses sowie die Hofstaaten dürfen jetzt den Majestäten mit ihren Glückwünschen nahen, dann ordnet sich alsbald der glänzende Zug zur Schloßkapelle. Voran ‹unter großem Vortritt› das Kaiserpaar. Die imposante Gestalt des Kaisers in der großen Generaluniform, mit dem Orden des Schwarzen Adlers geschmückt, die Kaiserin in blaßblauer Courrobe mit gleichfarbigem Hut. ‹Unter großem Vortritt›, das bedeutet, daß alles Gepränge, welches das Hofzeremoniell vorschreibt, sich entfaltet. Oberhofmarschall – Oberstkämmerer – Pagen – und in langsamem Schreiten durch die Säle und Korridore des alten Königshauses entrollt sich die ganze Pracht eines glänzenden Gefolges. Man kann zuweilen im Ausland die Behauptung hören, daß der deutsche Kaiserhof von allen Höfen der Welt die festlichsten Bilder böte. Es scheint nicht zu viel gesagt, angesichts der glänzenden Versammlung, für welche die würdigen, von Orgelklängen durchbrausten Räume der Schloßkapelle einen feierlichen stimmungsvollen Rahmen geben, einen Rahmen, der um all diesen höfischen Prunk, über welchen sonst nur die Lüster der Festsäle ihren schimmernden Glanz gießen, eine höhere und weihevollere Glorie webt.

Alle sind versammelt, die Würdenträger des Hofes und Staates, auf allen Hof- und Galauniformen flimmern Orden und Ehrenzeichen. Die lichten Courroben der Damen erhöhen den festlichen Glanz. Wenn sie später bei der Gratulationscour im Weißen Saale langsam huldigend vor den Majestäten defilieren, kann man sie besser betrachten als in der Kapelle, wo das Bild als Ganzes wirkend in seinem Reichtum, seiner Fülle kaum die Möglichkeit der Unterscheidung von Einzelheiten läßt. Vor dem Thronbaldachin steht das Kaiserpaar, zu seiner Rechten und Linken die Prinzen und Prinzessinnen des königlichen Hauses. Alle Spitzen des Landes defilieren vorüber: Botschafter und Staatsminister, der Reichskanzler und Parlamentspräsidenten, die Ritter vom Schwarzen Adler, Bundesräte – Generäle – Admiräle –. Und wie sie nach genau präzisiertem Zeremoniell huldigend vor dem Thron sich neigen, tönen vom Lustgarten her dumpf und feierlich die Salutschüsse.»[12]

---

[12] DER BAZAR 15. Februar 1909; der Artikel ist mit A.r.S. gezeichnet.

So viel – vielleicht zu viel – zur Eröffnung der Hoffestlichkeiten, auf die näher einzugehen wir uns leider versagen müssen. Nur den Hofbällen im Lichtermeer der Kronleuchter im Weißen Saal soll zunächst unsere Aufmerksamkeit gelten; Sissy weiß Bescheid, und ihr Stil steht jenem der Regenbogenpresse keineswegs nach: «In der Regel gab es zwei Hofbälle. Hofbälle im königlichen Schloß! So lustig bunt erschien dieses festliche Ereignis in der Phantasie der Vorfreude, daß selbst die Farbenvielfalt eines Regenbogens zu seiner Beschreibung nicht ausgereicht hätte. Hofball im königlichen Schloß, das war einer der Glanzpunkte der Welt, in der wir lebten. Doch auch hier bedarf es eines Gedankenstrichs, denn – im Grunde war der Hofball nicht ein Fest jubilierender Heiterkeit, sondern ein Akt der Repräsentation.»[13] Der Weiße Saal, von König Friedrich Wilhelm I. 1728 als Repräsentations- und Thronsaal der preußischen Könige anstelle einer geplanten Kapelle errichtet, genügt den Ansprüchen eines Kaiserhofes nicht mehr; in achtjähriger Arbeit läßt Wilhelm II. ihn umbauen: Die zwölf Kurfürsten, die den weißen Saal zieren, werden in Gänge und auf Treppen verbannt und durch Marmorstatuen der Könige Preußens, einschließlich des Großen Kurfürsten, ersetzt – «eine neue Zeit blickt damit auf die Festgesellschaft herab, die Kurfürstenzeit liegt weit zurück». 1902 kann der neue Thronsaal, «der dem Rang der deutschen Kaiserkrone entspricht», eingeweiht werden. In diesem Barocksaal, der im 18. Jahrhundert Ort der echten höfischen Tänze war, findet seit 1892 die Renaissance der Menuetts, Gavotten und Françaisen statt: «Der Hofball begann um 21 Uhr. Die Gäste waren bereits in den Festräumen versammelt, dann begaben sich meine Eltern, unter großem Vortritt und gefolgt von den Mitgliedern unseres Hauses, durch die Bildergalerie in den Weißen Saal. Durch das Spalier der sich tief verneigenden Festteilnehmer schritt der Zug, begleitet von den Klängen einer tragenden Musik, zum Thron. Auf dem Haut-pas an den Seiten des Thrones waren Sessel für uns Prinzessinnen und die Damen des Diplomatischen Korps aufgestellt. Auch in den Eingängen zur Seitgalerie waren Haut-pas errichtet, auf denen ältere Damen, die sich nicht am Tanz beteiligten, Platz nahmen.» Soweit Sissy, doch wir sind den Ereignissen vorausgeeilt. Erst einmal muß man zugelassen werden, und wer darf schon auf eine Einladung hoffen, wie sie im «Bazar»-Artikel «Auf dem Hofball» abgedruckt ist?

«‹Auf Allerhöchsten Befehl Seiner Majestät des Kaisers und Königs

---

[13] Viktoria Luise 1970; ebenfalls die nachfolgenden Zitate.

1. Wilhelm II. und die Renaissance der höfischen Tänze

und Ihrer Majestät der Kaiserin und Königin, beehrt sich der unterzeichnete Oberhof- und Hausmarschall Fräulein von .... zu dem im Weißen Saale des Königlichen Schlosses, Mittwoch den .... Januar um 8 Uhr abends stattfindenden Ball einzuladen. Gez. : A. Eulenburg. Über An- und Abfahrt pp die Hofansage.›

So lautet die auf einer 18 Centimeter hohen und 24 Centimeter breiten, goldgeränderten Karte gedruckte Einladung, auf der sich unten links in der Ecke das Bild des Schlosses mit der Kurfürstenbrücke befindet. Außerdem ist die Karte mit dem Wappen des Kaisers und der Kaiserin geschmückt. Die Einladung lautet für den ‹Großen Ball›, wie man in der Hofgesellschaft den Ball im Januar nennt; der einige Wochen später stattfindende heißt der ‹Kleine Ball›, und mit ihm schließt die Zahl der Ballfestlichkeiten, die am Berliner Hofe jetzt auf zwei beschränkt ist. Die andern Winterfestlichkeiten sind Couren oder historische Feste, wie das Ordensfest und ähnliche Veranstaltungen.

Eingeladen zu einem Hofball werden natürlich nur diejenigen Damen und Herren, die bereits bei Hofe vorgestellt sind. Die Damen müssen durch die Oberhofmeisterin der Kaiserin erst der Kaiserin und dann dem Kaiser vorgestellt worden sein. Indes kann diese Vorstellung auch noch im letzten Augenblick erfolgen, wenn sich das Kaiserliche Paar auf dem Wege zum Hofball von den inneren Gemächern nach dem weißen Saal befindet. Die Damen und Herren, welche an dem Tanz auf dem Hofball teilnehmen wollen, müssen indes vorher die Proben mitgemacht haben.

Die erste dieser Proben wird, natürlich mit Musik, in einem Saal des Hotels Kaiserhof abgehalten. Wenn es sich um die alten, seit einigen Jahren am Hofe wieder eingeführten Tänze, wie die ‹Gavotte der Kaiserin›, die ‹alte Française› oder das ‹Menuett à la reine› handelt, müssen Damen und Herren schon vorher eifrig allein und im kleineren Zirkel geübt haben. Die Probe im Kaiserhof ist dann schon mehr eine Generalprobe, bei der vorausgesetzt wird, daß die Teilnehmer mit den Tänzen genau vertraut sind.

Die Probe wird, ebenso wie die darauf folgende, von den Vortänzern geleitet. Solche Vortänzer hat der Berliner Hof für jede Saison zwei, gewöhnlich Oberleutnants, und zwar einen vom I. Garde-Regiment zu Fuß, einen zweiten von den Garde du Corps. Den Namen ‹Vortänzer› führen diese Herren noch vom alten Ceremoniell der Höfe her.»[14]

---

[14] DER BAZAR 15. Januar 1900; der Artikel ist mit B. von Braunfels gezeichnet.

IV. Die tanzenden Imperialisten

Wieder einmal Sonderleistungen, für die die Gardeoffiziere dienstlich verpflichtet werden! Das beginnt schon früh, denn ein Korps von Pagen, rekrutiert aus adeligen Selektanern und Primanern der Hauptkadettenanstalt in Großlichterfelde und unter Leitung eines Pagengouverneurs steht bei allen Hofveranstaltungen zur Verfügung. Eine ihrer schwierigsten Aufgaben ist es, die Courschleppen so zusammenzulegen, daß das schönste Stück sichtbar bleibt; dies wird mit Pferdedekken in der Hauptkadettenanstalt geübt. Damit wären wir bei der Courtoilette für Herren und Damen; Wilhelm II. gibt auch in diesen Belangen Regieanweisungen:

«Es seien auch noch einige Worte über das Kostüm bei Hoftänzen erwähnt, weil dieses von anderen Hoffestlichkeiten abweicht. Über das Kostüm bringen die Einladungen stets genaue Angaben in der sogenannten Hofansage, einem gedruckten Programm, das den Einladungen beigelegt ist. Die Toilette der Damen ist für alle Hoffestlichkeiten die gleiche; bei den Herren aber ist für die Hofbälle ein besonderer Hofgalaanzug vorgeschrieben. Dieser besteht bei Offizieren in Waffenrock mit Epauletten ohne Schärpe, in Degen und Helm mit Haarbusch oder Federbusch. Es sind alle Ordensbänder und Orden anzulegen. Die Offiziere tragen besondere Hofgala-Beinkleider, welche, je nach der Truppengattung, bei Kavallerie, Artillerie und Infanterie verschieden farbig sind. Die Infanterie, und speziell die Garde-Infanterie, trägt schwarze Beinkleider, die an jeder Seite einen doppelten, roten Streifen, ähnlich den Generalsstreifen, haben, nur ist dieser Streifen um einen Centimeter schmäler als bei den Generälen. Degen und Helm legen die Offiziere beim Tanz ab. Bevor die alten

Wer auf die ersehnte Einladung wartet, der beginnt schon Wochen vorher, sich die befohlene höfische Bewegungs- und Körperkultur anzueignen; zudem machen die Proben auch Spaß – die Jugend der adeligen Hofgesellschaft ist unter sich, und es darf zwischenhinein auch Walzer getanzt werden, wie DER BAZAR am 15. Januar 1909 berichtet: «Da heißt es also vorher üben, um nicht durch falsche Pas das Ensemble zu stören, das würde einen argen Verstoß bedeuten. Und man übt ganz gern, denn einem on dit zufolge amüsiert man sich dabei ganz ausgezeichnet, pflegt doch den seriösen Tanzstudien manch flotter Walzer sich anzuschließen. Den Tanzproben im Privatzirkel folgt eine offizielle Probe im Kaiserhof und eine Hauptprobe im Weißen Saal – und endlich ist man sicher, daß alles klappt, daß sich die Anmut jugendlicher Tänzer und Tänzerinnen mit derselben Präzision den Kommandos fügt, wie draußen auf dem Paradefeld die Garde beim Parademarsch.» Ein Jahr später, am 2. Januar 1910, ist auch Sissy dabei: «Im Pfeilersaal habe ich meinen ersten Ball erlebt. Am 2. Januar 1910. Wie sollte ich das Datum vergessen!» VIKTORIA LUISE 1970.

1. Wilhelm II. und die Renaissance der höfischen Tänze

Tänze aufgeführt werden, wird durch die Kammerherren und Ceremonienmeister respektive Vortänzer den anwesenden Allerhöchsten Herrschaften eine Mitteilung gemacht, weil bei diesen Tänzen die Majestäten und die prinzlichen Herrschaften von der Empore zuzusehen pflegen.»[15]

Bei den Damen geht die Reglementierung selbstverständlich noch weiter. Jahr für Jahr wird jeweils im Januar im «Bazar» über die Courtoiletten und die in engen Grenzen zugelassenen modischen Veränderungen von der Frisur bis zur – je nach Rang und Alter verschieden langen – Courschleppe ausführlich und kenntnisreich mit Abbildungen berichtet. Wir beschränken uns auf einen kleinen Ausschnitt aus dem Jahre 1908:

«Das strenge Hofzeremoniell gestattet der Mode bei den Courtoiletten nur beschränkte Rechte, fordert dagegen die Beachtung bestimmter Vorschriften, die sich in der Hauptsache auf Länge der Schleppe und des Schleiers und die Form des Ausschnittes erstrecken. Nur die Damen der ausländischen Gesandten sind von der Befolgung dieser Etiquette-Vorschriften befreit, sie fügen sich den Gebräuchen ihres angestammten Hofes. Die Wahl des Stoffes und der Garnitur des Kleides bleibt der vorzustellenden Persönlichkeit überlassen; allgemeingültige Vorschriften betreffs Einfachheit oder Kostbarkeit der Toilette, des Schmuckes usw. bestehen auch hier zu Recht und erlaubt ist, was gefällt. Junge Mädchen werden, wie es sich von selbst versteht, eher lichte, zarte Gewebe, bescheidenen Schmuck oder statt dessen Blumen tragen, während die kostbaren Seiden- und Sammetstoffe, echte Spitzen, wertvolle Stickereien und Edelsteine mehr verheirateten Frauen, älteren Damen und namentlich den fürstlichen Personen zustehen. Vorschrift ist der runde, die Schultern freilassende Ausschnitt, kleine Ärmelchen sind gestattet, lange weiße Glacéhandschuhe bedecken hochhinaufreichend den Arm. Die vorschriftsmäßige Schleppenlänge ist 4 Mtr. für fürstliche Damen, 3 Mtr. für alle übrigen; sie wird am Taillenabschluß oder der modernen Halbempiretracht entsprechend, ein wenig darüber festgehakt, deutscher Sitte gemäß, während am englischen Hofe die Schleppe schon am Ausschnitt befestigt wird und die Gestalt mantelartig umgibt. Der Schleier – er kann je nach Wunsch aus glattem oder gesticktem Tüll oder auch aus echten Spitzen bestehen – wird unter Blumen, Schmucknadeln bzw. Kämmen oder einem Diadem puffig auf dem hochfrisierten Haar

[15] Der Bazar 15. Januar 1900.

aufgesteckt und liegt etwa in halber Rockhöhe der Schleppe auf.» (Abb. 18)[16]

Die Abbildungen 19 und 20 illustrieren die modischen Veränderungen und lassen erkennen, daß das Zusammenfalten der Courschleppen geübt sein will.

Die eingeladenen Damen und Herren wären somit rang–, standes– und altersgemäß für den Hofball gerüstet. Auch das Schloß ist zum Empfang bereit; die militärische Präsenz ist eindrucksvoll: «Mit einer Schilderung Mansteins möchte ich [Sissy] auch die militärische Umrahmung der Hofbälle vor Augen führen: ‹Lange vor Beginn jeden Festes zogen Königliche Haustruppen auf. Im Schweizer Saal stand die Leibgendarmerie mit dem Trompetenkorps der Garde du Corps. Letzteres in blinkendem Adlerhelm, weißem Koller mit scharlachener Supraweste, auf der der Stern des Schwarzen Adlerordens eingestickt war, weißen Hosen und den hohen Stulpenstiefeln. Daneben der 1. Zug der Leibgendarmerie, der sich nur durch seinen grünen Waffenrock mit blauen Aufschlägen und gelber Stickerei von der Garde du Corps unterschied. Der 2. Zug, ‹die Leibgarde der Kaiserin›, war in die friderizianische Uniform des Kürassierregiments Königin gekleidet, die aus schwarzem Dreispitz, weißem langen Rock mit karmosinfarbenen Rabatten und Aufschlägen und silberner Stickerei, weißen Hosen und Stulpenstiefeln bestand. Im Weißen Saal stellte sich die Schloßgarde–Kompanie auf. Sie trug die malerische Uniform der I. Bataillons Garde aus der Zeit des Großen Königs mit den hohen Grenadiermützen. An den Durchgängen von einem Saal zum anderen zogen Doppelposten der Gardes du Corps oder der Schloßgarde–Kompanie auf, während Hofpagen ihre Posten zu Seiten des Thrones oder an anderen Stellen bezogen›.»[17]

Das Entrée der Gäste erfolgt – wie bei der Toilette – nach Rang verschieden. Der Kaiserhof kennt eine Rangordnung mit 62 Stufen; – darauf wird später noch eingegangen. «Der wichtige Abend des Hofballes ist endlich gekommen. In dem für jede Rangklasse bestimmten Vorzimmer versammeln sich die Herren und Damen und erhalten hier bereits die Tanzkarten, die einfach und vornehm aus einem gebrochenen Stück weißen Kartons mit Goldrand und dem preußischen Wappen besteht. Eine schwarz und silberne Schnur, an der sich ein dünner Bleistift befindet, ist durch den untern Teil der Tanzkarte gezogen.

---

[16] DER BAZAR 1. Januar 1908.
[17] VIKTORIA LUISE 1970.

18. Große Balltoilette mit Courschleppe

286　　　　*IV. Die tanzenden Imperialisten*

19. Auf dem Hofball

20. Courtoilette für junge Mädchen

Aus unserer Wiedergabe einer solchen Tanzkarte, welche typisch ist, wenn nicht etwa historische Festlichkeiten stattfinden, ist zu ersehen, daß zwei Walzer, zwei Polka und zwei Galopps obligatorisch sind, außerdem ein Contre-danse, ein Lancier und die drei historischen Tänze. Am Schluß erfolgt ein Cotillon, als welcher sehr oft der alte Schlußreigen vom Jahre 1797 getanzt wird. Erwähnt sei gleich hier, daß es beim Cotillon bei Hofe niemals Geschenke gibt.

Nachdem das Kaiserpaar, gefolgt von sämtlichen Gästen, den Weißen Saal betreten und mit den prinzlichen Herrschaften auf der Empore auf den Sesseln Platz genommen hat, winkt der Kaiser dem Ober-Ceremonienmeister, als welcher jetzt der Ober-Hof- und Hausmarschall Graf Eulenburg fungiert. Der Ober-Ceremonienmeister giebt das Zeichen zur Eröffnung des Tanzes, den nun die beiden Vortänzer sofort als Erste beginnen. Kaiser und Kaiserin nehmen verhältnismäßig selten am Tanze teil, jedoch wird dem Tanz auf den Hoffesten jetzt bedeutend mehr gehuldigt, als zur Zeit des alten Kaisers.»[18]

Die Tanzkarte läßt aufhorchen: zwei Walzer und zwei Polkas – also doch! Keineswegs, denn es «sei noch bemerkt, daß Polka und Walzer bei Hofe nur als Galopp getanzt werden. Es ist dies der sogenannte ‹Hofgalopp›, mit dem die Neulinge in den Proben ebenfalls bekannt gemacht werden.»[19] Auch bei der Aufforderung zum Tanz und beim Tanzen selbst sind Rangordnungen zu beachten: «Wenn eine Prinzessin tanzen will, so kann dies nur geschehen, indem sie einen Tänzer

---

[18] DER BAZAR 15. Januar 1900; die Tanzkarte sieht folgende Musikstücke und Tänze vor:
«Tanzkarte Königliches Schloß.
Walzer I: ‹Bathildis-Walzer› . . . . Meister.
Contredanse: ‹Bijouterie› . . . . Strauß.
Polka I: ‹Wiener Schwalben› . . . . Fahrbach.
Lancier: ‹Neigen im Reigen› . . . . Faust.
Galopp I: ‹In den Strom des Lebens› . . . . Fahrbach.
Menuet à la reine . . . . Schmidt.
Walzer II: ‹Rosen aus dem Süden› . . . . Strauß.
Alte Française aus dem Jahre 1797
Polka II: ‹Les violettes de Nice› . . . . Tellam.
Gavotte der Kaiserin . . . . Hertel.
Galopp II: ‹Diabolin› . . . . Fahrbach.
Cotillon: Alter Schlußreigen von 1797.»

[19] DER BAZAR 15. Januar 1900; in diesem Bericht über Hofbälle wird Sissys Angabe, daß nur in der kurzen Pause nach dem Souper Walzer getanzt werden darf, bestätigt.

‹befiehlt›. Engagiert darf eine Prinzessin zum Tanz nicht werden, es sei denn durch den Kaiser oder einen ihrer nächsten prinzlichen Verwandten. Die Prinzessin bezeichnet dem Vortänzer, ihrem Kammerherrn oder dem ihr beigesellten Adjutanten den Hofkavalier, mit wem sie tanzen will. Der Vortänzer, Kammerherr oder Adjutant begiebt sich nun zu dem betreffenden Tänzer und führt ihn zur Prinzessin. Diese tanzt darauf mit dem ‹Befohlenen›, giebt ihm ein Zeichen, wenn sie zu ihrem Platz zurückgebracht werden will, und nachdem dies geschehen, entfernt sich der Tänzer ohne weiteres mit einer Verbeugung, wenn ihn die Prinzessin nicht durch ein Gespräch zurückhält. (...) Nimmt eine Prinzessin am Tanze teil, so dürfen außer dem Paar, in dem sich die Prinzessin befindet, nur noch zwei andre Paare tanzen. Tanzen aber zwei Prinzessinnen, so darf überhaupt kein andres Paar außer diesen beiden in dem betreffenden Kreise tanzen.»[20]

Höhepunkt des Balles ist das Menuet à la reine: «Wäre der Kaiser auch in fesselndster Unterhaltung mit irgendeinem Würdenträger, er würde sie unterbrechen, wenn ihm der Oberkämmerer meldet, daß man drüben im Weißen Saal zum Menuet à la reine oder zur ‹Gavotte der Kaiserin› antritt.»[21]

Den Schluß bildet dann der Cotillon, auch er choreographisch so angelegt, daß darin eine zeremonielle Huldigung an das Kaiserpaar eingeflochten ist: «Beim Cotillon findet gewöhnlich noch eine Ovation für die Majestäten statt, indem sich auf den Wink der Vortänzer sämtliche Paare in Reihen ordnen, an der Hand fassen und im Tanzschritt gewissermaßen gegen die Empore heranstürmen. Hier verbeugen sie sich zweimal, die Musik schweigt einen Augenblick. Dann ertönt die schmetternde Fanfare, die das Zeichen zum Schluß des Tanzes und des Hofballes giebt. Der Kaiser begiebt sich mit der Kaiserin, gefolgt von den prinzlichen Herrschaften, mit großem Vortritt aus dem Saale und der Tanz bei Hofe hat sein Ende genommen. Der große Hofball ist vorüber.»[22]

Genug der Augenweide und auch genug von der Wiedereinführung der höfischen Tänze an Hofbällen, deren Choreographie im «Bazar»-Bericht «Auf dem Hofball» beschrieben ist. Es liegen Welten zwischen den Hoffesten des Ancien Régime und den wilhelminischen Hofbällen

---

[20] DER BAZAR 15. Januar 1900.
[21] DER BAZAR 15. Februar 1909.
[22] DER BAZAR 15. Januar 1900.

mit ihren höfischen Tänzen – trotz der Originaltreue der einstudierten Schritte, Figuren, Reverenzen, der Uniformen der militärischen Statisten und der friderizianischen Griffe. Die Wiederbelebung der höfischen Tänze kann keineswegs dazu führen, daß die alten Umgangs- und Verkehrsformen von neuem Persönlichkeit und Gesellschaft zu prägen beginnen. Mühsam, auf allerhöchsten Befehl erlernt, bleibt diese Körper- und Bewegungskultur ein Firnis – gleichsam ein neu erhobenes Eintrittsgeld zu den Hofbällen. Zweifelsohne, der Höfling des Ancien Régime läßt sich mit seinen Ostentationen, Distinktionen und Formen der Selbstzelebrierung nicht wie der Geist aus der Flasche hervorzaubern. Doch verdeckt diese kritische Feststellung nicht die eigentliche Relevanz und Problematik? Die Wiedereinführung der höfischen Tänze gehört zum Syndrom dessen, was Eric Hobsbawm «The Invention of Tradition» genannt hat.

Kronen, besonders wenn sie noch neu sind, haben die Verpflichtung zu glänzen. Glanz indessen stellt sich nicht von selbst ein; es bedarf der Politur und dazu gehört «The Invention of Tradition». In seinen einleitenden Bemerkungen schreibt Eric Hobsbawm: «Invented tradition is taken to mean a set of practices, normally governed by overtly or tacitly accepted rules and of a ritual or symbolic nature, which seek to inculcate certain values and norms of behaviour by repetition, which automatically implies continuity with the past. In fact, where possible, they normally attempt to establish continuity with a suitable past (...). In short, they are responses to novel situations which take the form of reference to old situations, or which establish their own past by quasi-obligatory repetition.»[23] In einem eigenen Beitrag, «The Mass-Producing Traditions: Europe, 1870–1914», kommt Hobsbawm unter anderem auch auf das kaiserliche Deutschland zu sprechen. Er sieht hier eine zweifache Problematik: zum einen die Aufgabe, das aus dem deutsch-französischen Krieg hervorgegangene Deutsche Kaiserreich historisch zu legitimieren, obgleich für diese Bismarcksche Lösung

---

[23] «‹ErfundeneTradition› soll eine Reihe von Praktiken ritueller oder symbolischer Natur bezeichnen, die normalerweise nach offen oder stillschweigend akzeptierten Regeln funktionieren. Ihr Ziel ist es, bestimmte Werte und Verhaltensnormen durch Wiederholung zu festigen, was automatisch Kontinuität mit der Vergangenheit impliziert. In Wirklichkeit versuchen sie, wo dies möglich ist, den Anschluß an eine passende Vergangenheit herzustellen. (...) Kurz, sie antworten auf neue Situationen, indem sie auf altbekannte Situationen zurückgreifen oder indem sie durch gleichsam verbindliche Wiederholung eine eigene Vergangenheit schaffen.» HOBSBAWM 1984:1f.

1. Wilhelm II. und die Renaissance der höfischen Tänze

eine solche Legitimation fehlt; zum andern das Problem, bei jenen Bevölkerungsgruppen und Abgeordneten des Reichstages, die eine andere als die Bismarcksche Lösung gewünscht hätten – den Großdeutschen, den antipreußischen Partikularisten, den Katholiken und den Sozialdemokraten – Identifikation und Loyalität mit dem Deutschen Kaiserreich heranzubilden. Wilhelm I. und Bismarck sind nicht die Persönlichkeiten, die sich dazu der «invented tradition» bedient hätten. «The invention of the tradition of the German Empire is therefore primarily associated with the era of William II.», und für ihn ist in der Tat eine solche Zielsetzung maßgeschneidert. Insbesondere geht es Wilhelm II. darum, die preußische Geschichte mit dem neuen Kaiserreich zu amalgamieren sowie dem neuen Kaiserhof und der neuen kaiserlichen Residenz – Potsdam und Berlin – einen adäquaten Glanz zu verleihen. Hobsbawm zeigt dieses Bemühen anhand der errichteten Bauten und Denkmäler (er erwähnt u. a. das Deutsche Eck mit dem Denkmal Wilhelms I., die Porta Westfalica, das Reichstagsgebäude und die Siegesallee mit ihrer Walhalla hohenzollerscher Fürsten) sowie der neuen bzw. revitalisierten Fest- und Gedenktermine, die landesweit – gleichsam nach Drehbuch – gestaltet werden und alle Altersgruppen, von den Schulkindern bis zu den Kriegsveteranen, in die Regie einschließen, allem voran natürlich die Sedanfeier und der Geburtstag des Kaisers.[24] Denkmäler, Bauten sowie Fest- und Gedenkfeiern sind mit Symbolen aus der preußischen und deutschen Geschichte und Mythologie reich befrachtet, von Arminius bis zu Friedrich Barbarossa; und deutsche Eichen werden bei diesen Gelegenheiten gepflanzt, als gälte es, dem zukünftigen Waldsterben Einhalt zu gebieten. Wilhelm II. ist unermüdlich im Bemühen, den Glanz des Hofes und der Krone noch strahlender aufzupolieren und die Verschmelzung von Preußen mit dem neuen Kaiserreich zu zelebrieren und zu ritualisieren; er kümmert sich um jede Einzelheit. Er führt einen Hofkalender mit besonderer Choreographie für die verschiedenen Anlässe ein: Da erscheinen jetzt das Fest vom Schwarzen Adlerorden (18. Januar) und, am Sonntag darauf, das Krönungs- und Ordensfest, an dem beim Festdiner zum Kaffee Bonbons mit dem Bild des Kaiserpaares angeboten werden, die bei den Gästen als Souvenir sehr begehrt sind; die große Defiliercour, an der die Debütantinnen mit klopfendem Herzen bei der Vorstellung ihren Hofknicks machen; der Geburtstag des Kaisers (27. Januar), nach welchem die offizielle

[24] HOBSBAWM 1984:173 ff.

Ballsaison eröffnet wird und andauert bis zum Schlußball am Fastnachtsdienstag usw.; dazu kommen militärische Anlässe sonder Zahl. Schon gleich bei Regierungsantritt, bei der ersten Reichstagseröffnung, stellt Wilhelm II. sein Talent als Impresario unter Beweis: «Die Reichsinsignien wurden paarweise vorausgetragen [Krone, Reichspanier, Zepter und Reichsschwert]... Es machte einen unerhört starken und feierlichen Eindruck, als unser junger Herr nahte, rechts von ihm schritt König Albert von Sachsen, links der Prinzregent von Bayern, gefolgt von allen regierenden deutschen Fürsten oder ihren Thronfolgern», berichtet eine Hofdame.[25] Am darauffolgenden Tag wird in gleich feierlicher Weise im Weißen Saal der preußische Landtag eröffnet.

Der Kaiser kümmert sich um jedes Detail. So gibt er beispielsweise dem «Kapitelfest des hohen Ordens vom schwarzen Adler» ein neues Gepräge: «Wilhelms II. Empfänglichkeit für künstlerische Stimmungen hat dem Akt durch die früher ganz fehlende Mitwirkung der Musik einen neuen Zauber zugeteilt: der Posaunenklang der von einem Trompeterkorps unterstützten Tuben auf dem reichgeschnitzten versilberten Chor übt jetzt hier eine Wirkung von überwältigender Feierlichkeit und Macht aus.»[26] Bei all den Umtrieben ist das Bemühen unverkennbar, mit der traditionellen Repräsentation der europäischen Monarchen – insbesondere Großbritanniens – gleichzuziehen und wenn möglich diese zu übertreffen. Die Regenbogenpresse hilft, den Kaiser darin zu bestärken und ihm zu versichern, daß er sein Ziel erreicht habe: «Durch den Zustrom fremder Fürstlichkeiten, ausländischer Gesandtschaften, durch die enorme Vermehrung der hohen Posten im Militär und im Beamtentum wuchs die Berliner Hofgesellschaft von nun an allerdings dergestalt ins Große, daß bei den Festen unter dem deutschen Reichsaar, soweit sie offiziell waren, der intime Zug fortfiel, und daß diese (...) ganz wurden, was sie heute sind und immer bleiben werden, solange des neuen deutschen Reiches Macht und Majestät wie am heutigen Tage besteht: Repräsentationsakte so stolzer und glänzender Art, wie sie von keinem Hofe der Welt übertroffen werden.»[27]

Was die Drapierung seiner eigenen Person angeht ist Wilhelms II.

---

[25] VIKTORIA LUISE 1970.
[26] DER BAZAR 26. Februar 1900; der Artikel ist überschrieben «Die Berliner Hofgesellschaft von 1900» und gezeichnet mit G. Schwucht von Zinken.
[27] DER BAZAR 26. Februar 1900.

Phantasie unerschöpflich: Eine ganze Sammlung von Uniformen steht ihm zur Verfügung; je nach Gelegenheit mit ihrem besonderen Symbolgehalt wechselt er sie oft mehrmals am Tag – beim Besuch des «Fliegenden Holländers» trägt er sinnigerweise die Uniform eines Seeoffiziers. Besorgt schreibt Graf Robert Zedlitz-Trützschler in seinen Erinnerungen am 30. November 1903: «Es ist sehr eigentümlich, wie gerade während der Krankheit des Kaisers der Sinn und die Neigung für Äußerlichkeiten und Prunk zum Audruck kommen. Die Ausschmückung des Weißen Saals, das Ernennen von Palastdamen der Kaiserin, ähnlich den Einrichtungen am österreichischen und italienischen Hof, die Neuschaffung von Herolden bei allen feierlichen Gelegenheiten beschäftigen den Kaiser jetzt ganz besonders. Wenn man bedenkt, wie brennend alle sozialen Fragen und Bedürfnisse bei uns an der Tür pochen, und wie wichtig es ist, daß wir unsere Zeit besser verstehen und mit ihr mitzugehen lernen, dann kann es einen eiskalt überlaufen, wenn man darüber nachdenkt, wieviel seit zweihundert Jahren vergrabener Plunder von uns wieder aus der Rumpelkammer hervorgeholt wird.»[28]

Neben der Selbstzelebrierung ist Wilhelm II. bestrebt, seinen Großvater zur «Legende» zu machen und ihn mit einem «Heiligenschein» (Maximilian Harden) zu zieren. So auch am Vorabend des Kostümfestes zum hundertsten Geburtstag. Der Enkel nennt Wilhelm I. nicht nur «Wilhelm den Großen», sondern bringt ihn auch mit Friedrich Barbarossa in Verbindung. Am nächsten Tag wird vor dem Schloß mit großem Zeremoniell ein Reiterdenkmal Wilhelms I. enthüllt, und dann nicken im Weißen Saal die Reiherfedern und blitzen die Schnallen der Eskarpins beim Menuet à la reine.

Die «invented tradition», auch wenn es sich nur um nickende Reiherfedern handelt, ist Teil und Ausdruck dessen, was mit dem allerdings recht fragwürdigen Begriff «Neofeudalisierung» umschrieben wird; es ließe sich in diesem Zusammenhang auch von einem wilhelminischen Syndrom sprechen. Der Kaiser ist bemüht, seine Herrschaft – durch seine Reichsidee, eine Verbindung von preußisch-monarchischem Erbe, preußisch-militärischer Tradition und Rückgriff auf mittelalterliche Kaiser- und Reichsvorstellungen – sowie durch seine allgegenwärtige persönliche Repräsentation zu charismatisieren und dadurch sein Volk in Richtung auf eine sozial-integrative, positive Reichsgesinnung zu indoktrinieren. Wenn Wilhelm II. seinen

---

[28] ZEDLITZ–TRÜTZSCHLER 1924:55f.

Großvater in Verbindung mit Friedrich Barbarossa bringt und ihm auf dem Kyffhäuser Berg ein Monument errichtet, so hat er damit ein doppeltes Ziel im Visier: Die Nationalisierung der preußisch-hohenzollerschen Geschichte und – in Erinnerung an die namentlich in Süddeutschland populäre Kyffhäuser-Legende – die Kontinuität der alten Reichsidee; Wilhelm I. wird gleichsam als Reinkarnation Friedrich Barbarossas hochstilisiert, die die alte Reichsherrlichkeit wieder auferstehen läßt.[29]

Beim Rückgriff auf die mittelalterliche Kaisertradition, so geschichtlich fragwürdig er auch ist, kann zudem an bürgerlich-frühliberale Assoziationen von Nation und Reich angeknüpft werden, die ausstaffiert waren mit mittelalterlicher, ritterromantischer Folklore, aber auch patrizisch-reichsstädtischen Traditionen, obwohl gerade die Reichsstädte nach 1866 zu den Entmündigten gehören. Wilhelm II. revitalisiert und instrumentalisiert damit die bürgerlich-frühliberale Nationalbewegung des Vormärz und nimmt mit seiner Verklärung der mittelalterlichen Reichsidee den bürgerlichen Patriotismus in den Dienst seiner Vorstellungen von Reich, Majestät und Gottesgnadentum.

Das Wirtschafts- und Bildungsbürgertum läßt sich willig einspannen: Rund 400 Kaiser-Wilhelm-Nationaldenkmäler werden nach 1888 durch bürgerliche Initiative und bürgerliches Mäzenatentum errichtet. Der politische Symbolgehalt dieser Monumente ist eindeutig: «Die Kaiser-Wilhelm-Denkmäler führten den dynastisch-monarchischen Staat als Machtstaat vor, meist mit dem traditionellen, aber jetzt in gewaltigen Dimensionen gesteigerten Machtsymbol des reitenden Herrschers. Auf Hohensyburg oder in Berlin traten daneben die Paladine Bismarck, Roon und Moltke – die Repräsentanten preußischer Militärstaatlichkeit und Expansionspolitik. (...) Das ‹Volk› dagegen, durch das allgemeine Wahlrecht an der politischen Willensbildung durchaus beteiligt, trat in dieser politischen Ikonographie entweder gar nicht oder in typischen Metamorphosen in Erscheinung.»[30]

---

[29] Vgl. dazu LANGEWIESCHE 1984:17.

[30] HARDTWIG 1990:276. Hardtwig bemerkt: «Der Versuch Wilhelms II., seinen Großvater zum ‹Großen› zu stilisieren, scheiterte trotz der Popularität des Monarchen am überzogenen Anspruch.» (HARDTWIG 1990:191) Die Wilhelm–«Denkmalswut» ist auch als ein Bollwerk gegen den Bismarck–Kult zu werten, der nach dessen Rücktritt verstärkt einsetzt und dann namentlich nach dessen Tode (1898) hypertrophiert und sich in einer Bismarck–«Denkmalswut» niederschlägt. Diese

1. Wilhelm II. und die Renaissance der höfischen Tänze

Bei all diesen Projekten hat Wilhelm II. seine Hand im Spiel: «Sehr viel mehr als seine beiden Vorgänger beanspruchte er persönliche Kompetenz in allen künstlerischen Fragen – vor allem in der Verbindung mit Staatssymbolik und Staatsrepräsentation – und zog kunstpolitische Entscheidungen bis ins kleinste Detail an sich.»[31] Dazu ein Beispiel, das auf einen weiteren Aspekt dieser politischen Ikonographie Licht wirft: der Bau des Reichstages. Wir folgen wiederum Wolfgang Hardtwig: «Die dezentrale Lage des Reichstagsbaus auf dem Raczynski-Grundstück östlich des Königsplatzes führt dem Betrachter noch heute sinnfällig die Weigerung Wilhelms I. vor Augen, den Parlamentariern eine Wirkungsstätte im Umkreis des Schlosses oder des neuen administrativen Zentrums an der Wilhelmstraße mit Bundesrat und Reichskanzlei einzuräumen. Die Feste zur Grundstein- und Schlußsteinlegung 1884/1895 wurden zudem betont als Selbstdarstellungen hohenzollerisch geprägter, militärischer preußisch-deutscher Machtstaatlichkeit inszeniert. Wilhelm II. schnitt den Architekten Paul Wallot systematisch und verhinderte – symbolträchtige Krönung des ganzen Geschehens – schließlich auch noch die Anbringung der Inschrift ‹Dem deutschen Volk› am Giebel des Reichstagsbaues.»[32] Wahrlich eine Geste, die eines Herrschers würdig ist, der sagen kann: «Die Verfassung habe ich nie gelesen und kenne sie nicht.»[33]

Wilhelms II. Verhältnis zur konstitutionellen Monarchie ist – milde formuliert – ein gebrochenes; gerade deswegen steht er unter Legitimierungsdruck und hat das Bedürfnis, sich mit einer charismatischen Aura zu versehen. Das ganze Arsenal soziokultureller Ausdrucksformen – von der Festkultur und der Einführung neuer Feiertage, von Denkmalseinweihungen bis hin zu den Empfängen, Kostümfesten und Hofbällen – wird für die Schaffung eines pseudotraditionalen und charismatischen Herrschaftsstiles mobilisiert. Wilhelm II. ist Drehbuchautor, Regisseur und Hauptdarsteller in einer Person; er ist omnipräsent.[34] Die kaiserlichen Bemühungen um eine «invented tradition» verbinden drei Strategien; sie alle haben die Aufgabe, seine

---

zweite Denkmalsgründerwelle ist mehr vom Kleinbürgertum getragen und hat «eine entschiedene Tendenz zur Verbürgerlichung des Kanzlers», stellt Hardtwig fest (HARDTWIG 1990:191f).

[31] HARDTWIG 1990:172.
[32] HARDTWIG 1990:180.
[33] Vgl. VON PEZOLD 1971:92f.
[34] Vgl. z.B. HULL 1982:41: «The Kaiser swore in recruits, dedicated regimental colors, unveiled monuments, launched ships, opened buildings, consecrated chur-

Vorstellungen von Herrschaftslegitimation, Herrschaftsstil und Herrschaftstechnik durchzusetzen. Erstens, wie schon ausgeführt, der Rückgriff auf die mittelalterliche Kaisertradition. Mit ironischem Unterton dazu Helmuth von Moltke: «Es macht mir immer einen ganz merkwürdigen Eindruck, wenn ich den Einzug des Hofes in den Weißen Saal sehe, der Kaiser bringt immer so ein Stück Mittelalter hinter sich her (...); es ist, als ob die Toten auferstehen mit Zopf und Puder.»[35] Ironie beiseite – gerade weil die mittelalterliche Kaisertradition geschichtlich mit der kleindeutschen Lösung des neuen Kaiserreiches nichts zu tun hat und auch nichts mit der Lebenswelt des ausgehenden 19. Jahrhunderts, bekommt diese «invented tradition» eine exotische Komponente und kann damit gegen Kritik leichter immunisiert werden.

Zweitens revitalisiert Wilhelm II. das preußisch-monarchische Erbe des Ancien Régime mit seinem Gottesgnadentum. Sein Vorbild ist Friedrich der Große. Die Identifizierung mit diesem Ahnherrn geht so weit, daß er nicht nur friderizianische Uniformen trägt und friderizianische Gewehrgriffe einüben läßt und selbst kommandiert, sondern auch das Arbeitszimmer und die Winterwohnung Friedrichs des Großen bezieht – eine Identifizierung, die mit dazu beiträgt, das Sendungsbewußtsein des Auserwählten zu stärken: Wilhelm II. sieht sich als Instrument Gottes, das der irdischen Verantwortung entzogen ist.

Drittens versucht der Kaiser, das neue Reich mit der militärischen Tradition Preußens zu imprägnieren. Die weitgehend extrakonstitutionelle Stellung des Heeres und der kaiserlichen Kommandogewalt bietet dazu beste Gelegenheiten; Elisabeth Fehrenbach schreibt: «Die Wehrverfassung des Reiches mit der unkontrollierten Kommandogewalt [des Kaisers] bewahrte ein absolutistisches Moment und hat die Neigung Wilhelms II. zum Selbstherrschertum (...) ausschlaggebend bestärkt.»[36] Allerdings läßt sich in diesem Zusammenhang eher von einer «Continuity of Tradition» sprechen, denn die Militärmonarchie wird nicht erst von Wilhelm II. kreiert; sie erhält durch seine Regie nur einen besonderen Habitus. Auch seine Uniformenmanie ist höchstens im Ausmaß neu; seine Ahnherren, insbesondere sein Großvater Wilhelm I., huldigten schon dem Uniformenfetischismus, und Bismarck

---

ches, reviewed troops, led parades, ate farewell dinners, inaugurated galeries, pinned medals, and performed hundred such activities in dizzing succession.»
[35] VON MOLTKE 1922:316; zit. nach RÖHL 1988:103.
[36] FEHRENBACH 1969:122.

weiß gleichfalls um die Wirkungskraft seiner Kürassiersuniform und trägt sie zumeist bei seinen öffentlichen Auftritten, unter anderem auch im Reichstag. Auf die Bedeutung des Militärs und der Militarisierung der Gesellschaft für den Herrschaftsstil und die Herrschaftstechnik des späten Kaiserreiches wird später eingegangen. Hier sei lediglich erwähnt, daß bei Kaisermanövern das Instrument Gottes nicht verlieren kann und darf: Weil die Truppen unter Wilhelms II. Kommandoführung immer gewinnen müssen, werden solche Manöver zur Farce.

Daß man ihn gewinnen läßt, ist symptomatisch für die Führungselite und geht Hand in Hand mit dem Sachverhalt, daß trotz leiser Ironie, verdeckter Kritik und verwundertem Kopfschütteln das ganze Zeremoniell der «invented tradition» – von den Denkmalseinweihungen bis zu den blitzenden Schnallen der Eskarpins beim Menuet à la reine – von dieser Elite mitgetragen und erlitten wird, vor allem von denen, die militärische oder soziopolitische Aspirationen haben, denn es geht um die Allerhöchste Gunst und um das Allerhöchste Vertrauen. In zunehmendem Maße zieht der Kaiser den politischen Entscheidungsprozeß an sich und seinen Beraterkreis, unter Umgehung oder Ausschaltung des offiziellen Regierungsapparates und seiner Träger. Je mehr sich das Machtpotential am Hofe konzentriert, desto wichtiger werden der Zugang zum Hof, die Nähe zum Thron sowie die kaiserliche Gunst und das kaiserliche Vertrauen. Ohne diese Voraussetzung kann weder in der Politik, im Militär, in der Verwaltung noch in der Gesellschaft Karriere gemacht werden. Der Verlust des Allerhöchsten Vertrauens führt zum Verlust des Amtes und der Ehre, zur Entfernung aus dem Einflußbereich des Entscheidungsprozesses. In diesem Zusammenhang steht auch der Ausbau des Immediat-Wesens, des direkten Zugangs zum Monarchen – ein Immediat-Wesen neben dem und oft genug gegen den offiziellen Regierungs- und Verwaltungsapparat, das nicht nur die Koordination der Entscheidungen erschwert, sondern auch die Verantwortlichkeiten ungeregelt und unkontrolliert läßt. In Anlehnung an Norbert Elias verwendet John C. G. Röhl für diesen wilhelminischen Herrschaftsstil mit dem obligaten Buhlen um Gunst und Vertrauen den Begriff «Königsmechanismus».[37]

Wenn Wilhelm II., in bewußter Absetzung von den konstitutionellen Institutionen, Insignien und Zeremonien, mit der «invented tradition»

---

[37] Vgl. dazu RÖHL 1988:116ff, das Kapitel «Der ‹Königsmechanismus› im Kaiserreich».

seine Krone und seinen Hof auf Hochglanz poliert, so müssen dabei all jene – in sensibler Anpassung an die kaiserlichen Umgangs-, Wert-, und Verhaltensformen bis hin zum wilhelminischen Kunstsinn – willig zur Hand gehen, die ihre Position am Hofe halten und wenn möglich verbessern möchten: «Nein, man kann unter solchen Umständen nur zu dem Resultat kommen, für den Kaiser sans phrase einzutreten», schreibt einer der engsten Vertrauten, Philipp Eulenburg. «Wenn wir nicht daran arbeiten, ihn als die Personifizierung Deutschlands zu betrachten – auch wenn uns seine Eigenschaften die Arbeit schwer machen! – so verlieren wir alles.»[38]

Der Schlüssel zum Himmelreich ist die Hoffähigkeit, der Zugang zum Hof. Das Hof-Rang-Reglement vom 15. Januar 1878 gliedert die preußisch-deutsche Hofgesellschaft, wie erwähnt, in 62 Rangstufen: an der Spitze der Oberst Kämmerer, im 61. Rang die Premier-Lieutenants und im 62. Rang die Seconde-Lieutenants. Der noch vom spanischen Hofzeremoniell geprägte Wiener Hof kommt, wie der sächsische, mit fünf Rangstufen und der bayerische nur mit dreien aus. Der «Königsmechanismus» erklärt, weshalb auch höchste Würdenträger und Mitglieder des Hochadels um Rangverbesserung streiten und intrigieren; oft sind die Gattinnen derselben die treibende Kraft, denn die «courfähigen verheirateten Damen» rangieren nach der Position ihrer Ehemänner.[39] Der Kaiser hält selbstverständlich das Spiel in der Hand bei diesen Rangstreitigkeiten durch Standeserhöhungen, Nobilitierungen und Ordensverleihungen. Die Ritter des Hohen Ordens vom Schwarzen Adler rangieren beispielsweise auf der prominenten achten Position, noch vor den Kardinälen (9. Rang) und den «Häuptern der nachstehend aufgeführten fürstlichen und ehemals reichsständischen gräflichen Familien in nachstehender Ordnung» (10. Rang). Der hohe Rang der Kardinäle ist ein Indiz, daß die Rangordnung des protestantischen Kaiserhofes mit dieser Hierarchisierung auch eine Integration der nichtpreußischen, darunter der katholischen Führungseliten anstrebt. Die Vasallentreue des Adels der 1866 und 1870/71 annektierten Gebiete sowie der im Reichsverband zusammengeschlossenen Bundesstaaten soll gesichert werden. Der Kaiserhof muß ihr gesellschaftlicher Mittelpunkt sein, und nicht die königlichen Höfe

---

[38] Eulenburgs Korrespondenz III Nr. 1506; zit. nach RÖHL 1988:113.
[39] RÖHL 1988:97; das Hof–Rang–Reglement sowie die Rangstreitigkeiten RÖHL 1988:95 ff.

zu München, Dresden, Stuttgart oder gar Wien.[40] Nicht weniger als 17 Rangstufen – von der 12. bis zur 62. – sind militärischen Funktionsträgern reserviert. Prominente Positionen nehmen die Hofchargen ein; an der Spitze, wie erwähnt, der Oberst Kämmerer; dagegen sind «die Vertreter der Staats- und Reichsbürokratie, die nicht nur kraft ihrer Ämter, sondern auch kraft ihrer Geburt, Erziehung und Heirat sämtlich zur Hofgesellschaft gehören, nach dem Hof-Rang-Reglement doch mit wenigen Ausnahmen an recht untergeordneter Stelle rangiert».[41]

Ein hochkompliziertes, hypertroph wachsendes Hofpersonal von über 2000 Hofbeamten und -offizianten steht dem Kaiser zu Diensten; ein buntes Bild: Es befinden sich darunter drei Büchsenspänner für die unmittelbare Bedienung Seiner Majestät, drei Silber-Verwalter und vier Weißzeug-Aufseherinnen. Im Bemühen, den Hof immer glänzender erscheinen zu lassen, steckt auch eine Dosis Minderwertigkeitsgefühl des Spätstarters; dies manifestiert sich beispielsweise darin, daß er dem britischen Botschafter vor dem Staatsbesuch seines Onkels, Eduard VII., erklärt: «It won't be like Windsor, but we shall do the best we can in any case.»[42]

Das Machtzentrum am Hofe bilden mehrere Institutionen: die Geheimen Kabinette des Kaisers und Königs in Zivil- und Militärangelegenheiten sowie das 1889 gegründete Marine-Kabinett, eine Reichsbehörde. Diese drei Einrichtungen stellen ein Bindeglied zwischen Hof und Staat dar, und die über sie vermittelten Befehle des Kaisers werden Allerhöchste Kabinettsordres genannt, während Befehle an die Haus- und Hofbehörden, die nicht über diese Kabinette gehen, als Allerhöchste Ordres bezeichnet werden. Insbesondere das Militär-Kabinett verfügt über einen langen und wirkungsvollen Arm, denn alle Beförderungen, Versetzungen und sonstigen Zeichen kaiserlicher Huld oder kaiserlichen Mißmutes laufen über diese Institution; und welche Familie der Herrschaftselite hat nicht einen Sohn im Offizierskorps, für dessen Fortkommen sie hoffen bzw. fürchten muß. Selbst der angeheiratete Onkel des Kaisers, Großherzog Friedrich I. von Baden, ist nicht in der Lage, die Versetzung seines ältesten Sohnes nach Karlsruhe zu erreichen. Röhl, dem wir hier folgen, schreibt, daß der Einfluß des Militär-Kabinetts sowie der militärischen Elemente am

---

[40] Vgl. RÖHL 1988:113.
[41] RÖHL 1988:114.
[42] Zit. nach RÖHL 1988:114.

Hof seit 1908, d. h. mit der skandalumwitterten Ausschaltung des Liebenberger Kreises und Philipp Eulenburgs, noch zunimmt, denn Eulenburg und sein Kreis sind bis dahin die einzige ernsthafte Konkurrenz um die Gunst des Kaisers.[43]

Die Erwähnung des Liebenberger Kreises führt ins Innerste des Machtzentrums, zu jenen, die dem Thron am nächsten stehen, zur kaiserlichen Entourage; über sie hat Isabel V. Hull ein aufschlußreiches Werk geschrieben.[44] Erwähnt sei nur, daß sich innerhalb dieser Entourage der militärische Einfluß unter anderem durch die Flügeladjutanten zunehmend verstärkt – ein Einfluß, der mit militärischer Optik und militärischen Denkfiguren gepaart ist und entsprechend die soziopolitischen sowie außenpolitischen Entscheidungsprozesse prägt. Jeweils zwei Flügeladjutanten haben dem Kaiser «unausgesetzt» zur Verfügung zu stehen; diese Nähe schafft ein «geradezu religiöses Verhältnis» zum Monarchen, wie Admiral von Müller sich ausdrückt. Neben diesen Flügeladjutanten für den persönlichen Dienst gehören weitere Militärs zur Entourage; 1900 sind es insgesamt 26 General-Adjutanten, Generale und Admirale à la suite sowie Flügeladjutanten in anderweitigen Dienststellungen. Im Juni 1896 schreibt Philipp Eulenburg an Bülow: «Viel mehr, als S. M. ahnt, ist von Adjutanten-Politik die Rede. In allen Schichten der Bevölkerung wird darüber diskutiert. Man ist zu der Überzeugung gekommen, daß der Kaiser sich absolut von seiner militärischen Umgebung leiten läßt.» Sicherlich führt auch Konkurrenzneid mit die Feder, wenn er drei Jahre später, 1899, feststellt, daß «die Flügeladjutanten – und besonders eine gewisse Sorte (...) – schwerer aus dem politischen Kartenspiel zu ecartieren (seien) als die kompliziertesten Probleme. Sie sind im Leben unseres lieben Herrn leider selbst ein Problem.»[45]

Nun, Philipp Eulenburg kann sich in diesen Jahren kaum beklagen, denn wohl keiner steht Wilhelm II. so nahe, und er benützt diese Stellung, um mit List und Intrigen auf die Personalpolitik und sonstige Entscheidungsprozesse einzuwirken. Wenn der Kaiser glaubt, ein persönliches Regiment zu führen, alle Fäden in der Hand zu halten und omnipotent seine Entscheidungen zu fällen, so realisiert er kaum, wie sehr er von seiner Entourage je länger desto mehr beeinflußt wird – eine Günstlingswirtschaft, die in der Kritik weitgehend tabuisiert ist,

---

[43] Röhl 1988:93.
[44] Vgl. Bibliographie
[45] Röhl 1988:91 f.

1. Wilhelm II. und die Renaissance der höfischen Tänze

eine Günstlingswirtschaft auch, die bis zur speichelleckerischen Unterwürfigkeit reicht. Folgende Anekdote illustriert dies; sie dokumentiert zudem Verhaltenszüge Seiner Majestät. Zedlitz-Trützschler berichtet über Hofmarschall von Egloffstein: «Da er immer davon sprach, daß ihm sein Getränk zu kalt sei, wurde es ihm etwas erwärmt, dann rührte der Kaiser es mit dem Finger einige Zeit um, trank selbst einen Schluck davon und gab es ihm zurück: nun sei es richtig temperiert. So völlig harmlos diese kleine Episode war, so zeigt sie, (...) wie er überzeugt ist, daß, nach ihm zu trinken, und nachdem er selbst mit dem Finger umgerührt hat, nur eine ganz besondere Gnade bedeutet. Tatsächlich wurde es auch als solche mit größter Devotion aufgefaßt.»[46]

Eine weitere Anekdote, die Admiral Georg Alexander von Müller zum besten gibt, ist symptomatisch für den wilhelminischen Herrschaftsstil mit seinen Anachronismen, Widersprüchlichkeiten und Brüchen: «Der diensttuende Flügeladjutant Gustav Neumann-Cosel, der dem Kaiser bei jeder Gelegenheit die Hand küßte, fand den Dienst im Schloß so aufreibend, daß er, in seine Junggesellenwohnung zurückgekehrt, zunächst dreimal ein sehr realistisches Kraftwort laut durch das Zimmer rief und sich dann 24 Stunden zu Bett legte.»[47]

Wie im Kapitel II ausgeführt, ist im Ancien Régime die höfische Tanz-, Bewegungs- und Körperkultur Teil des kommunikativen und choreographierten Gesamtverhaltens, und Elemente des Gesamtverhaltens sind Teil der Tanz-, Bewegungs- und Körperkultur. Schon allein die verschiedenen Formen der Reverenzen mit ihrer soziokulturell differenzierten Zeichenhaftigkeit veranschaulichen dies. Wer sich in der höfischen Gesellschaft behaupten will, muß diese Verkehrs- und Verhaltensformen beherrschen und internalisieren; sie wirken prägend auf die Persönlichkeit. Beim menuettanzenden Gardeoffizier und beim handküssenden Flügeladjutanten ist alles nur aufgepfropft; von Internalisierung oder Persönlichkeitsprägung kann keine Rede sein, es sei denn im Sinne einer internalisierten Anpassungs- und Unterwürfigkeitsbereitschaft und der entsprechenden Persönlichkeitsdeformation. «The entourage and its Emperor were unhappily imprisoned in a thicket of formalities, customs, etiquette, and ceremony», stellt Isabel V. Hull fest und fährt fort: «Although they chafed at these chains, they

---

[46] ZEDLITZ–TRÜTZSCHLER 1923:63 f.
[47] RÖHL 1988: 227 Anm. 83.

were loath to abandon them, because these chains were thought to hold the Empire together.»⁴⁸

Auch der wilhelminische «Königsmechanismus» ist nicht mit den «Königsmechanismen» des Ancien Régime vergleichbar. Gewiß, auch die letzteren sind, wie wir wissen, durch enorme Selbst- und Fremdzwänge mit entsprechendem Eskapismusdruck gekennzeichnet, doch gehören diese gleichsam organisch zur höfischen Lebenswelt sowie zum Herrschaftsverständnis, zum Herrschaftsstil und zur Herrschaftstechnik des Ancien Régime. All dies fehlt beim wilhelminischen «Königsmechanismus» mit seinen «invented traditions», seinen Charismatisierungsbemühungen und seinem Zelebrieren des Persönlichen Regimentes eines Monarchen, der von seinem Auserwähltsein auf der Grundlage des Gottesgnadentums durchdrungen ist. Deshalb nochmals: Das wilhelminische Herrschaftssystem ist gekennzeichnet durch Anachronismus, Widersprüchlichkeit und Brüchigkeit in allen Bereichen und auf allen Ebenen; es ist der Lebenswelt im Kleinen wie im Großen nicht gemäß. Wie paßt der wilhelminische Virilitätsexhibitionismus zu den gentilhöfischen Umgangs- und Verkehrsformen mit ihren Huldigungen an die Dame? Wie sind Adlerhelm, Dreispitz und Stulpenstiefel mit der neuen Kriegstechnik zu Lande und zur See vereinbar? Weshalb das unterwürfige Gerangel um Titel, Orden und Ehrenzeichen in einer Ära, in der Deutschland und insbesondere auch Berlin ein enormes wirtschaftlich-industrielles Wachstum verzeichnen und der wissenschaftlich-technische Fortschritt weltweit bewundert wird? Wie ist es um die Gesinnung der Führungselite bestellt, die zuläßt, daß der Kaiser bis in ihre Heiratspläne hineinregiert und Anpassung fordert als Gegengabe für sein Allerhöchstes Vertrauen?

Nun, die Fragen ließen sich beliebig fortsetzen. Auch ist bekannt genug, wie viele Zeitgenossen scharfsichtig auf diese Anachronismen, Widersprüchlichkeiten und Brüche hinweisen, allerdings sehr verdeckt oder erst im nachhinein, denn der Kaiser reagiert auf Kritik empfindlich; wer riskiert schon, sein eigenes Fortkommen oder die Karriere seiner Söhne aufs Spiel zu setzen, ja gar in einen Majestätsbeleidigungsprozeß verwickelt zu werden? Solche ängstlichen Rücksichtnahmen kennen auch das Großbürgertum und die Reichstagsab-

---

⁴⁸ «Die Entourage und ihr Kaiser waren auf unglückliche Weise eingesperrt in ein Dickicht von Förmlichkeiten, Bräuchen, Etikette und Zeremonien. Obwohl sie sich an diesen Ketten wund scheuerten, wollten sie diese nicht abschütteln, da sie ihrer Ansicht nach das Kaiserreich zusammenhielten.» HULL 1982:43.

1. Wilhelm II. und die Renaissance der höfischen Tänze

geordneten: Nach dem berühmten Daily Telegraph Interview des Kaisers, das im In- und Ausland große Entrüstung auslöst, bespricht Walther Rathenau, in dieser Zeit Reichstagsabgeordneter, mit Industriellen die Möglichkeit, eine Petition zu verfassen, welche die kaiserliche Regierungsgewalt beschneiden soll und diese dem Reichstag sowie dem Monarchen zuzustellen. Die Industriellen stimmen diesem Vorhaben zu und sind auch bereit, eine solche Petition mitzuunterzeichnen. Rathenau jedoch läßt resigniert den Plan fallen, weil er seinen nationalliberalen Reichstagskollegen einen solch mutigen Schritt nicht zutraut: «Keiner würde unterschreiben. Die Aussicht auf das preußische Herrenhaus und den Adel wäre zu Ende. Die Karriere des Sohnes erledigt, der Verkehr mit Hof und Würdenträgern abgeschnitten.»[49]

Bezeichnenderweise erst im Rückblick stellt der Berliner Bankier Hans Fürstenberg fest: «Daß das alte Preußentum auf das neue Deutschland nicht in jeder Hinsicht paßt, bedeutet eine innere Schwäche, über die man nie hinweggekommen ist. So wurden Dinge übernommen und sogar übertrieben, die im alten Preußen verständlich sein mochten, die man noch unter der Herrschaft Kaiser Wilhelms I. als erträglich ansehen konnte, die aber nun in einer neuen Zeit anfingen, einigermaßen komisch zu wirken.»[50] «Komisch» hin oder her, der Adlerhelm wird aufs Haupt gestülpt und der Adlerorden – und sei es auch nur der rote IV. Klasse – an die Brust geheftet; der Flügeladjutant küßt die Hand des Kaisers, wenngleich er sich anschließend fluchend für 24 Stunden ins Bett legen muß; und die Gardeoffiziere lernen höfische Tänze: In der Sprache des «Erbfeindes» üben sie «dégager», «plier», «relever», «dos-à-dos», «demi-pirouette» usw.

Sehr viel weniger «komisch» ist allerdings, daß die militärische Entourage seit der Jahrhundertwende, insbesondere seit 1908, von einem unvermeidlichen Krieg spricht, später im sog. Kriegsrat, dem keine Zivilen angehören, einem «Präventivkrieg» das Wort redet und im Herbst 1912 den lange zögernden Kaiser auf ihre Seite ziehen kann.[51] Von dieser Perspektive her werden auf die menuettanzenden Gardeoffiziere und die handküssenden Flügeladjutanten dunkle Schatten geworfen. Wenn gerade in diesen Kreisen immer wieder der Krieg

---

[49] RATHENAU 1919:25.
[50] FÜRSTENBERG 1968:395.
[51] Vgl. dazu HULL 1982:236 das Kapitel «The military entourage and the ‹preventive war›»; ferner DEIST 1982:169ff, sowie RÖHL 1988:175ff das Kapitel «Der militärische Entscheidungsprozeß am Vorabend des Ersten Weltkrieges».

als ein reinigendes Gewitter herbeigesehnt wird, so bezieht sich dieses Reinigen wohl auch – und vielleicht sogar ganz besonders – auf die Anachronismen und Widersprüche, denen sie ausgeliefert sind, um das Allerhöchste Vertrauen zu erlangen oder zu bewahren. Reinigend in dem Sinne, daß sie wohl ahnen, wie sehr das Persönliche Regiment mit seiner «invented tradition», seinem hypertrophen Zeremoniell und der so angestrengten und anstrengenden Charismatisierung des Monarchen sie als Handlanger korrumpiert und persönlichkeitsprägend deformiert. Und Wilhelm II. setzt ein großes Korrumpierungsrepertoire ein, um die unterwürfige Abhängigkeit zu schaffen und zu sichern: Nobilitierungen, Ordensverleihungen, Stellenbesetzungen in Armee, Marine, Hof- und Staatsverwaltung, Jagdeinladungen, Glückwunschtelegramme, Hoflieferantenpatente und was der Lockvögel mehr sind.

Zu diesem Repertoire gehört auch die Einladung zu einem Hofball; und dann heißt es eben üben: «dégager», «plier» usw. Doch nicht nur jene, die hoffen dürfen, zu einem Hofball eingeladen zu werden, sind um einen entsprechenden Nachhilfeunterricht bemüht. Das Kaiserwort zeitigt weites Echo: Die Renaissance der höfischen Tänze bleibt nicht auf die Hofgesellschaft beschränkt, sondern dringt in weitere Gesellschaftskreise vor und findet ihren Niederschlag in Anstands- und Ballführern, die diesbezüglich in Neuauflagen entsprechend ergänzt werden. In «Der Ball – Zuverlässiger Führer und Berater für Ballbesucher und Ballgeber – ein praktisches Hand- und Nachschlagebuch für jedermann» schreibt z.B. J. von Wedell: «Das Menuett hat seit dem letzten Winter seinen siegreichen Einzug in unsere Ballsäle gehalten und viele Anhänger, ja vielleicht auch einen Platz auf der Tanzkarte gefunden.»[52] Die Bedeutung der Grazie für die Umgangs- und Verkehrsformen wird hervorgehoben: «Der Tanzunterricht fügt zur unbewußten und natürlichen Grazie die bewußte und regelrecht disziplinierte, etwas, was nie schaden kann und für die Dauer auch nicht zu entbehren ist.» Baronin Elise von Hohenhausen gibt diese Ermahnung in ihrem Buch «Die feine junge Dame – Ein Buch des Rates». Gleichzeitig weist sie aber auch auf die neuen Schiebetänze hin: «Die Paare schieben sich dabei gleichmäßig hin und her, durcheinander, von einem Rundtanze kann keine Rede sein, wenn gleich ein gewisser Kreislauf dabei innegehalten wird. Diese Art des Tanzes, die man hauptsächlich in kosmopolitischen Badeorten oder da sieht, wo ganze amerikanische oder englische Kolonien hausen, ist sehr wenig

---

[52] VON WEDELL O.J.:59f.

anstrengend, man verliert nicht den Atem dabei, obwohl man zuweilen über eine Viertelstunde mitwirkt.»⁵³ Das Menuett im Verein mit Quick-step und Tango, die um die Jahrhundertwende den Atlantik überqueren: wechseln wir die Blickrichtung von der Hofgesellschaft zu den Kosmopoliten; von «The Invention of Tradition» zu «The Diffusion of Transatlantic Traditions».

2. Von der Hofgesellschaft zu den Kosmopoliten

«The Good Years – From 1900 to the First World War» lautet der Titel eines Werkes von Walter Lord, das 1960 erscheint und sogleich zu einem Bestseller wird. Kapitelweise wird für jedes Jahr dieser Periode ein besonderes Ereignis oder eine spezielle Thematik ins Zentrum gerückt. Für die Jahre 1910–12 sind es «The Cosmopolites»: «In the past ten years a large set of fashionable people had developed a pattern of life that went far beyond the boundaries of any nation. Americans, British, and a sprinkling of Continentals, they lived an international life of their own (...) restlessly migrating from country to country, from season to season.»⁵⁴ Wer sich in den Reigen der internationalen Hautevolee eingliedern möchte, braucht Zeit, Geld und – so «Der Bazar» vom 18. Januar 1909 – auch physische Qualitäten: «Wenn Du heutzutage neben einer Vorliebe für mondänes Getriebe eine widerstandsfähige Gesundheit und ein wohlgefülltes Portemonnaie besitzest, dann kannst Du, wenn Du ‹darauf reisest›, das ganze Jahr ‹Saison› genießen. Denn die Umstände bedingen es, daß die Gesellschaft der verschiedenen Länder die Hochflut ihrer geselligen Strömung durchaus nicht an die gleiche Kalenderphase bindet.»

In Wien, Berlin und an anderen deutschen Höfen sind Januar und Februar die Monate der gesellschaftlichen Großanlässe. In diesen Monaten vergnügen sich vor allem Mitglieder der englischen High-Society in den Alpen, führen neue Wintersportarten ein und beleben vormals stille Bergdörfer am Abend mit «fancy dress balls», sofern sie es nicht – wie der russische und skandinavische Adel – vorziehen, an

---

⁵³ VON HOHENHAUSEN O.J.:8 und 211.
⁵⁴ «In den vergangenen zehn Jahren entwickelte eine stattliche Anzahl von Leuten der eleganten Welt einen Lebensstil, der weit über nationale Grenzen hinausging. Amerikaner, Briten und einige Kontinentaleuropäer lebten ihr eigenes internationales Leben, (...) ruhelos von Land zu Land, von Saison zu Saison ziehend.» LORD 1962:250.

der Riviera, in Cannes, Nizza, Menton oder Monte Carlo dem heimatlichen Nebel auszuweichen. Beides läßt sich auch verbinden: zunächst St. Moritz und dann Monte Carlo. Im April wird Paris zum kosmopolitischen Magneten; die Pariser Saison dauert bis Mitte Juni. Sie überschneidet sich mit jener Londons, die sich von Mai bis in den Juli hinein erstreckt. Von Juli bis Ende August lassen sich die Zugvögel der «international leisure classes» in den Modebädern der Kanal- und Atlantikküste nieder, sofern sie nicht Aix-les-Bains oder Luzern den Vorzug geben. Im September ist die Kur in Karlsbad, Marienbad oder Bad Homburg angesagt. Nähert sich der Altweibersommer dem Ende, läßt das amerikanische Set die Überseekoffer packen, um in seinen Landhäusern an der heimatlichen Ostküste mit «garden parties» das goldene Licht und die Farbenpracht des «indian summer» zu genießen und Kräfte für die eigene Saison in New York zu sammeln.

In der Tat, diese Kosmopoliten sind rastlos «on the move». Luxusdampfer und Luxuszüge erleichtern die saisonale Transhumanz. Ein Kontretanz der Hautevolee: Die verschiedenen Sets vereinigen sich, streben auseinander und finden sich in neuer Zusammensetzung wieder. Die Gesellschaftsspalten der internationalen Presse sowie die Publikationsorgane der Kurorte informieren minutiös über den Fortgang des Reigens. Betrifft es Trendsetter, so ist kein Ereignis zu unbedeutend, um nicht nachrichtenwürdig zu sein. «They will return to America, where an interesting event is likely to occur shortly», vermeldet die New York Times; die John Jacob Astors, Stars unter den Trendsettern, sind angesprochen, die im Hotel Ritz abgestiegen sind, um von Beginn der Pariser Saison an mit dabei zu sein; doch eben jenes «interesting event» veranlaßt sie, dieses Jahr den Reigen vorzeitig zu verlassen.[55]

Jede Saison hat ihr eigenes Gesicht, ihr eigenes Regelwerk, ihre eigenen Zulassungs- und Ausschließungsmechanismen, ihre eigenen Epizentren und ihre eigenen Pacesetters. Nur in einem unterscheiden sie sich kaum: in der atemberaubenden Hektik. «Following the social calendar» – ob in Paris, London, Berlin oder New York – erheischt ein enormes Stehvermögen. Die Veranstaltungen, deren Besuch für die Spitzen der Gesellschaft – und für die «social climbers», die um den Einstieg bemüht sind – ein «must» ist, jagen sich. Oft sind es mehrere am gleichen Tag; Verschnaufpausen gibt es kaum. Lady Randolph

---

[55] «Sie werden nach Amerika zurückkehren, wo wahrscheinlich in Kürze ein interessantes Ereignis stattfinden wird.» LORD 1962:251.

2. Von der Hofgesellschaft zu den Kosmopoliten

Churchill erinnert sich: «(You have) to press into one day the duties and the pleasures of a week, finishing none and enjoying none.» Auch Frances Countess of Warwick weiß, was es insbesondere für die Damenwelt heißt, «to carry the strain of the social round».[56] Nicht minder hektisch – vom Vormittag bis in die späte Nacht hinein – gestaltet sich der «social calendar» in den Modebädern und -kurorten: «Hier [in Nizza] sind wir fieberhaft damit beschäftigt, nichts zu tun. Ein strenger Stundenplan teilt unsere Zeit ein. (...) Wir sind wie benommen und ertränken unsere Langeweile (...) in einer Flut von Zerstreuungen (...), die anstelle des Badens treten und wichtiger zu sein scheinen.»[57] Ein Rennen um soziale Akzeptanz, Bekanntschaften und Beziehungen auch in den Orten des rastlosen Nichtstuns.

Es wäre verlockend, ein impressionistisches Bild der «social rounds» in den Weltstädten sowie den Rast- und Nistplätzen der internationalen Zugvögel zu zeichnen; allein wir müssen uns mit einigen Farbtupfern begnügen, die vor allem die Kosmopoliten zu porträtieren versuchen. Wer sind sie? Was verbirgt sich an Zeitstimmung hinter ihrem Leben und Treiben? Waren es wirklich «The Good Years»? Ja, wer sind sie? Ein internationaler Cocktail aus Aristokratie und Plutokratie, aus Geburts- und Geldadel – ein Cocktail, der durch Mitglieder des Hochadels und der Hochfinanz sein «flavour» erhält. Und selbstredend sind Tropfen königlichen Geblütes eine besonders exquisite Essenz. Seit der zweiten Hälfte des 19. Jahrhunderts wächst der nichtadelige Anteil; er bekommt um die Jahrhundertwende einen bedeutenden transatlantischen Zuwachs vor allem aus den USA, doch auch aus Lateinamerika, beispielsweise Argentinien. Mit leicht hochgezogenen Augenbrauen spricht Paulette Lèques von einem «tourisme ploutocratique».[58]

---

[56] «Man muß die Pflichten und Freuden einer ganzen Woche in einen einzigen Tag hineinpressen, ohne etwas zu beenden oder zu genießen.» «...die Strapazen des Gesellschaftsreigens zu ertragen», CORNWALLIS-WEST 1908:45; WARWICK 1931:196 erwähnt, daß manche Lady der guten Gesellschaft beim Alkohol Hilfe suchte, um diesen «strain of the social round» durchstehen zu können.
[57] GOLD UND FIZDALE 1981:69f.
[58] LÈQUES 1973:94f. Unter dem Pseudonym «A Hostess in Three Reigns» beklagt sich im «Daily Mail» (7. Juli 1913) eine Lady, «the elegance and esprit of yesteryear» seien verschwunden; sie verschwanden «with the sudden crop of millionaires that shot up in a night in the golden soil of Australia and South Africa, in the nitrate plains of South America, in the rubber plantations of the Malay States, in the oil fields of Eastern Europe and the prairies of Canada»; zit. bei COWLES 1967:32.

Es überrascht nicht, daß der kosmopolitische Goldglanz auch andere Elemente anzieht: Zur Hautevolee und der Beaumonde gesellen sich die Demimonde, die Bohemiens sowie die Dandys, Gigolos, Hochstapler, und was der Glücksritter mehr sind. John Lorrain hat als Dandy einschlägige Erfahrung in diesen Biotopen: «Welche Auswahl von Prinzen, Prinzessinnen, Herzögen – falsche und richtige – und darüber hinaus, welch unzählbare Menge alter Damen! Die Riviera ist ihre unverdiente Heimat; nirgends triffst du eine ähnliche Ansammlung von jungen Hundertjährigen und aufgeputzten Straußenvögeln. O Riviera! Riviera, blaues Paradies der Hochstapler und Ausgeflippten, die falschen Nasen blühen hier noch zahlreicher als die Mimosen, die falschen Nasen und die falschen Namen und die falschen Titel.»[59]

Um die echten Nasen und Namen aus den falschen auszusondern, bestehen jedoch auch in den internationalen Kurorten soziale Auswahl- und Kontrollmechanismen: Der Zutritt zu den Casinos wird reglementiert; mit Einladungskarten oder hohen Eintrittsgebühren für besondere Anlässe wird Exklusivität angestrebt. Es bestehen sozial abgeschottete private Zirkel für alle Vergnügungen bei Tage wie am Abend, beim Sport wie bei den Soirées. Zu privaten Anlässen erhält nur Zutritt, wer eine Einladungskarte vorweisen kann. Um echtes Gold von Katzengold zu trennen, berichten ferner Journale Tag für Tag über Ankunft und Wegzug der wahren Paradiesvögel sowie über Leben und Treiben der mondänen Welt, in Baden-Baden beispielsweise die «Illustration de Bade» (seit 1858), in Nizza der «Carnet du Monde» (seit 1875).

Stoff, um die Spalten zu füllen, gibt es mehr als genug, denn wo immer sich diese Paradiesvögel für kürzere oder längere Rastpausen niederlassen, herrscht eine Zerstreuungssucht sondergleichen. Muße war früher ein Privileg und Distinktionselement adeliger Lebensgestaltung. Der kosmopolitischen Tagesgestaltung kommen zwar auch Distinktionsfunktionen zu; dabeisein, wenn möglich in den exklusivsten Zirkeln, ist «Klassenziel», doch hat dieses hektische Treiben mit dem Wesen adeliger Muße wenig zu tun. Die Zeitwahrnehmung und die Zeitstrukturen sind andere: mit dem geschäftigen Nichtstun wird versucht, Zeit und Langeweile zu überwinden. Was immer unternommen wird, von morgens früh bis abends spät, der «ennui» ist ständiger Begleiter. Und was bietet sich nicht alles an Aktivitäten!

Hauptanimatoren sind die Kasinogesellschaften und Verkehrsver-

---

[59] Zit. nach DECAUX 1964:206.

eine, die mit attraktiven Tages- und Wochenprogrammen werben; auch das Management der Luxushotels sorgt für den Zeitvertreib seiner Gäste. Noch exklusiver ist das Unterhaltungsangebot der «cercles» (mit beschränkter Mitgliederzahl, Aufnahme nur nach Empfehlung eines Bewerbers durch mindestens zwei Mitglieder und Aufnahmegebühren) sowie zahlreicher nicht formalisierter sozialer Kontaktkreise und Beziehungsnetze. Eine durch öffentliche oder private Mittel finanzierte Infrastruktur richtet sich laufend auf neue Zerstreuungsbedürfnisse aus: von den Musikpavillons bis zu den Tennis- und Golfplätzen, von den Spielkasinos und den Hotelpalästen bis zu Rollschuhanlagen und Pferderennbahnen. Die Kasinos sind Prunkbauten mit Kur-, Speise-, Theater-, Ball- und Spielsälen, Ausstellungs-, Lese- und Erfrischungsräumen, Wintergärten und Parkanlagen voll importierter exotischer Flora. Insbesondere seit dem ausgehenden 19. Jahrhundert werden Palast-Hotels errichtet, um die nomadisierende Beaumonde in einer glanzvollen Traum- und Scheinwelt zu beherbergen. Schon die Namen verraten die Vorbilder: «Riviera Majestic Palace», «Grand Hotel Excelsior Regina» – Imitationen von Königs- und Hochadelspalästen, drinnen wie draußen mit allem Prunk und Luxus ausgestattet. Bedienstete mit ihren Livreen und ihrem distinguierten Auftreten verstärken noch die Illusion. Typisch für diese pseudoaristokratische Scheinwelt ist der Balkon: Wenn in den Adelspalästen ein Balkon die Beletage ziert, so sind alle Stockwerke der Hotelpaläste mit zahlreichen Balkonen ausgestattet. Je höher die Zimmer und Suiten mit Balkon zur Frontseite liegen, desto vornehmer und entsprechend teuer sind sie. Wer Wert darauf legt und den entsprechenden Preis zu zahlen bereit ist, kann sogar eine Suite mieten, in der schon gekrönte Häupter oder andere Zelebritäten untergebracht waren. Der Gast ist König, und der König ist Gast, doch regiert das Geld und nicht der Titel. Dessen wird sich die deutsche Adelsgesellschaft schmerzlich und peinlich bewußt: Sie fordert 1913 für ihre Mitglieder bei Hotelaufenthalten einen Rabatt, doch weist der internationale Hotelbesitzer-Verein eine solche Privilegierung zurück.[60]

Im Mittelpunkt der Unterhaltungs- und Zerstreuungsprogramme stehen Tanzanlässe sonder Zahl. Die Impresari der Kasinos, unterstützt durch renommierte Tanzlehrer, sind um Variationen ständig bemüht: Grand bals und Réunions dansantes, Matinées dansantes, Bals d'enfants, Bals masqués, Bals parés, Bals costumés, Soirées

---

[60] SCHMITT 1982:34.

dansantes, Dîners dansants, Soupers dansants. Dazu kommt eine Unzahl von Tanzmöglichkeiten, organisiert vom Hotel-Management sowie von «cercles» und Privatpersonen. Kein Zweifel, der Kosmopolit tanzt: «Dans les soirées brillantes (...) on était frappé de la variété de nationalités mêlées que confondaient les hasards d'une quadrille ou les entraînements d'une mazurka. On danse avec une Russe ou une Allemande, on fait vis-à-vis à une Anglaise ou à une Moldave, la voisine est Espagnole ou Suédoise; la langue française est le trait d'union.»[61]

Dieses Vielvölkergemisch gestattet nur rudimentär ein Vorstellungs- und Aufforderung-zum-Tanz-Zeremoniell, wie es bei der Spitze der Gesellschaft in den Metropolen üblich ist. Um so wichtiger sind deshalb die erwähnten Auswahl- und Kontrollmechanismen: «Hier soir le grand bal a été très beau; (...) Et nous saurions pas trop louer l'administration du soin qu'elle a mis dans l'envoi, condition première pour des fêtes qui doivent conserver ce cachet de distinction qui semble imprimé à toutes choses à Bade.»[62] Bei Maskenbällen werden besondere Vorsichtsmaßnahmen ergriffen, um die Hautevolee vor ungebetenen Gästen zu schützen: «Pour qu'aucun élément étranger ne se mêle à la bonne compagnie, l'admission étant exclusivement réservée aux abonnés.»[63] Bei Tanzveranstaltungen in den Luxushotels, den «cercles» und selbstverständlich bei Privateinladungen fällt es leichter, die Spreu vom Weizen zu trennen, sind sie doch Schauplatz der exclusiven «fancy dress balls» mit allen nur denkbaren exotischen Sujets und gewagten Tanzeinlagen professioneller Künstler auf Tournee. Phantasie und Snobismus kennen keine Grenzen; sie machen auch

---

[61] «An den illustren Abendveranstaltungen (...) überraschte die Mannigfaltigkeit des Nationalitätengemisches, welche sich aus dem Zufallsspiel einer Quadrille oder im Sog einer Mazurka ergab. Man tanzt mit einer Russin oder einer Deutschen, sieht sich einer Engländerin oder Moldauerin gegenüber, die Nachbarin ist Spanierin oder Schwedin; die französische Sprache ist das Bindeglied.» LATOUCHE 1954:88.

[62] «Der große Ball gestern abend war sehr schön; (...) Und wir können die Verwaltung ihrer Sorgfalt wegen, die sie auf die Einladungen verwendet hat, nicht genug loben – die wichtigste Voraussetzung für Feste, die jenen Hauch von Distinktion behalten sollen, welcher allen Dingen in Baden eigen scheint.» ILLUSTRATION DE BADE 1859:117; auch in Baden-Baden ist die Umgangssprache Französisch; ebenso bedient sich die Kurzeitung der französischen Sprache.

[63] «Damit sich kein fremdes Element unter die gute Gesellschaft mische, war der Zutritt ausschließlich den Abonnierten vorbehalten.» RATTAZZI 1869:101.

vor einem «Bal de chiens» nicht halt.[64] Diese exklusiven Tanzanlässe sind denn auch die eigentlichen Innovationszentren der neuen, transatlantischen Tanzkulturen.

Gewiß, noch beherrschen die traditionellen europäischen Modetänze das Feld, insbesondere in den Kasinos und den Luxushotels, in denen Tanzmeister das Zepter führen: Quadrillen, Mazurkas, Polonaisen, Lanciers, Schottische und selbstverständlich Wiener Walzer, der sich als Herzensbrecher bis kurz vor dem Ersten Weltkrieg behauptet. Das «Handbuch für Architektur» enthält wohl ihm zu Ehren die Anweisung für die Ballraumgestaltung: «Die Kreisform ist deshalb nicht zu wählen, weil dieselbe dem Auge keinerlei Anhaltspunkte gewährt, so daß die Tanzenden verwirrt werden und oft nicht rasch genug ihre Plätze aufzufinden vermögen.»[65] Diese Art der Tänze und des Tanzens soll uns indessen hier nicht weiter beschäftigen; das Interesse gilt den aus der neuen Welt importierten Tänzen. Sind mit der «May Flower», trotz allem Puritanismus, englische Country-dances an die Küsten Neuenglands gelangt, so bringen nun Passagiere der transatlantischen Luxusdampfer neue Tanz- und Bewegungskulturen zu den Küsten und in die Metropolen der alten Welt, die – auch gegen Widerstände, besonders seitens der Tanzlehrer – in der mondänen Gesellschaft rasch Mode werden.

Zum einen handelt es sich lediglich um modifizierte Formen europäischer Gesellschaftstänze, die jedoch ein neues Bewegungsgefühl zum Ausdruck bringen. Sie stoßen keineswegs auf ungeteilte Zustimmung; mißbilligend schreibt «Der Bazar» in einem Artikel «Neue Tänze» in der Märznummer 1909:

«Er [der Amerikaner] modelt an allem, auch am Tanz der Tänze, dem Walzer, er ‹bostonniert› ihn, bostonniert auch Polkas und Masurken. Was ist das? Ein lässiges Vor- und Rückschreiten der Tempi, statt des Wiegens ein Schleifen, ein Treten. Aber ‹Boston›, der amerikanische Walzer ist heute Trumpf der Salons. ‹Sehr schick›, ‹sehr elegant›, sagen seine Verehrer, ‹sehr anmutig› wagen sie nicht zu sagen, denn sie fühlen, daß sie damit zu weit von der Wahrheit abweichen. ‹Es wird nicht lange dauern›, meinen andere, und prophezeien ihm ein frühes Ende. Aber dem, der mit Eifer die Tanzgeschichte studiert, gibt das Wachsen amerikanischer Einflüsse doch zu denken. Hat sie uns nicht

---

[64] SARTY 1921:368.
[65] HANDBUCH DER ARCHITEKTUR Teil 4, Bd. 4 1885:130.

gelehrt, daß alle Kulturvölker der Welt Steine zum Bau der Tanzkunst getragen haben? Ist jetzt die Ära der amerikanischen Tänze im Rhythmus des Niggertanzes angebrochen? Wird die Alte Welt sich vom Nachahmungstrieb bezwungen, kritiklos ihren herrlichen Walzer verunglimpfen lassen, wird sie auf seine reine, wundervoll lyrische Rhythmik verzichten lernen? Hoffen wir, daß sie sich besinnt und der Kuriosität des ‹Boston› nicht Gültigkeit verleiht.»

Wird schon diese amerikanisierte Ausdrucksform der gängigen europäischen Gesellschaftstänze als eine Bedrohung, ja als ein Sakrileg empfunden, so ist das abwehrende Kopfschütteln noch dezidierter, wenn es sich um genuine Tanzimporte aus den USA handelt, den One- und Twosteps in all ihren Variationen. Dazu der entrüstete Kommentar des eben zitierten «Bazar»-Artikels:

«Aber der gewissenhafte Chronist für Neuheiten auf dem Tanzgebiet muß noch von einer anderen Strömung berichten, die sich immer fühlbarer macht – von den amerikanischen Tänzen. Die Experten schütteln den Kopf und prophezeien jedesmal baldiges Verschwinden der jeweiligen Neuheit, aber für eine verschwundene kommen gleich zwei. Die Washington-Post fängt an ‹antiquiert› zu sein, statt dessen kommt der Twostep. Er hat sich schon die Situation erobert, stellt sich als ‹letzte Neuheit› dar. Aber es ist nicht der wiegende Zwei-Tritt, als den man in früheren Zeiten eine Abart des Walzers tanzte, es ist ein halb chassierender, halb schleifender Tritt im Zweivierteltakt. (...) Der Two-step ist ein Emporkömmling ganz im Gegensatz zur stolzen Pavane. Er ist ein Mischling von Schwarzen und Weißen. Der Cakewalk hat den Rhythmus dazu geliehen, die Tanzkunst der Weißen hat den grotesken Wildling verfeinert, das gespreizte, truthahnartige Gebaren der Cakewalk-Tänzer in reguläre Tanzpas verwandelt, man sieht es ihm kaum noch an, daß er von ‹schwarzer› Herkunft aus afrikanischer Wildheit geboren ist. Denn der Amerikaner hat ihn in seiner charakteristischen Weise gemodelt.»

In der Tat, diese afro-amerikanischen Tänze sind ein Amalgam weißer und schwarzer Traditionen. Sie basieren auf afro-amerikanischen Bewegungskulturen (Platz- und Bewegungstänzen) sowie afroamerikanischer Rhythmik und Melodik. Die Variationsbreite ist enorm: Bunny Hug, Judy Walk, Turkey Trot, Grizzly Bear and all the rest. Der im «Bazar»-Artikel erwähnte Cakewalk, eine Mischform aus Platz- und Bewegungstanz, gelangt um 1900 nach Europa: «Der erste echte, das heißt durch und durch pantomimisch-erotische Negertanz, den Europa kennenlernte, ist der Cakewalk. Er zeigte neben der

Pantomimik auch noch eine andere Eigentümlichkeit der afrikanischen Tänze: Er hat so gut wie keine Berührung der Partner. Dieser Vorwärtstanz ist den Sklaven der Nordstaaten altvertraut. Die Neger der Südstaaten kennen dagegen ursprünglich nur pantomimische Platztänze (...) die Chica, die Bamboula etwa. In den Nordstaaten scheint sich der Bewegungstanz ausgebildet zu haben: eben der Cakewalk. Als Walkaround kennt man ihn schon in der Sklavenzeit. 1877 taucht die erste Cakewalkimitation in einer jener Minstreltruppen auf, worin Weiße anfangs spöttisch, später ernsthaft Negermusik und -tänze auf die Bühne brachten.»[66] Auch in Europa sind es wohl Schautanzpaare, die den Cakewalk zuerst bekannt machen, doch wird das amerikanische Set der Kosmopoliten bei intimen, exklusiven Tanzanlässen in den Modebädern und den Salons der Metropolen gleichfalls innovativ gewirkt haben. In New York finden schon seit 1892 Cakewalk-Wettkämpfe statt (Abb. 21).

Die importierte afro-amerikanische Tanzkultur findet namentlich bei der Jeunesse dorée Anklang. Freilich, auch ihr ist es nur an mondänen Orten und bei exklusiven Gelegenheiten – meist nur als Einlage – gestattet, diese Art des Tanzens zu demonstrieren und auszuleben. Immerhin, die Anerkennung und Verbreitung in diesen Kreisen ist so groß, daß sich trotz aller Vorbehalte sogar konservative Tanzlehrer recht bald gezwungen sehen, diese Tänze in ihre Lehrbücher und Lehrprogramme aufzunehmen.

Ein zweiter transatlantischer Tanzimport ist nicht minder exotisch und prägend für das kosmopolitische Tanzen in «the Good Years»: der argentinische Tango. Der Innovationsverlauf ist ungeklärt: Sind es die internationalen Mädchenhändler, die den Tango-Virus nach Europa einschleppen?[67] Können die professionellen Musiker und Schautanzpaare aus Buenos Aires dieses Verdienst in Anspruch nehmen? Oder ist das argentinische Set von Viehbaronen, die seit der Jahrhundertwende in Paris und den Modebädern ihren neu erworbenen Reichtum parvenühaft verprassen, der Infektionsherd? José Sentis, ein katalanischer Pianist der exklusiven Pariser Salons, ist so vermessen, sich selbst als Innovationsquelle zu bezeichnen, doch hat zu dieser Zeit (1907) der Tango in der mondänen europäischen Gesellschaft schon Fuß gefaßt. Camille de Rhynal, ein Pariser Tanzlehrer, nimmt für sich in An-

---

[66] GÜNTHER UND SCHÄFER 1975:167f.
[67] Künstlerhaus Bethanien 1982:145.

IV. Die tanzenden Imperialisten

21. Cakewalk

spruch, 1907 das erste Tangoturnier in Nizza veranstaltet zu haben.[68] Doch lassen wir José Sentis gleichwohl zu Wort kommen: «Ich war mit einigen argentinischen Freunden in dem Salon [der Madame de Reské]. Unter den Gästen befanden sich auch die Prinzen von Murat, die Herzöge von Morny, die Herzogin von Goulaine, der Großherzog Boris von Rußland, einige Mitglieder der Familie Rothschild und die französischen Musiker Hahn und Messager. Jemand fragte die Argentinier nach der Volksmusik ihres Landes. Diese erwähnten den Tango, einen aus den Vorstädten von Buenos Aires hervorgegangenen Tanzstil, der der feinen Gesellschaft [in Argentinien] zuwider war. Ich setzte mich ans Klavier und spielte verschiedene Tangos. Zum ersten Mal in Paris. Die argentinischen Jungen begannen dann unter sich mit den Figuren des ‹Schnitt› und ‹Bruch› zu tanzen, um die Choreographie des unbekannten Rhythmus darzustellen.»[69]

Wie immer die Innovation erfolgt sein mag, sicher ist, daß die Inkubationszeit kurz gewesen ist. Das «Tangofieber» – eine zeitgenössische Bezeichnung – wird schon vor 1910 in den exklusiven Salons und Vergnügungslokalen von Paris, in den Modebädern sowie in den mondänen Kreisen der Metropolen, von London bis Berlin, endemisch und erreicht von 1911 bis zum Ausbruch des Ersten Weltkrieges seinen Kurvenzenit. Gewiß ist auch, daß der Tango ein sozialer Aufsteiger ist; seine Wiege steht im Unterschichtenmilieu von Buenos Aires. Er behält auch als Exilant, trotz der Domestizierung durch die europäische Hautevolee bzw. durch deren Tanzlehrer, etwas Zwielichtiges, nicht zuletzt dadurch, daß Orte und Gelegenheiten des Tangotanzens eine besondere Mischung von Beau- und Demimonde anziehen. In den Jahren der Tangoekstase sucht die mondäne Welt sogar verruchte Lokale auf, in denen Tango getanzt wird. Montmartre wird das Mekka solcher Wallfahrten – mit Begleitschutz, versteht sich; auch Eduard VII. ist ein emsiger Pilger. Die große Welt in den Biotopen der Unterwelt: ein Eskapismus, gepaart mit Voyeurismus. Im Rückblick auf den Winter 1909/10 schreibt Maurice Chevalier:

«Nous assistions à la terminaison de la nuit de travail ou de noce de tout ce monde d'hommes et de femmes qui ne vivaient que de 10 heures du soir à sept heures du matin. Entraîneuses, à cette heure entraînées par une conquête masculine, voulant, avant la rentrée convenue et débattue, aller, jusqu'au bout des possibilités que Montmartre accor-

---

[68] GÜNTHER UND SCHÄFER 1975:175.
[69] Zit. nach: KÜNSTLERHAUS BETHANIEN 1982:146.

dait. Comme elles paraissent ensommeillées, les pauvres femmes! Assemblages mondains terminant là une tournée des grands ducs, avec les mines hautaines de gens qui, pour une nuit, daignent s'encanailler. Chanteuses, danseuses de boîtes de nuits, accompagnées ou non de jeunes Argentins belliqueux. Le tango triomphait depuis peu et ils étaient les princes de Montmartre. Il ne se passait pas de nuit sans que des batailles rangées eussent lieu entre Argentins et autres clients sous les prétextes les plus futiles.»[70]

Kein Zweifel, dem Tangotanzen haftet – mehr oder weniger stark – die exotisch-erotische Duftmarke seiner sozialen und geographischen Herkunft an, am penetrantesten natürlich, wenn Argentinier mit von der Partie sind oder wenn Schautanzpaare den Tango zu einer Apachenpantomime zwischen Dirnen und Zuhältern stilisieren, die dann zur Vorlage für Apachen-Kostümbälle der internationalen Mondäne wird.[71] Das Tangotanzen, wie es in Europa rezipiert wird, hat indessen viele Ausdrucksformen und Emotionsgehalte. Sie reichen von der obszönen Körpersprache und der lasziven Erotik der Halb- und Unterwelt bis hin zum schwermütigen Sehnen nach einem fernen verlorenen Paradies, das in die Bewegungen einfließt: «Sehnsüchtige Gebärden werden wachgerufen. Es lockt und ruft etwas in der Ferne. Die Glieder kreisen und schwingen sich und ahnen zusammenschaudernd, daß sie die ersehnte Ferne erreichen werden. Aber solange das Ziel noch weit entfernt liegt, herrscht eine dunkle, traurige Stimmung. Alles lockt in den leuchtendsten Farben. Und dann liegt das Land offen, hell springt der Rhythmus in Dur über. Freude löst die Gebärde und strafft sie zugleich, und dann plötzlich ist das schöne Land wieder verschwunden. Weit, weit fort! Schmerzlich voll Sehnsucht dehnt sich

---

[70] «Wir blieben bis zum Schluß der Arbeits- oder Freinacht jener Männer und Frauen, die nur zwischen zehn Uhr abends und sieben Uhr morgens lebten. Verführerinnen, zu dieser Stunde selbst von einer männlichen Eroberung verführt, die vor der vereinbarten und ausgehandelten Heimkehr bis zur Grenze der Möglichkeiten gehen wollten, die Montmartre zuließ. Wie schlaftrunken sahen sie aus, die armen Frauen! Mondäne Klüngel, die da eine fürstliche Tour beendeten, mit den stolzen Mienen jener Leute, die es wagen, eine Nacht in schlechter Gesellschaft zu verbringen. Sängerinnen, Tänzerinnen in Nachtlokalen, alleine oder in Begleitung junger, streitlustiger Argentinier. Der Tango machte seit kurzem Furore, und sie waren die Fürsten von Montmartre. Es verging keine Nacht, in der nicht aus kleinstem Anlaß eigentliche Schlachten zwischen Argentiniern und anderen Kunden stattgefunden hätten.» MA ROUTE ET MES CHANSONS (1947), zit. nach CHEVALIER 1980:234f.

[71] Vgl. dazu KOEBNER 1913:77.

der Körper, traurig wegen des verlorenen Glücks. Alles ist gedämpft beim Tango. Selbst die Freude bricht sich nicht hell Bahn. Majestätisch ist die Wehmut! Der Tango ist ein aristokratischer Tanz.»[72] Der Verfasser dieser Tangolyrik, Heinz Pollack, verleiht diesem Tanz sogar eine sakrale Aura: «Er hat etwas Heiliges an sich (...) Er ist stets ein inbrünstiges Gebet des Körpers.»[73]

Die mondäne, kosmopolitische Welt ist lernbegierig. Tanzstudios, Tanzakademien und Tanzclubs – ob in Paris, London oder Berlin – schießen wie Pilze aus dem Boden. Die Tanzlehrer, keineswegs nur Argentinier, haben Hausse und verbinden teilweise – so in Paris – ihren Unterricht mit Nebengeschäften: Die Einweihung in die Geheimnisse des Tangotanzens wird mit dem Verkauf exotischer Glücksamulette und anderer magischer Gegenstände gekoppelt.[74] Der Lehrerfolg scheint allerdings seine Grenzen zu haben; ernüchtert stellt Heinz Pollack fest: «Solange er [der Tango] existiert und selbst bei seinem Emporblühen, als die ganze Welt an Tangogrippe darniederlag, hat es unter hundert Menschen noch nicht einen einzigen gegeben, der ihn richtig tanzen konnte.»[75]

Überraschen kann ein solches Ergebnis nicht, denn wohl können einzelne aus Dutzenden von Schritten und Bewegungen erlernt werden, doch die Bewegungskultur – in der spanische Traditionen nachleben – ist den meisten Eleven ein Buch mit sieben Siegeln, mag die Seele auch noch so mitschwingen. Der Grat kunstvoller Imitation ist schmal, die Gefahr eines Absturzes ins Lächerliche und Peinliche groß, vor allem wegen der besonderen Partnerbeziehung: Die Stellung der Dame zum Herrn ist einem ständigen Wechsel unterworfen, der Elemente eines Balztanzes hat. Sei es bei der Media Luna-Figur, bei welcher der Herr mit gekreuzten Beinen die Dame in rhythmischen Schritten in einem Halbkreis um sich herumführt, oder sei es bei der El Corte-Figur, bei welcher der Herr sich am Ort bewegt und die selbständig rückwärtstanzende Dame immer wieder energisch heranholt – es ist nur eine scheinbare Eigenständigkeit der Tanzpartner, ein Trennen und Sich-Wiedervereinen. Der männliche Partner hält bei dem Paarungsspiel die Fäden in der Hand, besonders demonstrativ, wenn beim Heranholen die Dame beinahe waagrecht in Bodennähe auf seiner Hand liegt – eine Sieges- und Unterwerfungspose.

---

[72] POLLACK 1922:27f.
[73] POLLACK 1922:20.
[74] ROSSI (1926) 1958:150f.
[75] POLLACK 1922:19.

Das pseudoemanzipatorische Tanzverhalten, das der Dame zwar ein Freilaufgehege aktiven Werbens zugesteht, doch nur soweit und solange der Herr – in Machopose – dies zuläßt, ist gleichsam eine Inszenierung veränderter Geschlechtsrollencharaktere in der Belle Epoque und leistet der Tangomanie Vorschub. Einer der angesehensten Tanzlehrer Berlins, Franz Wolfgang Koebner, schreibt in seinem 1913 publizierten «Tanzbrevier»: «Die große Neuartigkeit dieses mit allen Traditionen brechenden Tanzes besteht darin, daß die Dame andere Schritte als der Herr zu tanzen hat. Es scheint mir, daß gerade diese letzte Eigenschaft des Tangos es zuwege gebracht hat, daß das Interesse am Tanzen überhaupt stark gewachsen ist.»[76]

Indessen, nicht allein der Tango, die neuen transatlantischen Tänze insgesamt brechen mit allen Traditionen konventioneller Körper- und Bewegungskultur der Spitzen der Gesellschaft: «Moderne Tänze waren so atemraubend neu, ungewohnt und revolutionär, daß sie eine völlige Umstellung und Umwertung des inneren, wie des äußeren Menschen erforderten.»[77] Gerade deshalb werden sie Projektionsmedien neuer Orientierungs- und Deutungsbedürfnisse, verbunden mit Sehnsüchten, Phantasien, Ängsten, Träumen und Alpträumen. In weiteren Zusammenhängen wird darauf zurückzukommen sein. An dieser Stelle sei lediglich erwähnt, daß Tanzimpresario Wilhelm II. mit seiner feinen Witterung subversiver Strömungen seinen Offizieren diese Art des Tanzens verbietet: «Die Herren von der Armee und der Marine werden hiermit ersucht, in Uniform weder Tango, noch Oneoder Two-Step zu tanzen, auch Familien zu meiden, in denen diese Tänze ausgeführt werden.»[78] Doch nicht nur die Herren Offiziere werden an die Kandare genommen, auch das wachsame Auge der Polizei sieht nach dem Rechten: «Bei der Königlichen Polizeidirektion (Dresden) sind in letzter Zeit mehrfach Klagen über den ‹Bärentanz› oder Abarten desselben geführt worden. Es sind nämlich bei diesem Tanze nicht nur die dabei üblichen plumpen und humpelnden Bewegungen ausgeführt worden, sondern vor allem hat die Tänzerin dabei häufig die Beine seitwärts so abgespreizt, daß man die Unterkleider, Strümpfe usw. sah, oder sie hat beim Beugen des einen Beines nach vorwärts, das andere Bein so weit rückwärts am Boden entlang gestreckt, daß sich der Kleiderrock hochhob und nicht nur der mit dem

---

[76] KOEBNER 1913:36.
[77] POLLACK 1922:8f.
[78] Zit. nach POLLACK 1922:42.

Strumpf bekleidete Unterschenkel, sondern sogar ein Stück des nackten Oberschenkels sichtbar wurde. Derartige Auswüchse eines Tanzes kann die königliche Polizeidirektion nicht dulden.»[79]

Der scharfe Polizeiblick eröffnet uns ein weiteres Beobachtungsfeld: Die neuen Tänze, insbesondere der Tango, verlangen von der Dame Schritte und Figuren, die bei der herkömmlichen Damenmode keine Augenweide sein können. Mit dem neuen, alle Traditionen brechenden Tanzen erfolgt ein gleichermaßen revolutionärer Wandel in der Damenmode. Bestimmen rein tanztechnische Kriterien fraglos die Trendwende in der Damenmode mit, so wird diese doch weit mehr noch vom Wesen des modernen Tanzes geprägt: Erst die Moderevolution gestattet der Dame eine tanzende Selbstdarstellung und läßt sie ihren Part als Projektionsträgerin wirkungsvoll spielen. Der Tango mit seinen vielen Ausdrucksformen leistet wesentliche Geburtshilfe.

Die Pariser Lebewelt, wie könnte es anders sein, ist Schrittmacher dieser neuen Mode mit allen erdenklichen Extravaganzen. Paul Poiret wird Zar im Reich der Haute Couture. In verschiedener Hinsicht haben Sportmoden – für Radfahren, Tennis, Reiten, Golf beispielsweise – sowie die Reformkleiderbewegung, auch «ästhetische Bewegung» genannt, den Weg geebnet. Sie kreieren Damenbekleidungen, die eine größere Bewegungsfreiheit zulassen, und sagen dem «Frauenpanzer», dem Korsett, den Kampf an. Der Poiret-Stil und der Tango-Look kennen keine Einengung der Taille, nur eine leichte Verengung unter der Brust, und sie verbannen das Korsett. Ohne Einschnürung und Auspolsterung kommt die Silhouette der Dame zur Wirkung. Die weiten Röcke und mit ihnen die rüschenbesetzten Unterröcke sind passé; enge, gerade, aus leichten, auch durchsichtigen Stoffen verfertigte Röcke umspielen die Körperkonturen; die weit nach oben reichenden Seitenschlitze bzw. Öffnungen drapierter Stoffbahnen geben das Bein bis zum Oberschenkel frei; die gewagten tiefen Brust- und Rückendekolletés tun ein übriges, die weibliche Figur zur Geltung zu bringen.

Können schon diese Neuerungen als revolutionär bezeichnet werden, so verändert sich das Image der mondänen Dame in der Folge noch weit drastischer bis hin zur lasziven «Femme fatale», zum gefahrvoll-sinnlichen Vamp, zum androgynen Dämon. Die zeitgenössischen Modebilder und Karikaturen sprechen Bände (Abb. 22). Die

---

[79] Zit. nach KOEBNER 1913:9.

22. Tango

entferntesten Länder und Epochen inspirieren die Entwürfe: Kimonoärmel und orientalische Turbane, ägyptische Gewänder und griechische Tunikas, mit Perlen, Straß, Reiher- oder Straußenfedern geschmückte Stirnbänder und Turbane, Kurzfrisuren oder extravagante Haardrapierungen, zu denen ebenfalls der ferne Osten und die Antike Vorbilder liefern (auch Perücken sind wieder en vogue), dunkle Lidschatten und grell geschminkte Lippen, bis zur Achselhöhle reichende Handschuhe aus Seide oder Glacéleder; Schuhe und Strümpfe – durch den Zuschnitt der Kleidung nun sichtbar – sind farblich assortiert zum Gesamtensemble.

Und welch bunter Strauß von Farbkombinationen! Weiß und Rosa haben ausgedient; grelle und plakative Farben – zu nennen wären Meergrün, Königsblau, Oliveviolett, Orangezitronengelb mit leuchtendem Rot – beherrschen das Feld. Ein spezielles elastisches Gewebe kommt auf den Markt für hautenge Gewänder ohne Schlitze, «in denen man bequem Tango, und all die anderen Tänze tanzen kann, die eine abwechselnde unregelmäßige, vielgestaltige Bewegung erfordern».[80] Kurz, von Kopf bis Fuß ist alles auf erotisch-exotischen Blickfang eingestellt. Den Extravaganzen, ja den Exzessen sind keine Grenzen gesetzt. Damen der Lebewelt scheuen sogar vor Tätowierungen nicht zurück.[81]

Der Poiret-Stil und der Tango-Look sind Moden von seltsamer Widersprüchlichkeit, ähnlich dem weiblichen Part beim Tangotanzen: die sehnsuchtsvoll Werbende und bedrohlich Verführende, doch fest im Griff der führenden männlichen Hand; befreit und unterworfen, als Ausdruck der Emanzipation und gefesselt zugleich. Symbolhaft findet dieses Paradoxon in Poiret-Kreationen für Alltagsbekleidung ihren Ausdruck, dem sogenannten «Humpelrock», der paradoxerweise von den Trägerinnen als Emanzipation empfunden wird: Die extreme Verengung des Rockes läßt nur noch ein Trippeln zu. Die Dame von Welt hilflos gefesselt, «als ob einer schönen flüchtenden Sklavin aus ‹1001 Nacht› die Fußsehnen durchschnitten worden wären, damit sie nicht ein zweites Mal aus dem Harem entweichen könne».[82] Der Vergleich ist keineswegs abwegig, denn Poiret, der seine kreative Phantasie auch für die Ausgestaltung exklusiver, luxuriöser Feste zur Verfügung stellt, organisiert einen solchen Anlaß unter dem Motto

---

[80] JOURNAL DES DAMES ET DES MODES, Oktober 1913.
[81] Vgl. BLOCH 1909:148.
[82] HAAS 1967:77.

«La Mille et Deuxième Nuit», bei dem die Geladenen persische Gewänder tragen.

Was steht hinter diesem Image der mondänen Dame und den kosmopolitischen Tanzmanien mit ihren Ausgriffen in ferne Welten und ihren Rückgriffen auf alte Kulturen, mit ihren Extravaganzen und ihren Exzessen? Mit dieser Frage wird ein Paradigmawechsel, ein «Habitus» im Sinne von Pierre Bourdieu für die Belle Epoque angesprochen – Zusammenhänge, die hier kaum ausgelotet oder näher interpretiert werden können. Wenn wir gleichwohl den Versuch wagen, wenigstens andeutungsweise Antwort zu finden, so sind wir uns der Abenteuerlichkeit dieses Unterfangens nur zu sehr bewußt: Viel mehr als Assoziationen können wir nicht bieten. Für den Einstieg und die Tour d'Europe nimmt uns Isadora Duncan an die Hand.

Kurz vor der Jahrhundertwende kommt Isadora Duncan nach Europa, eine amerikanische Ausdruckstänzerin, die nach Musik von Liszt, Chopin, Wagner, Gluck usw. in griechischen Gewändern, barfuß, missionarisch eine Bewegungs- und Tanzkultur innoviert, die inspiriert ist von Tanzszenen griechischer Vasenbilder. In den Metropolen wie in den Modebadeorten feiert sie Triumphe, verkehrt und tanzt in den mondänsten Kreisen, wird von reichen Mäzenen der Hautevolee unterstützt und findet – wo immer sie auftritt – in der Welt der Bohemiens und der Künstler eine kreative Resonanz, so beispielsweise auf ihrer Tournee nach Petersburg (1905), wo sie Michael Fokin, den Schöpfer des modernen Balletts, nachhaltig anregt. Unter Leitung von Fokin und Diaghilew kommt das Ballet Russe 1909 nach Paris; bei den Inszenierungen stehen Dichter, Musiker, Maler und Bühnenbildner der Pariser Avantgarde Gevatter («Feuervogel» oder «L'aprèsmidi d'un faune»). Der Tänzer Nijinski nimmt altägyptische Bewegungskultur in seine Ausdrucksformen auf. Die Darbietungen des Ballet Russe und Isadora Duncans finden – in Schnitt und Farben – ihren Niederschlag in den Poiret-Kreationen. Poiret seinerseits wird von Isadora als Festdekorateur verpflichtet, der auf dem erhöhten Chor ihres kapellenartigen Pariser Studios ein kleines Gemach in ein «Zauberreich der Circe» verwandelt; die Geladenen erscheinen in persischen Kostümen.[83]

---

[83] DUNCAN 1988:165f; dazu u.a.: «Das kleine Zimmer war berückend, berauschend und gefährlich! (...) Und Poiret hatte jedenfalls recht gehabt: In diesem schwülen Gemach fühlte man anders, sprach anders, gab man sich anders als in einem kapellenartigen Raum.» Die Wirkung bleibt nicht aus; Isadoras steinreicher Liebhaber überrascht sie in einer verfänglichen Situation mit einem Gast im

2. Von der Hofgesellschaft zu den Kosmopoliten

Zum Wesen der Belle Epoque gehört, daß in verwirrender Verzahnung alle Sparten der Künste – Musik, Malerei, Skulptur, Architektur, Literatur, Theater, Ballett – grenzüberschreitend sich gegenseitig anregen. Isadora Duncan und das Ballet Russe haben besondere Scharnierfunktionen: Wo immer sie auftreten, werden sie für die avantgardistischen Kunstschaffenden zur Inspirationsquelle. Nijinski, um nur ein Beispiel zu nennen, tanzt in «L'aprés-midi d'un faune» nach Musik von Debussy, die vom gleichnamigen Gedicht Mallarmés inspiriert ist, und in Gewändern von Léon Bakst; sein Bewegungsstil findet zudem in Auguste Rodins Tanzstudie seinen Niederschlag.[84]

Verzahnung der Künste: Rhythmen und Klangfiguren werden in der Malerei optisch sichtbar; Farben, Licht, Raumgestaltung, Bewegungskonfigurationen der Malerei werden in der Musik akustisch nachempfunden. Die technisch-industrielle Dynamik und bahnbrechende wissenschaftliche Erkenntnisse wie die Quantentheorie, die Psychoanalyse und Traumdeutung, die Relativitätstheorie oder die mathematische Formulierung der raum-zeitlichen Dimension finden ihren künstlerischen Niederschlag.[85] In atemberaubendem Tempo wird nach neuen Stil- und Ausdrucksmitteln gesucht: Jugendstil, Fauvismus, Expressionismus, Kubismus, Orphismus, Futurismus, um nur diese zu nennen. Das avantgardistische Kunstschaffen der Belle Epoque ist ein vielfach gebrochener Manierismus. Ferne Welten locken, Mythen exotischer und archaischer Kulturen ziehen die Künstler in Bann: der Nahe und Ferne Osten, die Inselwelt des Pazifik, Afrika nördlich und südlich der Sahara; archeologische Ausgrabungen, antike Bewegungsformen und insbesondere die vorklassische Mythenwelt sind wichtige Inspirationsquellen und Motivvorlagen; Entdeckungsreisen ins Innere Afrikas und ins Innere des menschlichen Trieblebens sind in gleicher Weise ein Faszinosum.

Das Gemeinsame der so komplexen und rasch wechselnden Vielfalt ist das Suchen und Experimentieren mit neuen Stilmitteln, um die Sinn-, Vertrauens- und Orientierungskrisen dieser Jahre zu meistern, die verlorene Gewißheit wiederzufinden – ein vom latenten Krisenbe-

---

Poiretgemach, es kommt zum Skandal; Isadora versucht den Abend dadurch noch zu retten, daß sie in einem weißen wallenden Gewande zu «Isoldes Liebestod» tanzt.

[84] Tanzmotive (dazu auch Musik- und Musikinstrumentenmotive) finden sich bei Malern und Bildhauern der verschiedensten Stilrichtungen von Degas, Toulouse-Lautrec, Matisse oder Béraud bis zu den Futuristen Severini oder Sironi.

[85] Vgl. dazu HAFTMANN 1955:10.

wußtsein genährtes Orientierungsbedürfnis, das ein enormes kreatives Potential auslöst. Man nimmt Kurs auf neue Horizonte, sucht rastlos nach Fixpunkten und Standorten in einem im raschen Wandel begriffenen soziokulturellen, soziopolitischen und sozioökonomischen Koordinatensystem. Darauf wird zurückzukommen sein. Hier sei lediglich erwähnt, daß dieses Kunstschaffen auf den düsteren Hintergrund weltweiter imperialistischer Machtkämpfe zu projizieren ist, von denen die Zeitungen täglich berichten: vom Boxer-Aufstand in Peking bis zum Kampf gegen die «Derwische» im Sudan; von der Rebellion in Kuba bis zum ägyptischen Feldzug; von den Kämpfen gegen indische Bergstämme bis zur Samoakrise; vom Burenkrieg bis zur blutigen «Befriedung» der Hereros; von der Marokkokrise bis zum Libyschen Krieg, der die begeisterte Zustimmung der Futuristen findet – ein wahrhaft makabrer Hintergrund, auf dem auch die Tanz- und Moderevolution der kosmopolitischen Mondäne sowie all die exotischen Motive ihrer Feste und Kostümbälle eine Nachdunkelung erfahren.

Bei unserem Suchen nach einem Schlüsselmotiv zum Verständnis dieser künstlerischen Unruhe hilft uns das Tangotanzen, wie erwähnt eine Inszenierung veränderter Geschlechtsrollencharaktere, eine Fährte zu finden. Sie führt zum dämonisierten Weib, Verführende und Bedrohende zugleich, vielfach in Gestalt mythischer – auch androgyner – Wesen (Sphinx, Furie, Schlangen- oder Fischweib, Spinne, Judith, Salome, Vampir, usw.) – eine stil- und länderübergreifende Projektionsträgerin, die Träume und Alpträume, Wünsche und Ängste, sado-masochistische Lust- und Schmerzphantasien auslöst. Beim Versuch, ein Phantombild dieses Schlüsselmotives zu entwerfen, wird das Beobachtungsfeld von der Pariser Szene nach Wien, München und Berlin verschoben, ohne allerdings die Metropole der Künste und der verschwenderischen Prachtentfaltung ganz aus den Augen zu verlieren.[86]

In der Zeit kurz vor der Jahrhundertwende, als Sigmund Freud an seiner Traumdeutung schreibt, durchleidet der Maler Gustav Klimt «eine Kulturkrise, die gekennzeichnet ist von einer doppeldeutigen

---

[86] Die Pariser Mondäne – bedarf es des Hinweises auf die Werke von Marcel Proust und auf Misia Sert? Dem Schlüsselmotiv gibt Nijinski tänzerischen Ausdruck. In der «Scheherezade» von Rimsky-Korsakow beispielsweise tanzt er «in orientalischen Frauenkleidern, das Gesicht geschminkt, den Oberkörper halb nackt, die begehrlichen Arme durch irgend ein Naturwunder ganz weiblich-sinnlich, doch mit den sehnigen Augen des Mannes, (...) ein verwirrender Hermaphrodit»; vgl. HAAS 1967:135.

2. Von der Hofgesellschaft zu den Kosmopoliten

23. Gustav Klimt: «Judith II» (Salome)

Verbindung einer kollektiven ödipalen Revolte und einer narzißtischen Suche nach einem neuen Selbst».[87] Klimt ist Führer der 1897 gegründeten, dem französischen «art nouveau» vergleichbaren Secession, die «eine neue Lebensorientierung in visueller Gestalt» anstrebt. Es ist – wie bei Freud – eine Reise nach innen, zum Triebleben. Mythen und Allegorien aus der vorklassischen, archaischen Antike weisen den Weg zur Triebwelt, die «in der antiken und klassischen Tradition sublimiert und verdrängt worden ist». Die Schlangenhäupter dreier Furien am Eingang zum Haus der Secession sind programmatische Allegorien. «Ebenso wie es Freud mit seiner Leidenschaft für archaische Kultur und archäologische Ausgrabungen tat, benutzte Klimt antike Symbole als metaphorische Brücke zur Ausgrabung des Trieblebens und besonders des erotischen. (...) Klimt wandte sich dem Weib als sinnlichem Geschöpf zu und holte alles an Lust und Schmerz, Leben und Tod aus ihr heraus.» Ob «Fischblut», «Goldfisch» oder «Wasserschlangen», ob «Judith», «Sphinx» oder «Danae» – sie alle bedrohen den Mann «angesichts ihres allem Ansehen nach unerschöpflichen Vermögens fleischlicher Wonnen». Mehrfach wird die Impotenz- und Kastrationsbedrohung thematisiert (Abb. 23). «‹Der Zeit ihre Kunst, der Kunst ihre Zeit› hatte das Leitwort der Secession stolz verkündet. Bei der Suche nach dem Bilde des lustschenkenden Eros, der dem modernen Menschen den Spiegel entgegenhält, enthüllte Klimt statt dessen die seelischen Probleme, welche der Versuch, die Geschlechtlichkeit zu befreien von den Zwängen einer moralistischen Kultur zutage fördert. Der freudige Entdecker des Eros erkannte, wie er selbst in die Fänge der ‹femme tentaculaire› (des Polypen-Weibes) geraten war. Die neue Freiheit verkehrt sich in einen Alptraum der Angst.»

Diese mittlere Schaffensperiode Klimts findet ihr Ende um 1901; es folgt eine resignierende Rückzugsbewegung ins Unverbindliche der Porträtmalerei, ausgelöst von der heftigen und lautstarken Opposition, die sich im Zusammenhang mit Klimts Deckengemälde für die Universität, «Musik» und «Medizin», aus Kreisen der liberalen und rationalistischen akademischen Orthodoxie sowie aus antisemitisch-rechtsradikalen Strömungen formiert. Antisemitismus und die angst-

---

[87] Das schon früher zitierte Werk von Carl E. Schorske «Wien – Geist und Gesellschaft im Fin de Siècle» enthält ein Kapitel «Gustav Klimt: Die Malerei und die Krise des liberalen Ich» (SCHORSKE 1982:195–264). Das folgende stützt sich darauf, doch können aus dem dichten Netz von Bezügen nur wenige Fäden herausgelöst werden. Die folgenden Zitate sind diesem Kapitel entnommen.

2. Von der Hofgesellschaft zu den Kosmopoliten

erfüllte Abwehr des dämonischen Weibes korrespondieren. 1908 greift Oskar Kokoschka, ein Schüler des Secessionisten Franz Cižek, mit völlig neuen Ausdrucksmitteln – in Wort und Bild – die Thematik der bedrohenden Sinnlichkeit des Weibes auf. Im Kapitel «Die Explosion im Garten: Kokoschka und Schönberg» analysiert Schorske diese Weiterentwicklung. «Aus dem schrecklichen Stau sexueller Spannung sah Kokoschka die Möglichkeit einer Befreiung in zwei Richtungen: durch Werben oder Unterwerfen. ‹Die träumenden Knaben› [Abb. 24] gipfelten im ersteren; erfüllte Liebe baute das Selbst und die Welt von neuem auf. Die andere Lösung erkundete Kokoschka im Einakter ‹Mörder, Hoffnungen der Frauen›, den er im Gartentheater der Kunstschau 1909 auf die Bühne brachte. Eros wird hier zur reinen Aggression. Die innerliche Traumwelt der ‹Träumenden Knaben› weicht einem völlig urtümlichen Liebeskampf zwischen den Geschlechtern.» Soweit Schorske, der anschließend Kokoschka selbst zitiert: «Die erschreckende leidenschaftliche menschliche Natur mit ihrer Fähigkeit zu erleben erscheint als unser eigenes Erlebnis.»[88] Zur gleichen Zeit (1908) vollzieht Arnold Schönberg mit derselben Thematik seinen Durchbruch zur Atonalität: «Sowohl formal wie psychologisch ist Schönbergs Liederzyklus ‹Das Buch der hängenden Gärten› ein nahes musikalisches Gegenstück zu Kokoschkas ‹Träumende Knaben›.»[89]

Das avantgardistische Wiener Kunstschaffen wird wesentlich gefördert und alimentiert von einem gesellschaftlichen Beziehungsnetz, das Schorske die «zweite Gesellschaft» nennt: Großbürger, Intellektuelle, Gelehrte, höhere Verwaltungsbeamte, Literaten, Kritiker usw. – eine von Juden geprägte liberale Subkultur, die sich gegen Anfeindungen monarchistisch-reaktionärer, protestantisch-antisemitischer und katholisch-konservativer Kreise zu behaupten hat. Schorske schreibt, Freud – und die Kunstavantgarde des Fin de Siècle – hätten dieser liberalen «zweiten Gesellschaft» Wiens in ihrer politischen Unsicherheit, ihren Orientierungsnöten sowie in ihrer gesellschaftlichen und politischen Abwehrposition eine – scheinbar – apolitische Erklärung des Menschen gegeben: «Dadurch, daß er [Freud] seine eigene politische Vergangenheit und Gegenwart zu einer Nebenerscheinung des Urkonflikts zwischen Vater und Sohn reduzierte, schenkte er seinen liberalen Zeitgenossen eine ahistorische Theorie von Mensch und Gesellschaft, die eine aus den Fugen und aus der Kontrolle geratene

---

[88] SCHORSKE 1982:317.
[89] SCHORSKE 1982:326.

IV. Die tanzenden Imperialisten

24. Oskar Kokoschka: aus «Die träumenden Knaben»

Welt leichter zu ertragen erlaubte.»⁹⁰ Das scheinbar apolitische Erklärungs-, Deutungs- und Orientierungsmuster ist eine politische Reaktion, eine Reaktion auf die gesellschaftliche und politische Position, in der sich die «zweite Gesellschaft» befindet und die sie zu meistern bemüht ist: ein Rückbezug menschlicher Existenz auf den Traum und seine Archetypen, auf das «anthropologisch Ewig-Menschliche», dessen Urkraft der sexuelle Trieb ist, eine Reise ins Innere der Triebwelt, um die soziopolitische und sozioökonomische Realität aushalten zu können.

Soviel zum Wiener Beitrag des Phantombildes. Ein Schwenk von Wien nach München; Isadora Duncan ist Begleiterin. Im Jahre 1901, die schrille und giftige Kampagne gegen Gustav Klimt und die Secessionisten ist in vollem Gange, kommt Isadora nach Wien und tanzt im Künstlerhaus – nur vor Kunstschaffenden – ein «Bacchanal».⁹¹ Über Budapest, Venedig, Athen und andere Stationen ⁹² reist sie dann nach München und beabsichtigt, ebenfalls im Künstlerhaus aufzutreten, doch sperrt sich zunächst Franz von Stuck dagegen. Sie besucht ihn in seinem Haus, zieht ihre Tunika an, tanzt und hält einen Vortrag über «die Heiligkeit meiner Mission und über die Entwicklungsfähigkeit des Tanzes als Kunstgattung». Wie überall feiert Isadora auch in München Triumphe. Das Gravitationszentrum der Münchner Künstlerwelt ist Schwabing, Wiege der schon 1892 gegründeten Münchner Secession. Zu ihren Führern gehört Franz von Stuck, Lehrer von Kandinsky und Klee, ein «Meister der Mondänität» (Willy Haas) und Maler dämonischer Weiber. Ferner gehören ihr der Jugendstilpionier Hermann Obrist (die Stilrichtung ist nach der seit 1896 erscheinenden Münchner Zeitschrift «Jugend» benannt) und Alfred Kubin an.

Im April 1901 hat das Künstlerkabarett «Die elf Scharfrichter» Premiere. Zum Ensemble gehört auch Frank Wedekind, der Verfasser der Lulu-Doppeltragödie. Der erste Teil «Erdgeist», wird 1898, der

---

⁹⁰ SCHORSKE 1982:190.

⁹¹ Sie logiert in einem luxuriösen Appartement im Hotel Bristen und wird beinahe von ihrer Zimmergenossin aus religiösem Wahn ermordet («Gott hat mir befohlen, dich zu erwürgen»). DUNCAN 1988:70f.

⁹² Im Badeort Abbazia wird sie vom Erzherzog Ludwig Viktor eingeladen und erregt durch ihren Badeanzug Aufsehen: «Ich trug eine leichte blaue Tunika aus feinstem Crêpe de Chine mit tiefem Ausschnitt, ganz leichten Schulterspangen, einem Röckchen, das nur bis zu den Knien reichte, nackten Beinen und Füßen» – Poiret ante portas; vgl. DUNCAN 1988:79; zu ihrem Münchner Auftritt vgl. DUNCAN 1988:80f.

zweite Teil «Die Büchse der Pandora» 1904 uraufgeführt. Lulu, im ersten Teil als Schlange die Inkarnation der Verführung und des Bösen, läßt sich durch sadistische Flagellation zum lasziven Tanz herausfordern – die dressierte «Bestie»; im zweiten Teil sinkt Lulu ins Dirnenmilieu ab, und das gefährliche Lustobjekt wird schließlich von Jack the Ripper, dem Londoner Lustmörder, umgebracht. Fred Alastair wird durch Lulu zu seinen «Erdgeist»-Illustrationen (Abb. 25) angeregt und Alban Berg zu seiner Lulu-Oper.

Zur Schwabinger Boheme gehören auch Jünger um Stefan George, dessen Liederzyklus «Das Buch der hängenden Gärten» Schönberg vertont, sowie Mitglieder der 1897 gegründeten «Kosmischen Runde», allen voran Alfred Schuler, Ludwig Klages, Karl Wolfskehl; zeitweilig, doch eher am Rande, auch Stefan George selbst. Die Kosmiker suchen in vorklassischen dionysischen und matriarchalen Mythen eine neue Welt- und Gesellschaftsorientierung (die zwei wichtigsten Werke sind Schulers «Blutleuchte» und Klages «Der Geist als Widersacher der Seele»). J. J. Bachofens «Mutterrecht» wird zum Kultbuch. Die Hetäre der Antike – und mit ihr ein Erotizismus der befreiten Frau, doch dienenden Muse des Mannes – nimmt in der Ideenwelt der Kosmiker einen zentralen Platz ein. Franziska Gräfin zu Reventlow, in dieser Zeit die Geliebte Ludwig Klages', des einzigen ihrer vielen Liebhaber, mit dem sie «fliegen konnte», macht sich in «Virgines oder Hetäre», 1899 veröffentlicht, dieses Gedankengut zueigen.[93]

Die Lebensgestaltung und Lebensmeisterung der Gräfin sind gleichsam Illustrationen solcher Entwürfe und lassen ein Lulu-Schicksal besonderer Art sichtbar werden: Sie zelebriert ihr lediges Muttersein; ist Muse und Hetäre für Rilke oder Wolfskehl; ist die bacchantische, irrlichternde Schöne und Wilde auf den Schwabinger Faschingsbällen; hat flüchtige Abenteuer, wenn der «Sturm-Eros» sie wieder erfaßt; prostituiert sich, wenn die Geldsituation wieder einmal hoffnungslos ist. Sie sucht die Freiheit einer Hetäre, doch gerät sie nach der Trennung von Klages in die widersprüchlichsten Abhängigkeiten: «Und ich kann ihn [ihren Lebenspartner für einige Zeit] so absolut nicht lassen, kann freilich auch den vielen Blödsinn pour tout le monde [die Abenteuer] nicht lassen.»[94] In den letzten Jahren (1910–18) lebt sie in Ascona, geht eine Scheinehe mit einem homosexuellen baltischen

---

[93] Vgl. dazu CHRISTIANE 1988:77ff.
[94] Vgl. REVENTLOW 1976, passim, Zitat 373

2. Von der Hofgesellschaft zu den Kosmopoliten

25. Fred Alastair, Illustration zu «Erdgeist»

Baron ein, damit dieser erbberechtigt wird; ihr Anteil an diesem Deal, der ihr endlich finanzielle Erleichterung gebracht hätte, geht im Tessiner Bankenkrach 1914 verloren. Sie stirbt 1918, als sie eine Welttournee mit einem chinesischen Messerwerfer plant – ein Lulu-Drama fürwahr!

Zur Schwabinger Subkultur und – eher flüchtig – zum Beziehungsnetz der Gräfin gehört auch der Psychiater Otto Gross, abtrünniger Schüler von Sigmund Freud, Prophet orgiastischer sexueller Befreiung und matriarchaler gesellschaftlicher Revolution als Gegenentwurf zur patriarchalen Unterdrückung und zum zeitgenössischen wilhelminischen Virilitätsexhibitionismus. Er empfängt wesentliche Impulse aus der Ideenwelt der Kosmiker und lebt seine «Theorien» der freien Liebe in der Praxis aus – ein Schlaglicht dazu: Im Café Stephanie, einem der Treffpunkte des harten Kerns der Schwabinger und Lieblingslokal der Gräfin, sitzt 1907 eine Runde, die eine Postkarte an Else Jaffe, die ältere der beiden Von-Richthofen-Schwestern schreibt. Unterzeichner sind: Edgar Jaffe, Otto Gross, Erich Mühsam, Regina Ullmann (eine Schweizer Dichterin und Analysandin von Gross) und Frieda Weekly, die jüngere der Richthofen-Schwestern. Regina Ullmann und Else Jaffe gebären Kinder, deren Vater Otto Gross ist; Frieda Weekly glaubt sich von diesem gleichfalls geschwängert; Frieda Gross erwartet ein Kind von Ernst Frick, einem Schüler von Gross. Wie Otto Gross wird auch D. H. Lawrence von den Schriften der Kosmiker beeinflußt; Frieda Weekly, seit 1912 Geliebte und Lebenspartnerin von Lawrence, wird dessen erotisch-sinnliche Muse und – so vermutet Martin Green – Mitautorin von «Sons and Lovers».[95]

Ein Schwenk schließlich auf die Berliner Szene – und Isadora Duncan ist wieder mit dabei: 1905 eröffnet Isadora an der Trabener Strasse 16 im Grunewaldquartier eine Tanzschule für kleine Mädchen. Das Haus steht noch heute, ist vor kurzem renoviert worden, doch der Garten ist noch verwildert. Ein Komitee aus Damen der ersten Berliner Gesellschaft ermöglicht die Gründung einer Tanzschule, beabsichtigt jedoch, das Patronat zurückzuziehen, als Isadoras Verhältnis mit Gordon Craig bekannt wird. Die Bankiersgattin von Mendelssohn, die nur wenige hundert Meter entfernt in einer der herrschaftlichsten

---

[95] Vgl. dazu GREEN 1974:89f sowie passim. Zur Biographie von Otto Gross und seiner Beziehung zu Freud vgl. GREEN 1974:32ff; neben Freud und Nietzsche wird Bachofen für seine Theorien zunehmend wichtig und trägt entscheidend zur Entfremdung zwischen Freud und Gross bei. Gross verkehrt sowohl im Kreise der Wiener wie später der Münchner Secessionisten.

2. Von der Hofgesellschaft zu den Kosmopoliten

Grunewald-Villen residiert, ist Emissärin wider Willen, denn ihr wird eine voreheliche Liebschaft mit Gabriele d'Annunzio nachgesagt. Isadora tritt die Flucht nach vorne an, mietet einen Saal der Philharmonie, tanzt, hält einen Vortrag über die idealen Ziele der modernen Tanzkunst und anschließend ein fulminantes Plädoyer für die freie Liebe.[96]

Das Grunewaldquartier – am Ende des Kurfürstendammes und des Halensees – wird seit den späten 1880er Jahren als Villenvorort entwickelt; durch den Villenbau entstehen vier künstliche kleine Seen (Diana-, Königs-, Hertha- und Hubertussee). Der Manierismus in der Architektur, der Fassaden- und Gartengestaltung der Villen ist kaum überbietbar; eine Selbstdarstellung großbürgerlichen Reichtums, die auch heute noch atemberaubend anzusehen ist. Und wer in der Belle Epoque, der Geld, Geist und Genie hat, wohnt nicht alles hier, feiert Feste, gibt Konzerte und Lesungen, veranstaltet Hausbälle und Kostümfeste![97] Der Manierismus der Villen- und Gartenarchitektur des Grunewaldquartiers korrespondiert mit dem tänzerischen Manierismus Isadoras – ein Manierismus nicht des Aufbruchs, wie die Elisabethanische Ära ihn kennt, sondern der Dekadenz, des Krisenbewußtseins, der Indienstnahme des Fremden als Orientierungshilfe.[98] Die avantgardistische Kulturszene Berlins ist Ausdruck dafür, und die in den Grunewald-Villen Residierenden gehören zu den wichtigsten Mäzenen dieses Kunstschaffens und Kunstmarktes.

Mit der Berliner Kunstszene rückt auch der Kaiser wieder ins Blickfeld, denn er ist nicht nur Fest- und Tanzimpresario, sondern nach seiner Selbsteinschätzung auch ein Kunstexperte, der Bilder malt und allegorische Entwürfe zeichnet – wer immer seine Hand dabei

---

[96] DUNCAN 1988:125ff.

[97] Samuel Fischer, Carl Fürstenberg, Maximilian Harden, Gerhart Hauptmann, Alfred Kerr, Else Lasker-Schüler, Otto Lessing, Franz von Mendelssohn, Max Planck, Walther Rathenau, Max Reinhardt, Hermann Sudermann, Hans Ullstein, Franz und Wilhelm Wertheim und manch anderer aus dem Berliner Großbürgertum – ein Biotop der mondänen Welt. Vgl. dazu GLÄSER (u.a.) 1988:176ff.

[98] 1906 studiert sie mit ihren kleinen Schülerinnen zur Musik von Beethovens Neunter Symphonie einen Reigentanz ein: «Ich lehrte sie die Kunst, ihre zarten Glieder im Reigentanz zu verflechten und wieder zu entwirren – wie die Amoretten auf einem pompejanischen Fries und die jugendlichen Grazien Donatellos, wie die luftigen Geister aus dem Gefolge Titanias» – Allegorien, die an den Fassaden der Grunewalder Villen prangen oder die Gärten und Grotten zieren; vgl. DUNCAN 1988:145.

führen mag. Sei es bei Preisverleihungen, Mitgliedsernennungen in der Kunstakademie, bei der Bilderauswahl für offizielle Ausstellungen oder beim Ankauf von Werken für staatliche Museen, der «Hohe Herr» sieht nach dem Rechten, unterstützt durch Anton von Werner, einen Porträt- und Historienmaler, dessen starke Hand in allen offiziellen Gremien dafür sorgt, daß das wilhelminische Kunstverständnis nicht durch fremde – insbesondere französische und jüdische – Einflüsse ‹angekränkelt› wird. Der kaiserliche Kunstaktivismus – in Wort und Tat – führt sogar im Februar 1904 zu einer heftigen Debatte im Reichstag; die Kritik geht durch alle Parteien, doch ist das kaiserliche Selbstbewußtsein nicht zu erschüttern. Als 1908 der Direktor der Nationalgalerie, Hugo von Tschudi, beabsichtigt, Werke französischer Maler zu erwerben, dazu jedoch die kaiserliche Genehmigung braucht, bleibt Wilhelm II. vor einem Gemälde von Delacroix stehen und bemerkt, «so etwas könne der Direktor einem Herrscher zeigen, der nichts von Kunst versteht, aber nicht ihm».[99] Als derselbe Museumsdirektor seinem hohen Gast ein Landschaftsbild von Walter Leistikow zeigt, das einen Sonnenuntergang über den schwarz-grünen Kiefern des Grunewalds darstellt, streitet der Kunstmogul ungnädig und ungehalten jede Naturwahrheit ab: «Er kenne den Grunewald und außerdem wäre er Jäger.»[100]

Walter Leistikow ist die treibende Kraft der Berliner Secession, und der Bannstrahl des kunstverständigen Herrschers richtet sich vor allem gegen diese Künstlervereinigung, gegen die «Hydra Secession» und die «amoralische Rinnsteinkunst», die von dieser geschaffen bzw. gefördert wird. Auf die bewegte Geschichte dieser Vereinigung von Künstlern und Kunstfreunden mit all ihren Kämpfen gegen äußere Anfeindungen und all ihren inneren Zerwürfnissen, kann hier nicht eingegangen werden; Peter Paret hat darüber eine Monographie geschrieben. Nur soviel: Schon im Herbst 1892 brechen im «Verein Berliner Künstler» heftige Konflikte wegen einer geplanten Ausstellung mit Bildern Edvard Munchs aus; durch eine große Mehrheit der Mitglieder wird diese auch verhindert. Der unterlegene Teil beschließt, eine «Freie Künstlervereinigung» zu gründen; Berliner Zeitungen schrei-

---

[99] PARET 1981:232; zur Debatte im Reichstag vgl. PARET 1981:201 ff.
[100] PARET 1981:70; kein Zweifel, der Kaiser empfiehlt nicht grundlos seinen Offizieren, Häuser zu meiden, in denen auf Festen modern getanzt wird, denn hier treffen sie auch die nach dem neuesten Pariser Modeschrei drapierten Damen und werden mit der «amoralischen Rinnsteinkunst» konfrontiert; insbesondere die Grunewald-Villen sind Brutstätten solcher subversiver Indoktrinationen.

2. Von der Hofgesellschaft zu den Kosmopoliten

ben von einer Secession. Die Formierung der eigentlichen «Secession» erfolgt jedoch erst 1898: Erster Präsident ist Max Liebermann; Walter Leistikow, wie erwähnt, die treibende Kraft. Den entscheidenden Antrieb erhält die Bewegung 1899 durch die Vettern Bruno und Paul Cassirer, jüdische Verleger und Kunsthändler, die schon vor der Jahrhundertwende in ihren Galerieräumen moderne französische Künstler ausstellten. Sie übernehmen die Verwaltung der Secession, die Organisation ihrer Ausstellungen und den Verkauf. Sie gestalten und drucken Kataloge; Bruno Cassirer gründet 1902 die bedeutendste Kunstzeitschrift des deutschsprachigen Raumes, «Kunst und Künstler», und fördert in seinem Verlag Kunstbücher. Mit Unterstützung reicher Mäzene, darunter Walther Rathenau, Richard Israel, Julius Stern und Carl Fürstenberg, wird an der Kantstraße 12 ein Gebäude für Ausstellungs- und Galerieräume errichtet und am 20. Mai 1899 mit einer Eröffnungsausstellung eingeweiht – ein gesellschaftlicher Großanlaß. Die Kantstraße 12 mit ihren Ausstellungen und den in der Galerie angebotenen Werken wird zum wichtigsten Vermittlungszentrum nationaler und internationaler Kunst moderner Richtung in der Reichshauptstadt – und entsprechend von den orthodoxen Künstlern und Kunstexperten, mit schrillen antisemitischen Tönen, angefeindet. Alle großen Namen der Moderne finden in der Kantstraße eine Ausstellungsgelegenheit: von den Franzosen bis zu den führenden Malern der «Brücke» und des «Blauen Reiters». Das Motiv des dämonisierten Weibes taucht auch hier in den Ausstellungen auf, so etwa Edvard Munchs «Vampir», Max Liebermanns «Simson und Dalila», Lovis Corinths «Furien», doch lassen wir es genug sein.

Ein Phantombild ist seiner Funktion nach ein Fahndungsinstrument: ein Experimentieren mit auswechselbaren Teilen auf der Suche nach Annäherung an die Realität. Das war auch unser Bemühen, und wir haben dazu zwei Bilder verwendet (Abb. 23 und 24), damit das «name dropping» durch Anschauung Gestalt und Farbe erhält. Erinnern wir uns: Klimts «Judith» und Kokoschkas «Träumende Knaben»; Franz von Stucks «Salome» und Alfred Kubins «Die Spinne»; Wedekinds «Lulu», die Kosmische Runde und die Gräfin; Edvard Munchs «Vampir» und Max Liebermanns «Simson und Dalila» – der auswechselbaren Bildelemente ist kein Ende, und jede Ersetzung des einen durch ein anderes verändert das schillernde Bedeutungsspektrum eines zentralen Motives der künstlerischen Avantgarde in der Belle Epoque: das androgyne Weib, dämonisch lockend, verführend, bedrohend – Auslöserin von männlichen Urängsten im Geschlechterkampf, doch darüber hinaus auch Projektionsträgerin von Gewißheitsverlusten, Orientierungsnöten, apokalyptischen Vorahnungen – apokalyptisch in doppeltem Sinne: als Untergang des Bösen wie auch als Hoffnung auf einen Neuanfang. Das dämonische Weib als Fahndungsinstrument für eine Welt im Erklärungsnotstand. Das Politische wird ins Apolitische abgedrängt und erhält gerade deshalb eine politische Aufladung. Freuds Offerte, den Menschen von seinen archetypischen Grundlagen her zu verstehen, oder die Ästhetisierung des Dämonischen in der Kunst sind nur Varianten, um die Ungewißheit administrierbar zu machen. Symptomatisch für die paradoxe Gestaltung des Zerrissenen sind die Futuristen, die begeisterten Verkünder der modernen Lebensdynamik: Sie sind zugleich die Apologeten des Krieges als «einzige Hygiene der Welt» und fordern programmatisch «die Verachtung des Weibes».[101]

Wozu soll dieses hochbesetzte Suchbild dienlich sein? Wird es mit den transatlantischen Tänzen und den mit ihnen korrespondierenden Modeströmungen der Hautevolee in Verbindung gebracht, so führt die Gegenüberstellung auf eine heiße Spur. Um 1908/09 wird eine Schwelle schärfer sichtbar: «the Good Years» in ihrer Endphase. Erinnern wir uns an die wenigen Stichworte, die vorgängig genannt wurden, an das Ballet Russe, das 1909 nach Paris kommt, an Kokoschkas «Träumende Knaben» und seinen Einakter «Mörder, Hoffnung der Frau», an Schönbergs Liederzyklus «Das Buch der hängenden Gärten» oder an das Programm der Futuristen. Dutzende weiterer Stichworte müßten – kunstsparten- und länderübergreifend – genannt werden.[102] Die letzten Jahre vor dem Ausbruch des Weltkrieges zeichnen sich durch ein atemberaubend hektisches und verwirrendes

---

[101] So in ihrem 1910 in Paris veröffentlichten Programm: «Schönheit gibt es nur im Kampf. Ein Werk ohne aggressiven Charakter kann kein Meisterwerk sein. (...) Wir wollen den Krieg verherrlichen – diese einzige Hygiene der Welt – den Militarismus, den Patriotismus, die Vernichtungstat der Anarchisten, die schönen Ideen, für die man stirbt, und die Verachtung des Weibes.» Vgl. BAUMGARTH 1966:26. Werner Haftmann charakterisiert den Futurismus folgendermaßen: «Er entsteht aus einem begeisternden Ja-Sagen zu den neuen Tatsachen der modernen Zivilisation und ihren umwälzenden technischen und wissenschaftlichen Entdeckungen. Er empfindet den Aktivismus als Triebkraft des die Technik beherrschenden Menschen, die Geschwindigkeit als das Kennzeichen der modernen Lebensdynamik, den universalen Dynamismus als Kern der modernen Weltvorstellung.» Vgl. HAFTMANN 1987:112.

[102] Vgl. dazu GÜNTHER UND SCHÄFER 1975:161f.

Suchen nach neuen künstlerischen Ausdrucksformen aus, um neue Sinnhorizonte aufzubrechen und existentielle Ängste zu bändigen. Dieses Suchen ist Teil einer Kulturkrisenstimmung, die sich wie ein Flächenbrand ausbreitet; es sind Bewältigungsbemühungen in einer Zeit rasanten wissenschaftlichen, technischen und industriellen Wandels, einer Epoche des gesteigerten Nationalismus, Imperialismus, Chauvinismus sowie Rassismus, der sich immer aggressiver gegen das jüdische Großbürgertum und auch gegen unsere Projektionsträgerin, das dämonisierte Weib, richtet und das Phantombild entsprechend verändert. Das fieberhafte Suchen entspringt der Sehnsucht nach adäquaten Deutungs- und Orientierungsmustern in den Jahren, in denen sich immer mehr dunkle Wolken am europäischen Himmel zusammenballen, bedrohend für die einen, als reinigendes Gewitter von anderen erhofft.

Und die tanzenden Kosmopoliten? Ihr Verhalten markiert eine Schwelle: Erst nach 1908/09 setzen sich in den Modebädern und den Metropolen die transatlantischen Tänze voll durch – ein Tanzen, das – wie schon zitiert – «eine völlige Umstellung und Umwertung des inneren, wie des äußeren Menschen erfordert».[103] Die One- und Twosteptänze werden immer wilder, und immer neue Varianten erobern die Tanzflächen; ein Gutteil der Arche Noah wird zur Namensgebung mobilisiert: neben dem Turkey Trot der Grizzly Bear, der Fox Trot, der Bunny Hug, der Kangaroo Dip, der Chicken Scratch. Der Grizzly Bear wird Vorlage für den Schlagertext «I Would Like to Try It», in dem ein Mädchen sich bitterlich beklagt: «But mother said I shouldn't dare, To try and do the Grizzly Bear.»[104] Auch die Rhythmen werden immer mehr synkopiert; noch kurz vor Kriegsausbruch erreicht der Ragtime die alte Welt. Kurz, «Everybody's Doin' It»; dies ist der Titel eines äußerst populären Songs, der sich auf das wilde Tanzen bezieht und als Hit zu «Everybody's Overdoin' It» abgewandelt wird.[105]

In den zu Ende gehenden «Good Years» wird auch die Tangogrippe immer virulenter; die Fieberkurve steigt alarmierend. Seitenlang berichten die Gesellschaftsspalten und Modezeitschriften über die Tangobesessenheit der Hautevolee, über Tangoturniere, neu eröffnete

---

[103] Vgl. Anmerkung 23.
[104] «Ich möchte es gerne ausprobieren, aber Mutter sagt, ich soll's nicht wagen, den Grizzly Bear zu tanzen.»
[105] «Alle tun's»; «Alle übertreiben's», COWLES 1967:235f.

Tangotanzschulen und -clubs. Neben Wilhelm II. erläßt auch der Zar ein Tangotanzverbot, und der Papst will es ihnen – erfolglos – gleichtun. Allen Widerständen zum Trotz sind auch Angehörige der Spitze der Gesellschaft mit dabei; ein Londoner Magazin veröffentlicht beispielsweise eine Liste der zehn Society ladies, die am besten Tango tanzen, allen voran Lady Randolph Churchill.[106] Ein Mitglied der Französischen Akademie hält beim Jahrestreffen von 1913 eine Verteidigungsrede zugunsten des argentinischen Fremdlings. Man dürfe ihm seine dubiose Herkunft nicht ankreiden, denn sogar die anmutigsten höfischen Tänze, einschließlich des Menuetts und der Gavotte, hätten sich aus derben Bauerntänzen entwickelt.[107] Insbesondere der männliche Teil der Jeunesse dorée findet im tangotanzenden Latin lover eine neue Identität, «twining and twisting in and out of those gliding, dragging measures with a sharp click at the end, as when a peacock clicks open the fan of its tail, their impassive virility contrasting piquantly with a flashing wrist-watch, a sparkle of rings and a silk handkerchief reeking of Coty».[108] Und der weibliche Teil der Jeunesse dorée sowie der Hautevolee insgesamt?

Mit der Entthronung des Walzers hat auch das Stützkorsett ausgedient. Poiret übernimmt das Modezepter, sekundiert von weiteren Künstlern der Pariser Haute Couture wie Bakst, Paquin, Lanvin, Cheruit, um nur diese zu nennen. Unter ihrem Diktat wird die Damenmode in Schnitt und Farbe immer extravaganter und exotischer. Die Brust- und Rückenausschnitte werden noch tiefer, die Seitenschlitze noch höher, die Stoffe noch durchsichtiger, die Farben noch bunt-kontrastierender: «We are garbing ourselves like Solomon in all his glory», berichtet die Modejournalistin der New Yorker «Tribune» im März 1913 aus Paris ; «India, the Orient, all the corners of the world have been scoured for fabrics and ideas. We are to unite every colour of the rainbow on our persons. If we have a yellow skirt

---

[106] ELEGANTE WELT, Märznummer 1914; Artikel «London – Paris – Berlin – ein Stück ‹vergleichende Tanzwissenschaft›»; siehe Abb. 26.
[107] COWLES 1967:212.
[108] «Sie schlingen sich hinein in diesen gleitenden, schleifenden Rhythmus und winden sich wieder hinaus mit einem scharfen Klicken am Schluß, wie wenn der Pfau seinen Schwanzfächer öffnet, ihre leidenschaftslose Männlichkeit kontrastiert pikant mit einer glänzenden Armbanduhr, mit funkelnden Ringen und einem seidenen, nach Coty riechenden Taschentuch.» Cowles schreibt in diesem Zusammenhang: «At tea rooms in Rome and Venice and Florence tango-partners, looking like Rudolph Valentinos, set the pace.» COWLES 1967:212. Vgl. auch die Schilderung eines Pariser Tangolokals in ELEGANTE WELT, Märznummer 1914.

2. Von der Hofgesellschaft zu den Kosmopoliten 339

26. Tanzende Kosmopoliten am Rande des «Abgrundes»
(«Elegante Welt» 1914)

we are to balance it with a green coat and a purple hat (...) We are to walk abroad looking like Post-Impressionist pictures, .or Futuristic efforts or Cubist atrocities. Art and Fashion have joined hands and sworn allegiance (...).»[109] In der Tat: Rückt die im Poiret- oder Bakst-Kleid tangotanzende Gesellschaftsdame nicht assoziativ das androgyne, dämonisierte Weib ins Bild, unser Schlüsselmotiv der künstlerischen Avantgarde? Ist diese tangotanzende Gesellschaftsdame nicht gleichsam eine Projektionsträgerin in Fleisch und Blut, die Sehnsüchte, Lust, doch immer mehr auch Ängste und Aggressionen auslöst? Die Inkarnation eines solchen lebenden Bildes ist Marchesa Luisa Casati, Star der mondänen Welt aller Metropolen. Wo sie hinkommt, ist sie Pace-setterin. Diaghilev sucht ihren Rat, Bakst entwirft Kleider für sie; Augustus John porträtiert die Marchesa, sie steht den Bildhauern Boldini und Epstein Modell und wird von Gabriele d'Annunzio gepriesen. Sie trägt künstliche Augenwimpern, ihr Gesicht ist schneeweiß, die Augenlider sind schwarz, das Haar wird kastanienbraun gefärbt und hochgesteckt. Auf einem ihrer märchenhaft verschwenderischen Feste empfängt sie die Gäste in einem von Bakst angefertigten Hosenkleid als Dompteuse, auf den Schultern einen Makao, in den Armen einen Affen und zur Seite einen wilden Leoparden, von einem Tierwächter gehalten – Lulu live. Sie pflegt mit einer Kollektion lebender Schlangen, die in satinierten Kisten verpackt sind, zu reisen und trägt auf Festen zuweilen ein Schlangenhalsband; wird sie gefragt, ob es altägyptisch sei, lächelt sie wie die Sphinx und wartet, bis sich das Halsband bewegt.[110] Gewiß, Marchesa Casati ist ein leuchtender Komet am Firmament, doch an Sternchen mit weniger Strahlungskraft, die ihr nacheifern, ist kein Mangel: «Die Augenränder mit schwarzem Stift nachgezogen, eine Hand auf die Hüfte gelehnt, überlangsam im wiegenden Gange oder im schleppenden Tangoschritt – das war die Mondäne, die vom Sultan der Mode kostümiert, der Weltkatastrophe entgegentanzte.»[111]

---

[109] «Wir kleiden uns wie Salomon in all seiner Pracht. Indien, der Orient, jeder Winkel der Welt sind nach Stoffen und Ideen durchstöbert worden. Wir sollen jede Farbe des Regenbogens auf uns vereinigen. Wenn wir einen gelben Rock tragen, sollen wir ihn mit einem grünen Mantel und einem purpurnen Hut ausbalancieren. (...) Wir sollen herumlaufen wie postimpressionistische Bilder oder wie futuristische Experimente und kubistische Scheußlichkeiten. Kunst und Mode haben sich die Hand gereicht und sich Treue geschworen.» Zit. nach COWLES 1967:175f.

[110] COWLES 1967:165ff.

[111] LATOUR 1956:159. Die Verbindung von Modeexzessen und bedrohlicher

2. Von der Hofgesellschaft zu den Kosmopoliten

Wahrlich ein «Defiant Swan Song» – so der Titel eines Werkes von Virginia Cowles, in dem sie Leben und Treiben der Hautevolee von Petersburg, Wien, Rom, Berlin, Paris, London bis New York vor dem Abgrund schildert: wild, bunt, lasziv, überbordend, bacchantisch – der Totentanz einer dem Untergang geweihten Welt. Wir verzichten darauf, diesen «Defiant Swan Song» mit seiner Pracht und seinem Luxus zu illustrieren, doch gänzliche Abstinenz verschreiben wir uns nicht, denn mit dem dekadenten Manierismus der Kostümfeste läßt sich ein kapitelüberbrückender Bogen spannen. Am 9. April 1913 laden Sir James, der britische Botschafter in Rom, und seine Gattin, Lady Rodd, über tausend Gäste zu einem Kostümfest ein. Dem Modetrend solcher Anlässe entsprechend, erscheinen die Geladenen gruppenweise und stellen als lebende Bilder ein historisches Motiv, ein sogenanntes «Tableau» dar. Die Motive reichen von der griechischen Klassik bis zur italienischen Renaissance, von Arabien bis zum Hof Louis XV. Die arabische Gruppe, an der Spitze der österreichische Marineattaché, Prinz von Liechtenstein, führt einen gewagten, schwül-laszive orientalischen Tanz vor. Kontrastierend dazu tanzen Louis XV und sein Hofstaat ein Menuett. Der historischen Phantasie sind keine Grenzen gesetzt; unter anderen dienen auch Leonardo da Vinci, Michelangelo und Bernardo Castiglione als Vorlage. Selbstverständlich ist Marchesa Casati mit von der Partie und sticht in einem von Bakst entworfenen goldenen Kostüm als Sonnengöttin alle aus; sie ist umgeben von Satelliten mit vergoldeten Gesichtern. Lady Rodd erscheint als Juno, begleitet von einer Schar homerischer Helden. Sir James hat Bedenken, sich dieser Gruppe einzufügen: «I could not well take part in my wife's classical group as an Olympian deity, but I had no hesitation in assuming the part of an Elizabethan Ambassador, and my costume was a copy, made at home, of the famous Court suit of Sir Walter Raleigh, only that the real pearls with which its white silk was

---

politischer Situation wird auch von den Zeitgenossen thematisiert. In der TIMES erscheint beispielsweise am 16. Juli 1913 von einem anonymen Korrespondenten ein kritischer Bericht über die Damenmode der Hautevolee; darin heißt es unter anderem: «It is interesting to note that the Bacchanal rage has fallen upon women at a time when much is in the melting-pot, at a time of world restlessness, of war abroad, of constitutional crisis at home, of social misery everywhere. It is difficult to see the connection between fashions and such things, or to say which is cause and what effect, or to determine how much our almost bare feet and quite bare arms and neck owe to Mr Asquith's indifference to stable government or to the anarchy in the political and artistic world (...)» zit. bei COWLES 1967:35.

studded were replaced by beads which a well-known Roman industry supplies. Dering, the Counsellor, supported me as Sir Francis Drake, and we received the guests in the ballroom, conversing with Count San Martino, gorgeously attired as the envoy of Ivan the Terrible.» So einfallsreich die Kostümierung ist, so international setzt sich die erlauchte Gästeschar zusammen. In seinen Erinnerungen bekennt Sir James: «We little imagined then that a year later they were to be divided in the fiercest struggle in human annals. For me personally that historic ball, which was one of the last great social events before the breaking up of the old order, has therefore always seemed to have a certain analogy with the famous ball at Brussels on the eve of Waterloo.»[112]

Einen Monat später, am 24. Mai 1913, feiert die Kaisertochter Sissy Hochzeit. Wilhelm II. trägt als Ehrenkommandant die Uniform der English Royal Dragoons und den russischen Andreas-Orden, Georg V. von England die Uniform seines preußischen Kürassierregimentes und den höchsten preußischen Orden, jenen des Schwarzen Adlers, der russische Zar die Uniform eines preußischen Husarenregimentes

---

[112] «Ich konnte mich nicht gut als olympische Gottheit der klassischen Gruppe meiner Frau anschließen, aber ich zögerte nicht, die Rolle eines elisabethanischen Gesandten zu übernehmen, und mein Kostüm war eine hausgemachte Kopie des berühmten Hofkleides von Sir Walter Raleigh, nur daß die echten Perlen, mit denen dessen weiße Seide bestückt war, durch gläserne ersetzt wurden, welche eine bekannte römische Fabrik herstellt. Dering, der Kanzler, unterstützte mich als Sir Francis Drake, und wir empfingen die Gäste im Ballraum, wo wir mit dem Grafen San Martino plauderten, der sich als Gesandter von Ivan dem Schrecklichen prächtig ausstaffiert hatte.» «Wir hatten damals keine Ahnung, daß sie ein Jahr später im grimmigsten Kampf der menschlichen Annalen entzweit werden sollten. Für mich persönlich schien dieser historische Ball, der eines der letzten großen gesellschaftlichen Ereignisse vor dem Zusammenbruch der alten Ordnung war, deshalb immer eine gewisse Analogie mit dem berühmten Ball von Brüssel am Vorabend von Waterloo zu haben.» Sir James Rennell Rodd, «Social and Diplomatic Memories», zit. bei COWLES 1967:164f. Im Juni 1913 findet in der Albert Hall ein Kostümfest statt, zu dem der Hof von Versailles im Jahre 1680 als Vorlage dient: Louis XIV gibt einen Empfang aus Anlaß der Hochzeit des Dauphin. Die russische Primaballerina Anna Pavlova tanzt einen Walzer und ein Menuett, vom Ballet Russe unterstützt (gewiß, eine etwas ahistorische Kombination); vgl. COWLES 1967:31. Ein steinreicher und blutjunger Versicherungserbe, James Hazel Hyde, berühmt für seine luxuriösen Feste und seine Liebe zur französischen Kultur, veranstaltet am 31. Januar 1905 in New York einen Ball; als Festmotiv wählt er den Hof von Louis XV, und er läßt für dieses gesellschaftliche Ereignis die berühmte Schauspielerin Gabrielle Réjane aus Paris kommen, die in einer Komödie auftritt, die speziell für diesen Anlaß geschrieben wurde; vgl. LORD 1962:100f. Vielleicht ist der Kaiser doch nicht so «out of step».

und ebenfalls den Schwarzen-Adler-Orden. Nach der ‹Zeremonientafel› schließt sich im Weißen Saal ein Fackeltanz, eine Art höfischer Pavane, an (Abb. 27). Bei einem Umgang wird die Braut vom englischen König und vom russischen Zaren geführt; bei dieser Gelegenheit bemerkt der letztere zur Neuvermählten: «Ich wünsche Dir, daß Du auch so glücklich wirst, wie ich es bin.»[113] Wenig mehr als ein Jahr später «gehen in Europa die Lichter aus». Der Kaiser, der Zar und der englische König lassen wohl ihre fremden Uniformen und Orden in der Requisitenkammer verstauen: auch das ein historisches «Tableau», doch der Anlaß ist kein Kostümball, sondern ein höfischer, herrschaftszelebrierender Tanz der Mächtigen.

Ja, «The Good Years»; das letzte Kapitel des Werkes von Walter Lord ist überschrieben mit «The Last Summer». Die amerikanischen Kosmopoliten haben den Tangovirus, mit dem sie sich auf ihrem europäischen «golden circuit» infiziert haben, an die Ostküste gebracht. Im Vorsommer 1914, in der Schwüle des heraufziehenden Gewitters, breitet sich das Tangofieber gleich einem Präriebrand über die Great Planes nach Westen aus. In Denver tanzen am Schlußabend des «Elks' jamboree» Tausende auf der Straße Tango. In Little Rock macht sich die Lokalpresse Sorgen wegen des «tango face». In Muskogee, Oklahoma, beschäftigt sich der «Daily Phoenix» mit dem gleichen Problem: «The effort of trying to look proper while dancing the tango must be very tiring to the facial muscles of the up-to-date woman.»[114] Mitte Juli, die verhängnisvollen Schüsse von Sarajevo sind schon gefallen, annonciert der «State-Leader» von Cheyenne, Wyoming, für vier Dollar ein hochgeschlitztes Tangokleid als «very nobby and all the rage».[115] Dazu Walter Lord: «The ad was right. This was indeed the summer of the tango.»[116]

---

[113] VIKTORIA LUISE 1965:101 f. Vgl. auch COWLES 1967:76.
[114] «Das Bemühen, beim Tangotanzen gut auszusehen, muß für die Gesichtsmuskeln der modernen Frau sehr anstrengend sein.»
[115] «Sehr schick und alles ist wild danach».
[116] «Die Annonce hatte recht. Dies war tatsächlich der Sommer des Tangos.» LORD 1962:312.

344 IV. Die tanzenden Imperialisten

27. Hochzeit der Kaisertochter Viktoria Luise mit Herzog Ernst August von Braunschweig im Mai 1913: Fackeltanz im Weißen Saal des Berliner Schlosses. (Neben der Braut Zar Nikolaus II. und König Georg von England.)

3. In Europa gehen die Lichter aus – und danach?

Der Tanz der Kosmopoliten über dem Abgrund ihrer eigenen Welt findet sein Ende in einer Katastrophe bisher ungeahnten Ausmaßes. Abgesehen vom immensen Zerstörungswerk des industrialisierten Weltkrieges mit seinen Millionen von Toten wälzt dieser kollektive Zerstörungsakt auch fast alle politischen Verhältnisse um. Erwähnt seien nur die russische Revolution, der Zerfall der Entente mit ihrer Bündnisautomatik, die Gründung des Völkerbundes, der Aufbau der Weimarer Republik. Dazu gesellt sich eine völlig neue wirtschaftspolitische Orientierung des alten Kontinents. Europa hat seine finanzielle Hegemonie verloren. Frankreich, Italien und England müssen Auslandsschulden in unvorstellbarem Maße begleichen, während ihre eigenen Guthaben in Rußland auf Null abgeschrieben werden. Deutschland gerät wegen der Reparationszahlungen seinerseits in starke finanzielle Abhängigkeit von den Financiers der Wall Street, den neuen Gläubigern der Welt. Gleichzeitig boomt, trotz verschiedener Krisenerscheinungen, die Wirtschaft lateinamerikanischer Länder[117], und Argentinien und Brasilien entwickeln sich zu den wichtigsten Zielländern der europäischen Emigration.[118]

Über diesen Wandel der ökonomischen, finanziellen, politischen und sozialen Verhältnisse hinaus stellt der Krieg auch einen tiefen Einschnitt in das gesamte kulturelle Milieu dar. Fast alles, was vor dem Krieg Gültigkeit besessen hat, muß nach 1918 neu bewertet und gedeutet werden. Spätestens jetzt findet das lange 19. Jahrhundert, das man auch das bürgerliche genannt hat, ein Ende.

Der finanzwirtschaftlichen Ausrichtung Europas auf die USA und der erhöhten Bedeutung Südamerikas als Auswanderungsziel und wachstumsträchtiger Wirtschaftszone entspricht ein erhöhter Stellenwert nord- und lateinamerikanischer Tänze auf dem europäischen

---

[117] Brasilianische Baumwolle entwickelt sich zusammen mit dem Kaffee zu einem wichtigen Exportgut; die Viehzucht in den südlichen Staaten erfährt, zusammen mit dem Bergbau (Eisenerz und Kupfer) und der Industrie eine beachtliche Entwicklung. Venezuela, das seit 1918 Öl exportiert, produziert 1930 bereits 10% der Weltproduktion des schwarzen Goldes. Kolumbien verdoppelt seinen Außenhandel, vor allem mit Kaffee, Kakao, Zucker und Öl. Lateinamerika verspricht in den 1920er Jahren eine sichere Wachstumszone zu werden. Vgl. MOWAT 1980:597–598.

[118] Daran sind vor allem die Einwanderungsbeschränkungen der USA schuld. Vgl. FISCHER 1987:37.

Kulturmarkt. Zwar hat sich dieser Einfluß schon vor 1914 bemerkbar gemacht, nach dem Weltkrieg verstärkt er sich jedoch noch und steht unter ganz anderen politischen und sozialen Vorzeichen: Die ‹Roaring Twenties› sind vor allem im Lichte der Demokratisierung des Gesellschaftstanzes in der neu entstandenen Freizeitkultur der europäischen Mittelschicht zu verstehen. Jetzt ist es nicht mehr die dekadentgelangweilte kosmopolitische Schickeria der Vorkriegszeit, welche in ihrer Suche nach exotischen Ausdrucksformen dem Tango und Cakewalk frönt. Vertreter einer ganz anderen sozialen Schicht, vor allem auch Angestellte mit ihren eigenen Vergnügungsbedürfnissen, entpuppen sich als begeisterte Fans amerikanisch geläuterter Afro-Rhythmik.

Was diese Ausrichtung auf Amerika den autoritätsüberdrüssigen Europäern bringt, ist eine ganze Reihe emanzipatorischer, individualisierter Tänze. Im Winter 1920/21 macht der Shimmy, ein dem Foxtrott verwandter Gesellschaftstanz, mit seinen Schüttelbewegungen Furore. Als müßten sie die peinigende Erinnerung an Krieg und Vernichtung abschütteln, tanzen sich die Europäer, angetrieben von synkopierten, jazzartigen Ragtimerhythmen in ihr Vergessen hinein. Wo es zu langsam zu- und hergeht, werden die Tempi erhöht. Der mittlerweile eher gemütliche Foxtrott zum Beispiel wird in einen «quick foxtrot» oder Quickstep verwandelt. Ein weiterer Marktleader im Tanzgeschäft ist der Charleston – mit seinen wilden «side-kicks» wie der Shimmy ein körperlicher Ausdruck des Versuchs, sich von allen Zwängen, insbesondere jenen der Vergangenheit, zu trennen. Im schnellen Charleston erfährt der Offbeat eine beachtliche Akzentuierung, was den wilden, ungezähmten Charakter des Tanzes noch betont.[119] In einigen Hotels, die sich kommerziell zwar gerne an der neuen Tanzwut beteiligen und ihren Gästen nun Tanzgelegenheiten anbieten, werden die Tänzer allerdings mit dem Hinweis «P. C. Q.» (Please Charleston Quietly) zur Vorsicht beim Charleston gemahnt, falls dieser nicht gleich untersagt wird.[120] Ein Tanz, der offen, ohne physisch sichtbare Verbindung des Paares getanzt wird, mag manchem Hoteldirektor doch allzu gewagt erschienen sein.

Die Tanzwelle der zwanziger Jahre bewirkt nicht zuletzt auch eine veränderte Nachfragesituation auf dem Gebiet der Tanzmusik. Jazz und Ragtime gehören jetzt zu den wenigen Importgütern in Europa,

---

[119] Dazu auch bei SCHÄR 1991:92–96.
[120] RUST 1969:91.

die nicht mit Devisen bezahlt werden müssen. Hinter den Zollschranken zurück bleibt allerdings das revolutionär-unheimliche Moment des Jazz'; zu fremd ist offenbar den Europäern seine Improvisation. Das symbiotische Verhältnis von Tanz- und Jazzband macht deutlich, daß die Tanzbegeisterten der ‹Roaring Twenties› vor allem einen europäisierten und reduzierten Jazz serviert bekommen wollen. Zusätzliche Quellen der Beunruhigung hat man nicht nötig. So wird denn auch Paul Whiteman, einer der bekanntesten Bandleader der 1920er Jahre, mit dem Titel «King of Jazz» bedacht, obwohl er noch bis in die frühen zwanziger Jahre hinein seine Tanzband mit der Violine anführt und grundsätzlich nur nach Noten spielt, also klar der Tradition europäischer Salonmusik des 19. Jahrhunderts verpflichtet ist. Die Amerikanisierung des europäischen Tanzwesens hat deutliche Grenzen. Immerhin: Auch Whiteman legte schließlich seine Geige zur Seite. Blechblasinstrumente, Saxophon, Klavier, Banjo und Schlagzeug bilden bald darauf die Standardausrüstung einer durchschnittlichen Tanzband der Zwischenkriegszeit.[121]

Was den Tanz des 20. Jahrhunderts aber grundsätzlich von der Tradition abhebt, sind nicht bloß latein- und afroamerikanische Einflüsse sowie der Wandel in der Instrumentierung, sondern darüber hinaus vor allem auch ein technisch-kommerzieller Umbruch: Musik wird, für geringes Geld, beliebig reproduzierbar. Allein im Jahre 1929 werden in Deutschland 30 Millionen Schallplatten und über 427 000 Plattenspieler verkauft.[122] Radio und Grammophon tragen Tanzmusik in jedes Wohnzimmer hinein, wo Gäste von Geburtstagsparties und kleinen Familienfesten zu aufreizenden Rhythmen aus Havanna und New Orleans tanzen können. Die damit verbundene Kommerzialisierungswelle kreiert ihre eigenen Stars und Schlager, macht die Melodien einzelner Tanzbands allgegenwärtig und im höchsten Maße populär. Eine starke Standardisierung ist dabei offenbar unumgänglich. Manche Tänze müssen für das immer weniger exklusive Tanzpublikum speziell europäisiert, vereinfacht und normiert werden. Einer fast schon tayloristisch anmutenden Behandlung wird die Musik dort unterzogen, wo sie über Radio und Grammophon für Massenkonsum aufbereitet werden soll. So legen die englischen Tanzlehrer in einer Konferenz vom 14. April 1929 fest, daß ein schneller Foxtrot oder Quickstep pro

---

[121] GROVE Bd. 5 1980:217.
[122] BLAUKOPF 1977:26 und 16, zit. nach SCHÄR 1991:40.

Minute 54 bis 56 Takte enthalten, ein langsamer Walzer 36 bis 38 und ein Tango 30 bis 32 Takte haben soll.[123]

Der Übergang zur Massenproduktion und zum Massenkonsum auf dem Gebiet der Tanzmusik hat letztlich auch eine Verkürzung der Halbwertszeit ihrer Produkte zur Folge. Schon Anfang der dreißiger Jahre entwickelt sich die Rumba zum wichtigsten Modetanz – einmal mehr wird mit europäischer Tradition gebrochen. Die synkopenreiche Rhythmik des afrokubanischen, energisch akzentuierten Tanzes markiert einen weiteren Schritt zur Individualisierung der Tänzer: Die Rumba wird, wie der Charleston, in Distanz zum Partner, mit ausgeprägten Hüft- und Beckenbewegungen getanzt und verdrängt endgültig den englischen Gehtanz durch den Platztanz. Der in den späten 1930er Jahren aufkommende Swing, mit seiner zwar soften, aber äußerst bestechenden rhythmischen Struktur, wie er von den Bands Benny Goodmans und Glenn Millers vorgetragen wird, ist so faszinierend, daß er selbst im nationalsozialistischen Deutschland trotz seiner amerikanischen Herkunft nur schlecht unterdrückt werden kann. Erst 1941 sieht sich der Swingkönig Teddy Stauffer gezwungen, Berlin zu verlassen und nach Mexiko auszuwandern.

Der Nachkriegszeit bleibt vom Swing und seinen wichtigsten Tänzen (Boogie-woogie, Jitterbug und Jive) vor allem ein ganz zentrales Element erhalten: Sie alle verabschieden das traditionell europäische Muster des Paartanzes. Die Tanzenden individualisieren sich damit endgültig.

Hat bereits der erste Weltkrieg eine klare Ausrichtung der europäischen Mode, des Tanzes, der Musik und des Films auf Amerika gebracht, so wird der «american way of life» nach dem zweiten Weltkrieg zum fast konkurrenzlosen Orientierungsmodell in Europa. Aus Hollywood, dem Mekka des weltweiten Kulturgeschäfts, kommt denn auch 1955 einer der wichtigsten Filme, die Tanzgeschichte schreiben: «The Blackboard Jungle». Bill Haley and His Comets spielen darin ihr berühmtes Stück «Rock around the Clock», mit dem der Rock'n'Roll seinen Siegeszug durch Europa antritt. In unzähligen Kinos verwandelt sich das Publikum bei den Vorführungen dieses Metro-Goldwyn-Mayer-Films in eine aufgewühlte Tanzgesellschaft.[124]

---

[123] GÜNTHER und SCHÄFER 1975:182.
[124] RUST 1969:108. Siehe auch «The Motion Picture Guide 1927–1983» Bd. 1, Chicago 1985:226–227.

3. In Europa gehen die Lichter aus – und danach?

Der klare musikalisch-choreographische Bruch, den Jugendliche um die Mitte der fünfziger Jahre mit jeder Form traditionellen Tanzes vollziehen, ist durchaus als Vorläuferphänomen der Protestbewegung der späten 1960er Jahre zu werten. Hat die erste Amerikanisierungswelle der Tanzkultur in den zwanziger Jahren einer Demokratisierung des Gesellschaftstanzes den Weg gewiesen, so führt der Rock'n'Roll der fünfziger Jahre nun hin zu einer manifesten Protestbewegung der Jugendlichen gegen ihre Elterngeneration; in beiden Fällen bleiben dabei die geschäftlichen Interessen der Film- und Schallplattenkonzerne vollständig gewahrt. Ähnliches ließe sich von den Beatles und den Rolling Stones sagen.

Vom Strom der konservativen Restabilisierung nach 1974 getragen, bleibt es der Discowelle vorbehalten, den Tanz der individualisierten Konsumenten so zu vermarkten, daß er im politisch sterilen und luftleeren Raum «ablaufen» kann – die Discotänzer werden in ihrer Individualität isoliert.[125] Der maschinelle Grundrhythmus beeinflußt zwar unmittelbar ihren Organismus, ihre Teilnahme am Tanz selbst ist aber unverbindlich: es gibt weder Anfang noch Ende, man kann jederzeit zu tanzen beginnen und ebenso jederzeit wieder damit aufhören. Der Tanz der walkmantragenden Rollschuhfahrer ist wohl die beste Metapher für den im elektrotechnisch-mechanischen Korsett gefangenen, restlos individualisierten und letztlich entpolitisierten Menschen des ausgehenden 20. Jahrhunderts.[126]

Doch davon soll hier nicht mehr die Rede sein. Die vorliegende Studie hat sich vorab zum Ziel gesetzt, an ausgewählten Beispielen die facettenreiche sozio-politische und sozio-kulturelle Dimension des Tanzes europäischer Herrschaftseliten seit dem 16. Jahrhundert in einer integrierenden Geschichtsbetrachtung darzustellen. Vom diplomatischen Einsatz des Tanzes im frühabsolutistischen Herrschaftssy-

---

[125] Auf dem Hintergrund der weltweiten Rezession hat der apolitische, restlos kommerzialisierte Eskapismus der Discowelle eine besondere Stellung. Sie steht darin aber diametral zum Punk, der die individuelle Isolation gerade zum Gegenstand seines Protestes macht.

[126] Ohne Zweifel wird die Diffusion neuer Tänze durch das Medium des Films bis in die jüngste Vergangenheit hinein bedeutend beschleunigt. «Saturday Night Fever», «Dirty Dancing» und eine Fülle von Lambada-Filmen sind nur herausragende Beispiele einer breiten Serie von Tanzfilmen, die immer mehr als konzertierte, multimedial angelegte Marktereignisse in Erscheinung treten (Videoclip, Bildplatte, Kinofilm, Radio, Fernsehen, Compact Disc).

stem der elisabethanischen Ära über die Monopolisierung des kulturellen Diskurses als politischer Strategie zur Festigung der Herrschaft bei Louis XIV sind wir bis zur bürgerlichen Körperkultur und der ihr inhärenten oppositionell-politischen Dimension vorgestoßen. Der Versuch des wilheminischen Kaiserreiches, u. a. mit Hilfe einer Neubelebung traditioneller Tanzstile aus dem Arsenal der vorbürgerlichen Herrschaftssymbolik das Rad der Geschichte aufzuhalten, bildet schließlich den historischen Abschluß höfischer Selbstdarstellung und Machtzelebrierung im Medium des Tanzes. Was folgt, ist eine internationale Tanzkultur der Moderne, deren kosmopolitisch gefärbte Herrschafts- und Machtelite zusehends an ihrer eigenen Orientierungslosigkeit und Zerrissenheit verzweifelt.

Mit dem Hinweis auf die Demokratisierung der Tanzkultur in der Zwischenkriegszeit und auf die im Rock'n'Roll sich erstmals manifestierende politische Opposition der Jugend können zwei Dinge deutlich gemacht werden. Erstens verlagern sich im zwanzigsten Jahrhundert eindeutig die Innovationszentren des Gesellschaftstanzes sowohl geographisch wie auch sozial. Zweitens wird klar, daß der Tanz trotz seiner Kommerzialisierung auch im zwanzigsten Jahrhundert seine soziopolitische Dimension nicht verloren hat. Daß er letztlich bis in die unmittelbare Vergangenheit auch den Herrschaftsträgern des ausgehenden zwanzigsten Jahrhunderts noch als Medium der Selbstdarstellung und als repräsentatives Instrument dienen kann, mag ein letztes Beispiel verdeutlichen.

In der jüngsten Geschichte der Vereinigten Staaten von Amerika markiert der 20. Januar 1981 einen Wendepunkt. Einer von Vietnam und Watergate verstörten und von galoppierender Inflation, Erdölkrise und Geiselaffäre geschüttelten Nation verkündet ihr neugewählter Präsident den Beginn einer neuen Ära. Im Rückblick mag man ihm Recht geben: Unter der Herrschaft Ronald Reagans und seiner Republikanischen Partei erfolgt tatsächlich nicht nur eine der größten Vermögensumverteilungen in Amerika, gewissermaßen ein New Deal mit umgekehrten Vorzeichen, welcher die Armen noch ärmer und die Reichen noch reicher machte; unter Reagan findet man auch zurück zur nationalistisch-patriotischen Rhetorik des kalten Krieges, rüsten die USA ihre Streitkräfte für den Krieg der Sterne und entwickelt sich das Land der unbegrenzten Möglichkeiten zum größten Schuldnerland der Welt. Eine neue Ära beginnt mit Reagan, dessen Erben heute wieder unbestritten die Rolle der Weltpolizisten innehaben; dabei geraten sie allerdings zusehends in ein Vakuum, das sich zwischen ihren machtpolitischen Großerfolgen auf internationalem Parkett einerseits und der innenpolitischen Unzufriedenheit und wirtschaftlich-sozialen Misere andererseits bildet.

Wie gestaltet man symbolisch-zeremoniell einen im voraus als historisch deklarierten Wendepunkt der Geschichte? «Jelly Beans» – Reagans geliebte Geleebonbons, die auf keinem Sitzungstisch des Kabinetts fehlen dürfen – und eine sorgfältige Auswahl der Porträts früherer Präsidenten zur Dekoration des Oval Office reichen dazu bestimmt nicht aus, das ist jedem Planer der Inaugurationsfeierlichkeiten für Ronald (und Nancy) Reagan klar. Sie stocken deshalb das Budget Carters für diesen Anlaß um mehr als das Doppelte auf 8 Millionen Dollar auf und organisieren damit eine fünf Tage dauernde Orgie republikanischer Selbstdarstellung. «Glittering Festivities Usher In Reagan Era» titelt die New York Times und berichtet: «In white and black tie, in sequins and sables and clouds of perfume, Republican revelers stepped out tonight to the most lavish series of inaugural balls ever held in the nation's capital. (...) The aura of big money was everywhere – expensive gowns by James Galanos, Bill Blass and Oscar de la Renta, $100 Tickets to dance to the music of Count Basie and other big bands.»[127]

Der Rückgriff auf Big Bands ist aufschlußreich. Diese verwandeln in den 1930er Jahren die Solisten der kleinen Jazzbands in uniformierte Musiker, die in mehrfacher Besetzung gleichsam militärisch durchhierarchisiert werden: Sowohl die Brass- als auch die Read-Section haben ihre Stimmführer (lead) und ihre Begleitung (front-men, sidemen). Statt freier Improvisation verwendet die Big Band das Arrangement, manchmal sogar die vollständige Komposition, auf deren Hintergrund die virtuose Soloeinlage am Showpult hinzukommt. Der Tanzrhythmus des Swing verschmilzt Jazz und Tanzmusik zum neuen Gegenstand der Unterhaltungsindustrie. Die emanzipatorischen Gehalte der alten Jazzmusik, in der wenige, gleichberechtigte Musiker frei improvisierend zusammenspielen, sind damit eliminiert – Count

---

[127] «In weisser und schwarzer Krawatte, mit Pailletten und Zobelpelzen und Parfumwolken brachen heute Nacht feiernde Republikaner zur üppigsten Reihe von Amtsantrittsbällen auf, die je in der Hauptstadt der Nation gegeben worden ist. Die Aura des großen Geldes war allgegenwärtig – teure Abendkleider von James Galanos, Bill Blass und Oscar de la Renta, 100 Dollar Eintrittskarten, um zur Musik von Count Basie und andern Bigbands zu tanzen.» THE NEW YORK TIMES 21. Januar 1981:6.

Basie kontrolliert seine Band mit starker Hand vom Keyboard aus.[128] Man greift also an Reagans Inaugurationstag auf eine Musik zurück, die gleich von Beginn an konservative Akzente gesetzt hat und die dann in der unmittelbaren Nachkriegszeit, als Amerikas Größe noch unbestritten ist, als wirkungsvoller Schild gegen Bebop, Rock'n'Roll und Cool Jazz eingesetzt werden kann.

Solche Musik erklingt auf den insgesamt neun Bällen, die zu Ehren der Inauguration von Ronald Reagan in den nobelsten Lokalen Washingtons parallel zueinander abgehalten werden. King Ronnie und Queen Nancy, wie sie von der Presse apostrophiert werden, rasen, von Dutzenden von heulenden Polizeiwagen und einem Helikopter eskortiert, in einer schwarzen Limousine von Ball zu Ball, schenken den Feiernden einen kurzen Blick auf ihre Person und Garderobe (die im Falle Nancys, wie jeder wußte, 25.000 Dollar gekostet haben soll). Sie haben zwar versprochen, auf jedem Ball kurz mitzutanzen, aber beim ersten Halt im Mayflower Hotel – der Name spricht für Tradition – ist man noch zu aufgeregt, und im Hilton, eine knappe Viertelstunde später, stehen Familienpflichten (Sohn Michael) und alte Freunde aus Hollywood (Filmschauspieler Charlton Heston) auf dem Programm. Danach gibt es ein kurzes Nachrichten-Bulletin des neuen Präsidenten: «Die Flugzeuge sind soeben in Algier gelandet.» Die Geiseln der amerikanischen Botschaft in Teheran – Reagan korrigiert sich: die Kriegsgefangenen – sind frei. Erst im Luft- und Raumfahrtmuseum, einer der Kultstätten amerikanischer Größe und technischer Überlegenheit, wendet sich Reagan zu seiner Gattin (im «one-shoulder white satin sheath gown by Galanos») und spricht ein großes Wort gelaßen aus: «I think now I'll dance with my best lady.» Zu «You'll Never Know How Much I Love You» tanzt darauf das erste Paar Amerikas vor seinen handverlesenen Gästen, «(...) and afterwards they kissed», berichtet die Journalistin der New York Times kommentarlos.

Im Unterschied zu Carter wollen die Reagans keine populistischen Parties organisieren. 1976 ist noch, wer immer will, mit 25 Dollar Eintrittsgeld dabei. Unter hundert Dollar gibt es dagegen im Januar 1981 keine Tickets mehr, die Ausgaben für eine dem Anlaß würdige

---

[128] «By the mid–1930s Basie had refined his earlier ragtime style of pianism to a highly sensitive, blues-orientated, epigrammatic style of short melodic phrases, leads and cues that allowed him firm control of his band from the keyboard and blended perfectly with his outstanding rhythm section.» GROVE Bd. 2 1980:237.

Garderobe gehen bei vielen in die Tausende. Eingeladen werden vor allem finanzkräftige Wahlhelfer, Reagans politische Entourage aus Kalifornien und andere hochkarätige Republikaner. Ein Mengenbad auf der Pennsylvania Avenue, wie es der Peanuts Farmer aus Plains, Georgia, vier Jahre zuvor genommen hat, kommt für einen standesbewußten Präsidenten nicht in Frage. Unter einer geheizten Glaskabine sitzend, nimmt Reagan die endlose Parade von Soldaten (teilweise in historischen Kostümen) sowie von «high school» und «university marching bands» ab. Selbst für die Stadtverwaltung ist einiges anders: Die Untergrundbahn Washingtons braucht diesmal keine Spätzüge zu führen. Entweder man kommt und geht im Cadillac[129], oder man bleibt zu Hause und nimmt am Bildschirm an Glanz und Glamour der neuen Herrschaftselite teil.

Als Entschädigung für die nicht nach Washington selbst eingeladenen, aber doch respektablen Mitwahlkämpfer wird der «Inauguration Ball» mit einem Aufwand von 1.5 Millionen Dollar über Satellit in 82 Miniballs im ganzen Land übertragen. Auf Großwandbildschirmen kann man dort an den exklusiven Bällen der Hauptstadt teilnehmen, mit sehnsüchtigen Blicken verfolgen, wie der Amtsantritt Reagans im Gravitationszentrum der Macht zelebriert wird.

«Let us begin an era of national renewal», ist die Quintessenz von Reagans Ansprache nach seiner Vereidigung. Gefeiert wird dieselbe mit einer der pompösesten Tanzveranstaltungen der Geschichte überhaupt. Bis zum ausgehenden 20. Jahrhundert hat der Gesellschaftstanz nichts von seinem politisch verwertbaren Ausdruckspotential verloren. Ein Seitenblick nach Plains, Georgia, macht dies noch deutlicher: Dort tanzt, am selben Tag, Jimmy Carter mit seiner Frau Rosalynn auf einer Welcomehome-Party eine Polka – im zerknitterten Regenmantel und auf offener Straße. Während Carters gesamter Wahlkampagne ist Dixie-Musik sorgfältig vermieden worden, um seine Herkunft aus dem Dixieland, den Südstaaten, nicht zu sehr zu betonen.[130] In Plains, nach der verlorenen Schlacht, braucht man keine solchen Rücksichten mehr zu nehmen. Sogar eine nostalgische Country-and-Western-Band

---

[129] Nach EGE und OSTROWSKY 1986:257 kommt es auf dem Washingtoner Flughafen wegen der vielen Privatjets, die eine Landeerlaubnis verlangen, zu Verspätungen im Linienverkehr.

[130] Die Tatsache, daß die Dixie-Musik seit den 1940er Jahren ein Revival als «guter alter Jazz» gegen den kommerzialisierten Swing erlebt, stellt Reagans Count Basie-Musik in einen weiteren Kontrast zu Carters Dixie-Polka.

ist da drin. Carter hat der großen weiten Welt den Rücken zugedreht.[131]

Der neugewählte und der scheidende Präsident im Spiegel ihrer Tänze – die Unterschiede könnten größer fast nicht sein. Und trotzdem werden diese Unterschiede in der Selbstdarstellung von Machtträgern noch einmal schärfer sichtbar im historischen Vergleich. Als 1789 George Washington seinen Amtseid geleistet hatte, mußte er weder Bilder im Oval Office entfernen noch «marching bands» auf der Pennsylvania Avenue anhören. Er soll nach seiner Vereidigung in New York auf einer kleinen Tanzveranstaltung ein Menuett getanzt haben, um anschließend mit einigen seiner Freunde ein frugales Abendessen zu sich zu nehmen. Aber wie 1980 war auch damals der politische Gehalt der Feier deutlich. Zumindest in Europa dürfte sie als ein erstaunlich konservatives Signal gewertet worden sein. Der erste Präsident des unabhängigen Amerika tanzte im Jahre der Französischen Revolution – am Beginn einer wirklich neuen Ära – den Lieblingstanz von Louis XIV, und nicht etwa einen Walzer, der zur selben Zeit in Europa als Haupttanz bürgerlicher Emanzipation Furore machte, doch jenseits des Atlantiks noch unbekannt war.

[131] Mit dem Rücken zur Kamera bildet ihn denn auch die New York Times ab. THE NEW YORK TIMES 21. Januar 1981:3.

V. Bibliographie

1. Quellen

ADELSFELD Kurt, Das Lexikon der feinen Sitten, Stuttgart o. J.

ANONYMUS, Gynäkatoptron oder Blicke in die weibliche Garderobe in Bezug auf körperliches Wohlseyn von einem praktischen Arzte, Frankfurt 1805.

ANONYMUS, Imitation et amplification de l'élogue faite en latin par le Père Campanelle sur la naissance de Monseigneur le Dauphin, o. O. 1638.

ARBEAU Thoinot, Orchésographie et traicté en forme de dialogue, par lequel toutes personnes peuvent facilement apprendre et practiquer l'honneste exercice des dances, Langres 1588.

ARNDT Ernst Moritz, Bruchstücke aus einer Reise von Baireuth bis Wien im Sommer 1798, Faksimile der Ausgabe 1801 mit einem Nachwort von Jakob Lehmann, Erlangen 1985.

ARNDT Ernst Moritz, Reisen durch einen Teil Teutschlands, Ungarns, Italiens und Frankreichs, Leipzig 1804.

VON BAUDISSEN Graf und Gräfin, Spemanns Goldenes Buch der Sitte, Berlin und Stuttgart o. J.

DIE BIBEL. Altes und Neues Testament. Einheitsübersetzung, Freiburg i. B. 1980.

BLOCH Ivan, Das Sexualleben unserer Zeit in seinen Beziehungen zur modernen Kultur, Berlin [7]1909.

BOETTIGER Carl August, Reise nach Wörlitz 1797, hg. von Erhard HIRSCH, Wörlitz 1973.

BOISSISE, L'Ambassade de France en Angleterre sous Henri IV. Mission de Jean de Thumery, Sieur de Boissise (1596–1602), hg. von P. P. Laffleur de Kermaingant, 2 Bde., o. O. 1886.

BONIN Louis, Die Neueste Art zur Galanten und Theatralischen Tantz-Kunst, Jena 1712.

BONNET Jacques, Histoire de la musique, et de ses effets, depuis son origine jusqu'à present, Paris 1715.

BONNET Jacques, Histoire Generale de la Danse sacrée et profane, Paris 1724.

BONNET Jacques, Histoire Generale de la Danse sacrée et profane; ses progrès et ses révolutions, depuis son origine jusqu'à présent. Avec un supplément de l'Histoire de la Musique, & la paralele de la Peinture & de la Poesie, Paris 1723.

BOSSUET Jacques Bénigne, Exposition de la foi catholique, Paris 1671.

BOSSUET Jacques Bénigne, Politique tirée des propres paroles de l'Ecriture sainte, Paris 1709.

BOSSUET Jacques Bénigne, Sermons sur les devoirs des rois, Paris 1662.

VON BUNSEN Marie, Die Welt in der ich lebte. Erinnerungen aus glücklichen Jahren 1860–1912, Leipzig [3]1929.

BURNEY Charles, Cyclopaedia, or Universal Dictionary of Art, Sciences and Literature, London 1802–1818.

Byron Lord, The Waltz: an Apostrophic Hymn, London 1812.
Cahusac Louis de, La danse ancienne et moderne, Den Haag 1754.
Casanova Giacomo, Geschichte meines Lebens, hg. von F. Loose, Berlin 1965.
Casorti Louis, Der instructive Tanzmeister für Herren und Damen, Ilmenau 1826.
Chamberlain, Letters written by John Chamberlain during the Reign of Queen Elizabeth, hg. von S. Williams, London 1861.
Chambers E. K., The Elizabethan Stage, 4 Bde., Oxford 1923.
Claudius G. C., Kurze Anweisung zur wahren feinen Lebensart nebst den nöthigsten Regeln der Etikette und des Wohlverhaltens für Jünglinge, die mit Glück in die Welt treten wollen, Leipzig 1800.
Colletet François, Description de tous les tableaux, peintures, dorures, bordures, reliefes, figures et autres enrichissements, qui seront exposés à tous les arcs de triomphe, portes et portiques, pour l'entrées triomphantes de leurs Majestés, Paris 1660.
Combes, Explication historique de tout ce qu'il y a de remarquable dans la maison royale de Versailles, et en celle de Monsieur, à Saint-Cloud, Paris 1681.
Cornwallis-West, Mrs. Georg, The Reminiscences of Lady Randolph Churchill, London 1908.
Courths-Mahler Hedwig, Die schöne Miss Lilian, Leipzig o. J.
d'Aubignac Abbé François, La Pratique du Théâtre, Paris 1657.
de Bacilly Bénigne, Remarques curieuses sur l'art de bien chanter, Paris 1668.
de Benserade Isaac, Les Œuvres de Monsieur de Benserade, Paris 1697.
de la Garde Graf, Gemälde des Wiener Kongresses, deutsch von Eichler, Leipzig 1844.
de la Rosa Pedro, Descripción breve del esplendido banquete que su magestad christ. el rey Luis XIV, dio a las señoras de su Corte en el real sitio de Versalla, Paris 1668.
de Lauze F., Apologie de la danse, et la parfaicte méthode de l'enseigner tant aux cavaliers qu'aux dames, o. O. 1623.
de Marigny M., Relation des divertissements que le Roi a donnés aux Reines dans le parc de Versailles, écrite par un gentilhomme qui est présentement hors de France, Paris 1664.
Der Bazar, Berlin 1855–1962.
Desmarets de Saint-Sorlin Jean, Clovis, ou la France Chrétienne (1657), Paris ²1673.
Desmarets de Saint-Sorlin Jean, Le Triomphe de Louis et de son siècle, Paris 1674.
Dowland John, Ayres for four voices (with lute) hg. von Th. Dart und N. Fortune, in: Musica Britannica. A National Collection of Music, Bd. 6, London 1953.
Dowland John, The Collected Lute Music, transcribed and edited by Diana Poulton and Basil Lam, London und Kassel 1974.
Duc de Saint-Simon, Mémoires 1699–1702, Paris 1977.
Duc de Saint-Simon, Mémoires 1705–1707, Paris 1978.
Duncan Isadora, Memoiren. Nach dem englischen Manuskript bearbeitet von C. Zell, Frankfurt und Berlin 1988.
du Manoir Guillaume, Le mariage de la musique avec la danse, Paris 1664.
Ebhardt Franz, Der gute Ton in allen Lebenslagen. Ein Handbuch für den Verkehr, in der Familie, in der Gesellschaft und im öffentlichen Leben. Unter

Mitwirkung erfahrener Freunde und autorisierter Benutzung der Werke Madame d' Alq's, Berlin 1878.
ELEGANTE WELT, Die Zeitschrift der Dame, Düsseldorf 1912–1969.
ELYOT Thomas, The boke named the Governour (1531), hg. von R. C. Alston, Menston 1970.
ENGEL Johann Jakob, Ideen zu einer Mimik, 2 Teile, Berlin 1785–86.
EYNARD Jean-Gabriel, Au congrès de Vienne, Journal, Paris und Genf 1914.
FÉLIBIEN André, Description Sommaire du château de Versailles, in: Ders., Recueil de descriptions de peintures et d'autres ouvrages faits pour le Roi, Paris 1689.
FÉLIBIEN André, Les Divertissemens de Versailles, Paris 1676.
FÉLIBIEN André, Recueil de descriptions de peintures et d'autres ouvrages faits pour le Roi, Paris 1689.
FÉLIBIEN André, Relation de la feste de Versailles du 18 juillet 1668, Paris 1668.
FEUILLERAT Albert (Hg.), Documents relating to the Office of the Revels in the time of Queen Elizabeth, in: W. Bang (Hg.), Materialien zur Kunde des älteren Englischen Dramas, Bd. 21, London 1908.
FEUILLET Raoul Auger, Chorégraphie ou L'art de décrire la dance par caracteres, figures et signes démonstratifs, avec lesquels on apprend facilement de soy-même toutes sortes de dances, Paris ²1701.
FEUILLET Raoul Auger und Jacques DEZAIS, Chorégraphie ou l'art de décrire la dance par caracteres, figures et signes desmonstratifs. Avec lesquels on apprend facilement de soy même toutes sortes de dances, Paris 1713.
GOETHE Johann Wolfgang, Briefe der Jahre 1764–1786, Textkritisch durchgesehen und mit Anmerkungen versehen von Karl Robert Mandelkow, München 1982.
GOETHES WERKE, textkritisch durchgesehen und kommentiert von Erich Trunz, 14 Bde., München 1981.
GUTSMUTHS Joh. Chr. Fr., Gymnastik für die Jugend (1793), Berlin 1957.
GUYONNET DE VERTRON Claude-Charles, Parallèle de Louis-le-Grand avec les princes qui ont été nommés grands, Paris 1685.
HANDBUCH DER ARCHITEKTUR hg. von Josef Durm, Hermann Ende, Eduard Schmitt und Heinrich Wagner, Teil 4, Entwerfen, Anlage und Einrichtung der Gebäude, 4. Halbband: Gebäude für Erholungszwecke usw., Darmstadt 1885.
HELMKE Eduard Friedrich David, Die Kunst, sich durch Selbstunterricht in kurzer Zeit zum feinen Weltmann und sehr geschickten Tänzer zu bilden, Merseburg 1830.
HELMKE Eduard Friedrich David, Neue Tanz- und Bildungsschule. Ein gründlicher Leitfaden für Eltern und Lehrer bei der Erziehung der Kinder und für die erwachsene Jugend, um sich einen hohen Grad der feinen Bildung zu verschaffen und sich zu kunstfertigen und ausgezeichneten Tänzern zu bilden, Leipzig 1829.
HERMANN Georg (Hg.), Das Biedermeier im Spiegel seiner Zeit. Briefe, Tagebücher, Memoiren, Volksszenen und ähnliche Dokumente, Berlin 1913
HIRSCHFELD-BÖHM Bernardine, Terpsichore. Ein Ratgeber für Tanz- und Anstandslehre, Basel 1895.
HOGARTH William, Analysis of Beauty, London 1753.
VON HOHENHAUSEN Elise, Baronin, Die feine junge Dame – Ein Buch des Rates für alle Fragen des feineren geselligen Verkehrs und der guten häuslichen Sitten mit besonderer Berücksichtigung auf die Ausbildung von Geist, Herz und Gemüt. Nebst einem Anhang: Lebensregeln, Stuttgart o. J.

von Hohenhausen F., Brevier der Guten Gesellschaft und der guten Erziehung, Leipzig 1876.

von Hoxar Gertrud Freifrau, Prinzess Grete – Geschichten aus der Tanzstunde, Wesel o. J.

Illustration de Bade, Baden-Baden, ab 1858.

Journal des Dames et des Modes, Frankfurt a. M. 1798–1852.

Journal des Luxus und der Moden, Weimar 1787–1827 (ab 1812 mehrmals geringfügig veränderter Titel).

Kattfusz Johann Heinrich, Taschenbuch für Freunde und Freundinnen des Tanzens, Leipzig 1800.

von Knigge Adolph Freiherr, Über den Umgang mit Menschen (1788), hg. von Gert Ueding mit Illustrationen von Chodowiecki und anderen, Frankfurt a. M. 1977.

Koebner Franz Wolfgang, Tanzbrevier, Berlin 1913.

Königliche Verordnung vom ersten Junii 1776 nach welcher das Exercitium Dero sämtlichen Infanterie eingerichtet werden soll – Auf Höchsten Befehl aus dem Französischen ins Deutsche übersetzt, Berlin 1776.

Körner Christian Gottfried, Ästhetische Ansichten. Ausgewählte Aufsätze, hg. von Joseph P. Bauke, Marbach a.N. 1964.

La Roche Sophie von, Geschichte des Fräuleins von Sternheim, Leipzig 1938.

La Roche Sophie von, Rosaliens Briefe an ihre Freundin Marianne von St – -, Altenburg 1797.

Le Moyne P., De l'histoire, Paris 1670.

Les continuateurs de Loret, Lettres en vers (1665–1689), Paris 1899.

Lewald August, Buch der Gesellschaft, Stuttgart 1847.

Lichtenberg Georg Christoph, Handlungen des Lebens (Neudruck), Stuttgart 1971.

Lindenberg Paul, Das tanzende Berlin, in: M. Reymond und L. Manzel (Hg.), Berliner Pflaster. Illustrierte Schilderungen aus dem Berliner Leben unter Mitwirkung erster Schriftsteller und Künstler, Berlin 1891.

Louis XIV, Mémoires pour servir à l'instruction du Dauphin, Paris 1978.

Luise von Preussen (Fürstin Anton Radziwill), Fünfundvierzig Jahre aus meinem Leben (1770–1815), Braunschweig 1912.

Lyly John, The Complete Works, hg. von R. Warwick Bond, 3 Bde., Oxford 1967.

Matthisson Friedrich, Erinnerungen, 5 Bde., Zürich 1810–16.

Ménestrier Claude François, Des ballets anciens et modernes selon les règles du théâtre, Paris 1682.

Ménestrier Claude François, Histoire du Roy Louis-le-Grand, par les médailles, emblèmes, devises, jetons, inscriptions, armoiries et autres monuments publics, Paris 1689.

Ménestrier Claude François, La Devise du Roi justifiée, avec un recueil de cinq cents devises faites pour Sa Majesté et toute la Maison royale, Paris 1679.

Ménestrier Claude-François, Quatre soleils vus en France, le 25 juin 1704: Dessein de l'appareil et décoration du palais abbatial de Saint-Germain-des-Prez, pour la fête qu'y donna son Eminence Monseigneur le cardinal d'Estrées, à l'occasion de la naissance de Monseigneur le duc de Bretagne, Paris 1704.

Mersenne Marin, Harmonie universelle contenant la théorie et la pratique de la musique, Paris 1636.

1. Quellen

Molière Jean-Baptiste, Le Bourgeois gentilhomme. Comédie-ballet (1670), Paris 1970.
von Moltke Helmuth, Erinnerungen, Briefe, Dokumente 1877–1916, Stuttgart 1922.
Monatshefte (= G. von Lieres und Wilkau): Alte Tanzkunst am Hofe Kaiser Wilhelms II., in: Velhagen & Klassings Monatshefte. Jg. 17 (1902–03):697–709.
Morley Thomas, A Plain and Easy Introduction to Practical Music, hg. von R. Alec Harman, New York 1969.
Nadler Franz Xaver, Kallischematik, oder Anleitung zu einem edlen Anstande und zur schönen, gefälligen Haltung des Körpers, sowohl im gesellschaftlichen Umgange als beim Tanze, München 1834.
Naunton Robert, Fragmenta regalia: or observation on the late Queen Elisabeth, her times and favourites (um 1630), hg. von Edward Arber, London 1895.
Nichols J., The Progresses and Public Processions of Queen Elizabeth, 3 Bde., London 1823.
Nivers Guillaume-Gabriel, Dissertation sur le chant grégorien, Paris 1683.
Nivers Guillaume-Gabriel, Traité de la composition de musique, Paris 1667.
Pascal Blaise, Pensées, suivies des écrits sur la grace, hg. von Jacques Chevalier, Paris 1937.
Pestalozzi Johann Heinrich, Über Volksbildung und Industrie, in: Studientexte zur Leibeserziehung, Bd. 10, hg. von Friedrich Fetz, Frankfurt a. M. 1973.
Petermann Kurt (Hg.), Dokumenta Choreologica. Studienbibliothek zur Geschichte der Tanzkunst, Leipzig 1982.
Platter Thomas d.J., Beschreibung der Reisen durch Frankreich, Spanien, England und die Niederlande, hg. von Ruth Keiser, 2 Bde., Basel 1968.
Pollack Heinz, Die Revolution des Gesellschaftstanzes, Dresden 1922.
Professor J. T. Sr. (Pseudonym), Galanthomme oder der Gesellschafter, wie er sein soll. Eine Anweisung, sich in Gesellschaften beliebt zu machen und sich die Gunst des schönen Geschlechts zu erwerben. Enthaltend: Regeln für Anstand und feine Sitten; musterhafte Liebesbriefe und Gedichte; Anreden; Liebeserklärungen; mündliche und briefliche Heiratsanträge; Blumen-, Zeichen-, Farbensprache; Geburtstagsgedichte; Neujahrs- und andere Wünsche; declamatorische Stücke; Gesellschaftslieder; belustigende Kunststücke; Gesellschaftsspiele; Pfänderauslösungen; scherzhafte Anektoten; Naivitäten; Denksprüche für Stammbücher; Sprüchwörter; Kartenorakel und Trinksprüche. Ein unentbehrliches Handbuch für Herren jeden Standes, Quedlinburg und Leipzig 1837.
Pure Michel de, Idée des spectacles anciens et nouveaux, Paris 1668.
Rahel – Ein Buch des Andenkens für ihre Freunde, Dritter Theil, Berlin 1834, in: Konrad Feilchenfeldt, Uwe Schweikert und Rahel E. Steiner (Hg.), Rahel Bibliothek – Gesammelte Werke, Bd. 3, München 1983.
Rahel Bibliothek, Gesammelte Werke hg. von Konrad Feilchenfeldt, Uwe Schweikert und Rahel E. Steiner, München 1983.
Rameau Pierre, Le maître à danser, qui enseigne la manière de faire tous les différens pas de la danse dans toute la régularité de l'art et de conduire les bras à chaque pas, Paris 1725.
Rathenau Walther, Der Kaiser, Berlin 1919.
Rattazzi Marie Letizia, Nice la Belle, Paris 1869.

RENOUARD Nicolas, Les Métamorphoses d'Ovide traduites en prose françaises, avec XV discours contenant l'explication morale des fables, Paris 1621.

REVENTLOW Franziska Gräfin zu, Tagebücher 1895–1910, Frankfurt a.M. 1976.

ROCCO Emil, Der Umgang in und mit der Gesellschaft, Halle an der Saale 1876.

ROLLER Franz Anton, Systematisches Lehrbuch der bildenden Tanzkunst und körperlichen Ausbildung von der Geburt an bis zum vollendeten Wachsthume des Menschen. Ausgearbeitet für das gebildete Publikum, zur Belehrung bei der körperlichen Erziehung und als Unterricht für Diejenigen, welche sich zu ausübenden Künstlern und zu nützlichen Lehrern dieser Kunst bilden wollen, Weimar 1843.

ROSSI Vincente, Cosas de Negros, Buenos Aires (1926) 1958.

SAINT-EVREMOND, Les Opéras, Comédie, Paris 1684.

SAINT-HUBERT, La Manière de composer et faire réussir les ballets, Paris 1641.

SARTY Léon, Nice d'Antan. Notes et souvenirs, Nice 1921.

SCHILLER Friedrich, Sämtliche Schriften. Historisch-kritische Ausgabe, Elfter Theil, Gedichte, hg. von Karl Goedeke, Stuttgart 1871.

SCHILLERS BRIEFWECHSEL MIT KÖRNER von 1784 bis zum Tode Schillers, hg. von Karl Goedeke, Leipzig ²1878.

SCHNEIDER Adalbert, Der Offizier im gesellschaftlichen Verkehr. Siebzehn Essays nebst einem Anhange zur Orientierung für Cadetten und angehende Offiziere des activen und Reserve-Standes, Graz ³1895.

SCHOPENHAUER Johanna, Jugendleben und Wanderbilder, Danzig 1922.

SECKENDORFF Freiherr von (Patrick Peale), Vorlesungen über Deklamation und Mimik, 2 Bde., Braunschweig 1815–1816.

SOLL Karl (Hg.), Der Wiener Kongreß in Schilderungen von Zeitgenossen, Berlin und Wien 1916.

SOULIÉ E. (Hg.), Journal du Marquis de Dangeau, Paris 1854.

SPITZEMBERG, Baronin, Das Tagebuch, hg. von Rudolf Vierhaus, in: Deutsche Geschichtsquellen des 19. und 20. Jhs., Bd. 43, Göttingen ³1963.

VON SYDOW Friedrich, Neuer Sitten- und Höflichkeits-Spiegel. Ein Complimentirbuch für alle Stände; oder Anleitung, sich in allen geschäftlichen und geselligen Verhältnissen, mit Anstand, der Sittlichkeit und Schicklichkeit gemäß und dem Geiste der Zeit angemessen, zu verhalten. Besonders für den Mittel und Bürgerstand bearbeitet und für Personen jedes Alters und Geschlechts, Nordhausen 1840.

TAUBERT Gottfried, Rechtschaffener Tantzmeister oder gründliche Erklärung der Frantzösischen Tantzkunst, Leipzig 1717.

The HONORABLE ENTERTAINMENT gieven to the Queenes Maiestie in Progresse, at Eluetham in Hampshire, by the right Honorable the Earle of Hertford, London 1591.

The JOYFULL RECEYVING of the Queenes most excellent Maiestie into hir Highness Citie of Norwich, London 1975.

THE LETTERS OF JOHN CHAMBERLAIN edited with an introduction by Norman Egbert McClure, 2 Bde., Philadelphia 1939.

THE PASSAGE OF OUR MOST DRAD SOVERAIGNE LADY Queen Elyzabeth Through the citie of London to Westminster the Daye before her coronacion 1559.

VARNHAGEN Rahel, Briefe und Aufzeichnungen, hg. von Dieter Bähtz, Frankfurt a.M. 1988.

VIETH G. U. A., Encyklopädie der Leibesübungen, in: Studientexte zur Leibeserziehung Bd. 8, hg. von Friedrich Fetz, Frankfurt a. M. 1970.
VIKTORIA LUISE Herzogin, Ein Leben als Tochter des Kaisers, Göttingen 1965.
VIKTORIA LUISE Herzogin, Im Glanze der Krone, Göttingen ⁴1970.
VILLAUME Peter, Von der Bildung des Körpers in Rücksicht auf die Vollkommenheit und Glückseligkeit der Menschen, oder über die physische Erziehung insonderheit (1787), in: Studientexte zur Leibeserziehung, Bd. 6, hg. von F. Fetz, Frankfurt a. M. 1969.
VOLTAIRE, Oeuvres historiques: Le siècle de Louis XIV, hg. von René Pomeau, Paris 1957.
WARWICK Frances, Countess of, Afterthoughts, London 1931.
VON WEDELL J., Zuverlässiger Führer und Berater für Ballbesucher und Ballgeber – ein praktisches Hand- und Nachschlagebuch für jedermann, Stuttgart o. J.
WILSON Thomas, A Discription of the Correct Method of Waltzing, London 1816.
WOLF Salomon Jakob, Beweis daß das Walzen eine Hauptquelle der Schwäche des Körpers und des Geistes unserer Generation sey. Deutschlands Söhnen und Töchtern angelegentlich empfohlen, Halle 1799.
WOLF Salomon Jakob, Erörterung deren wichtigsten Ursachen der Schwäche unserer Generation in Hinsicht auf das Walzen, Halle 1797.
ZEDLITZ-TRÜTZSCHLER Graf Robert, Zwölf Jahre am deutschen Kaiserhof, Berlin und Leipzig 1924.

2. Sekundärliteratur

ABRAHAM Gerald, The age of humanism 1540–1630, in: New Oxford History of Music, Bd. 4, London 1968.
ANTHONY James R., La musique en France à l'époque baroque de Beaujoyeulx à Rameau, Paris 1981.
APOSTOLIDES Jean-Marie, Le roi-machine: spectacle et politique au temps de Louis XIV, Paris 1981.
AUSTIN John Langshaw, How to Do Things with Words, Cambridge Mass. 1962.
AUTIN Jean, Louis XIV Architecte, Paris 1981.
BARKAN Leonard (Hg.), Renaissance Drama, Evenston 1977.
BAUMGARTH Christa, Geschichte des Futurismus, Hamburg 1966.
BENOÎT Marcelle, Musiques de cour: Chapelle, Chambre, Ecurie, 1661–1733, Paris 1971a.
BENOÎT Marcelle, Versailles et les musiciens du roi, 1661–1733, Paris 1971b.
BERGERON David M., English Civic Pageantry 1558–1642, London 1971.
BIEN David D., Die «Secrétaires du roi». Absolutismus, Korporationen und Privilegien im französischen Ancien Régime, in: Ernst Hinrichs (Hg.), Absolutismus, Frankfurt a. M. 1986.
BLAUKOPF Kurt, Musik im Wandel der Gesellschaft. Grundzüge der Musiksoziologie, München 1982.
BLUCHE François, La vie quotidienne au temps de Louis XIV, Paris 1984.
BLUMENBERG Hans, Aspekte der Epochenschwelle: Cusaner und Nolaner, Frankfurt a. M. 1976.
BLUMENBERG Hans, Die Legitimität der Neuzeit, Frankfurt a. M. 1966.

BÖHMER Günther, Die Welt des Biedermeier, München 1968.
BOURDIEU Pierre, Zur Soziologie der symbolischen Formen, Frankfurt a. M. 1974.
BRAUN Rudolf, Konzeptionelle Bemerkungen zum Obenbleiben: Adel im 19. Jahrhundert, in: Geschichte und Gesellschaft, Sonderheft 1990: 87–95.
BRAUN Rudolf, «The Invention of Tradition», Wilhelm II. und die Renaissance der höfischen Tänze, in: Zeitschrift für Volkskunde (II), 1986: 227–249.
BRAUN Werner, Britannia Abundans. Deutsch-englische Musikbeziehungen zur Shakespearezeit, Tutzing 1977.
BRAUN Werner, Der Stilwandel in der Musik um 1600, Darmstadt 1982.
BROCKLISS L. W. B., French Higher Education in the Seventeenth and Eighteenth Centuries. A Cultural History, Oxford 1987.
BRUNNER Otto, Werner CONZE, Reinhart KOSELLECK (Hg.), Geschichtliche Grundbegriffe. Historisches Lexikon zur politisch-sozialen Sprache in Deutschland, Stuttgart 1974ff.
BURKE Peter, Die Renaissance in Italien. Sozialgeschichte einer Kultur zwischen Tradition und Erfindung, Berlin 1985.
BURKE Peter, Städtische Kultur in Italien zwischen Hochrenaissance und Barock. Eine historische Anthropologie, Berlin 1986.
BUSCH Werner, Chodowieckis Darstellung der Gefühle und der Wandel des Bildbegriffes nach der Mitte des 18. Jahrhunderts, in: Tradition, Norm, Innovation. Soziales und literarisches Traditionsverhalten in der Frühzeit der deutschen Aufklärung, hg. von Wilfried Barner unter Mitarbeit von Elisabeth Müller-Lucker, München 1989.
CANNADINE David, Rituals of royalty: power and ceremonial in traditional societies, Cambridge 1987.
CASSIRER Ernst, Die Philosophie der Aufklärung, Tübingen 1932.
CHAMBERLIN Frederick, The private character of Queen Elizabeth, London 1921.
CHEVALIER Louis, Montmartre du plaisir et du crime, Paris 1980.
CHRISTOUT Marie-Françoise, Le Ballet de Cour de Louis XIV 1643–1672, Paris 1967.
CONZE Werner, Jürgen KOCKA, M. Rainer LEPSIUS (Hg.), Bildungsbürgertum im 19. Jahrhundert, Bd. 1–4, Stuttgart 1985–1990 (Industrielle Welt Bd. 38, 41, 47, 48).
COWLES Virginia, 1913. The Defiant Swan Song, London 1967.
CUNNINGHAM James P., Dancing in the Inns of Court, London 1965.
CZERWINSKI Albert, Die Tänze des 16. Jahrhunderts und die alte französische Tanzschule, Danzig 1878.
DECAUX Alain, Les heures brillantes de la Côte d'Azur, Paris 1964.
DEIST Wilhelm, Kaiser Wilhelm II. The context of his military and naval entourage, in: John C. G. Röhl und Werner Sombart (Hg.), Kaiser Wilhelm II. New Interpretations, Cambridge 1982: 169ff.
DELLI Bertrun, Pavane und Galliarde. Zur Geschichte der Instrumentalmusik im 16. und 17. Jahrhundert, Diss. FU Berlin 1957.
DILTHEY Wilhelm, Aus der Zeit der Spinoza-Studien Goethes, in: Archiv für Geschichte der Philosophie, Bd. 7, Berlin 1894.
DOLMETSCH Mabel, Dances of England and France from 1450 to 1600, New York 1975.

DURANT Will und Ariel, Kulturgeschichte der Menschheit Bd. 10: Gegenreformation und Elisabethanisches Zeitalter, München 1982.
EGE Konrad und Jürgen OSTROWSKY, Ronald Reagan. Eine politische Biographie, Köln 1986.
EICHBERG Henning, Der Umbruch des Bewegungsverhaltens. Leibesübungen, Spiele und Tänze in der Industriellen Revolution, in: August Nitschke (Hg.), Verhaltenswandel in der Industriellen Revolution, Stuttgart 1975.
ELIAS Norbert, Die höfische Gesellschaft. Untersuchungen zur Soziologie des Königtums und der höfischen Aristokratie, Frankfurt 1983.
ESLER Anthony, The aspiring mind of the Elizabethan younger generation, Durham 1966.
FABER Karl-Georg, Zum Verhältnis von Absolutismus und Wissenschaft, Mainz 1983.
FALTIN Peter, Die Bedeutung von Musik als Ergebnis soziokultureller Prozesse, in: MF (26) 1973: 435 ff.
FEHRENBACH Elisabeth, Wandlungen des deutschen Kaisergedankens 1871–1918, München 1969.
FIELD Judith V., Kepler's rejection of numerology, in: Brian Vickers (Hg.), Occult and scientific mentalities in the Renaissance, Cambridge 1984: 273–296.
FISCHER Wolfram, Wirtschaft, Gesellschaft und Staat in Europa 1914–1980, in: Handbuch der Europäischen Wirtschafts- und Sozialgeschichte, hg. von Wolfram Fischer u. a., Bd. 6, Stuttgart 1987.
FOUCAULT Michel, Überwachen und Strafen, Frankfurt a. M. 1976.
FÜRSTENBERG Hans, Carl Fürstenberg, Die Lebensgeschichte eines deutschen Bankiers, Düsseldorf und Wien 1968.
GERHARD Ute, Verhältnisse und Verhinderungen. Frauenarbeit, Familie und Rechte der Frauen im 19. Jahrhundert, Frankfurt 1978.
GIESEY Ralph E., Cérémonial et puissance souveraine. France, XVe–XVIIe siècles, Paris 1987.
GIESEY Ralph E., Modèles de pouvoir dans les rites royaux en France, Annales ESC (3) 1986: 579–599.
GLAESEMER J., Joseph Werner, 1637–1710, München 1974.
GLÄSER Helga, Karl-Heinz Metzger u. a., 100 Jahre Villenkolonie Grunewald 1889–1989, Berlin 1988.
GOLD Arthur und Robert FIZDALE, Misia, Bern und München 1981.
GOMBOSI Otto, Some Musical Aspects of the English Court Masque, in: Journal of the American Musicological Society (3) 1948: 3–19.
GREEN Martin, The von Richthofen Sisters. The Triumphant and the Tragic Modes of Love, London 1974.
GREENBERG Noah, W. H. ANDEN und Chester KALLMANN, An Elizabethan Song Book, Garden City NY 1955.
GUILCHER Jean-Michel, La contredanse et les renouvellements de la danse française, Paris 1969.
GÜNTHER Helmut und Helmut SCHÄFER, Vom Schamanentanz zur Rumba. Die Geschichte des Gesellschaftstanzes, Stuttgart ²1975.
GUTMANN Veronika, Die Improvisation auf der Viola da Gamba in England im 17. Jahrhundert und ihre Wurzeln im 16. Jahrhundert, Tutzing 1979.
HAAS Willy, Die Belle Epoque, Stuttgart 1967.

HABERMAS Jürgen, Strukturwandel der Öffentlichkeit. Untersuchungen zu einer Kategorie der bürgerlichen Gesellschaft, Darmstadt ^{16}1984.
HAFTMANN Werner, Malerei im 20. Jahrhundert. Eine Bild-Enzyklopädie, München ^{5}1987.
HAFTMANN Werner, Malerei im 20. Jahrhundert. Tafelband, München 1955.
HARDTWIG Wolfgang, Bürgertum, Staatssymbolik und Staatsbewusstsein im Deutschen Kaiserreich 1871–1914; in: Geschichte und Gesellschaft (16) 1990: 269–295.
HARRIS-WARRICK Rebecca, Ballroom dancing at the court of Louis XIV, in: Early Music (14) 1986: 41–50.
HARWOOD Dane L., Universals in Music: A Perspective from cognitive Psychology, in: Ethnomusicology 1976: 521–532.
HAUSEN Karin, Die Polarisierung der «Geschlechtscharaktere». Eine Spiegelung der Dissoziation von Erwerbs- und Familienleben, in: Werner Conze (Hg.), Sozialgeschichte der Familie in der Neuzeit Europas, Stuttgart 1976: 363–393 (Industrielle Welt 21).
HIRSCH Erhard, Bildung und Erziehung zur bürgerlichen Kultur. Eine Deutung der Dessau-Wörlitzer Gärten als Kulturpropaganda der Aufklärung und des Klassizismus, in: Wissenschaftliche Zeitschrift der Martin-Luther-Universität Halle (27, Heft 6), 1978: 51–73.
HIRSCH Erhard, Dessau-Wörlitz, München 1985.
HIRSCH Erhard, «Das Schöne mit dem Nützlichen». Die «weltweite Bedeutung» der Dessau-Wörlitzer Kulturlandschaft und ihre Rolle in unserer sozialistischen Gesellschaftsordnung, in: Zwischen Wörlitz undMoskau (11) 1974: 3–22.
HOBSBAWM J. Eric (Hg.), The Invention of Tradition, Cambridge 1984.
HOTSON Leslie, The first night of twelfth night, London 1954.
HUDSON Winthrop S., The Cambridge Connection and the Elizabethan Settlement of 1559, Durham 1980.
HULL Isabel V., The Entourage of Kaiser Wilhelm II 1880–1918, Cambridge 1982.
KANTOROWICZ E. H., The King's Two Bodies, A Study in Medieval Theology (1957), Princeton ^{2}1966. Deutsche Übersetzung: Die zwei Körper des Königs. Eine Studie zur politischen Theologie des Mittelalters, München 1990.
KASCHUBA Wolfgang, Deutsche Bürgerlichkeit nach 1800, Kultur als symbolische Praxis, in: Jürgen Kocka (Hg.), Bürgertum im 19. Jahrhundert, Bd. 3, Stuttgart 1988: 9–44.
KEMP Wolfgang, Die Beredsamkeit des Körpers. Körpersprache als künstlerisches und gesellschaftliches Problem der bürgerlichen Emanzipation, in: Städel-Jahrbuch Neue Folge Bd. 5, 1975: 111–134.
KEMP Wolfgang, Die Kunst des Schweigens, in: Thomas Koebner (Hg.), Laokoon und kein Ende: der Wettstreit der Künste, München 1989: 96–119.
KERMODE Frank, English Renaissance Literature. Introductory Lectures, London 1974.
KLAITS Joseph, Printed propaganda under Louis XIV; absolute monarchy and public opinion, Princeton N. Y. 1976.
KLUXEN Kurt, Geschichte Englands. Von den Anfängen bis zur Gegenwart, Stuttgart ^{2}1976.
KNEPLER Georg, Geschichte als Weg zum Musikverständnis, Leipzig 1977.

KOCKA Jürgen (Hg.), Bürgertum im 19. Jahrhundert. Deutschland im europäischen Vergleich, 3 Bde., München 1988.
KRAUSE Christiane, «Hetärismus» und «Freie Liebe» gegen «Bürgerliche Verbesserung»: Franziska zu Reventlow in den «Zürcher Diskußionen»; in: Irmgard Roebling (Hg.), Lulu, Lilith, Mona Lisa. Frauenbilder der Jahrhundertwende, Pfaffenweiler 1988.
KRÜGER Arnd, Sport und Politik. Vom Turnvater Jahn bis zum Staatsamateur, Hannover 1975.
KRÜGER Renate, Biedermeier. Eine Lebenshaltung zwischen 1815 und 1848, Wien 1979.
KRUMMEL D. W., English Music Printing 1553–1700, London 1975.
KUHN Thomas S., Die Struktur wissenschaftlicher Revolutionen (1962), Frankfurt a. M. 1988.
KÜNSTLERHAUS Bethanien (Hg.), Melancholie der Vorstadt: Tango, Berlin 1982.
LABATUT Jean-Pierre, Les ducs et pairs de France au XVIIe siècle, Paris 1972.
LABROUSSE E., Histoire économique et sociale de la France (1660–1789), Paris 1970.
LANDES David S., Revolution in time. Clocks and the making of the modern world, Cambridge (Mass.) und London 1983.
LANGEWIESCHE Dieter (Hg.), Das deutsche Kaiserreich 1867/71 bis 1918. Bilanz einer Epoche, Freiburg 1984.
LATOUCHE Robert, Histoire de Nice, 2 Bde., Nice 1954.
LATOUR Anny, Magier der Mode. Macht und Geheimnis der Haute Couture, Stuttgart 1956.
LAVIZZARI Alexandra, Ein elisabethanischer Gentleman. Zum 400. Todestag von Sir Philip Sidney (17. Okt. 1986), in: Neue Zürcher Zeitung, 18./19. Oktober 1986: 66.
LÈQUES Paulette, Tourisme hivernal et vie mondaine à Nice de 1860–1881. Cercles et salon, in: Annales de la Facultés des lettres et sciences humaines de Nice, Nice 1973.
LE ROY LADURIE Emmanuel, Auprès du roi, la cour, in: Annales ESC (1) 1983: 21–41.
LEVINE Mortimer, Tudor England 1485–1603, Cambridge 1968.
LINDLEY David, The Court Masque, London 1984.
LITTLE Meredith Ellis, Inventory of the Dances of Jean-Baptiste Lully, in: Recherches (9) 1969.
LITTLE Meredith Ellis, Minuet, in: Grove Bd. 12 1980: 353–358.
LOESCH Ilse, So war es Sitte in der Renaissance, Leipzig 1964.
LORD Walter, The Good Years. From 1900 to the First World War, New York 1962.
LUHMANN Niklas, Einführende Bemerkungen zu einer Theorie symbolisch generalisierter Kommunikationsmedien, in: ders., Soziologische Aufklärung Bd. 2, Opladen 1975: 170–92.
LUHMANN Niklas, Evolution und Geschichte, in: Geschichte und Gesellschaft 1976: 284–309.
LUHMANN Niklas, Gesellschaftsstruktur und Semantik: Studien zur Wissenssoziologie der modernen Gesellschaft, Frankfurt a. M. 1980.
LÜTOLF Max, Der Hofkomponist Ludwigs XIV. Zum 300. Todestag von Jean-Baptiste Lully am 22. März, in: Neue Zürcher Zeitung Nr. 67, 21./22. März 1987.

MacCaffrey Wallace, The Shaping of the Elizabethan Regime, Princeton 1968.
Mackerness E. E., A Social History of English Music, London und Toronto ²1976.
Malettke Klaus, Jean-Baptiste Colbert. Aufstieg im Dienste des Königs, Göttingen 1977.
Mandrou Robert, Louis XIV en son temps 1661–1715, Paris ²1978.
Marcel-Dubois Claudie, Menuett, in: Die Musik in Geschichte und Gegenwart, Bd. 9/1, Kassel 1961 Sp. 106–110.
Marin Louis, Le portrait du roi, Paris 1981.
Massip Catherine, La vie des musiciens de Paris au temps de Mazarin (1643–1661), Paris 1976.
Michels Ulrich, dtv-Atlas zur Musik. Tafeln und Texte, 2 Bde., München 1985.
Moine Marie-Christine, Les fêtes à la Cour du Roi Soleil 1653–1715, Paris 1984.
Montrose Louis Adrian, Celebration and Insinuation: Sir Philip Sidney and the Motives of Elizabethan Courtship, in: Leonard Barkan (Hg.), Renaissance Drama, Evanston 1977: 3–35.
Möseneder Karl, Zeremoniell und monumentale Poesie. Die «Entrée solonelle» Ludwigs XIV. 1660 in Paris, Berlin 1983.
Mowat C. (Hg.), The shifting balance of world forces 1898–1945, in: The New Cambridge Modern History, Bd. 12, Cambridge 1980.
Murrin Michael, The Veil of Allegory. Some Notes towards a theory of allegorical rhetoric in the English Renaissance, Chicago und London 1969.
Nahrstedt Wolfgang, Die Entstehung der Freizeit, Göttingen 1972.
Neale John, Elizabethan Government and Society, hg. von S. T. Bindoff u. a., London 1961.
Neale John, Essays in Elizabethan History, London 1958.
Néraudau Jean-Pierre, L'Olympe du Roi-Soleil. Mythologie et idéologie royale au grand siècle, Paris 1986.
Nettl Paul, Mozart und der Tanz. Zur Geschichte des Balletts und Gesellschaftstanzes, Zürich und Stuttgart 1960.
Nipperdey Thomas, Deutsche Geschichte 1800–1866, München 1983.
Norbrook David, Poetry and Politics in the English Renaissance, London, Boston, Melbourne und Henley 1984.
Orgel Stephen, The Illusion of Power: Political Theater in the English Renaissance, Berkeley 1975.
Orgel Stephen, The Jonsonian Masque, Cambridge Mass. 1965.
Otterbach Friedemann, Die Geschichte der europäischen Tanzmusik, Wilhelmshaven 1980.
Otto Stephan, Renaissance und frühe Neuzeit, in: Rüdiger Bubner (Hg.), Geschichte der Philosphie in Text und Darstellung, Bd. 3, Stuttgart 1984.
Palliser D. M., The Age of Elizabeth: England under the later Tudors 1547–1603, London und New York 1983.
Paret Peter, Die Berliner Secession. Moderne Kunst und ihre Feinde im kaiserlichen Deutschland, Berlin 1981.
Parker David, The making of French absolutism, London 1983.
Pfannkuch Wilhelm, Renaissance, in: Musik in Geschichte und Gesellschaft, Bd. 11, 1963, Sp.224–291.
Poulton Diana, John Dowland, London 1972.

POULTON Diana, The Favourite Singer of Queen Elizabeth I, in: The Consort (14) 1957: 24–27.
RAYNOR Henry, A Social History of Music from the Middle Ages to Beethoven, London 1972.
ROBERTSON Alec und Denis STEVENS, Renaissance and Baroque, in: The Pelican History of Music, Bd. 2, London 1965.
RÖHL John C. G., Kaiser, Hof und Staat. Wilhelm II. und die deutsche Politik, München 1988.
ROWSE Alfred Leslie, The England of Elizabeth: The structure of society, London 1951.
RUST Frances, Dance in Society. An analysis of the relationship between the social dance and society in England from the Middle Ages to the Present Day, London 1969
SACHS Curt, Eine Weltgeschichte des Tanzes, 2. Nachdruckausgabe, Hildesheim, Zürich und New York 1984.
SACHS Curt, Eine Weltgeschichte des Tanzes, Berlin 1933.
SCHÄR Christian, Der Schlager und seine Tänze im Deutschland der 20er Jahre. Sozialgeschichtliche Aspekte zum Wandel in der Musik- und Tanzkultur während der Weimarer Republik, Zürich 1991.
SCHLOZ Günther, Politische Klimmzüge auf der Hasenheide: Friedrich Ludwig Jahn, in: Karl Schwedhelm (Hg.), Propheten des Nationalismus, München 1969.
SCHMITT Michael, Palast-Hotels, Berlin 1982.
SCHORSKE Carl E., Wien. Geist und Gesellschaft im Fin de Siècle, Frankfurt a. M. 1982.
SCHWESIG Bernd-Rüdiger, Ludwig XIV. Mit Selbstzeugnissen und Bilddokumenten, Reinbek bei Hamburg 1986.
SEARLE John R., Speech Acts. An essay in the philosophy of language, Cambridge 1969.
SEARLE John R., What is a Speech Act?, in: The Philosophy of Language, Oxford 1971: 39–53.
SMITH Bruce R., Landscape with Figures: The Three Realms of Queen Elizabeth's Countryhouse Revels in: Leonard Barkan (Hg.), Renaissance Drama, Evanston 1977: 57–115.
SORELL Walter, Knaurs Buch vom Tanz. Der Tanz durch die Jahrhunderte, München und Zürich 1969.
STEINBERG Cobett (Hg.), The Dance Antology, New York 1980.
STEINHAUSER Monika, «Sprechende Architektur», Das französische und deutsche Theater als Institution und «monument public» (1760–1840), in: Jürgen Kocka (Hg.), Bürgertum im 19. Jahrhundert, Bd. 3, Stuttgart 1988: 287–333.
STERN Fritz, Gold und Eisen. Bismarck und sein Bankier Bleichröder, Frankfurt, Berlin und Wien 1978.
STEVENS Denis, Music in Honour of Queen Elizabeth I, in: Musical Times (MT) 1960: 698–700.
STEVENS Denis, Plays and Pageants in Tudor Times, in: Monthly Musical Record (87) 1957: 4–9.
STEVENS John, Music and Poetry in the Early Tudor Court, Cambridge 1979.
STONE L., The anatomy of the Elisabethan aristocracy, EcHR (18), 1–53.
STONE L., The Crisis of the Aristocracy, 1558–1641, Oxford 1965.

STRONG Roy C., Portraits of Queen Elizabeth I, Oxford 1963.
STRONG Roy C., The Cult of Elizabeth. Elizabethan Portraiture and Pageantry, Hampshire 1977.
STRONG Roy C., Tudor and Jacobean Portraits, 2 Bde., London 1969.
TILLYARD E. M.W., The Elisabethan World Picture (1943), London 1974.
TREVELYAN George Macaulay, English Social History, London 1978.
TREVOR-ROPER Hugh R., The Elisabethan aristocracy: An anatomy anatomiced, EcHR (3), 279–298.
TREVOR-ROPER Hugh R., The Gentry 1540–1640, Economic History Review Supplements Nr. 1, Cambridge 1953.
TRUCHET Jacques, Politique de Bossuet, Paris 1966.
VAN DUELMEN Richard, Die Entstehung des frühneuzeitlichen Europa, 1550–1648, Fischer Weltgeschichte Bd. 24, Frankfurt a. M. 1982.
VAN DUELMEN Richard, Formierung der europäischen Gesellschaft in der Frühen Neuzeit. Ein Versuch, in: Geschichte und Gesellschaft 1981: 5–41.
VEBLEN Thorstein, The Theorie of the Leisure Class (1899), New York 1975.
VICKERS Brian (Hg.), Occult and scientific mentalities in the Renaissance, Cambridge 1984.
VON BOEHM Max, Biedermeier. Deutschland von 1815–1847, Berlin 1922.
VON BOEHN Max, Die Mode. Menschen und Mode im neunzehnten Jahrhundert, Bd. 4 (1878–1914), München ²1925.
VON PEZOLD Dirk, Cäsaromanie und Byzantinismus bei Wilhelm II., Köln 1971.
WELLS Robin Headlam, Spenser's Faerie queene and the cult of Elizabeth, Totowa NJ 1983.
WELSFORD Enid, The Court Masque. A study in the relationship between Poetry and the Revels, Cambridge 1927.
WHIGHAM Frank, Ambition and Privilege. The Social Tropes of Elizabethan Courtesy Theory, Berkeley 1984.
WILDBLOOD Joan, The Polite World. Guide to English Manners and Deportment from the Thirteenth Century to the Nineteenth Century, London 1965.
WILLIAMS Neville, Elizabeth Queen of England, London 1967.
WILLIAMS Neville, The Life and Times of Elisabeth I, London 1972.
WILLIAMS Penry, The Tudor Regime, Oxford 1979.
WOERNER Karl H., Geschichte der Musik. Ein Studien- und Nachschlagebuch, Göttingen ⁷1980.
WOODFILL Walter L., Musicians in English Society from Elizabeth to Charles I, Princeton 1953.
WYDUCKEL Dieter, Princeps legibus solutus: Eine Untersuchung zur frühmodernen Rechts- und Staatslehre, Berlin 1979.
ZUNKEL Friedrich, Der Rheinisch-Westfälische Unternehmer, 1834–1879, Ein Beitrag zur Geschichte des deutschen Bürgertums im 19. Jahrhundert, Köln und Opladen 1962 (Dortmunder Schriften zur Sozialforschung 19).
ZUR LIPPE Rudolf, Hof und Schloß – Bühne des Absolutismus, in: Ernst HINRICHS (Hg.), Absolutismus, Frankfurt a. M. 1986.
ZUR LIPPE Rudolf, Naturbeherrschung am Menschen, 2 Bde., Frankfurt a. M. 1974.

3. Nachschlagewerke

DERRA DE MORODA Friderica, The Dance Library 1480–1980. A catalogue, München 1982.

GROVE: The new Grove dictionary of music and musicians, hg. von Stanley Sadie, 20 Bde., London 1980.

HANDBUCH DER EUROPÄISCHEN WIRTSCHAFTS- UND SOZIALGESCHICHTE, Hg. von Wolfram Fischer, Jan A. Van Houtte, Hermann Kellenbenz, Ilja Mieck, Friedrich Vittinghoff, 6 Bde., Stuttgart 1980–87.

KLL: Kindlers Literaturlexikon, 25 Bde., München 1974.

MGG: Die Musik in Geschichte und Gegenwart, 14 Bde., Kassel 1949–1968.

PAULY August, Der Kleine Pauly, Lexikon der Antike, 5 Bde., Stuttgart und München 1964–1975.

PETERMANN Kurt, Tanzbibliographie: Verzeichnis der in deutscher Sprache veröffentlichten Schriften und Aufsätze zum Bühnen-, Gesellschafts-, Kinder-, Volks- und Turniertanz sowie zur Tanzwissenschaft, Leipzig 1966.

RGG: Die Religion in Geschichte und Gegenwart, 5 Bde., Tübingen ³1961–1962.

RIEMANN Musiklexikon, hg. von Carl Dahlhaus und Hans Heinrich Eggebrecht, 2 Bde., Wiesbaden 1978.

VI. Register

1. Abbildungsverzeichnis und Bildquellen

Die kursiv gestellten Zahlen im Abbildungsverzeichnis verweisen auf die Seiten dieses Buches.

1. Ein die Volta tanzendes Paar. Zeitgenössisches Gemälde (verschiedentlich fälschlicherweise interpretiert als «Queen Elisabeth Dancing with Robert Dudley, Earl of Leicester») *17*
2. John Case: «Sphaera Civitatis», Oxford 1588. Aus: Roy Strong: Portraits of Queen Elisabeth I. Oxford 1963, S. 124 *41*
3. Israël Silvestre: «Un branle au Louvre», 2. Hälfte des 17. Jahrhunderts *103*
4. Joseph Werner: «Louis XIV en Apollon terrassant le serpent Python» *115*
5. Pierre Rameau: «Le gran bal du roi». Aus: Pierre Rameau: Maître à danser (1725) *151*
6. «Balet à quatre». Ballett-Figuren von Pécour, Stich von Feuillet 1700. Aus: Jean-Michel Guilcher: La contredanse et les renouvellements de la danse française. Paris 1969, S. 37 *156*
7. «Bal à la Françoise», aus: Almanach royal. 1682 *159*
8. La Bionni, «Contredanse tirée du Waxhall Hollandois» (Detail). Bild von Gabriel de Saint-Aubin (1761) *163*
9. Frédéric le Bert de Bar: «Der Drehberg». Aus: Hirsch, Erhard: Dessau-Wörlitz. 2. Aufl. 1988 *197*
10. «Der Drehberg»: Grundriß, Durchmesser etwa 130 m. Aus: Hirsch, Erhard: Dessau-Wörlitz. 2. Aufl. 1988 (Zeichnung: Herold) *197*
11. Daniel Chodowiecki: «Kunstkenntnis». Aus: Georg Christoph Lichtenberg: Handlungen des Lebens. Erklärungen zu 72 Monatskupfern von Daniel Chodowiecki *219*
12. William Hogarth: «Analysis of Beauty» (Detail). London 1753 *221*
13. Triolet-Walzer. Aus: E. D. Helmke: Neue Tanz- und Bildungsschule. Ein gründlicher Leitfaden. Leipzig 1829 *239*
14. Biedermeier Familienbild. Aus: Franz Endler: Wien im Biedermeier. 1978 *245*
15. Ferdinand von Reznicek: «Aufforderung zum Tanz». Aus: Der Tanz. Album von F. v. Reznicek. München 1906 *249*
16. Damensilhouette in verkehrter S-Form. Aus: Der Bazar. 1. Januar 1884, S. 4 *256*
17. Cotillon-Orden. Aus: Alfred Burkhardt, Kurze Tanz- und Anstandslehre. Mülhausen o. J., S. 65 *272*
18. Große Balltoilette mit Courschleppe. Aus: Der Bazar. 5. Januar 1902. S. 12 *285*
19. Auf dem Hofball. Aus: Der Bazar. 15. Januar 1900, S. 52 *286*
20. Courtoilette für junge Mädchen. Aus: Der Bazar. 1. Januar 1904, S. 17 *287*
21. Cakewalk. Aus: H. Günther/H. Schäfer: Vom Schamanentanz zur Rumba. Die Geschichte des Gesellschaftstanzes. 2. Aufl. Stuttgart 1975, S. 167 *314*

22. Tango. Aus: J. Castaldi/M. Herder/D. Zelayle: Tango. Melancholie der Vorstadt. Berlin 1982, S. 167 *320*
23. Gustav Klimt, «Judith II» (Salome). 1909, Öl auf Leinwand, 178×46 cm *325*
24. Oskar Kokoschka. Aus: «Die träumenden Knaben», 1908 *328*
25. Fred Alastair, Illustration zu «Erdgeist». Aus: Willy Haas: Die Belle Epoque. München 1967, S. 88 *331*
26. Tanzende Kosmopoliten am Rande des «Abgrundes». Aus: Elegante Welt Nr. 4, 1914, S. 8 *339*
27. Hochzeit der Kaisertochter Viktoria Luise mit Herzog Ernst August von Braunschweig im Mai 1913. Fackeltanz im Weißen Saal des Berliner Schlosses. (Neben der Braut Nikolaus II. und König Georg von England.) Ölskizze 1913 von William Pape *344*

Bildquellen:

Berlin, Archiv für Kunst und Geschichte: Nr. 15, 27
–: Verlag Koehler & Amelang: Nr. 10
Bonn, Verwertungsgesellschaft Bild-Kunst: Nr. 24
Dessau, Staatliche Galerie Schloß Georgium: Nr. 9
Paris, Bibliothèque Nationale: Nr. 5, 7, 8
–: Louvre, Département des Arts Graphiques (© Photo R.M.N.): Nr. 3
Penshurst Place, by kind permission of Lord De L'Isle: Nr. 1
Schulpforte, Landesschule Pforta: Nr. 13
Stuttgart, Verlag Fritz Ifland: Nr. 21
Venedig, Civici Musei d'Arte e di Storia: Nr. 23
Versailles, Musées Nationaux (© Photo R.M.N.): Nr. 4
Wien, Historisches Museum: Nr. 14
Zürich, Zentralbibliothek: Nr. 16, 18, 19, 20

2. Personenregister

Abegg, Johann Friedrich 192
Alastair, Fred 330, 331
Albert, Herzog v. Sachsen-Teschen 209
Albert, König v. Sachsen 292
Alençon, Herzog v. (Anjou, Hercule François, Duc d') 21, 22, 23, 58, 64–66, 68
Alexander I. Pawlowitsch, Kaiser v. Rußland 210
Anjou, Herzog v. s. Alençon
Anna v. Österreich, Königin v. Frankreich 104, 131
Arbeau, Thoinot (Jehan Tabouret) 18, 19, 29, 30, 53, 54, 153
Archimedes 140
Arminius (Cheruskerfürst) 291
Arndt, Ernst Moritz 206, 215
Astor, Johannes (John) Jakob 306

Bachofen, Johann Jakob 330
Bacon, Francis 59
Bakst, Léon 323, 338, 340, 341
Balimann, Barbara 10
Bar, Frédéric le Bert de 197
Basedow, Johannes Bernhard 190
Bayern, Luitpold, Prinzregent v. 292
Beatles, The 349
Beauchamp, Charles Louis Pierre 98, 99, 137, 138, 158
Behr-Bandelin (Familie) 265
Benserade, Isaac de 98–100
Berg, Alban 330
Bismarck, Otto, Fürst v. 251, 252, 273, 275, 291, 294, 296
Blass, Bill 351
Bleichröder, Gerson v. 264, 265, 271, 273
Blois, Mlle de (Françoise-Marie de Bourbon) 147
Boettiger, Carl August 193, 194, 198, 199
Boldini, Giovanni 340
Bonin, Louis 160
Bonnet, Jacques 98–100, 102, 127–129, 131, 135, 137

Bossuet, Jacques Bénigne 111, 112
Bouhours, Dominique 107
Bourbonen (Haus) 147
Bourdieu, Pierre 182, 228, 322
Bourgogne, Duc de s. Burgund, Herzog v.
Bracciano, Herzog v. (Haus Orsini) 26
Brändli, Sabina 10
Brändli, Sebastian 10
Braun, Rudolf 9, 13
Bruno, Giordano 43
Bülow, Karl v. 300
Bunsen, Emma v. 271
Bunsen, Hildegard v. 271
Bunsen, Marie v. 263–267, 270, 271
Burghley, Lord s. Cecil, Sir William
Burgund, Herzog v. 147, 161
Burgund, Herzogin v. 147
Burke, Peter 37
Burney, Charles 207
Busch, Werner 218
Byron, George Gordon Noel, Lord 207, 213

Cahusac, Louis de 134
Campanella, Thomas 104, 105
Careton, Dudley 26
Carlos, Don, Prinz v. Spanien 50
Carner, Mosco 207, 212
Carter, Jimmy 351–354
Carter, Rosalynn 353
Casanova, Giacomo Girolamo 171
Casati, Luisa, Marchesa 340, 341
Case, John 40, 41
Cassirer, Bruno 335
Cassirer, Paul 335
Castiglione, Baldassare 15, 52, 67, 234
Castiglione, Bernardo 341
Castlereagh, Lady Emily Anne Hobard 210
Cecil, Sir William (Burghley, Lord) 42, 48, 58, 59, 62, 80
Chamberlain, John 26
Chamberlin, Frederick 21, 24, 25

2. Personenregister

Chapelain, Jean 120, 121, 123, 134
Charpentier, Marc Antoine 133
Chartres, Duc de (Orléans, Philippe II, Duc d') 147
Cheruit, Madeleine 338
Chevalier, Maurice 315
Chodowiecki, Daniel 203, 217–219, 222, 223, 234
Chopin, Frédéric 322
Churchill, Lady Randolph 306, 338
Cicero, Marcus Tullius 77, 80, 81
Cižek, Franz 327
Claudius, G. C. 234
Clausen, Margot 10
Cobham, Henry, Lord 34
Colbert, Jean Baptiste 97, 109, 110, 121, 123, 131
Cook, James 198
Corinth, Lovis 335
Count Basie 351, 352
Courths-Mahler, Hedwig 274
Cowles, Virginia 341
Craig, Gordon 332
Cunningham, James P. 30

D'Annunzio, Gabriele 333, 340
Dangeau, Philippe de Courcillon, Marquis de 145, 146
Davies, Sir John 28, 30, 33, 39, 40, 56, 57
De la Garde, Graf 209, 210
De la Grille 98–100
De Lauze, F. 153
De Pure, Michel 137, 150
Debussy, Claude 323
Delacroix, Eugène 334
Diaghilew, Sergej 322, 340
Drake, Sir Francis 31, 42, 54, 342
Duncan, Isadora 322, 323, 329, 332, 333
Duras, Duchesse de 146

Ebhardt, Franz 269, 274
Eduard VI., König v. England 62
Eduard VII., König v. England 299, 315
Egloffstein, Heinrich, Freiherr v. (Hofmarschall) 301

Eichler, Ludwig 241
Elias, Norbert 96, 297
Elisabeth I., Königin v. England 15–18, 20–26, 29, 32–34, 40, 42–48, 50–52, 55, 58–69, 72, 73, 75–78, 80–86, 88, 89, 94
Elyot, Sir Thomas 38, 52, 53
Engel, Johann Jakob 220
Epstein, Jacob 340
Erdmannsdorf, Friedrich Wilhelm, Freiherr v. 190, 192, 193, 195
Ernst August, Herzog v. Braunschweig 344
Esler, Anthony 63
Essex, Robert Devereux, Earl of 22, 26, 28, 31, 57–60, 69, 84
Essipoff (Pianistin) 265
Eulenburg, Philipp, Fürst zu E. u. Hertefeld 275, 281, 288, 298, 300
Eynard, Jean-Gabriel 210

Fehrenbach, Elisabeth 296
Feuillet, Raoul Auger 153–155, 164
Fokin, Michael 322
Forster, Georg 198
Foucault, Michel 174
Fouquet, Nicolas, Vicomte de Vaux, Marquis de Belle-Isle 142–144
Fouqué, Friedrich Heinrich Karl, Baron de la Motte-Fouqué 228
Freud, Sigmund 324, 326, 327, 332, 336
Freytag, Gustav 234
Frick, Ernst 332
Friedrich I. (Barbarossa), deutscher Kaiser 291, 293, 294
Friedrich I., Großherzog v. Baden 299
Friedrich II. (der Große), König v. Preußen 296
Friedrich Wilhelm I., König v. Preußen 280
Friedrich Wilhelm III., König v. Preußen 208, 276
Friedrich Wilhelm, Kurfürst v. Brandenburg (der Große Kurfürst) 280
Fürstenberg, Carl 335
Fürstenberg, Hans 303

Galanos, James 351
Gascoigne, George 76
Georg V., König v. England 342, 344
George, Stefan 330
Gerhard, Ute 226, 228
Gluck, Christoph Willibald, Ritter v. 322
Goethe, Johann Wolfgang v. 166–168, 171, 173, 176, 178–180, 182, 188, 189, 191, 193, 200, 220, 223
Goodman, Benny 348
Goulaine, Herzogin v. 315
Green, Martin 332
Gribi, Linda 10
Grillparzer, Franz 228
Gross, Frieda 332
Gross, Otto 332
Große Kurfürst s. Friedrich Wilhelm
Gugerli, David 9, 10, 13
Gutsmuths, Johann Christoph Friedrich 175, 176, 196, 198, 224

Haas, Willy 329
Habermas, Jürgen 45
Hahn, Reynaldo 315
Haley, Bill 348
Hamilton, Emma, Lady 220
Harden, Maximilian 293
Hardtwig, Wolfgang 295
Hatton, Sir Christopher 19, 20, 22, 23, 84
Hausen, Karin 244
Hegel, Georg Wilhelm Friedrich 228
Heine, Heinrich 227, 228, 247
Heinrich III., König v. Frankreich 16
Heinrich V., König v. England 19
Heinrich VIII., König v. England 37, 47, 51
Heller, Clemens 5, 10
Helmke, Eduard Friedrich David 232–234, 236–238, 240–243, 250
Hendel-Schütz, Johanna Henriette Rosine 220
Herbert, Henry, Lord 34
Hertford, Edward Seymour, Earl of 82
Hesiod 51
Heston, Charlton 352

Hirsch, Erhard 189, 190
Hobsbawm, Eric 290, 291
Hoffmann, Marianne 10
Hofmannsthal, Hugo v. 91
Hogarth, William 220–223, 225
Hohenhausen, Elise, Baronin v. 265, 304
Homer 77
Horaz 77
Howard, Thomas s. Norfolk und Suffolk
Hudson, Winthrop S. 62
Hull, Isabel V. 300, 301
Humboldt, Alexander, Freiherr v. 228
Humboldt, Wilhelm, Freiherr v. 228
Hundson, Henry Carey, Lord 25
Huygens, Christiaan 121, 122

Israel, Richard 335
Ivan s. Iwan
Iwan IV. Wassiljewitsch d. Schreckliche, Zar 342

Jack the Ripper (Pseudonym) 330
Jacobi, Johann Georg 182
Jaffe, Edgar 332
Jaffe, Else 332
Jahn, Friedrich Ludwig 237, 250
Jakob VI., König v. Schottland 22, 25
James s. Rodd
Jean Paul s. Richter
John, Augustus 340
John, Beat 10

Kameke, Georg v. 265
Kandinsky, Wassily 329
Kant, Immanuel 183, 188
Kantorovicz, E. H. 111
Karl II., König v. England 121, 139
Kaschuba, Wolfgang 229, 240
Kattfusz, Johann Heinrich 235
Katz, Ruth 179
Kemp, Friedhelm 200
Kemp, Wolfgang 188, 218, 222–224
Kepler, Johannes 43
Klages, Ludwig 330
Klee, Paul 329
Klimt, Gustav 324–326, 329, 335

2. Personenregister

Knigge, Adolph, Freiherr v. 216–218, 234
Knolly, Lettice 58
Koebner, Franz Wolfgang 318
Kokoschka, Oskar 327, 328, 335, 336
Koselleck, Reinhart 183
Köbisch-Wolden, Marie 276, 277
Körner, Christian Gottfried 183, 186, 189, 193
Kubin, Alfred 329, 335

La Roche, Sophie v. 171–173, 182
La Rochefoucauld, François VI, Duc de, Prince de Marcillac 101
Lambert, Michel 98–100, 127, 128, 130, 131
Laneham, Robert 78, 79, 86, 88, 89, 92, 95
Lanner, Josef 212
Lanquet, Hubert 64
Lanvin, Jeanne 338
Lavater, Johann Kaspar 203, 218
Lawrence, David Herbert 332
Layton, Lady 28
Le Brun, Charles 143, 144
Le Nôtre, André 143, 144
Le Tellier s. Louvois, François-Michel
Le Vau, Louis 143, 144
Lee, Sir Henry 84
Leicester, Robert Dudley, Earl of 16, 17, 20, 22, 23, 29, 42, 57–59, 64–66, 68, 71, 76, 78, 84, 88
Leistikow, Walter 234, 235
Lenz, Ludwig 241
Leonardo da Vinci 341
Leopold III. Friedrich Franz, Fürst v. Dessau 190, 192, 193, 195
Lewald, August 247
Lèques, Paulette 307
Lichtenberg, Georg Christoph 218, 222
Liebenberger (Kreis) 300
Liebermann, Max 335
Liechtenstein, Prinz v. 341
Ligne, Charles-Joseph de 192, 211
Lindenberg, Paul 255
Linke, Angelika 10
Liszt, Franz v. 322

Lord, Walter 305, 343
Loret, Jean 131
Lorin, André 154
Lorrain, John 308
Louis, Könige v. Frankreich s. Ludwig
Louvois, François Michel Le Tellier, Marquis de 109
Luchsinger, Christine 10
Ludwig v. Preußen 208
Ludwig XIII., König v. Frankreich 104, 116
Ludwig XIV., König v. Frankreich 12, 93, 96–110, 113–120, 123, 124, 127, 131, 132, 135–138, 141–144, 146, 147, 149, 150, 158, 160–162, 350, 354
Ludwig XV., König v. Frankreich 341
Luise, Fürstin v. Dessau 196
Luise, Prinzessin v. Mecklenburg-Strelitz, Königin v. Preußen 276
Luise, Prinzessin v. Preußen (Fürstin Anton Radziwill) 208
Lully, Jean-Baptiste 98–100, 130–133, 137, 138, 157
Lütolf, Max 133

MacCaffrey, Wallace 62
Machiavelli, Niccolò 52
Mallarmé, Stéphane 323
Mann, Thomas 259
Manstein, Erich v. 284
Marcell (Operntänzer) 225
Maria Stuart, Königin v. Schottland 25, 26, 50, 62, 70
Maria Theresia, deutsche Kaiserin 131
Marie Antoinette, Königin v. Frankreich 278
Marin, Louis 111
Mazarin, Jules 108, 109, 135, 137, 142
Mecklenburg-Strelitz, Prinzessinnen (Schwestern) 208 (s. a. Luise)
Medici (Haus) 40
Melville, Sir James 25, 26
Mendelssohn, Frau v. (Bankiersgattin) 332
Mendelssohn-Bartholdy, Frau 265
Mersenne, Marin 153

Messager, André-Charles-Prosper 315
Metternich, Klemens, Fürst v. 228
Meyer, Lukas 10
Meyer, Wilhelm Friedrich 192
Ménestrier, Claude François 114, 123, 124, 137, 155, 165
Michelangelo Buonarroti 341
Miller, Glenn 348
Mohl, Robert v. 240, 241
Molière, Jean Baptiste 127, 133, 138, 143, 144
Moltke, Helmuth, Graf v. 275, 294, 296
Montacute of Cowdrey, Lady 90
Montacute of Cowdrey, Lord 90
Monteverdi, Claudio 100
Montrose, Louis Adrian 56, 64, 66, 68, 69
Morley, Thomas 52
Morny, Herzöge v. 315
Mozart, Wolfgang Amadeus 177, 185
Mühsam, Erich 332
Müller, Georg Alexander v. 300, 301
Munch, Edvard 334, 335
Mundt, Theodor 226
Murat, Prinzen v. 315

Nadler, Franz Xaver 236
Nettl, Paul 177
Neumann-Cosel, Gustav 301
Nevers, Karl II., Herzog v. 21, 22, 24, 27
Nijinski, Waclaw 322, 323
Nikolaus II. Alexandrowitsch, Zar 344
Nipperdey, Thomas 194, 229
Norfolk, Thomas Howard, Herzog v. 57
Northampton, William Parr, Marquis v. 24
Nöthiger, Margrit 10
Nottingham, Charles Howard, Earl of (Admiral) 58

Obrist, Hermann 329
Orléans, Gaston-Jean-Baptiste, Duc d' (Duc d'Anjou o. Gaston de France) 104

Orléans, Henriette Anne, Herzogin v. 138
Orléans, Philippe I de France, Duc d' (Duc d'Anjou) 138, 162
Orsini (Haus) s. Bracciano
Otterbach, Friedemann 54
Ovid 77, 79, 81, 105, 114
Oxford, Edward de Vere, Earl of 22, 84

Paquin, Jeanne 338
Paret, Peter 334
Pascal, Blaise 96, 118, 134
Peale, Patrick s. Seckendorff
Perrault, Charles 107
Perrin, Pierre 133
Pestalozzi, Johann Heinrich 176
Petermann, Kurt 237, 238
Platon 80
Platter, Thomas d. J. 79
Poiret, Paul 319, 321, 322, 338, 340
Pollack, Heinz 317
Pope, Alexander 40
Professor J. T. Sr. (Pseudonym) 235

Quinault, Philippe 133

Raczynski, Athanasius, Graf 295
Radziwill, Fürstin Anton s. Luise
Raleigh, Sir Walter 52, 71, 84, 341
Rameau, Pierre 147–151, 164
Ranke, Leopold v. 228
Rathenau, Walther 303, 335
Reagan, Michael 352
Reagan, Nancy 351, 352
Reagan, Ronald 350–353
Reinhard, Franz V. 190
Renta, Oscar de la 351
Reventlow, Franziska, Gräfin zu 330
Reznicek, Ferdinand v. 249
Rhynal, Camille de 313
Richard II., König v. England 69
Richelieu, Armand Jean du Plessis, Herzog v. 108, 119, 121
Richter, Jean Paul Friedrich 228
Richthofen (Schwestern) s. Jaffe, Else u. Weekly, Frieda
Riem, Andreas R. 190, 191
Rilke, Rainer Maria 330

2. Personenregister

Robinson, Philip 10
Rodd, Lady 341
Rodd, Sir James Rennell 341, 342
Rode, August 194
Rodin, Auguste 323
Röhl, John C. G. 297, 299
Roller, Franz Anton 236
Rolling Stones, The 349
Roon, Albrecht, Graf v. 275, 294
Rosa, Pedro de la 107
Roth, Sabina 10
Rothschild (Familie) 315
Rousseau, Jean-Jacques 192, 195, 225
Rudolf, Brigitte 10
Russell, Anne 21, 34, 55
Rust, Frances 16, 19
Rußland, Boris, Großherzog v. 315

Sachs, Curt 23, 30, 31, 87, 213, 214
Saint-Simon, Louis, Duc de 146, 147
San Martino, Count 342
Sarasate y Navascuéz, Pablo Martin Melitón de 265
Schiller, Friedrich v. 183, 184, 186, 189, 193
Schleiermacher, Friedrich Ernst Daniel 228
Schmid, Regula 10
Schönberg, Arnold 327, 330, 336
Schopenhauer, Johanna 202, 203, 217
Schorske, Carl E. 91, 327
Schubert, Franz 243, 244
Schuler, Alfred 330
Schwegler, Johanna 10
Seckendorff, Gustav Anton, Freiherr v. (Patrick Peale) 220
Seiffart, Hofrat 237
Sentis, José 313, 315
Shaftesbury, Anthony Ashley-Cooper, Earl of 180, 181, 191, 192
Shakespeare, William 19, 28, 30, 31, 38, 69
Shrewsbury, George Talbot, Earl of 21, 31
Sidney, Mary 82
Sidney, Sir Philip 22, 42, 52, 56, 64–69, 82, 84
Siemens, Werner v. 265

Silvestre, Israël 103
Simier, Jean de 58, 73
Sissy s. Viktoria Luise
Smith, Bruce R. 77, 78, 80, 84, 85
Sonda, Norma Olivia 10
Sourdiac, Marquis de 98–100
Spenser, Edmund 39, 40, 47, 51, 84
Spinoza, Baruch de 188
Spitzemberg, Baronin 275
Sponitzer, Georg Wilhelm 226
Stanhope, Sir John 21
Stauffer, Teddy 348
Stein, Charlotte v. 177, 191
Stein, Fritz v. 177
Steinhauser, Monika 195
Stern, Julius 335
Stifter, Adalbert 244
Strauß, Johann (Vater) 212
Stuart (Haus) 35, 67
Stuck, Franz v. 329, 335
Suffolk, Thomas Howard, Earl of 58
Sutter, Eva 10
Sydow, Friedrich v. 236

Talbot, Lord s. Shrewsbury
Taubert, Gottfried 157, 160, 178
Tieck, Ludwig 192
Tillyard, E. M. W. 33
Tischbein, Johann Heinrich Wilhelm 220
Travolta, John 9
Tschudi, Hugo v. 334
Tudor (Haus) 39, 46, 61, 71

Ullmann, Regina 332

Van Kempen 191
Varnhagen von Ense, Karl August 227
Varnhagen von Ense, Rahel 199–201, 226–228, 232, 247, 274
Veit, David 200, 201, 226
Vergil 105
Vieth, G. U. A. 175–177
Viéville, Le Cerf de la 130
Viktoria Luise, Herzogin v. Braunschweig (Sissy) 211, 276–278, 280, 284, 342, 344
Villaume, Peter 176, 224

Villefranche, Morin de 105
Villeroy, Nicolas de Neugville, Maréchal de 101
Voltaire, François-Marie 117, 122

Wackenroder, Wilhelm Heinrich 192
Wagner, Richard 322
Wallot, Paul 295
Walsingham, Sir Francis 64, 68
Warwick, Frances, Countess of 307
Washington, George 354
Weber, Carl Maria v. 211, 212
Weber, Max 45, 60
Wedekind, Frank 329, 335
Wedell, J. v. 304
Weekly, Frieda 332
Werner, Anton v. 334
Werner, Joseph 114–117
Whiteman, Paul 347
Wieland, Christoph Martin 189
Wilhelm I., deutscher Kaiser 275, 276, 291, 293–296, 303

Wilhelm II., deutscher Kaiser 12, 211, 212, 252, 253, 273–276, 280, 282, 291–297, 300, 304, 318, 334, 338, 342
Williams, Penry 60
Wilson, Thomas 207, 212, 214
Winckelmann, Johann Joachim 190, 193, 196
Wittelsbach, Clemens August, Kurfürst v. 171
Wolf, Salomon Jakob 206
Wolfskehl, Karl 330
Wood, Melusine 72
Worcester (Haus) 55
Worcester, Edward Somerset, Earl of 31, 34

Zedlitz-Trützschler, Robert, Graf 213, 301
Zur Lippe, Rudolf 125, 164

Anzeigen

Kulturgeschichte

Richard Alewyn
Das große Welttheater
Die Epoche der höfischen Feste
Nachdruck der 2., erweiterten Auflage. 1989. 136 Seiten
mit 20 Abbildungen und 16 Tafeln. Paperback
Beck'sche Reihe Band 389

Herrmann Bausinger/Klaus Beyrer/Gottfried Korff (Hrsg.)
Reisekultur
Von der Pilgerfahrt zum modernen Tourismus
1991. 413 Seiten mit 103 Abbildungen. Leinen

Ursula Becher
Geschichte des modernen Lebensstils
Essen – Wohnen – Freizeit – Reisen
1990. 259 Seiten. Gebunden

Arthur E. Imhof
Im Bildersaal der Geschichte oder
Ein Historiker schaut Bilder an
1991. 339 Seiten mit 33 Abbildungen. Broschiert

Arthur E. Imhof
Reife des Lebens
Gedanken eines Historikers zum längeren Dasein
1988. 167 Seiten, Paperback

Arthur E. Imhof
Die Lebenszeit
Vom aufgeschobenen Tod und der Kunst des Lebens
1988. 363 Seiten mit 67 Abbildungen. Broschiert

Verlag C. H. Beck München

Kulturgeschichte

Urs Bitterli
Alte Welt – neue Welt
Formen des europäisch-überseeischen Kulturkontaktes vom
15. bis zum 18. Jahrhundert
1986. 242 Seiten. Broschiert

Richard van Dülmen
Kultur und Alltag in der frühen Neuzeit
Band 1: Das Haus und seine Menschen 16.–18. Jahrhundert
1990. 316 Seiten mit 64 Abbildungen. Leinen
Band 2: Dorf und Stadt. 16.–18. Jahrhundert
1992. 373 Seiten mit 68 Abbildungen im Text. Leinen

Ute Frevert
Ehrenmänner
Das Duell in der bürgerlichen Gesellschaft
1991. 376 Seiten. Gebunden

Claudine Herzlich/Janine Pierret
Kranke gestern, Kranke heute
Die Gesellschaft und das Leiden
Aus dem Französischen übertragen von Gabriele Krüger-Wirrer
1991. 320 Seiten. Leinen

Wilhelm Treue
Eine Frau, drei Männer und eine Kunstfigur
Barocke Lebensläufe
1992. 284 Seiten mit 21 Textabbildungen. Leinen

Verlag C. H. Beck München